LIVRE PARA ESCOLHER

MILTON FRIEDMAN
E ROSE FRIEDMAN

LIVRE PARA ESCOLHER

TRADUÇÃO DE
Ligia Filgueiras

REVISÃO TÉCNICA DE
Ricardo Doninelli

12ª edição

EDITORA RECORD
RIO DE JANEIRO • SÃO PAULO

2023

CIP-BRASIL. CATALOGAÇÃO NA PUBLICAÇÃO
SINDICATO NACIONAL DOS EDITORES DE LIVROS, RJ

F946L
12ª ed.

Friedman, Milton
    Livre para escolher / Milton Friedman; Rose Friedman; tradução Ligia Filgueiras. – 12ª ed. – Rio de Janeiro: Record, 2023.

    Tradução de: Free to choose
    Inclui apêndices
    Inclui índice
    ISBN 978-85-01-10366-6

    1. Capitalismo. 2. Economia. 3. Liberalismo econômico. 4. Livre mercado. I. Título.

15-20606

CDD: 330.122
CDU: 330.142.1

Título original em inglês:
Free to choose

Copyright © Milton Friedman e Rose D. Friedman, 1980, 1979
Copyright posterior © Milton Friedman e Rose D. Friedman, 1990

Texto revisado segundo o Acordo Ortográfico da Língua Portuguesa de 1990.

Todos os direitos reservados. Proibida a reprodução, no todo ou em parte, através de quaisquer meios, sem prévia autorização por escrito.

Editoração eletrônica: Abreu's System

Direitos exclusivos de publicação em língua portuguesa somente para o Brasil adquiridos pela
EDITORA RECORD LTDA.
Rua Argentina, 171 – Rio de Janeiro, RJ – 20921-380 – Tel.: (21) 2585-2000, que se reserva a propriedade literária desta tradução.

Impresso no Brasil

ISBN 978-85-01-10366-6

Seja um leitor preferencial Record.
Cadastre-se no site www.record.com.br e receba informações sobre nossos lançamentos e nossas promoções.

Atendimento e venda direta ao leitor:
sac@record.com.br

A Ricky e Patri

Sumário

Prólogo à edição de 1990	9
Prefácio da primeira edição	13
Introdução	21
1. O poder do mercado	31
2. A tirania dos controles	71
3. A anatomia da crise	115
4. Do berço à sepultura	143
5. Criados iguais	195
6. O que há de errado com nossos colégios?	223
7. Quem protege o consumidor?	277
8. Quem protege o trabalhador?	331
9. A cura para a inflação	357
10. A maré está virando	401
Apêndices	439
Notas	445
Índice	459

Prólogo à edição de 1990

Quando *Livre para escolher* foi publicado pela primeira vez, uma década atrás, estávamos bastante otimistas para dar ao nosso capítulo final o título de "A maré está virando". A opinião geral estava, assim pensávamos, mudando de uma crença no coletivismo para uma crença no individualismo e nos mercados privados. Nem sequer sonhávamos que a maré mudaria tão dramaticamente quanto mudou — nos dois lados da Cortina de Ferro.

Dez anos atrás, muitas pessoas no mundo acreditavam que o socialismo era um sistema viável, até mesmo o mais promissor, para promover a prosperidade material e a liberdade humana. Poucas pessoas em qualquer parte do mundo acreditam nisso hoje. A fé idealística no socialismo ainda sobrevive, mas apenas em algumas isoladas torres de marfim no Ocidente e em alguns dos mais remotos países do planeta. Dez anos atrás, muitas pessoas estavam convencidas de que o capitalismo, baseado na livre economia de mercado, era um sistema profundamente equivocado, incapaz de alcançar seja uma prosperidade amplamente partilhada, seja a liberdade humana. Hoje o senso comum considera o capitalismo o único sistema capaz de fazê-lo.

Será que *Livre para escolher* ficou ultrapassado e já não é mais necessário, agora que sua tese central se tornou senso comum? Longe disso. O senso comum pode ter mudado, mas não a prática convencional. Líderes políticos de países capitalistas que comemoram o colapso do socialismo em outros países continuam a favorecer soluções socialistas em seus países. Eles conhecem a letra, mas não aprenderam a melodia.

Apesar da drástica mudança de ideias no meio intelectual e na opinião pública na última década, os governos dos países supostamente capitalistas estão tão atrasados quanto os governos dos países comunistas no desmonte das práticas socialistas que proliferaram nas últimas décadas. A parte de nossa renda que financia os gastos do governo — supostamente para nosso benefício — não diminuiu de modo considerável e em muitos países continuou a crescer. Nos Estados Unidos, foi de 40% em 1980 e de 42% em 1988, abaixo dos 44% de 1986. Não houve sequer um alívio no fluxo das detalhadas regulações que controlam nossas vidas: em 1980, 87.012 páginas foram acrescentadas ao Federal Register, que colige todas as regulamentações; em 1988, foram 53.376 páginas. Nas palavras da Declaração de Independência, nossos governos continuam a criar "uma multidão de novos cargos públicos" e a enviar "enxames de funcionários para atormentar nosso povo e devorar nossa carne".

As restrições ao comércio internacional, analisadas no capítulo 2, aumentaram, não diminuíram; algumas restrições nos preços e salários, especialmente os controles cambiais, foram eliminadas ou reduzidas, mas outras foram acrescentadas. Nosso sistema de Seguridade Social, que vai do berço à sepultura, tornou-se mais abrangente e, mais do que nunca, está em grande necessidade de reforma (capítulo 4); isso é igualmente verdade em nosso sistema de ensino (capítulo 6). As instituições criadas para "proteger o consumidor" e "o trabalhador" continuam a ter efeitos opostos ao pretendido por seus bem-intencionados patrocinadores (capítulos 7 e 8). Nessas e em outras áreas, o ímpeto de práticas passadas tem se sobreposto ao efeito de uma mudança geral de opinião.

PRÓLOGO À EDIÇÃO DE 1990

Houve uma melhoria substancial na taxa de inflação, que caiu no mundo todo — nos EUA, de muito acima dos 10% ao ano para menos de 5%. Entretanto, de modo algum a inflação está derrotada e nossa análise das causas, consequências e cura da inflação no capítulo 9 permanece válida e altamente relevante para assegurar que as recentes reduções na inflação sejam mais do que fogo de palha.

A grande mudança não foi nas conquistas, mas nas perspectivas. Mercados privados livres têm muito mais chance de se multiplicar nos próximos anos do que parecia possível dez anos atrás. Como resultado, um livro que explique como funcionam esses mercados, quais as suas vantagens e como eliminar os obstáculos para seu funcionamento mais efetivo tem maior relevância hoje do que dez anos atrás.

Alguns números específicos e referências em nosso livro estão agora desatualizados, mas achamos melhor reimprimir o manuscrito basicamente sem alteração. Uma profunda revisão do livro para atualizá-lo e incluir os novos problemas que surgiram nesse ínterim pode valer bem a pena, mas não tivemos condições de assumir a tarefa e concluímos que seria melhor deixar o manuscrito como está do que fazer uma atualização superficial. Esperamos que um anacronismo ocasional não interfira na compreensão do leitor.

O que parecia a muitos leitores do livro como utópico e irrealista dez anos atrás, a muitos novos leitores, acreditamos, parecerá quase que um modelo para uma mudança prática. É com grande satisfação, portanto, que vemos ser publicada uma nova edição de *Livre para escolher*. A maré mudou, mas está longe de ser a maré inundante tão necessária para assegurar um futuro brilhante para a liberdade humana.

Milton e Rose Friedman
4 de janeiro de 1990

Prefácio da primeira edição

Este livro tem duas origens: *Capitalism and Freedom*, nosso livro anterior, publicado em 1962 pela University of Chicago Press; e uma série de TV intitulada, como o livro, *Free to Choose*. A série será apresentada pela Public Broadcasting Service por dez semanas consecutivas em 1980.

Capitalism and Freedom analisa "o papel do capitalismo competitivo — a organização da maior parte da atividade econômica através da empresa privada atuando em um livre mercado — como um sistema de liberdade econômica e uma condição necessária para a liberdade política". No processo, é definido o papel que o governo deveria desempenhar em uma sociedade livre.

"Nossos princípios", segundo o *Capitalism and Freedom*, "não nos oferecem uma linha divisória clara de até onde devemos usar o governo para, em conjunto, realizarmos o que nos é difícil ou impossível realizar individualmente apenas pela troca voluntária. Em qualquer caso particular de uma proposta de intervenção, devemos fazer um balanço listando separadamente as vantagens e as desvantagens. Nossos princípios nos dizem quais itens devemos pôr de um lado e os que devemos pôr no outro e nos dão uma base para identificarmos a importância dos diferentes itens."

Para dar consistência a esses princípios e ilustrar sua aplicação, *Capitalism and Freedom* analisa questões específicas — como a política monetária e fiscal, o papel do governo na educação, capitalismo e discriminação, além da redução da pobreza.

Livre para escolher é um livro menos abstrato e mais concreto. Os leitores de *Capitalism and Freedom* encontrarão aqui um desenvolvimento mais amplo da filosofia que permeia ambos os livros — aqui há mais exemplos práticos, menos arcabouço teórico. Além disso, este livro tem a influência de uma nova abordagem da ciência política que vem principalmente de economistas — Anthony Downs, James M. Buchanan, Gordon Tullock, George J. Stigler e Gary S. Becker — que, com muitos outros, têm realizado um estupendo trabalho na análise econômica da política. Este livro trata o sistema político em simetria com o sistema econômico. Ambos são vistos como mercados nos quais os resultados são determinados pela interação entre pessoas em busca de seus próprios interesses pessoais (em um sentido amplo) em vez de objetivos sociais que os participantes acham vantajoso enunciar. Isso está implícito ao longo da obra e explícito no capítulo final.

A minissérie de TV cobre os mesmos tópicos deste livro: os dez capítulos correspondem aos dez programas da TV e (exceto pelo capítulo final) têm os mesmos títulos. Entretanto, a minissérie e o livro são muito diferentes — cada um fiel à sua própria característica. O livro cobre muitos itens que a limitação de tempo dos programas de TV obriga a omitir ou mencionar apenas brevemente, e sua cobertura é mais sistemática e minuciosa.

Fomos levados a realizar a minissérie no início de 1977 por Robert Chitester, presidente da WQLN, emissora da PBS, em Erie, na Pensilvânia. Sua imaginação e trabalho exaustivo, bem como seu compromisso com os valores de uma sociedade livre, tornaram o programa possível. Por sugestão sua, Milton apresentou, entre setembro de 1977 e maio de 1978, quinze palestras públicas para audiências diversas seguidas de sessões de perguntas e respostas, todas gravadas em videoteipe. William Jovanovich comprometeu a Harcourt Brace Jovanovich a fazer o marketing dos VTs e proporcionou um generoso adiantamento para ajudar a financiar a gravação das palestras, atualmente sendo distribuídas pela Harcourt Brace Jovanovich, Inc. As transcrições das palestras serviram de matéria-prima para o esboço dos próprios programas de TV.

Antes que as palestras tivessem sido finalizadas, Bob Chitester conseguiu apoio financeiro suficiente que nos permitiu prosseguir com a minissérie. Escolhemos a Video-Arts de Londres como o melhor grupo para produzi-la. Depois de meses de um planejamento preliminar, as filmagens propriamente ditas começaram em março de 1978 e só foram terminar em setembro de 1979.

Anthony Jay, Michael Peacock e Robert Reid, da Video-Arts, tiveram um papel fundamental no esboço inicial do programa e um importante papel de supervisão subsequente.

Cinco profissionais de TV estiveram conosco ao longo da maior parte da filmagem e da edição do programa: Michael Latham, como produtor; Graham Massey, como diretor de filmagem; Eben Wilson, como produtor associado e principal pesquisador; Margaret Young, como diretora assistente de filmagem e secretária de produção; e Jackie Warner, como gerente de produção. Eles nos apresentaram de forma gentil, mas com firmeza, às artes ocultas da produção de documentário para a TV e atenuaram os pontos difíceis, sempre com o mesmo tato e companheirismo. Tornaram nossa aventura por um mundo estranho e complexo uma experiência emocionante e prazerosa, não um pesadelo — agora nos damos conta — no qual isso poderia facilmente ter se transformado.

Sua insistência em combinar brevidade com rigor e lucidez nos forçou a repensar muitas de nossas ideias e reduzi-las ao essencial. As discussões com eles, assim como com as equipes de filmagem de diversos países — uma das partes mais agradáveis do projeto —, nos ajudaram a reconhecer pontos fracos em nossa argumentação e nos levaram a buscar mais provas. Livres das rígidas limitações de tempo da TV, pudemos tirar total vantagem dessas discussões neste livro.

Devemos muito a Edward C. Banfield e a David D. Friedman, que leram todo o rascunho original, e a George Stigler, Aaron Director, Chiaki Nishiyama, Colin Campbell e Anna Schwartz. Rosemary Campbell passou muitas horas de um trabalho meticuloso na biblioteca verificando fatos e números. Não podemos culpá-la se aparecerem erros porque fizemos algumas das verificações por conta própria. Devemos muito a Gloria Valentine, secretária de Milton, cuja afabilidade faz par com sua competência. Finalmente, somos gratos pela ajuda que recebemos da Harcourt Brace Jovanovich, às vezes anonimamente, às vezes de William Jovanovich, Carol Hill e de nossa editora Peggy Brooks.

A televisão é dramática. Apela às emoções. Capta sua atenção. Ainda assim, somos da opinião de que a página impressa é um instrumento mais eficaz tanto para a educação quanto para a persuasão. Os autores de um livro podem explorar as questões com mais profundidade — sem estarem limitados pela contagem do relógio. O leitor pode parar e pensar, virar as páginas sem se deixar levar pelo apelo emocional das cenas que mudam sem cessar em sua tela de televisão.

Quem quer que seja persuadido em uma noite inteira (ou mesmo em dez noites de uma hora) não está realmente persuadido. Pode ser persuadido pela primeira pessoa que encontrar com visões opostas às da pessoa com quem passa uma noite. A única pessoa que pode realmente persuadir você é você mesmo. Você deve revirar as questões em sua cabeça à vontade, considerar os muitos argumentos, deixá-los cozinhar em fogo brando e, depois de um bom tempo, transformar suas preferências em convicções.

Milton Friedman e Rose D. Friedman
Ely, Vermont, 28 de setembro de 1979

"A experiência deveria nos ensinar a ficar mais alertas para proteger a liberdade quando os propósitos do governo são benéficos. Os homens que nasceram para a liberdade ficam naturalmente alertas para repelir a invasão de sua liberdade por governantes com más intenções. Os maiores perigos à liberdade escondem-se em uma intromissão insidiosa de homens zelosos, bem-intencionados, mas sem compreensão."

Juiz Louis Brandeis,
Olmstead v. Estados Unidos,
277 U.S. 479 (1928)

Introdução

Desde o primeiro assentamento de europeus no Novo Mundo, a América tem sido um ímã para pessoas procurando aventura, fugindo da tirania ou simplesmente tentando uma vida melhor para si e seus filhos.

Uma gota inicial aumentou depois da Revolução Americana e da criação dos Estados Unidos e se tornou uma torrente no século XIX, quando milhões de pessoas afluíram através do Atlântico, e um número menor pelo Pacífico, movidas pela miséria e pela tirania, e atraídas pela promessa de liberdade e enriquecimento.

Quando chegaram, não encontraram ruas pavimentadas com ouro; não encontraram uma vida fácil. O que encontraram foi liberdade e oportunidade para fazer o melhor uso possível de seus talentos. Por meio do trabalho árduo, engenhosidade, poupança e sorte, a maioria conseguiu realizar bastante de suas esperanças e sonhos para encorajar amigos e parentes a se juntarem a elas.

A história dos Estados Unidos é a história de um milagre econômico e político que se tornou possível pela transposição para a prática de dois conjuntos de ideias — ambos, por uma curiosa coincidência, formulados em documentos publicados no mesmo ano, 1776.

Um conjunto de ideias integrava *A riqueza das nações*, a obra-prima que consagrou o escocês Adam Smith como o pai da economia moderna. Smith analisou o modo pelo qual um sistema de mercado podia combinar a liberdade dos indivíduos na busca de seus próprios objetivos com a ampla cooperação e colaboração necessárias no campo econômico para produzir nossa comida, nossa roupa, nossa habitação. A percepção principal de Adam Smith foi a de que ambas as partes de uma transação podem se beneficiar e que, *contanto que a cooperação seja absolutamente voluntária*, não haverá nenhuma transação a menos que ambas as partes se beneficiem de fato. Nenhuma força exterior, nenhuma coerção, nenhuma violação de liberdade é necessária para produzir a cooperação entre indivíduos em que todos possam se beneficiar. É por isso, como colocou Adam Smith, que um indivíduo que "almeja apenas seu próprio ganho [é] levado por uma mão invisível a promover um fim que não fazia parte de suas intenções. Nem sempre é ruim para a sociedade que esse fim não faça parte delas. Ao buscar seu próprio interesse, frequentemente promove o da sociedade mais efetivamente do que quando de fato deseja promovê-lo. Eu nunca soube de algo muito bem-feito por aqueles que fingiam negociar para o bem público".[1]

O segundo conjunto de ideias integrava a Declaração de Independência, escrita por Thomas Jefferson para exprimir o senso comum de seus compatriotas. Proclamava uma nova nação, a primeira na história baseada no princípio de que cada pessoa tem o direito de buscar seus próprios valores: "Consideramos estas verdades como autoevidentes, que todos os homens são criados iguais, que são dotados pelo Criador de certos Direitos inalienáveis; que entre estes estão a Vida, a Liberdade e a busca da Felicidade."

Ou, como declarado de uma forma mais radical e sem reservas, quase um século depois, por John Stuart Mill:

> A única finalidade para a qual a humanidade está autorizada, individual ou coletivamente, a interferir na liberdade de ação de

qualquer de seus pares é a própria proteção. [...] O único propósito para o qual o poder pode ser corretamente exercido sobre qualquer membro de uma comunidade civilizada, contra sua vontade, é para prevenir dano a outros. Seu próprio bem, seja físico ou moral, não é justificativa suficiente. [...] A única parte da conduta de qualquer um pela qual ele é disciplinado pela sociedade é aquela que diz respeito aos outros. Na parte que diz respeito somente a ele, sua independência é, por direito, absoluta. Sobre si próprio, sobre seu próprio corpo e pensamento, o indivíduo é soberano.[2]

Muito da história dos Estados Unidos gira em torno da tentativa de traduzir os princípios da Declaração de Independência para a prática — da luta contra a escravidão, enfim resolvida por uma guerra civil sangrenta, passando por uma tentativa subsequente de promover a igualdade de oportunidades, até a mais recente tentativa de se conseguir a igualdade de resultados.

A liberdade econômica é uma condição essencial para a liberdade política. Ao possibilitar que as pessoas cooperem umas com as outras sem coerção nem comando central, tal liberdade reduz a área sobre a qual é exercido o poder político. Além disso, por dispersar o poder, a economia de mercado proporciona uma compensação para qualquer concentração de poder político que possa surgir. A combinação de poder econômico e político nas mesmas mãos é uma receita segura para a tirania.

A combinação de liberdade econômica e política produziu uma era de ouro tanto na Grã-Bretanha quanto nos Estados Unidos no século XIX. Os Estados Unidos prosperaram ainda mais do que a Inglaterra. Começou com um passado em branco: menos vestígios de classe e status; menos restrições governamentais; um terreno mais fértil para energia, iniciativa e inovação; e um continente vazio a ser conquistado.

A fecundidade da liberdade é demonstrada de modo mais contundente e mais claramente na agricultura. Quando a Declaração de Independência foi promulgada, menos de 3 milhões de pessoas de origem europeia e africana, omitindo-se os índios nativos, ocupavam uma faixa estreita ao longo da costa oriental. A agricultura era a principal atividade econômica. Eram necessários dezenove a cada vinte trabalhadores para alimentar os habitantes do país e proporcionar um excedente para exportar em troca de bens do exterior. Hoje é necessário menos de um a cada vinte trabalhadores para alimentar os 220 milhões de habitantes e proporcionar um excedente que faz dos Estados Unidos o maior exportador de alimentos do mundo.

O que produziu esse milagre? Certamente não um comando central do governo — países como a Rússia e seus satélites, a China continental, a Iugoslávia e a Índia, que hoje dependem de um comando central, empregam entre um quarto e metade de seus trabalhadores na agricultura e, ainda assim, dependem com frequência da agricultura dos EUA para evitar a fome em massa. Durante a maior parte do período de rápida expansão da agricultura nos Estados Unidos, o governo desempenhou um papel insignificante. A terra se tornou disponível — mas era terra que tinha sido antes improdutiva. Depois da metade do século XIX, foram criadas as escolas de ensino superior de agricultura, que disseminaram informações e tecnologia a partir de serviços de extensão financiados pelo governo. Inquestionavelmente, no entanto, a fonte principal da revolução na agricultura foi a iniciativa privada atuando em um mercado livre aberto a todos — com a única exceção da vergonhosa escravidão. E o crescimento mais acelerado veio depois que a escravidão foi abolida. Os milhões de imigrantes de todas as partes do mundo eram livres para trabalhar para si próprios, em condições mutuamente acordadas. Eram livres para experimentar novas técnicas — por sua conta, se o experimento falhasse; e para seu lucro, se obtivessem sucesso. Houve pouca assistência do governo. Mais importante ainda: encontraram pequena interferência do governo.

O governo começou a ter um papel mais importante na agricultura durante e após a Grande Depressão dos anos 1930. Atuava basicamente para restringir a produção de modo a manter os preços artificialmente altos.

O crescimento da produtividade agrícola dependia da necessária revolução industrial que a liberdade estimulava. E então vieram as novas máquinas que revolucionaram a agricultura. No sentido inverso, a Revolução Industrial dependia da disponibilidade de mão de obra liberada pela revolução na agricultura. Indústria e agricultura caminhavam de mãos dadas.

Smith e Jefferson viram igualmente a concentração de poder do governo como um grande perigo para o homem comum; viram a proteção do cidadão contra a tirania do governo como uma necessidade permanente. Esse foi o intuito da Declaração de Direitos da Virgínia (1776) e da Declaração de Direitos dos Estados Unidos (1791); o propósito da separação de poderes na Constituição dos EUA; a força motriz por trás das mudanças na estrutura jurídica inglesa desde a publicação da Magna Carta no século XIII até o final do século XIX. Para Smith e Jefferson, o papel do governo era o de um árbitro, não o de um participante. O ideal de Jefferson, como ele exprimiu em seu primeiro discurso de posse (1801), era um "governo sensato e sóbrio, que impedirá os homens de prejudicarem uns aos outros, que, por outro lado, os deixará livres para regular suas próprias atividades de produção e progresso".

Ironicamente, o próprio sucesso da liberdade econômica e política reduziu seu encanto para pensadores posteriores. O governo estritamente limitado do final do século XIX possuía pouco poder concentrado que ameaçasse o homem comum. O outro lado dessa moeda é que ele possuía pouco poder que permitisse às pessoas boas fazer o bem. E em um mundo imperfeito havia ainda muitos males. De fato, o próprio progresso da sociedade fez com que os males residuais parecessem ainda mais objetáveis. Como sempre, as pessoas tomavam como certas as conquistas favoráveis. Esqueceram-se dos perigos de um governo forte para a liberdade. Em vez disso, estavam atraídas pelo bem que um governo mais forte poderia realizar — se o poder de governar estivesse nas mãos "certas".

Essas ideias começaram a influenciar a política de governo na Grã-Bretanha no começo do século XX. Ganharam crescente aceitação entre os intelectuais nos Estados Unidos, mas tiveram pouco efeito sobre a política de governo até a Grande Depressão do início dos anos 1930. Como mostraremos no capítulo 3, a Depressão foi causada por uma falha do governo em uma área — monetária — onde havia exercido sua autoridade desde o começo da República. Entretanto, a responsabilidade do governo pela Depressão não foi reconhecida — nem naquela ocasião nem agora. Em vez disso, a Depressão foi amplamente interpretada como uma falha do capitalismo de livre mercado. Esse mito levou o público a se unir aos intelectuais em uma mudança de visão sobre as responsabilidades relativas aos indivíduos e ao governo. A ênfase na responsabilidade do indivíduo pelo seu próprio destino foi substituída pela ênfase no indivíduo como um peão manipulado por forças fora do seu controle. A visão de que o papel do governo é servir como um árbitro para evitar que indivíduos exerçam coerção uns sobre os outros foi substituída pela visão de que o papel do governo é servir como um pai encarregado da obrigação de exercer a coerção sobre alguns para ajudar os outros.

Tais visões dominaram a evolução dos acontecimentos nos Estados Unidos durante a última metade do século. Elas levaram a um crescimento do governo em todos os níveis, bem como à transferência do poder do governo local e do controle local para o governo central e para o controle central. O governo assumiu cada vez mais a tarefa de tomar de alguns para dar a outros em nome da segurança e da igualdade. As políticas de governo, uma após a outra, eram voltadas para "regular" nossas "atividades de produção e progresso", mantendo a máxima de Jefferson em seu cabeçalho (capítulo 7).

Essa evolução foi provocada por boas intenções, com uma importante ajuda do interesse pessoal. Até mesmo os maiores defensores do Estado paternalista e do bem-estar social concordam que os resultados foram decepcionantes. Na esfera do governo, assim como no mercado, parece haver uma mão invisível, mas ela age exatamente de forma contrária à de Adam Smith: uma pessoa que pretende apenas servir ao interesse público estimulando a intervenção governamental é "levada por uma mão invisível a promover" interesses particulares "que não faziam parte de sua intenção". Essa conclusão nos remete a nosso país repetidas vezes, à medida que analisamos, nos capítulos seguintes, as diversas áreas em que o poder do governo se fez presente — seja para obter segurança (capítulo 4) ou igualdade (capítulo 5); para promover a educação (capítulo 6); para proteger o consumidor (capítulo 7) ou o trabalhador (capítulo 8); ou para evitar a inflação e promover o emprego (capítulo 9).

Até o momento, nas palavras de Adam Smith, "o esforço uniforme, constante e ininterrupto de cada homem para melhorar suas condições, princípio no qual a opulência pública e nacional, assim como a privada, tem origem", tem sido "forte o suficiente para manter o progresso natural das coisas para a melhoria, a despeito da extravagância dos governos e dos maiores erros da administração. Assim como o princípio desconhecido da vida animal, ele frequentemente restaura a saúde e o vigor da constituição, a despeito não apenas da doença, mas das absurdas prescrições do doutor".³ Ou seja, até o momento a mão invisível de Adam Smith tem sido poderosa o suficiente para superar os efeitos mortais da mão invisível que atua na esfera política.

A experiência dos últimos anos — crescimento lento e produtividade declinante — levanta dúvida se a engenhosidade privada pode continuar a superar os efeitos mortais do controle governamental de modo a permitir que uma "nova classe" de servidores públicos gaste parcelas cada vez maiores de nossa renda, supostamente em nosso benefício. Mais cedo ou mais tarde — e talvez mais cedo do que qualquer um de nós possa esperar —, um governo ainda maior poderá destruir tanto a prosperidade que devemos à economia de mercado quanto a liberdade humana proclamada tão eloquentemente na Declaração de Independência.

Ainda não atingimos uma situação sem saída. Ainda somos livres como povo para escolher se continuaremos a acelerar a queda para o "caminho da servidão", como Friedrich Hayek intitulou seu profundo e influente livro, ou se estabeleceremos limites mais rigorosos ao governo e dependeremos mais firmemente da cooperação voluntária entre pessoas livres para atingir nossos diversos objetivos. Será que nossa era de ouro chegará ao fim, em um retrocesso à tirania e à miséria que sempre foi, e continua sendo hoje, o estado da maior parte da humanidade? Ou será que teremos a sabedoria, a precaução e a coragem de mudar nosso rumo, de aprender com a experiência, e de nos beneficiarmos com um "renascimento da liberdade"?

Se vamos tomar uma decisão sábia, temos de compreender os princípios fundamentais de nosso sistema — tanto os princípios econômicos de Adam Smith, que explicam como é que um sistema complexo, organizado, que funciona naturalmente, pode se desenvolver e prosperar sem um comando central, como se dá a coordenação sem a coerção (capítulo 1), quanto os princípios políticos expressos por Thomas Jefferson (capítulo 5). Temos de entender como as tentativas de se substituir a cooperação pelo comando central são capazes de fazer tanto dano (capítulo 2). Temos de compreender também a íntima relação entre liberdade política e liberdade econômica.

Felizmente, a maré está mudando. Nos Estados Unidos, na Grã-Bretanha, nos países da Europa Ocidental e em muitos outros países em todo o mundo há um reconhecimento cada vez maior dos perigos de um Estado grande, uma insatisfação com as políticas que têm sido adotadas. Essa mudança vem se refletindo não apenas na opinião pública, mas também na esfera política. Está se tornando politicamente lucrativo para os nossos representantes mudar o modo de pensar — e talvez até de agir. Estamos vivendo outra grande mudança de opinião pública. Temos a oportunidade de conduzir a opinião pública para uma confiança maior na iniciativa individual e na cooperação voluntária, em vez de caminhar para o extremo oposto do coletivismo total.

Em nosso capítulo final, examinaremos como os interesses especiais prevalecem sobre o interesse geral em um sistema político supostamente democrático. Examinaremos o que se pode fazer para corrigir o defeito em nosso sistema que contribui para tal resultado — como limitar o governo ao mesmo tempo que o capacitamos para desempenhar suas funções essenciais de defesa da nação contra inimigos externos, de nossa proteção individual contra a coerção por parte de nossos concidadãos, de árbitro para nossas disputas, e que nos permita chegar a um acordo sobre as regras que devemos seguir.

1

O poder do mercado

Todos os dias, cada um de nós utiliza inumeráveis bens e serviços — para comer, se vestir, se abrigar da natureza ou simplesmente desfrutar da vida. Contamos com o fato de que estarão à nossa disposição quando quisermos adquiri-los. Nunca paramos para pensar quantas pessoas tiveram uma participação, de uma forma ou de outra, para nos propiciar tais bens e serviços. Nunca nos perguntamos como a mercearia da esquina — ou, hoje em dia, os supermercados — tem em suas prateleiras os artigos que nós queremos comprar ou como a maioria de nós tem condições de ganhar o dinheiro que compra esses bens.

É natural pressupor que alguém tem de dar as ordens para garantir que os produtos "certos" sejam produzidos na quantidade "certa" e estejam disponíveis nos lugares "certos". Esse é um método de coordenar as atividades de um grande número de pessoas — o método do exército. O general dá ordens ao coronel, o coronel ao major, o major ao tenente, o tenente ao sargento e o sargento ao soldado.

Mas esse método de comando pode ser o método exclusivo ou mesmo o principal método de organização apenas em um grupo muito pequeno. Nem mesmo o mais autocrático chefe de família pode controlar cada ato de outros membros da família de forma totalmente hierárquica. Nenhum exército de grande porte consegue, de fato, ser dirigido inteiramente por comando. O general, como se pode perceber, não tem as informações necessárias para dirigir cada movimento do mais subalterno dos soldados. Em cada nível da cadeia de comando, o militar, seja ele oficial ou soldado, deve ter uma margem de liberdade para ponderar sobre informações referentes a determinadas circunstâncias de que seu superior poderá não dispor. Os comandos devem ser complementados pela cooperação voluntária — uma técnica menos óbvia e mais sutil, mas muito mais fundamental, de coordenar as atividades de grande quantidade de pessoas.

A Rússia é o exemplo de referência de uma economia de grandes dimensões que é supostamente organizada por comando — uma economia de planejamento central. Mas isso é mais ficção do que fato. Em cada nível da economia, a cooperação voluntária entra em cena para complementar o planejamento central ou compensar sua rigidez — algumas vezes legalmente, outras ilegalmente.[1]

Na agricultura, trabalhadores de tempo integral nas fazendas do governo têm permissão para plantar alimentos e criar animais em pequenos lotes particulares em seu tempo livre para seu próprio uso ou para vender em mercados relativamente livres. Esses lotes representam menos de 1% da terra agricultável do país; no entanto, supõe-se que forneçam quase um terço de toda a produção agrícola da União Soviética ("supõe-se" porque é provável que alguns produtos das fazendas do governo sejam comercializados clandestinamente como se fossem dos lotes particulares).

No mercado de trabalho, raramente as pessoas são obrigadas a trabalhar em empregos específicos; neste sentido, há muito pouco direcionamento da mão de obra na prática. Em vez disso, são oferecidos salários para diversos trabalhos e as pessoas se candidatam a eles — algo bem semelhante ao que ocorre nos países capitalistas. Uma vez contratadas, elas podem, em seguida, ser demitidas ou deixar o emprego por outro de sua preferência. Há inúmeras restrições a respeito de quem pode trabalhar onde e, é claro, as leis proíbem qualquer um de se estabelecer como empregador — embora inúmeras oficinas clandestinas sirvam ao vasto mercado negro. A alocação de trabalhadores em larga escala basicamente pela forma compulsiva não é exequível; como também não é, aparentemente, a supressão total da atividade empresarial privada.

A atratividade dos diferentes empregos na União Soviética quase sempre depende das oportunidades que se oferecem para trabalhos clandestinos extralegais ou ilegais. Um morador de Moscou com um equipamento defeituoso em casa pode ter de esperar meses para vê-lo funcionando se ligar para uma repartição estatal de consertos. Poderá optar, então, por um trabalhador clandestino — muito provavelmente alguém que trabalha para essa mesma repartição estatal de consertos. O dono da casa tem seu equipamento prontamente reparado; o trabalhador clandestino recebe algum rendimento extra. Ambos ficam satisfeitos.

Esses participantes do mercado voluntário florescem, a despeito de sua inconsistência com a ideologia oficial marxista, porque o custo de eliminá-los seria muito alto. Os lotes particulares poderiam ser proibidos — mas os surtos de fome dos anos 1930 são uma lembrança gritante do custo. A economia soviética atual dificilmente poderá ser considerada um modelo de eficiência. Sem os participantes voluntários, ela funcionaria em níveis de eficiência ainda mais baixos. A recente experiência no Camboja demonstra tragicamente o custo de se tentar prescindir inteiramente do mercado.

Assim como nenhuma sociedade funciona inteiramente sob o princípio do comando, nenhuma funciona inteiramente pela cooperação voluntária. Toda sociedade tem alguns elementos de comando. Estes tomam diversas formas. Podem ser tão simples e diretos como o serviço militar obrigatório ou a proibição de compra e venda de heroína ou ciclamatos, ou ordens judiciais a réus identificados para desistirem de ou executarem determinadas ações. Ou, no extremo oposto, podem ser tão sutis quanto a imposição de impostos elevados sobre cigarros para desestimular o fumo — uma sugestão, se não um comando, de alguns de nós para outros de nós.

Faz toda a diferença qual das combinações ocorre — se a troca voluntária é basicamente uma atividade clandestina que floresce por causa da rigidez de um elemento de comando dominante ou se a troca voluntária é o princípio dominante de organização, complementado a um grau maior ou menor por elementos de comando. A transação voluntária clandestina pode evitar que uma economia de comando entre em colapso, permitir que subsista e até mesmo conseguir algum progresso. Pode fazer muito pouco para minar a tirania sobre a qual reside uma economia predominantemente de comando. Uma economia predominantemente de troca voluntária, por outro lado, abriga em si o potencial para promover tanto a prosperidade quanto a liberdade humana. Ela pode não realizar seu potencial em qualquer dos aspectos, mas não conhecemos nenhuma sociedade que tenha alguma vez chegado à prosperidade e à liberdade sem ter tido por princípio fundamental de organização a troca voluntária. Apressamo-nos a acrescentar que a troca voluntária não é condição suficiente para a prosperidade e a liberdade. Essa é, pelo menos, a lição da história até o presente. Muitas sociedades organizadas predominantemente na base da troca voluntária não alcançaram plenamente nem a prosperidade nem a liberdade, apesar de terem chegado a um grau maior de ambas do que as sociedades de regimes autoritários. Mas a troca voluntária é uma condição necessária tanto para a prosperidade quanto para a liberdade.

Cooperação através da troca voluntária

Uma história deliciosa intitulada "I, Pencil: My Family Tree as Told to Leonard E. Read"[2] relata, com muita vivacidade, como a troca voluntária leva milhões de pessoas a cooperarem entre si. O sr. Read, no papel de "Lápis de Grafite" — o lápis de madeira comum bem conhecido de todos os meninos e meninas e adultos que podem ler e escrever —, começa sua história com a fantástica declaração de que "não há uma única pessoa [...] que saiba me fazer". Prossegue, então, contando sobre todas as coisas que entram na fabricação de um lápis. Em primeiro lugar, a madeira provém de uma árvore, "um cedro de veios verticais que cresce no norte da Califórnia e no Oregon". Para cortar a árvore e transportar os troncos para o parque ferroviário, são necessários "serras e caminhões e cordas e [...] inúmeros outros apetrechos". Muitas pessoas e inúmeras habilidades estão envolvidas na fabricação: "na extração do minério, na fabricação do aço e no seu refinamento para transformação em serras, machados, motores; no cultivo do cânhamo e nos diversos estágios de sua transformação em corda pesada e resistente: nos acampamentos de madeireiros, com as suas camas e refeitórios, [...] milhares e milhares de pessoas tiveram sua participação em cada xícara de café bebido pelos madeireiros!"

E assim prossegue o sr. Read com o transporte dos troncos para a serraria, o trabalho envolvido na conversão dos troncos em ripas e o transporte das ripas da Califórnia até Wilkes-Barre, onde foi fabricado o lápis específico que conta a história. E até aqui só temos a madeira exterior do lápis. O centro de "grafite" não é verdadeiramente grafite. Começa como grafite extraído no Ceilão. Depois de muitos processos complexos, acaba sendo transformado no grafite do centro do lápis.

A peça metálica próxima à ponta do lápis — o arco metálico — é feita de latão. "Pense em todas as pessoas", diz o sr. Read, "que extraem zinco e cobre, e naquelas com capacidade para produzir folhas brilhantes de latão a partir destes produtos da natureza."

O que chamamos de borracha é conhecido no ramo por "tampão". Pensa-se que é borracha. Mas o sr. Read conta-nos que a borracha serve apenas para ligar os outros materiais. A ação de apagar é, na verdade, realizada por uma "Imitação", um produto semelhante à borracha produzido através da reação do óleo de canola, proveniente das Índias Orientais Holandesas (atualmente Indonésia), com cloreto de enxofre.

Depois disso tudo, diz o lápis: "Será que alguém quer desafiar minha afirmação inicial de que não há uma única pessoa na face da terra que saiba me fazer?"

Nenhum dos milhares envolvidos na produção do lápis desempenhou sua tarefa porque queria um lápis. Algumas dessas pessoas empenhadas na fabricação do utensílio nunca viram um lápis e não saberiam dizer para que serve. Cada uma delas viu no seu trabalho uma forma de obter os bens e serviços que desejava — bens e serviços que produzimos com o objetivo de obter o lápis que desejávamos. Toda vez que vamos à loja e compramos um lápis, estamos trocando uma pequena parte dos nossos serviços pela quantidade infinitesimal de serviços com que cada um dos milhares de indivíduos envolvidos contribuiu para a produção do produto.

É ainda mais surpreendente que o lápis sempre tenha sido produzido assim. Ninguém, sentado em um escritório central, deu ordens a todas essas pessoas. Nenhuma polícia militar exigiu o cumprimento das ordens que não foram dadas. Esses indivíduos vivem em muitos territórios diferentes, falam diferentes línguas, praticam diferentes religiões e podem até se odiar — mas nenhuma dessas diferenças os impediu de cooperar para produzir um lápis. Como isso aconteceu? Adam Smith nos deu a resposta há duzentos anos.

O papel dos preços

A percepção fundamental de Adam Smith em *A riqueza das nações* é incrivelmente simples: se uma troca entre duas partes em uma transação é voluntária, só ocorrerá se ambas julgarem que podem se beneficiar dela. A maioria das falácias em economia deriva do fato de não se levar em conta essa simples noção, da tendência de se presumir que há um bolo fixo e que uma parte só pode ganhar à custa da outra.

Esta noção fundamental é óbvia para uma troca simples entre dois indivíduos. Mas é muito mais difícil de se compreender como pode levar as pessoas do mundo todo a cooperarem promovendo os seus interesses distintos.

O sistema de preços é o mecanismo que executa essa tarefa sem uma direção central, não sendo necessário que as pessoas falem umas com as outras ou que gostem umas das outras. Quando compramos um lápis ou o nosso pão de cada dia, não sabemos se o lápis foi feito ou o trigo cultivado por um homem branco ou um homem negro, por um chinês ou por um indiano. O resultado é que o sistema de preços permite às pessoas cooperar pacificamente em um determinado momento de sua vida, ao mesmo tempo que cada um cuida do que é seu em relação a tudo mais.

O lampejo do gênio de Adam Smith foi ter reconhecido que os preços resultantes de transações voluntárias entre compradores e vendedores — ou seja, em um mercado livre — permitiam a coordenação da atividade de milhões de pessoas, cada uma procurando atender seus próprios interesses, de forma que todos melhorassem de situação. Foi uma ideia surpreendente então, e continua a sê-lo hoje — a de que a ordem econômica pode surgir como a consequência involuntária das ações de muitas pessoas, cada uma procurando atender seus próprios interesses.

O sistema de preços funciona tão bem, com tal eficiência, que na maior parte das vezes nem nos apercebemos. Nunca reparamos quão bem funciona até ser impedido de funcionar e, mesmo então, raramente reconhecemos a origem dos problemas.

As longas filas para abastecimento de gasolina que surgiram, de repente, em 1974, após o embargo de petróleo imposto pela Opep, e, novamente, na primavera e no verão de 1979, depois da revolução no Irã, são exemplos marcantes. Nas duas ocasiões, houve um grande transtorno na oferta de petróleo bruto vindo de fora. Mas esse transtorno não provocou filas nos postos de abastecimento na Alemanha nem no Japão, países que dependem totalmente do petróleo importado. Levou a longas filas nos Estados Unidos, apesar de produzirmos grande parte de nosso próprio petróleo — por uma e apenas uma razão: porque a legislação, administrada por um órgao do governo, não permitiu que o sistema de preços funcionasse. Em determinadas regiões do país, os preços foram mantidos por ordem do governo abaixo do nível que teria equiparado a quantidade de gasolina disponível nos postos de abastecimento com a quantidade que os consumidores queriam comprar àquele preço. Estoques de gasolina foram alocados, por comando, para diferentes áreas do país, não em resposta às pressões da demanda refletida no preço. O resultado foi excesso em algumas áreas e escassez, além de longas filas para gasolina, em outras. O funcionamento fluido do sistema de preços — que durante muitas décadas havia garantido a todos os consumidores comprar gasolina em qualquer posto, com imensa quantidade à sua disposição e com um tempo mínimo de espera — foi substituído pela improvisação burocrática.

Os preços desempenham três funções na organização da atividade econômica: em primeiro lugar, transmitem informação; em segundo, incentivam a adoção dos métodos de produção menos dispendiosos, fazendo com que os recursos disponíveis sirvam aos objetivos mais valiosos; em terceiro, determinam quem recebe quanto do produto — a distribuição de renda. Estas três funções estão intimamente relacionadas.

Transmissão de informação

Suponha que, por qualquer razão, haja uma demanda maior de lápis de grafite — talvez pelo fato de um aumento da população ter gerado um número maior de inscrições nas escolas. As lojas de varejo irão descobrir que estão vendendo mais lápis. Encomendarão mais lápis de seus atacadistas. Os atacadistas irão encomendar mais lápis dos fabricantes. Os fabricantes encomendarão mais madeira, mais latão, mais grafite — todos os diversos produtos usados na fabricação de lápis. Para levar seus fornecedores a produzirem mais desses artigos, terão que oferecer preços mais altos por eles. Os preços mais altos levarão os fornecedores a aumentar a quantidade da mão de obra para terem condições de atender à demanda maior. Para conseguir mais trabalhadores, terão de oferecer salários mais altos ou melhores condições de trabalho. Dessa forma, as ondas propagam-se em círculos cada vez maiores, transmitindo a pessoas do mundo todo a informação do aumento da demanda de lápis — ou, para ser mais exato, de alguns produtos que produzem, por razões que talvez desconheçam ou que nem precisam conhecer.

O sistema de preços transmite apenas as informações importantes e apenas àquelas pessoas que precisam saber. Os produtores de madeira, por exemplo, não precisam saber se a demanda por lápis ocorreu em razão de um aumento populacional ou porque mais 14 mil formulários do governo terão de ser preenchidos a lápis. Eles não precisam nem saber que a demanda por lápis aumentou. Só precisam saber que alguém está disposto a pagar mais por madeira e que o preço maior irá provavelmente permanecer assim por um longo tempo para valer a pena atender a tal demanda. As duas informações são fornecidas pelos preços do mercado — a primeira, pelo preço vigente; a segunda, pelo preço oferecido para entrega futura.

Um problema importante na transmissão de informações de modo eficiente é ter a certeza de enviá-las a todos aqueles que possam fazer uso delas sem entupir o "correio de entrada" daqueles a quem elas não são necessárias. O sistema de preços resolve esse problema automaticamente. As pessoas que transmitem as informações têm um incentivo para procurar as pessoas que possam usá-las e estão em condições de fazê-lo. As pessoas que podem usar as informações, por sua vez, têm um incentivo para obtê-las e também estão em condições de fazê-lo. O fabricante de lápis está em contato com as pessoas que vendem a madeira que ele usa. Ele está sempre tentando encontrar novos fornecedores que possam lhe oferecer um produto melhor a um custo mais baixo. Da mesma forma, o produtor da madeira está em contato com clientes, sempre tentando aumentar seu escopo. Por outro lado, as pessoas que, no momento, não estão envolvidas nessas atividades e não as estão considerando como atividades futuras não têm interesse pelo preço da madeira e irão ignorá-lo.

Hoje em dia, a transmissão de informações a partir dos preços é imensamente facilitada por mercados organizados e por meios de comunicação especializados. É um exercício fascinante olhar as cotações de preços publicadas diariamente, por exemplo, no *Wall Street Journal*, para não mencionar as numerosas outras publicações especializadas em comércio. Esses preços espelham quase instantaneamente o que está acontecendo em todo o mundo. Há uma revolução em um país remoto que é grande produtor de cobre, por exemplo, ou uma interrupção na produção de cobre por qualquer outra razão. O preço vigente do cobre dispara imediatamente. Para descobrir quanto tempo as pessoas especializadas estimam que a oferta de cobre seja afetada, basta examinar os preços para entrega futura na mesma página.

Poucos leitores, mesmo do *Wall Street Journal*, estão interessados em pouco mais do que alguns dos preços cotados. Eles, prontamente, podem ignorar o resto. O *Wall Street Journal* não fornece essas informações por altruísmo ou porque reconhece a importância de sua atuação na economia. É levado a fornecê-las em razão do próprio sistema de preços cujo funcionamento facilita. Ele descobriu que poderá ter uma circulação maior publicando esses preços — informações transmitidas a ele por um conjunto diferente de preços.

Os preços transmitem informações não apenas dos compradores mais próximos para os varejistas, atacadistas, fabricantes e proprietários de recursos; também transmitem informações no sentido contrário. Suponha que um incêndio florestal ou uma greve reduza a disponibilidade de madeira. O preço da madeira irá subir. Isso indicará ao fabricante de lápis que tal fato o obrigará a usar menos madeira e que não compensará produzir tantos lápis quanto antes, a menos que possa vendê-los a um preço maior. A produção reduzida de lápis fará o varejista cobrar um preço mais alto; o preço mais alto informará ao consumidor final que, para compensar, ele terá de usar seu lápis até um tamanho menor antes de jogá-lo fora ou mudar para uma lapiseira. Repetindo, ele não precisa saber por que o lápis ficou mais caro — apenas que ficou.

Qualquer coisa que impeça os preços de exprimir livremente as condições de oferta e procura interfere na transmissão de informações precisas. O monopólio privado — o controle sobre uma mercadoria em particular por parte de um produtor ou um cartel de produtores — é um exemplo. Isso não impede a transmissão de informações por meio do sistema de preços, mas distorce as informações transmitidas. A quadruplicação do preço do petróleo em 1973 pela formação de cartel transmitiu informações muito importantes. Entretanto, as informações que transmitiu não refletiram uma súbita redução na oferta do petróleo bruto, ou uma súbita descoberta de novos conhecimentos técnicos a respeito de futuras ofertas de petróleo, ou qualquer coisa de caráter físico ou técnico contendo a disponibilidade relativa de petróleo e de outras fontes de energia. Transmitiu simplesmente as informações de que um grupo de países havia conseguido estabelecer com êxito um acordo de controle de preços e partilha de mercado.

O controle de preços do petróleo e de outras formas de energia pelo governo dos EUA, por sua vez, impediu que as informações relativas ao efeito do cartel da Opep fossem transmitidas de forma precisa aos consumidores de petróleo. A consequência do controle foi o fortalecimento do cartel da Opep, por ter evitado que um aumento de preço fizesse os consumidores dos EUA economizarem no uso da gasolina, e obrigou a introdução de importantes elementos de comando nos Estados Unidos de modo a alocar a escassa oferta (por um Departamento de Energia que gastou em 1979 cerca de 10 bilhões de dólares, empregando 20 mil pessoas).

Por mais importantes que sejam as distorções do sistema de preços com origem no setor privado, atualmente é o governo a fonte principal de interferência no sistema de economia de mercado — por meio de tarifas e outras restrições ao comércio internacional, da adoção de medidas de âmbito nacional, ou afetando os preços individuais, inclusive salários (ver capítulo 2), da regulamentação governamental de setores específicos (ver capítulo 7), de políticas monetárias e fiscais geradoras de inflação oscilante (ver capítulo 9) e de inúmeros outros canais.

Um dos principais efeitos adversos da inflação oscilante é a introdução, por assim dizer, de interferência na transmissão de informações por meio dos preços. Se, por exemplo, o preço da madeira sobe, os produtores de madeira não têm como saber se isto se deve ao fato de a inflação estar fazendo subir todos os preços ou ao fato de a madeira estar agora em grande demanda ou menor oferta, relativamente aos outros produtos, do que antes da escalada dos preços. A informação importante para a organização da produção está fundamentalmente relacionada com preços relativos — o preço de determinado artigo comparado com o preço de outro. A inflação elevada, e especialmente a inflação altamente variável, abafa essa informação com uma interferência desprovida de sentido.

Incentivos

A transmissão efetiva de informações precisas é desperdiçada, a menos que as pessoas adequadas tenham incentivo para agir, e agir corretamente, com base nessas informações. Ao produtor de madeira não afeta em nada saber que a demanda por madeira aumentou — a menos que tenha algum incentivo para reagir à elevação de preço da madeira produzindo mais madeira. Uma das belezas de um sistema de preços livre é que os preços que trazem as informações também proporcionam tanto um incentivo para reação às informações quanto os meios para tanto.

Essa função dos preços está intimamente relacionada com a terceira função — a determinação da distribuição de renda — e não pode ser explicada sem levar em conta essa função. A renda do produtor — o que ele obtém por sua atividade — é determinada pela diferença entre a quantia que recebe pela venda de sua produção e a quantia que gasta para produzi-la. Ele compara uma com a outra e produz um resultado tal que, produzindo um pouco mais, aumentaria seus gastos tanto quanto sua receita. Um preço mais elevado altera essa margem.

Em geral, quanto mais produz, mais altos são os gastos com a maior produção. Ele tem de recorrer à madeira em lugares menos acessíveis ou em localidades menos favoráveis; tem de contratar trabalhadores menos qualificados ou pagar salários mais altos para atrair trabalhadores mais qualificados de outros setores. Mas agora os preços mais altos permitem que ele assuma esses custos mais elevados e assim proporcionam tanto o incentivo para aumentar a produção quanto os meios de fazê-lo.

Os preços também proporcionam um incentivo para agir com base em informações relativas não apenas à procura dos bens, mas igualmente ao modo mais eficiente de produzi-los. Suponhamos que determinado tipo de madeira se torne escasso e, portanto, mais caro que outro. O fabricante de lápis obtém essa informação a partir do aumento do preço do primeiro tipo de madeira. Como a sua renda é, também, determinada pela diferença entre vendas e custos, ele passa a ter um incentivo para economizar na utilização desse tipo de madeira. Para tomarmos outro exemplo, se para os madeireiros é mais econômico utilizar uma motosserra ou uma serra manual, isto depende da diferença de preços entre uma e outra, da quantidade de trabalho exigido por uma e por outra e dos salários a serem pagos em um e no outro caso. A empresa que faz a extração da madeira tem um incentivo para adquirir o conhecimento técnico relevante e associá-lo às informações transmitidas pelos preços de modo a minimizar os custos.

Ou tomemos um caso ainda mais fantástico que ilustra a sutileza do sistema de preços. O aumento do preço do petróleo maquinado pelo cartel da Opep em 1973 alterou ligeiramente a balança em favor da serra manual ao elevar os custos da operação da motosserra. Se isso parece um exagero, considere o efeito no uso dos caminhões movidos a diesel em comparação com os movidos a gasolina para transportar as toras das florestas para a serraria.

Tomando esse exemplo um passo adiante, o aumento de preço do petróleo, até onde foi permitido ocorrer, elevou relativamente o custo de produtos que usavam mais petróleo em relação aos que usavam menos. Os consumidores tinham, assim, um incentivo para mudar de uns para os outros. O exemplo mais óbvio foram as mudanças ocorridas de carros grandes para carros pequenos e do aquecimento com base em combustíveis derivados do petróleo para aquecimento por carvão ou madeira. Indo bem mais longe, para efeitos ainda mais remotos: à medida que o preço relativo da madeira foi elevado pelo custo mais alto de sua produção ou pela maior demanda por madeira como fonte substituta de energia, o consequente preço mais alto do lápis de grafite deu aos consumidores um incentivo para economizar em lápis! E assim sucessivamente, em uma variedade infinita de exemplos.

Discutimos até agora os efeitos dos incentivos em termos de produtores e consumidores. Mas eles atuam também com relação aos trabalhadores e proprietários de outros recursos de produção. Uma demanda maior da madeira tenderá a gerar um salário mais alto para os madeireiros. É um sinal de que o trabalho desse tipo está com mais demanda do que antes. O salário mais alto dá aos trabalhadores um incentivo para agir com base nessa informação. Alguns trabalhadores para quem era indiferente ser madeireiro ou fazer qualquer outra coisa poderão agora optar por serem madeireiros. Um número maior de jovens entrando no mercado de trabalho poderá ser de madeireiros. Aqui, também, a interferência do governo, por meio dos salários mínimos, por exemplo, ou dos sindicatos, pela restrição de acesso ao mercado, pode distorcer a informação transmitida ou impedir que as pessoas ajam livremente com base nessas informações (ver capítulo 8).

A informação relativa aos preços — sobre salários em diferentes atividades, arrendamento da terra ou retorno de capital aplicado em diferentes usos — não é a única informação relevante para decidir que utilização dar a um determinado recurso. Pode até nem ser a mais importante, particularmente quando se refere ao uso do seu próprio trabalho. Essa decisão depende ainda dos interesses e capacidades da pessoa — o que o grande economista Alfred Marshall denominou de a totalidade das vantagens e desvantagens de um trabalho, monetárias e não monetárias. A satisfação em um emprego pode compensar salários mais baixos. Por outro lado, salários mais altos podem compensar um emprego desagradável.

Distribuição de renda

A renda que cada um obtém através do mercado é determinada, como vimos, pela diferença entre o que se recebe pela venda de bens e serviços e o que se gasta na produção desses bens e serviços. Esses recebimentos consistem predominantemente em pagamentos diretos pelos recursos produtivos que possuímos, pagamentos por trabalho ou pelo uso da terra ou edifícios, ou outras formas de capital. O caso do empresário — como o fabricante de lápis — é diferente na forma, mas não na essência. Sua renda, também, depende de quanto ele possui de cada recurso e do preço que o mercado estabelece pelos serviços associados a esses recursos, embora, no seu caso, o principal recurso produtivo que possui possa ser a capacidade de organizar uma empresa, coordenar os recursos que utiliza, assumir riscos e assim sucessivamente. Ele também pode possuir alguns dos outros recursos produtivos usados na empresa, em cujo caso parte de sua renda advém do preço de mercado dos serviços desses recursos. Do mesmo modo, a existência da grande empresa moderna não altera as coisas. Falamos em termos gerais da "renda da sociedade anônima" ou dizemos que a "empresa" tem uma renda. Trata-se de linguagem figurativa. A sociedade anônima é um intermediário entre os seus proprietários — os acionistas — e os recursos que não o capital dos acionistas, cujos serviços ela compra. Somente as pessoas têm renda e elas a obtêm através do mercado com os recursos que possuem, sejam na forma de ações da empresa, ou de títulos, ou de terra, ou de sua capacidade pessoal.

Em países como os Estados Unidos, o principal recurso produtivo é a capacidade produtiva pessoal — o que os economistas chamam de "capital humano". Algo em torno de três quartos de toda a renda gerada nos Estados Unidos a partir de transações de mercado constitui-se em remuneração de empregados (salários e vencimentos mais os adicionais) e cerca de metade do resto constitui-se em renda de proprietários de empresas agrícolas e não agrícolas, uma mistura de pagamento por serviços pessoais e por capital próprio.

O acúmulo de capital físico — de fábricas, minas, edifícios empresariais, shopping centers; autoestradas, ferrovias, aeroportos, carros, caminhões, aviões, navios; represas, refinarias, centrais elétricas; casas, refrigeradores, máquinas de lavar, e assim por diante em uma variedade infinita — teve um papel essencial no crescimento econômico. Sem esse acúmulo, o tipo de crescimento econômico que temos desfrutado não poderia nunca ter ocorrido. Sem a manutenção do capital herdado, os ganhos realizados por uma geração seriam dissipados pela seguinte.

Mas o acúmulo de capital humano — na forma de aumento do conhecimento e de habilidades e da melhoria na qualidade da saúde e do aumento da longevidade — também teve um papel essencial. E os dois reforçaram um ao outro. O capital físico permitiu que as pessoas se tornassem muito mais produtivas ao prover a elas as ferramentas de trabalho. E a capacidade das pessoas de inventar novas formas de capital físico, de aprender a usá-lo e obter seu máximo, e de organizar seu uso combinado ao do capital humano, em uma escala cada vez maior, tornou o capital físico ainda mais produtivo. Tanto o capital físico quanto o humano devem ser cuidados e substituídos. Isso é ainda mais difícil e dispendioso para este do que para aquele — uma razão importante pela qual o rendimento do capital humano subiu muito mais e mais rapidamente do que o rendimento do capital físico.

A quantidade de recursos que cada um de nós possui é em parte devida à sorte, em parte em razão de escolhas feitas por nós mesmos ou por outras pessoas. A sorte determina nossos genes e, a partir deles, afeta nossa capacidade física e mental. A sorte determina o tipo de família e ambiente cultural no qual nascemos e, como resultado, nossas oportunidades de desenvolver a capacidade física e mental. A sorte determina também outros recursos que podemos herdar de nossos pais ou de outros benfeitores. A sorte pode destruir ou aumentar os recursos com os quais começamos. Mas a escolha também tem um papel importante. Nossas decisões sobre como usar nossos recursos, se devemos trabalhar duro ou ter uma vida mansa, ingressar em uma profissão ou em outra, participar de um empreendimento ou de outro, poupar ou gastar — estas escolhas podem determinar se dissipamos nossos recursos ou melhoramos e acrescentamos outros a eles. Decisões semelhantes feitas por nossos pais, por outros benfeitores, por milhões de pessoas que podem não ter relação direta conosco, afetarão nossa herança.

O preço que o mercado estabelece pelos serviços de nossos recursos é afetado de modo parecido por uma desconcertante mistura de sorte e escolha. A voz de Frank Sinatra era altamente valorizada nos Estados Unidos do século XX. Teria sido altamente valorizada na Índia do século XX, se por acaso ele tivesse nascido e vivido lá? A habilidade de um caçador tradicional ou que usa armadilha tinha um alto valor nos Estados Unidos dos séculos XVIII e XIX e um valor bem menor nos Estados Unidos do século XX. A habilidade de um jogador de beisebol proporcionava rendimentos muito maiores do que os de um jogador de basquete nos anos 1920; o contrário é válido para os anos 1970. Essas são todas questões que envolvem sorte e escolha — nestes exemplos, em sua maior parte, as escolhas feitas por consumidores de serviços determinam os preços relativos do mercado de diferentes artigos. Mas o preço que recebemos pelos serviços de nossos recursos por meio do mercado também depende de nossas próprias escolhas — onde decidimos nos estabelecer, como decidimos usar esses recursos, a quem decidimos vender seus serviços e assim por diante.

Em todas as sociedades, qualquer que seja sua forma de organização, há sempre descontentamento com a distribuição de renda. Todos nós achamos difícil entender por que temos que receber menos que outros que não parecem merecer mais — ou por que devemos ganhar mais do que tantos outros cujas necessidades parecem ser tão grandes quanto as nossas e cujas penas não parecem menores. A grama do vizinho sempre parece mais verde — assim pomos a culpa no sistema vigente. Em um sistema de comando, a inveja e a insatisfação são dirigidas aos governantes. Em um sistema de livre mercado, são dirigidas ao mercado.

Uma consequência foi a tentativa de separar essa função do sistema de preços — a distribuição de renda — de suas outras funções — a transmissão de informações e a oferta de incentivos. A maior parte das atividades do governo nas últimas décadas nos Estados Unidos e em outros países onde predomina a economia de mercado foi direcionada para mudar a distribuição de renda gerada pelo mercado de modo a produzir uma distribuição de renda diferente e mais equitativa. Há uma forte corrente de opinião pressionando para que se deem mais passos nessa direção. Analisaremos tal movimento com mais profundidade no capítulo 5.

Por mais que queiramos o contrário, simplesmente não é possível usar os preços para transmitir informações e fornecer um incentivo para que se aja com base nessas informações sem usar os preços também para afetar, se é que não para determinar totalmente, a distribuição de renda. Se o que uma pessoa ganha não depende do preço do que recebe pelos serviços de seus recursos, que incentivo ela tem para buscar informações sobre preços para agir com base nessas informações? Se a renda de Red Adair fosse a mesma, desempenhasse ele ou não a arriscada tarefa de controlar poços de petróleo em chamas, por que ele iria aceitar a arriscada tarefa? Ele poderia fazer isso uma vez, por conta da empolgação. Mas será que faria disso sua principal atividade? Se a sua renda for a mesma trabalhando muito ou pouco, por que você daria duro? De que vale o esforço para ir em busca do comprador que valoriza altamente o que você tem a vender se não há nada a ganhar com isso? Se não houver recompensa pelo acúmulo de capital, por que alguém adiaria para outra ocasião o que pode usufruir hoje? Por que poupar? Como o capital físico atual poderia ter sido construído pela economia voluntária das pessoas? Se não houvesse recompensa pela manutenção do capital, por que as pessoas não iriam dissipar qualquer capital que tivessem obtido, seja por acúmulo, seja por herança? Se os preços são impedidos de afetar a distribuição de renda, não podem ser usados para outras finalidades. A única alternativa é o comando. Alguma autoridade precisaria decidir quem deveria produzir o quê e em que quantidade. Alguma autoridade precisaria decidir quem deveria varrer as ruas e quem gerenciaria a fábrica, quem deveria ser o policial e quem o médico.

A íntima relação entre as três funções do sistema de preços se manifestou de forma diferente nos países comunistas. Toda sua ideologia está centrada na suposta exploração da mão de obra no capitalismo e na superioridade associada de uma sociedade baseada na frase de Marx: "De cada qual segundo sua capacidade, a cada qual segundo suas necessidades." Mas a incapacidade de governar uma economia puramente de comando tornou impossível separar totalmente a renda dos preços.

Com relação aos recursos físicos — terra, edificações e coisas do tipo —, eles conseguiram ir mais longe, tornando-os propriedade do governo. Mas mesmo aqui o efeito é uma ausência de incentivo para manter e melhorar o capital físico. Quando alguma coisa é de todo mundo, ela não é de ninguém e ninguém tem interesse direto em manter e melhorar as condições de tal coisa. É por isso que os edifícios na União Soviética — como as moradias populares nos Estados Unidos — parecem decrépitos em um ano ou dois após sua construção: por isso as máquinas nas fábricas do governo quebram e estão em permanente necessidade de conserto; por isso os cidadãos precisam recorrer ao mercado negro para manter o capital que têm para seu uso pessoal.

Com relação aos recursos humanos, os governos comunistas não foram capazes de ir tão longe quanto foram com os recursos físicos, apesar de terem tentado. Tiveram até que permitir às pessoas serem proprietárias de si mesmas até certo ponto e deixá-las tomar suas próprias decisões e determinar a renda a ser recebida. É claro que distorceram esses preços, impedindo-os de serem os preços de um livre mercado, mas não puderam acabar com a força do mercado.

A óbvia ineficiência resultante do sistema de comando levou a muito debate entre os planejadores dos países socialistas — Rússia, Tchecoslováquia, Hungria, China — sobre a possibilidade de se fazer maior uso do mercado na organização da produção. Em uma conferência de economistas do Oriente e do Ocidente, ouvimos certa vez uma brilhante palestra de um economista marxista húngaro. Ele havia descoberto, por si mesmo, a mão invisível de

Adam Smith — uma realização intelectual notável, se não um tanto redundante. Entretanto, tentou desenvolvê-la com o intuito de usar o sistema de preços para transmitir informações e organizar a produção de modo eficiente, mas não para a distribuição de renda. Desnecessário dizer que ele fracassou na teoria como fracassaram os países comunistas na prática.

Uma visão mais ampla

A "mão invisível" de Adam Smith é considerada uma referência para compras ou vendas de bens e serviços por dinheiro. Mas a atividade econômica não é, de forma alguma, a única área da vida humana na qual uma estrutura complexa e sofisticada desponta como uma consequência não intencional de um enorme número de indivíduos cooperando entre si enquanto buscam seus próprios interesses.

Considere, por exemplo, a linguagem. É uma estrutura complexa que está continuamente mudando e se desenvolvendo. Tem uma ordem bem definida e, no entanto, nenhuma autoridade central a planejou. Ninguém decidiu que palavras deveriam ser admitidas na linguagem, como deveriam ser as regras da gramática, que palavras deveriam ser adjetivos, quais seriam os substantivos. A Academia Francesa, por exemplo, bem que tenta controlar as mudanças no francês, mas isso é um acontecimento recente. A instituição foi criada muito depois, quando o idioma já era altamente estruturado. Ela só serve para pôr seu selo de aprovação nas mudanças sobre as quais não tem nenhum controle. Tem havido umas poucas instituições semelhantes para outras línguas.

Como se desenvolveu a linguagem? De um modo muito semelhante ao do desenvolvimento da ordem econômica através do mercado — pela interação voluntária de indivíduos, neste caso procurando trocar ideias, informações ou fazer fofoca, em vez de trocar bens e serviços uns com os outros. Um ou outro sentido foi atribuído a uma palavra, ou palavras foram acrescentadas conforme a necessidade. Duas partes que querem comunicar entre si se beneficiam mutuamente ao chegar a um acordo sobre as palavras que usam. À medida que cada vez mais pessoas acham vantajoso se comunicar umas com as outras, o uso comum se propaga e é codificado em dicionários. Em momento algum há qualquer coerção, nem planejador central com poder de comando, apesar de sistemas de ensino governamentais terem tido, em épocas recentes, um importante papel na padronização do uso.

Outro exemplo é o conhecimento científico. A estrutura das disciplinas — física, química, meteorologia, filosofia, ciências humanas, sociologia, economia — não foi resultado de uma decisão deliberada por alguma pessoa. Como Topsy, "apenas cresceu".* Cresceu porque assim pareceu mais conveniente aos estudiosos. Não é estanque, mas muda à medida que se desenvolvem diferentes necessidades.

Dentro de cada disciplina, o desenvolvimento de seu objeto tem um estreito paralelo com o mercado econômico. Os estudiosos cooperam uns com os outros porque acham mutuamente benéfico. Aceitam o que consideram útil no trabalho dos outros. Compartilham suas descobertas — por comunicação verbal, por meio da publicação e divulgação de estudos inéditos, através de periódicos e livros. A cooperação é mundial, assim como no mercado econômico. A estima ou a aprovação de seus colegas

---

* No original, *"Like Topsy, it 'just growed'"*. A expressão tem origem na personagem Topsy do livro *A cabana do pai Tomás*, de Harriet Beecher Stowe. Indagada sobre quem eram seus pais e qual a sua origem, Topsy, uma garota escrava, selvagem e incivilizada, responde que não teve pais, não nasceu, apenas "cresceu". [N. da T.]

acadêmicos tem o mesmo papel da recompensa monetária no mercado econômico. O desejo de ganhar essa estima, de ter seus trabalhos aceitos por seus pares, leva os estudiosos a conduzirem suas atividades em direções cientificamente eficientes. O todo se torna maior do que a soma de suas partes, à medida que um estudioso constrói sobre o trabalho de outro. Por sua vez, seu trabalho serve de base para um desenvolvimento subsequente. A física moderna é tanto produto de um livre mercado de ideias quanto um automóvel moderno é um produto de um livre mercado de bens. Aqui, também, a evolução foi muito influenciada, especialmente em tempos recentes, por conta do envolvimento do governo, que afetou tanto os recursos disponíveis quanto os tipos de conhecimento que estiveram em demanda. Ainda assim, o governo teve um papel secundário. De fato, uma das ironias da situação é que muitos estudiosos que eram fortemente a favor do planejamento central do governo na atividade econômica reconheceram claramente o perigo que o planejamento central do governo sobre a ciência imporia ao progresso científico, o perigo de ter prioridades impostas de cima para baixo, em vez de surgirem espontaneamente das buscas às cegas e das explorações de cientistas.

Os valores de uma sociedade, sua cultura, suas convenções sociais — tudo isto se desenvolve do mesmo modo, a partir da troca voluntária, da cooperação espontânea, da evolução de uma estrutura complexa por meio de ensaio e erro, da aceitação e da rejeição. Nenhum monarca jamais decretou que o tipo de música que é apreciado pelos moradores de Calcutá, por exemplo, deveria ser diferente do tipo apreciado pelos moradores de Viena. Essas culturas musicais completamente diferentes se desenvolveram sem que alguém as "planejasse" desse modo, através de uma espécie de evolução social que se assemelha com a evolução biológica — embora, é claro, certos soberanos ou até mesmo governantes eleitos possam ter afetado a direção da evolução social ao patrocinarem um ou outro músico ou tipo de música, assim como indivíduos ricos fizeram de modo privado.

As estruturas produzidas pela troca voluntária, sejam elas a linguagem, as descobertas científicas, os estilos musicais ou sistemas econômicos, desenvolvem uma vida própria. São capazes de tomar muitas formas diferentes sob diferentes circunstâncias. A troca voluntária pode produzir uniformidade em alguns aspectos e, ao mesmo tempo, a diversidade em outros. É um processo sutil cujos princípios gerais de funcionamento podem muito facilmente ser percebidos, mas cujos resultados quase nunca podem ser previstos em detalhe.

Tais exemplos podem indicar não apenas o vasto âmbito para a troca voluntária, mas também o amplo significado que deve ser atribuído ao conceito de "interesse próprio". Uma preocupação mesquinha com o mercado econômico levou a uma interpretação mesquinha do interesse próprio, como se fosse um egoísmo míope, uma preocupação exclusiva com recompensas imediatas e materiais. A economia foi severamente acusada por, supostamente, tirar conclusões abrangentes a partir de um "homem econômico" totalmente irrealista que é pouco mais do que uma máquina de calcular, que responde apenas aos estímulos monetários. Um grande erro. Interesse próprio não é um egoísmo míope. É o que interessa aos participantes, seja lá o que for, o que quer que eles valorizem, quaisquer que sejam os objetivos que busquem. O cientista que procura alargar as fronteiras de sua disciplina, o missionário que procura converter infiéis à verdadeira fé, o filantropo que procura levar conforto ao necessitado — todos estão em busca de seus interesses, do seu ponto de vista, conforme avaliam a partir de seus valores pessoais.

O papel do governo

Onde o governo entra neste cenário? Em certa medida, o governo é uma forma de cooperação voluntária, um modo pelo qual as pessoas decidem atingir alguns de seus objetivos através de entidades governamentais porque acreditam que este é o meio mais efetivo de atingi-los.

O exemplo mais claro é o do governo local em condições nas quais as pessoas são livres para escolher onde querem viver. Você pode decidir viver em uma determinada comunidade, escolhendo livremente, em parte em função do tipo de serviços que o governo de tal comunidade oferece. Se o governo se envolve em atividades às quais você faz objeções ou pelas quais não deseja pagar e estas mais do que pesam em relação às atividades que você aprova e pelas quais de fato deseja pagar, você pode "votar com seus pés", isto é, mudar-se para outro lugar. Existe uma concorrência, limitada mas real, desde que haja alternativas disponíveis.

Mas o governo é mais do que isso. É também a organização amplamente considerada detentora de um monopólio sobre o uso legítimo da força ou de sua ameaça como o meio pelo qual podemos legitimamente impor restrições pelo uso da força uns sobre os outros. O papel do governo nesse sentido mais básico mudou de forma drástica ao longo do tempo na maioria das sociedades e diferiu amplamente entre as sociedades, qualquer que fosse o momento. Grande parte do resto deste livro aborda como seu papel mudou nos Estados Unidos nas últimas décadas e quais foram os efeitos de suas ações.

Nesta abordagem inicial, desejamos considerar uma questão bem diferente. Em uma sociedade cujos participantes desejam alcançar a maior liberdade possível de escolha como indivíduos, como famílias, como membros de grupos voluntários, como cidadãos de um governo organizado, que papel deveria ser atribuído ao governo?

Não é muito fácil acrescentar algo de melhor à resposta que Adam Smith deu a essa pergunta duzentos anos atrás:

> Consequentemente, uma vez eliminados inteiramente todos os sistemas, sejam eles preferenciais ou de restrições, impõe-se por si mesmo o sistema óbvio e simples da liberdade natural. Deixa-se a cada qual, enquanto não violar as leis da justiça, perfeita liberdade de ir em busca de seu próprio interesse, a seu próprio modo, e faça com que tanto seu trabalho como seu capital concorram com os de qualquer outra pessoa ou categoria de pessoas. O soberano fica totalmente desonerado de um dever que, se ele tentar cumprir, sempre o deverá expor a inúmeras decepções e para essa obrigação não haveria jamais sabedoria ou conhecimento humano que bastassem: a obrigação de superintender a atividade das pessoas particulares e de orientá-las para as ocupações mais condizentes com o interesse da sociedade. Segundo o sistema da liberdade natural, ao soberano cabem apenas três deveres; três deveres, por certo, de grande relevância, mas simples e inteligíveis ao entendimento comum: primeiro, o dever de proteger a sociedade contra a violência e a invasão de outros países independentes; segundo, o dever de proteger, na medida do possível, cada membro da sociedade contra a injustiça e a opressão de qualquer outro membro da mesma, ou seja, o dever de implantar uma completa administração da justiça; e, terceiro, o dever de criar e manter certas obras públicas e certas instituições públicas que jamais algum indivíduo ou um pequeno número de indivíduos poderá ter interesse em criar e manter, já que o lucro nunca poderia compensar o gasto de qualquer indivíduo ou de um pequeno número de indivíduos, embora muitas vezes possa até compensar muito o gasto de uma grande sociedade.[3]

Os dois primeiros deveres são claros e simples: a proteção dos indivíduos na sociedade contra a coerção, seja ela proveniente de fora ou de seus conterrâneos. A menos que haja tal proteção, não somos, de fato, livres para escolher. O "a bolsa ou a vida" do ladrão armado me oferece uma escolha, mas ninguém definiria isto como uma livre escolha nem a troca subsequente como voluntária. É claro que, como veremos repetidas vezes neste livro, uma coisa é afirmar o propósito ao qual uma instituição, em especial uma instituição governamental, "tem que" servir; outra coisa bem diferente é descrever os propósitos aos quais a instituição realmente serve. As intenções das pessoas responsáveis pela criação da instituição e as das pessoas que a administram diferem profundamente. Igualmente importante é o fato de os resultados obtidos quase sempre diferirem amplamente dos almejados.

As forças militares e policiais têm por obrigação impedir a coerção de fora e de dentro. Nem sempre têm êxito e o poder que detêm é algumas vezes usado para propósitos bem diferentes. Um problema importante para se conseguir e se manter uma sociedade livre é exatamente como garantir que os poderes coercitivos outorgados ao governo para preservar a liberdade sejam limitados a essa função e sejam impedidos de se tornarem uma ameaça à liberdade. Os fundadores de nosso país lutaram com esse problema ao redigirem a Constituição. Acostumamo-nos a negligenciá-lo.

O segundo dever, para Adam Smith, vai além da estrita função policial de proteger as pessoas de coerção física; inclui "uma completa administração da justiça". Nenhuma troca voluntária que seja de modo algum complicada ou se estenda por um considerável período de tempo está livre de ambiguidade. Não há letra miúda no mundo capaz de especificar com antecedência todas as contingências que possam surgir, nem de descrever com precisão as obrigações das diversas partes de uma troca em cada caso. Tem de haver um modo de mediar os conflitos. Tal mediação pode ser em si voluntária e não precisa envolver o governo. Nos Estados Unidos, hoje, a maioria das divergências oriundas de contratos comerciais é resolvida recorrendo-se a árbitros particulares escolhidos previamente de acordo com um determinado processo. Como resultado dessa demanda, expandiu-se um enorme sistema judicial privado. Mas o tribunal de último recurso é proporcionado pelo sistema judicial do governo.

Esse papel do governo também inclui facilitar as trocas voluntárias adotando regras gerais — as regras do jogo econômico e social do qual participam os cidadãos de uma sociedade livre. O exemplo mais óbvio é o significado a ser associado à propriedade privada. Eu tenho uma casa. Se você pilotar um avião a mais de 3 metros de altura do meu telhado, estará "ultrapassando" minha propriedade privada? E 300 metros de altura? E 3 quilômetros? Não há nada de "natural" sobre onde meus direitos de propriedade terminam e os seus começam. O principal modo pelo qual a sociedade chegou a um acordo sobre as leis que regem a propriedade foi pelo fortalecimento do direito consuetudinário, apesar de recentemente a legislação ter tido um papel cada vez maior.

O terceiro dever, de acordo com Adam Smith, levanta as questões mais problemáticas. Ele próprio o considerava tendo uma aplicação restrita. Desde então, tem sido usado para justificar um alcance cada vez maior das atividades do governo. Em nosso modo de ver, especifica um válido dever de um governo voltado para a preservação e o fortalecimento de uma sociedade livre; mas também pode ser interpretado para justificar uma expansão ilimitada do poder do governo.

O elemento válido se dá em função do custo de se produzir alguns bens e serviços estritamente a partir das trocas voluntárias. Para se tomar um exemplo simples oferecido diretamente pela descrição do terceiro dever por Adam Smith: as ruas das cidades e o acesso geral às rodovias poderiam ser fornecidos por troca voluntária privada, sendo os gastos custeados pela cobrança de pedágio. Mas os custos da coleta dessas tarifas seriam quase sempre enormes comparados com o custo da construção e manutenção das ruas e rodovias. Esta é uma "obra pública" que pode "não ser do interesse de qualquer indivíduo [...] realizar e manter", mas pode compensar, no entanto, para "uma grande sociedade".

Um exemplo mais sutil envolve efeitos sobre "terceiros", pessoas que não fazem parte da troca específica — o caso clássico do "incômodo da fumaça". Seu forno solta fumaça com fuligem que suja o colarinho da camisa de "terceiros". Sem que fosse sua intenção, você impôs custos a alguém. Essa pessoa estaria disposta a deixá-lo sujar seu colarinho por um preço — mas simplesmente não é viável para você identificar todas as pessoas afetadas por sua ação, tampouco é válido para esses "terceiros" descobrir quem sujou seus colarinhos e exigir uma indenização ou um acordo individual.

O efeito de suas ações sobre terceiros pode ser o de proporcionar benefícios em vez de lhes impor custos. Você cria uma bela paisagem para sua casa e todos que passam por ela têm prazer em vê-la. Eles estariam dispostos a pagar alguma coisa pelo privilégio, mas não é viável cobrar deles por olharem para suas lindas flores.

Caindo no jargão técnico, há uma "falha de mercado" por causa de efeitos "externos" ou de "vizinhança" pelos quais não é viável, ou seja, custaria muito compensar ou cobrar das pessoas afetadas; terceiros tiveram trocas involuntárias impostas a eles.

Quase tudo o que fazemos tem algum efeito sobre terceiros, não importa quão pequeno ou remoto. Em consequência, o terceiro dever, segundo Adam Smith, pode, à primeira vista, parecer justificar quase toda medida proposta pelo governo. Mas isso é uma falácia. As medidas do governo também têm efeitos sobre terceiros. As "falhas de governo", não menos que as "falhas de mercado", surgem de efeitos "externos" ou de "vizinhança". E se esses efeitos são importantes para uma transação de mercado, provavelmente também são importantes para as ações do governo que têm a intenção de corrigir a "falha de mercado". A origem principal de efeitos significativos sobre terceiros de ações de particulares é a dificuldade de identificar os custos ou os benefícios externos. Quando é fácil identificar quem é prejudicado ou quem é beneficiado, e em quanto, é bastante simples substituir a troca involuntária pela voluntária ou, ao menos, exigir compensação individual. Se o seu carro bate no de alguém por causa de sua negligência, você poderá ser obrigado a pagar pelos danos, ainda que a troca tenha sido involuntária. Se fosse fácil saber de quem seriam os colarinhos a serem sujos, seria possível a você compensar as pessoas afetadas ou, de modo contrário, seria possível que lhe pagassem para lançar menos fumaça.

Se é difícil para terceiros, na esfera privada, identificar quem impõe custos ou benefícios a quem, também é difícil ao governo fazê-lo. Como resultado, a tentativa de consertar a situação pode muito bem tornar as coisas piores em vez de melhores — impondo custos a terceiros inocentes ou concedendo benefícios a espectadores sortudos. Para financiar suas atividades, o governo tem de coletar impostos que, por si só, afetam o que os contribuintes fazem — mais um efeito sobre terceiros. Além disso, cada acréscimo de poder ao governo, para qualquer propósito, aumenta o perigo de que tal governo, em vez de servir à grande maioria de seus cidadãos, venha a ser um meio pelo qual alguns indivíduos tiram vantagem de outros. Cada medida governamental carrega, digamos assim, uma chaminé em suas costas.

Arranjos voluntários podem englobar efeitos sobre terceiros em um âmbito muito maior do que à primeira vista. Tomando um exemplo trivial, a gorjeta nos restaurantes é um costume social que leva você a garantir um serviço melhor para pessoas que talvez não conheça ou que jamais encontrará de novo e, em troca, você tem a garantia de receber um serviço melhor pelas ações de outro grupo de terceiros anônimos. No entanto, de fato ocorrem efeitos de ações particulares sobre terceiros que são suficientemente importantes para justificar a ação governamental. A lição a ser tirada do mau uso do terceiro dever do governo, segundo Adam Smith, não é a de que sua intervenção nunca se justifique, mas a de que o ônus da prova deve ser de seus proponentes. Devemos desenvolver a prática de analisar tanto os benefícios quanto os custos das propostas de intervenção do governo e exigir uma justificativa muito clara a favor dos benefícios em vista dos custos antes de adotá-las. Esse modo de ação é recomendado não apenas pela dificuldade de se ter acesso aos custos ocultos da intervenção do governo, mas também por outra razão. A experiência mostra que, uma vez que o governo toma a seu cargo uma atividade, raramente ela é extinta. A atividade pode não corresponder às expectativas, mas é mais provável que isso leve à sua ampliação — um orçamento ainda maior — do que à sua restrição ou extinção.

Um quarto dever que Adam Smith não mencionou explicitamente é o dever de proteger membros da comunidade que não podem ser considerados indivíduos "responsáveis". Assim como o terceiro dever de Adam Smith, esse também é suscetível de grande abuso. No entanto, não pode ser evitado.

A liberdade é um objetivo sustentável apenas para pessoas responsáveis. Não acreditamos na liberdade para loucos nem para crianças. Temos de traçar uma linha divisória, de algum modo, entre indivíduos responsáveis e os outros. Contudo, isso cria uma ambiguidade fundamental em nossa meta máxima de liberdade. Não podemos rejeitar categoricamente o paternalismo para aqueles que nós consideramos irresponsáveis.

Em relação às crianças, atribuímos a responsabilidade principal aos pais. A família, não o indivíduo, sempre foi e continua sendo hoje o pilar fundamental de nossa sociedade, apesar de seu baluarte estar claramente enfraquecendo — uma das consequências mais infelizes do crescimento do paternalismo do governo. Contudo, a atribuição de responsabilidade dos pais por seus filhos é muito mais uma questão de conveniência do que de princípio. Acreditamos, e por boas razões, que os pais têm mais interesse em seus filhos do que qualquer outra pessoa e confiamos que irão protegê-los e garantir seu desenvolvimento para que se tornem adultos responsáveis. Entretanto, não cremos que os pais tenham o direito de fazer o que bem entenderem com seus filhos — bater neles, matá-los ou vendê-los para serem escravos. As crianças são indivíduos responsáveis em estado embrionário. Elas têm seus próprios direitos fundamentais e não são simplesmente o brinquedo de seus pais.

Os três deveres definidos por Adam Smith, ou os nossos quatro deveres do governo, são, realmente, "de grande importância", mas são muito menos "simples e inteligíveis ao entendimento comum" do que ele supunha. Embora não possamos decidir a respeito da conveniência ou inconveniência de qualquer intervenção governamental, seja ela real ou proposta, fazendo uma referência mecânica a uma ou a outra, essas intervenções fornecem um conjunto de princípios que podemos usar ao montarmos um balanço de prós e contras. Mesmo em uma interpretação mais livre, eles descartam muita intervenção vigente do governo — todos aqueles "sistemas de preferência ou de contenção" contra os quais Adam Smith lutou, subsequentemente destruídos, reapareceram na forma das atuais tarifas, dos preços e salários fixados pelo governo, das restrições ao ingresso em diversas profissões e numerosos outros distanciamentos de seu "sistema simples de liberdade natural". (Muitos deles são analisados em capítulos posteriores.)

O governo limitado na prática

No mundo de hoje, um governo ilimitado parece ser algo bem difundido. Podemos perguntar se existem exemplos contemporâneos de sociedades que se baseiam fundamentalmente na troca voluntária por meio do mercado para organizar sua atividade econômica e em quais o governo é limitado aos nossos quatro deveres.

Talvez o melhor exemplo seja Hong Kong — um pedaço de terra próximo à China continental, contendo mais de mil quilômetros quadrados, com uma população de 4,5 milhões de pessoas, aproximadamente. A densidade populacional é quase inacreditável — quatorze vezes o número de pessoas do Japão por quilômetro quadrado, 185 vezes o dos Estados Unidos. No entanto, usufruem de um dos mais elevados padrões de vida de toda a Ásia — perdendo apenas para o Japão e talvez Cingapura.

Hong Kong não tem tarifas ou outras restrições ao comércio internacional (exceto por algumas restrições "voluntárias" impostas pelos Estados Unidos e alguns outros importantes países). Não tem gerenciamento governamental da atividade econômica, não tem leis sobre salário mínimo, não há fixação de preços. Os residentes são livres para comprar de quem quiserem, vender para quem quiserem, trabalhar para quem quiserem.

O governo tem um papel importante, limitado fundamentalmente aos nossos quatro deveres, em uma interpretação um tanto limitada. Aplica a lei e a ordem, provê um meio para a formulação de normas de conduta, julga os litígios, é um facilitador dos transportes e das comunicações e supervisiona a emissão de moeda. Proporcionou habitação pública aos refugiados da China. Apesar de as despesas do governo terem crescido à medida que a economia cresceu, continuam sendo das mais baixas do mundo proporcionalmente à renda das pessoas. Como resultado, os baixos impostos preservam os incentivos. Os empresários podem colher os benefícios de seu sucesso, mas também têm de arcar com os custos de seus erros.

É de certa forma irônico que Hong Kong, uma colônia da Grã-Bretanha, seja o exemplo moderno da economia de mercado e do governo limitado. Os funcionários britânicos que governam Hong Kong permitiram que o país crescesse seguindo políticas diametralmente opostas às políticas de bem-estar social adotadas pela pátria-mãe.

Apesar de Hong Kong ser um excelente exemplo atual, não é, de modo algum, o exemplo mais importante de sociedade com governo limitado e economia de mercado na prática. Para isso, temos que voltar no tempo, ao século XIX. O exemplo do Japão dos primeiros trinta anos após a Restauração Meiji, em 1867, deixaremos para o capítulo 2.

Dois outros exemplos são a Grã-Bretanha e os Estados Unidos. *A riqueza das nações*, de Adam Smith, foi um dos primeiros ataques na batalha para pôr fim às restrições do governo sobre a indústria e o comércio. A vitória final nessa batalha veio setenta anos depois, em 1846, com a revogação das chamadas Leis dos Grãos — leis que impunham tarifas e outras restrições sobre a importação de trigo e outros cereais, referidos coletivamente como "grãos". Isso marcou o início de três quartos de um século de um comércio totalmente livre que durou até a eclosão da Primeira Guerra Mundial e completou uma transição, iniciada décadas antes, para um governo altamente limitado, um governo que deixava cada residente da Inglaterra, citando palavras proferidas anteriormente por Adam Smith, "perfeitamente livre para buscar seu próprio interesse a seu próprio modo e levar sua indústria e seu capital para a concorrência com os de qualquer outro homem ou grupo de homens".

O crescimento econômico foi rápido. O padrão de vida do cidadão comum melhorou consideravelmente — tornando ainda mais visíveis as áreas remanescentes de pobreza e miséria, retratadas de forma tão comovente por Dickens e outros romancistas contemporâneos. A população cresceu junto com o padrão de vida. A Inglaterra cresceu em poder e influência em todo o mundo. Tudo isso ao mesmo tempo que os gastos do governo caíram proporcionalmente à renda nacional — de próximo a um quarto da renda nacional no início do século XIX a cerca de um décimo da renda nacional na época do jubileu da rainha Vitória, em 1897, quando a Inglaterra estava no auge de seu poder e glória.

Os Estados Unidos são outro exemplo marcante. Havia tarifas justificadas por Alexander Hamilton em seu famoso *Relatório sobre manufaturas*, no qual tentou — com evidente insucesso — refutar os argumentos de Adam Smith a favor do livre-comércio. Mas elas eram modestas, pelos padrões atuais, e poucas outras restrições governamentais impediam o livre-comércio no país ou no exterior. Até depois da Primeira Guerra Mundial, a imigração era quase totalmente livre (havia restrições de imigração do Oriente). Como está na inscrição da Estátua da Liberdade:

> *Dê-me seus cansados, seus pobres,*
> *Suas massas encurraladas ansiosas por respirar liberdade.*
> *O miserável refugo das suas costas apinhadas.*
> *Envie-me estes, os sem-teto, jogados pela tempestade:*
> *Eu levanto minha lâmpada ao lado da porta dourada.*

Eles vieram aos milhões e aos milhões foram absorvidos. Prosperaram porque foram deixados por conta de seus próprios recursos.

Cresceu um mito sobre os Estados Unidos que pinta o século XIX como a era do barão usurpador, do individualismo cruel e desenfreado. Capitalistas monopolistas sem coração supostamente exploravam os pobres, encorajavam a imigração e então exploravam os imigrantes sem dó nem piedade. Wall Street é pintada como a avenida Central da trapaça, como sanguessuga dos vigorosos fazendeiros do centro-oeste americano que sobreviveram apesar do desespero e da miséria generalizada que se infligiram a eles.

A realidade foi muito diferente. Os imigrantes continuaram a vir. Pode ser que os primeiros tenham sido explorados, mas é inconcebível que milhões continuassem a vir para os Estados Unidos década após década para serem explorados. Vieram porque as esperanças daqueles que os precederam haviam sido realizadas em grande parte. As ruas de Nova York não eram pavimentadas com ouro, mas o trabalho duro, a frugalidade e o empreendedorismo trouxeram recompensas nem sequer imagináveis no Velho Mundo. Os recém-chegados se espalharam do leste para o oeste. Ao se espalharem, cidades começaram a surgir, mais terra passou a ser cultivada. O país tornou-se mais próspero e mais produtivo e os imigrantes compartilharam da prosperidade.

Se os fazendeiros eram explorados, por que seu número aumentou? De fato, os preços dos produtos agrícolas caíram. Mas isso foi um sinal de sucesso, não de fracasso, refletindo o desenvolvimento de máquinas, o aumento da quantidade de terras sendo cultivadas e as melhorias nas comunicações, tudo isso levando a um rápido crescimento da produção agrícola. A prova conclusiva é de que o preço da terra cultivável subia continuamente — o que dificilmente é um sinal de que a agricultura era um setor em declínio!

A acusação de crueldade, exemplificada no comentário que William H. Vanderbilt, um magnata das ferrovias, teria feito a uma indagação de um repórter — de que "o público que se dane" —, é desmentida pela crescente atividade caritativa nos Estados Unidos do século XIX. Escolas e universidades financiadas pelo setor privado se multiplicaram; houve uma explosão de atividades missionárias no exterior; hospitais particulares, orfanatos e diversas outras instituições sem fins lucrativos brotaram como capim. Quase todas as organizações de caridade ou de serviços públicos, desde a Sociedade para a Prevenção da Crueldade Contra Animais até a Associação Cristã de Moços em sua versão masculina e feminina, da Associação dos Direitos dos Índios até o Exército da Salvação datam dessa época. A cooperação voluntária não é menos eficaz na organização de atividades caritativas do que na organização da produção com fins lucrativos.

A atividade caritativa foi acompanhada de uma explosão da atividade cultural — museus, de arte, teatros de ópera, sinfônicas e bibliotecas públicas surgiram tanto nas grandes cidades quanto nas cidades de fronteira.

O tamanho dos gastos do governo é uma medida de seu papel. Grandes guerras à parte, as despesas do governo de 1800 até 1929 não ultrapassaram os 12% da renda nacional. Dois terços eram gastos dos governos estaduais e locais, na maior parte para escolas e estradas. Até 1928, as despesas do governo federal correspondiam a cerca de 3% da renda nacional.

O sucesso dos Estados Unidos é muitas vezes atribuído a seus generosos recursos naturais e seus vastos territórios. Eles certamente contribuíram — mas então, se eles fossem essenciais, o que explica o sucesso da Grã-Bretanha e do Japão do século XIX ou de Hong Kong do século XX?

É comum se afirmar que uma política de não intervenção e de governo limitado era viável nos Estados Unidos do século XIX, ainda pouco habitado, e que o governo deve desempenhar um papel bem maior, na realidade dominante, em uma sociedade moderna urbanizada e industrial. Uma hora em Hong Kong derrubará essa visão.

Nossa sociedade é o que fazemos dela. Podemos moldar nossas instituições. As características físicas e humanas limitam as alternativas disponíveis a nós. Mas nenhuma nos impede, se quisermos, de construir uma sociedade que se fundamenta essencialmente na cooperação voluntária para organizar tanto a atividade econômica quanto as outras atividades, uma sociedade que preserva e amplia a liberdade humana, que mantém o governo em seu lugar, tornando-o nosso servo e não deixando que se torne nosso senhor.

2

A tirania dos controles

Ao discutir as tarifas e outras restrições ao comércio internacional em sua obra *A riqueza das nações*, Adam Smith escreveu:

> O que é prudente na conduta de qualquer família particular dificilmente constituirá insensatez na conduta de um grande reino. Se um país estrangeiro estiver em condições de nos fornecer uma mercadoria a preço mais baixo do que o da mercadoria fabricada por nós mesmos, é melhor comprá-la com uma parcela da produção de nossa própria atividade, empregada de forma que possamos auferir alguma vantagem. [...] Em cada país, sempre é e deve ser de interesse do grande conjunto da população comprar tudo o que quiser daqueles que vendem a preço mais baixo. A proposição é de tal evidência que parece ridículo empenhar-se em demonstrá-la; e ela jamais poderia ter sido questionada, se os sofismas interesseiros dos comerciantes e dos produtores não tivessem confundido o senso comum da humanidade. Sob esse aspecto, o interesse deles é diretamente oposto ao do grande conjunto da população.[1]

Essas palavras são tão válidas hoje quanto eram na época. No comércio exterior, assim como no comércio nacional, é do interesse "do grande conjunto da população" comprar da fonte mais barata e vender para a mais cara. No entanto, "os sofismas interesseiros" levaram a uma proliferação desnorteante de restrições sobre o que podemos comprar e vender; de quem podemos comprar e a quem podemos vender, e em que termos; quem podemos empregar e para quem podemos trabalhar; onde podemos morar e o que podemos comer e beber.

Adam Smith chamou atenção para "os sofismas interesseiros dos comerciantes e dos produtores". Eles podem ter sido os principais culpados na sua época. Hoje eles têm muita companhia. De fato, dificilmente haverá alguém entre nós que não esteja envolvido em "sofismas interesseiros" em uma área ou noutra. Nas palavras imortais de Pogo, personagem da tira de jornal homônima criada por Walt Kelly, "encontramos o inimigo, e o inimigo somos nós". Protestamos contra os "interesses especiais", exceto quando o "interesse especial", por acaso, é o nosso. Cada um de nós sabe que o que é bom para si é bom para o país — então o *nosso* "interesse especial" é diferente. O resultado final é um labirinto de seguidas restrições que tornam quase todos nós piores do que estaríamos se fossem todas eliminadas. Perdemos muito mais com as medidas que servem a outros "interesses especiais" do que ganhamos com as medidas que servem a nosso "interesse especial".

O exemplo mais claro está no comércio internacional. Os ganhos para alguns produtores com as tarifas e outras restrições são mais do que compensados pela perda sofrida por outros produtores e especialmente pelos consumidores em geral. O livre-comércio não promoveria apenas nosso bem-estar material, ele promoveria a paz e a harmonia entre as nações e estimularia a concorrência interna.

Os controles sobre o comércio exterior se estendem ao comércio interno. Eles se entrelaçam em cada aspecto da atividade econômica. Esses controles foram muitas vezes defendidos, especialmente para os países subdesenvolvidos, como essenciais para propiciar o desenvolvimento e o progresso. Uma comparação entre a experiência do Japão depois da Restauração Meiji, em 1867, e a da Índia depois da independência, em 1947, põe à prova essa visão. Ela indica, como o fazem outros exemplos, que o livre-comércio em casa e no exterior é o melhor caminho para uma nação pobre conseguir promover o bem-estar de seus cidadãos.

Os controles econômicos que proliferaram nos Estados Unidos nas últimas décadas não apenas cercearam nossa liberdade de usar nossos recursos econômicos, mas afetaram também nossa liberdade de expressão, de imprensa e de religião.

Comércio internacional

Diz-se muitas vezes que uma política econômica ruim reflete o desacordo entre especialistas; que, se todos os economistas dessem o mesmo conselho, a política econômica seria boa. Os economistas discordam muitas vezes, mas não é bem assim no que diz respeito ao comércio internacional. Desde Adam Smith, tem havido unanimidade entre os economistas, qualquer que seja sua posição ideológica sobre outras questões, de que o livre-comércio internacional é do maior interesse dos países que comercializam e do mundo. E, no entanto, as tarifas têm sido a regra. As únicas exceções importantes são quase um século de livre-comércio na Grã-Bretanha depois da revogação das Leis dos Grãos, em 1846, os trinta anos de livre-comércio no Japão depois da Restauração Meiji e o livre-comércio em Hong Kong atualmente. Os Estados Unidos tiveram impostos ao longo do século XIX que se elevaram ainda mais no século XX, especialmente depois da lei tarifária Smoot-Hawley, de 1930, que alguns especialistas consideram responsável, em parte, pela severidade da Depressão subsequente. As tarifas foram reduzidas desde então por repetidos acordos internacionais, mas continuam altas, provavelmente mais altas do que no século XIX, apesar de ser impossível uma comparação precisa em função das inúmeras mudanças nas variedades de artigos que integram o comércio internacional.

Hoje, como sempre, há muito apoio às tarifas — eufemisticamente rotuladas de "proteção", um bom rótulo para uma causa ruim. Produtores de aço e sindicatos de trabalhadores do aço pressionam restrições na importação de aço do Japão. Os produtores de aparelhos de TV e seus trabalhadores fazem lobby por "acordos voluntários" para limitar as importações de televisores ou de seus componentes do Japão, Taiwan ou Hong Kong. Produtores têxteis, de calçados, de açúcar, pecuaristas — estes e tantos outros se queixam de concorrência "desleal" do exterior e exigem que o governo faça alguma coisa para "protegê-los". Claro, nenhum grupo faz sua reivindicação com base no puro interesse próprio. Todos os grupos falam do "interesse geral", da necessidade de se preservar empregos ou de promover a segurança nacional. A necessidade de fortalecer o dólar diante do marco ou do iene se juntou, mais recentemente, às tradicionais racionalizações para restrições aos importados.

O argumento econômico para o livre-comércio

Uma voz que dificilmente se levanta é a do consumidor. Os assim chamados grupos de interesses especiais do consumidor têm proliferado nos últimos anos. Mas vai ser em vão procurar na mídia ou nas atas das sessões do Congresso notícia de que tenham lançado um ataque concentrado contra as tarifas ou outras restrições sobre importados, apesar de os consumidores serem as maiores vítimas de tais medidas. Os autodenominados defensores do consumidor têm mais com que se preocupar — como veremos no capítulo 7.

A voz do consumidor individual é abafada na cacofonia dos "sofismas interesseiros dos comerciantes e dos produtores" e de seus empregados. O resultado é uma séria distorção da questão. Por exemplo, os defensores das tarifas consideram evidente que a criação de empregos é um fim desejável em si, independentemente do que as pessoas empregadas fazem. É evidente que isso é errado. Se tudo o que queremos são empregos, podemos criar a quantidade que for — por exemplo, mandar pessoas cavarem buracos e depois enchê-los de novo ou cumprir outras tarefas inúteis. Algumas vezes, o trabalho é sua própria recompensa. Na maior parte das vezes, no entanto, é o preço que pagamos para obter as coisas que queremos. Nosso verdadeiro objetivo não são apenas empregos, mas empregos produtivos — empregos que significarão mais bens e serviços a serem consumidos.

Outra falácia raramente contestada é a de que exportar é bom, importar é ruim. A verdade é bem outra. Não podemos comer, utilizar ou usufruir dos bens que enviamos para o exterior. Nós comemos bananas da América Central, usamos sapatos italianos, dirigimos carros alemães e apreciamos os programas que vemos na TV em nossos aparelhos que vieram do Japão. Nosso ganho com o comércio exterior é o que importamos. As exportações são o preço que pagamos para ter importados. Como Adam Smith viu claramente, os cidadãos de um país se beneficiam ao ganhar o maior volume possível de importados em troca de seus produtos exportados ou, de outro modo, exportando o mínimo possível para pagar seus importados.

A terminologia enganosa que usamos reflete essas ideias erradas. "Proteção" significa, na verdade, explorar o consumidor. Uma "balança comercial favorável" significa, na verdade, exportar mais do que importamos, mandando para o exterior bens de valor total maior do que os bens que obtemos do exterior. Em seu consumo doméstico, certamente você há de preferir pagar menos por mais e, no entanto, isso seria classificado como "balança de pagamentos desfavorável" no comércio exterior.

O argumento a favor das tarifas com maior apelo emocional para o público é, em geral, a suposta necessidade de proteção do alto padrão de vida dos trabalhadores americanos frente à concorrência "desleal" dos trabalhadores do Japão, da Coreia ou de Hong Kong, que aceitam trabalhar por um salário bem mais baixo. O que há de errado com esse argumento? Será que não queremos proteger o alto padrão de vida do nosso povo?

A falácia nesse argumento é o uso impreciso dos termos "alto" salário e "baixo" salário. O que significam salários altos e baixos? Os trabalhadores são pagos em dólar; os trabalhadores japoneses são pagos em iene. Como comparamos salários em dólar com salários em iene? Quanto vale o iene comparado com o dólar? O que determina essa taxa de câmbio?

Considere um caso extremo. Suponha, para começo de conversa, que 360 ienes equivalem a 1 dólar. A essa taxa de câmbio, a taxa de câmbio corrente durante muitos anos, suponha que os japoneses possam produzir e vender tudo por menos dólares do que podemos nos Estados Unidos — aparelhos de TV, automóveis, aço e até mesmo soja, trigo, leite e sorvete. Se tivéssemos um comércio internacional livre, procuraríamos comprar todos os nossos bens do Japão. Isso pareceria a pior história de horror do gênero retratada pelos defensores das tarifas — seríamos inundados de produtos japoneses e não poderíamos lhes vender nada.

Antes de levantar as mãos horrorizado, dê um passo adiante na análise. Como pagaríamos aos japoneses? Ofereceríamos notas de dólar. O que fariam com essas notas? Partimos do princípio de que, com o dólar a 360 ienes, tudo é mais barato no Japão, portanto não há nada no mercado dos EUA que eles gostariam de comprar. Se os exportadores japoneses quisessem queimar ou enterrar as notas de dólar, isto seria maravilhoso para nós. Compraríamos toda espécie de bens com pedaços de papel verde que podemos produzir em grande quantidade e a um custo muito baixo. Teríamos o setor de exportação mais maravilhoso que se pode conceber.

Claro que os japoneses não iriam, de fato, nos vender bens úteis para poder comprar inúteis pedaços de papel verde para enterrar ou queimar. Como nós, eles querem obter alguma coisa real em troca de seu trabalho. Se todos os bens fossem mais baratos no Japão do que nos Estados Unidos com o dólar a 360 ienes, os exportadores tentariam se livrar de seus dólares, vendendo-os para poder comprar os bens japoneses baratos. Mas quem compraria os dólares? O que vale para o exportador japonês vale também para todos no Japão. Ninguém daria 360 ienes em troca de 1 dólar se essa quantia pode comprar mais no Japão do que 1 dólar pode comprar nos Estados Unidos. Os exportadores, ao descobrirem que ninguém vai querer comprar seus dólares a 360 ienes a unidade, irão propor receber menos. O preço do dólar em termos do iene cairá — a 300 ienes o dólar, ou 250 ienes, ou 200 ienes. Veja no sentido inverso: serão necessários cada vez mais dólares para comprar uma determinada quantidade de ienes japoneses. Os bens japoneses são precificados em iene; com isso, seu preço em dólares subirá. Em contrapartida, os bens americanos são precificados em dólares; assim, quanto mais dólares os japoneses conseguem por uma determinada quantidade de ienes, mais baratos se tornam os bens dos EUA para os japoneses em termos do iene.

O preço do dólar em termos do iene cairia até que, na média, o valor em dólar dos bens que os japoneses compram dos Estados Unidos se equipararia, aproximadamente, ao valor em dólar dos bens que os Estados Unidos compram do Japão. A esse preço, todo mundo que quisesse comprar ienes em troca de dólares encontraria alguém disposto a vender.

A situação real, naturalmente, é mais complicada do que esse exemplo hipotético. Muitos países, e não apenas os Estados Unidos e o Japão, estão envolvidos com o comércio, e o comércio muitas vezes toma as direções de uma rotunda. Os japoneses poderão gastar uma parte dos dólares no Brasil; os brasileiros, por sua vez, poderão gastar esses dólares na Alemanha; os alemães, nos Estados Unidos — e assim por diante em uma complexidade infinita. Entretanto, o princípio é o mesmo. As pessoas, em qualquer país, querem dólares essencialmente para comprar itens úteis, não para acumular.

Outra complicação é que os dólares e os ienes são usados não apenas para comprar bens ou adquirir serviços de outros países, mas também para investir e fazer doações. Ao longo do século XIX, os Estados Unidos, ano após ano, apresentam déficit na balança de pagamentos — uma balança "desfavorável" de comércio que foi boa para todo mundo. Os estrangeiros queriam investir capital nos Estados Unidos. Os ingleses, por exemplo, estavam produzindo bens e nos enviando em troca de pedaços de papel — não notas de dólar, mas bônus que prometiam pagar de volta uma quantia em dinheiro, em um tempo futuro, acrescido dos juros. Os ingleses estavam querendo nos mandar seus bens porque consideravam aqueles bônus um bom investimento. Em geral, estavam certos. Tinham um ganho mais alto para suas poupanças do que de qualquer outra forma disponível no mercado. Em troca, nos beneficiamos com o investimento estrangeiro que permitiu que desenvolvêssemos mais rápido do que se tivéssemos sido forçados a contar somente com nossa própria poupança.

No século XX, a situação foi revertida. Os cidadãos americanos descobriram que poderiam ter uma rentabilidade mais alta sobre seu capital investindo no exterior do que conseguiriam no próprio país. Como resultado, os Estados Unidos enviaram bens para o exterior em troca de comprovantes de dívida — bônus e afins. Depois da Segunda Guerra Mundial, o governo dos EUA fez doações para o exterior a partir do Plano Marshall e de outros programas de ajuda externa. Enviamos bens e serviços para o exterior como expressão de nossa crença de que assim estaríamos contribuindo para um mundo mais pacífico. Essas doações do governo complementavam doações particulares — de grupos de caridade, igrejas dando apoio a missionários, pessoas contribuindo para ajudar parentes no estrangeiro, e assim por diante.

Nenhuma dessas complicações altera a conclusão apontada pelo caso extremo hipotético. No mundo real, assim como naquele mundo hipotético, não pode haver problema na balança de pagamentos enquanto o preço do dólar em termos do iene, do marco ou do franco for determinado, em um mercado livre, pelas transações voluntárias. Simplesmente não é verdade que os trabalhadores de alto salário são, como grupo, ameaçados pela concorrência "desleal" de trabalhadores estrangeiros de baixo salário. Claro que alguns trabalhadores em particular poderão ser prejudicados se um novo ou aperfeiçoado produto for desenvolvido no exterior, ou se produtores estrangeiros se tornarem capazes de produzir tais produtos de modo mais barato. Mas isso não é diferente do efeito sobre um determinado grupo de trabalhadores causado por outras empresas americanas que desenvolvem novos produtos ou produtos aperfeiçoados, ou descobrem como produzir a custos mais baixos. Isso é simplesmente a concorrência do mercado na prática, a fonte principal do alto padrão de vida do trabalhador americano. Se queremos nos beneficiar de um sistema econômico vital, dinâmico, inovador, temos de aceitar a necessidade de mobilidade e ajustes. Pode ser desejável facilitar tais ajustes — e adotamos diversos recursos, tais como o seguro-desemprego, para fazê-lo —, mas temos de tentar alcançar esse objetivo sem destruir a flexibilidade do sistema. Isso seria o mesmo que matar a galinha dos ovos de ouro. Em todo caso, seja lá o que fizermos, deverá ser equitativo com relação ao comércio exterior e ao interno.

O que determina quais artigos são compensatórios para importar ou exportar? Um trabalhador americano é atualmente mais produtivo do que um trabalhador japonês. É difícil determinar exatamente quão mais produtivo — as estimativas diferem. Mas suponha que sua produtividade seja equivalente a uma vez e meia à do japonês. Então, na média, os salários dos americanos comprariam cerca de uma vez e meia o que compra o salário dos japoneses. É um desperdício usar os trabalhadores americanos para fazerem qualquer coisa na qual eles sejam menos do que uma vez e meia tão eficientes quanto seus correspondentes japoneses. No jargão econômico cunhado 150 anos atrás, esse é *o princípio da vantagem comparativa*. Mesmo que fôssemos mais eficientes do que os japoneses na produção de tudo, não compensaria produzir tudo. Temos que nos concentrar em fazer o que fazemos de melhor, onde nossa superioridade é maior.

Em um exemplo caseiro, um advogado que tem o dobro da velocidade de sua secretária ao datilografar deveria demiti-la e passar a datilografar ele mesmo? Se o advogado tem o dobro do valor na datilografia, mas tem ainda o quíntuplo do valor como advogado em comparação com a sua secretária, ambos vão se dar melhor se ele praticar a advocacia e ela datilografar cartas.

Outra fonte de "concorrência desleal", segundo dizem, são os subsídios dos governos estrangeiros a seus produtores que permitem que estes vendam nos Estados Unidos abaixo do custo. Suponha que um governo estrangeiro dê tais subsídios como, sem dúvida, alguns fazem. Quem é prejudicado e quem se beneficia? Para pagar por tais subsídios, o governo estrangeiro tem que cobrar impostos de seus cidadãos. São eles que pagam pelos subsídios. Os consumidores americanos se beneficiam. Eles conseguem aparelhos de TV ou automóveis baratos, ou o que quer que seja subsidiado. Devemos nos queixar de tal programa de ajuda externa inversa? Foi nobre da parte dos Estados Unidos enviarem bens e serviços como doações a outros países com o Plano Marshall ou, depois, como ajuda externa, mas é ignóbil da parte dos países estrangeiros nos enviar doações na forma indireta de bens e serviços vendidos a nós abaixo do custo? Os cidadãos dos governos estrangeiros é que podem explicar. Eles têm que sofrer com um padrão de vida mais baixo pelo benefício dos consumidores americanos e de alguns de seus concidadãos que possuem ou trabalham nas indústrias subsidiadas. Sem dúvida, se tais subsídios são adotados repentinamente ou de forma irregular, eles afetarão de forma adversa os proprietários e os trabalhadores das indústrias dos EUA que produzem os mesmos produtos. Entretanto, é um dos riscos comuns da atividade empresarial. As empresas nunca se queixam de acontecimentos incomuns ou fortuitos que proporcionam ganhos inesperados. O sistema de livre empresa é um sistema de *lucros* e *perdas*. Como já foi observado, quaisquer medidas para facilitar os ajustes a mudanças repentinas devem ser aplicadas equitativamente ao comércio exterior e ao interno.

Em todo caso, o provável é que os distúrbios sejam temporários. Suponhamos que, seja lá por que razão, o Japão decida subsidiar pesadamente o aço. Se não fossem impostas tarifas ou cotas, as importações de aço nos Estados Unidos subiriam acentuadamente. Isso reduziria o preço do metal nos EUA e forçaria os produtores a cortar sua produção, causando desemprego na indústria. Por outro lado, os produtos feitos de aço poderiam ser comprados a preço mais baixo. Os compradores de tais produtos teriam um dinheiro extra para gastar em outras coisas. A demanda de outros artigos subiria, assim como o emprego nas empresas que produzem tais artigos. Claro que levaria tempo para absorver os metalúrgicos agora desempregados. No entanto, para compensar tal efeito, os trabalhadores de outras indústrias que estiveram desempregados encontrariam empregos disponíveis. Não seria necessária a perda líquida de emprego e haveria um ganho de produção porque os trabalhadores que não fossem mais úteis para a produção de aço estariam disponíveis para produzir outra coisa.

A mesma falácia de se olhar apenas para um lado da questão está presente quando se apela para as tarifas com a finalidade de aumentar o emprego. Se as tarifas forem impostas, por exemplo, na área têxtil, isso aumentaria a produção e o emprego nessa indústria do país. Entretanto, os produtores estrangeiros, que já não podem mais vender seus produtos têxteis nos Estados Unidos, ganham menos dólares. Terão menos para gastar nos Estados Unidos. As exportações serão reduzidas para compensar a queda nas importações. O emprego subirá na indústria têxtil e cairá nas indústrias exportadoras. E a mudança do emprego para usos menos produtivos reduzirá a produção total.

O argumento da segurança nacional de que, por exemplo, é necessária uma indústria siderúrgica nacional próspera para a defesa não tem fundamento melhor. A defesa nacional precisa apenas de uma pequena parte do aço total usado nos Estados Unidos. E é inconcebível que um comércio totalmente livre do aço iria destruir a indústria siderúrgica nos Estados Unidos. As vantagens de se estar perto das fontes de oferta e de combustível e do mercado garantiriam uma siderúrgica nacional relativamente grande. Na realidade, a necessidade de se fazer frente à concorrência externa, em vez de estar sob o abrigo de barreiras governamentais, muito provavelmente produzirá um setor metalúrgico mais forte e mais eficiente do que temos hoje.

Suponhamos que o improvável aconteceu. Suponhamos que ficou comprovado que é mais barato comprar *todo* o nosso aço no exterior. Há modos alternativos de se prover para a segurança nacional. Poderíamos fazer reserva de aço. Isso é fácil, uma vez que esse metal ocupa relativamente pouco espaço e não é perecível. Poderíamos manter algumas fábricas na reserva, como mantemos navios, para entrarem em produção em caso de necessidade. Sem dúvida, ainda há alternativas. Antes de uma siderúrgica decidir construir uma nova fábrica, ela pesquisa modos alternativos de fazê-lo, locações alternativas, de modo a escolher o que é mais eficiente e econômico. E, no entanto, em todos os seus apelos por subsídios com base na segurança nacional, o setor siderúrgico nunca apresentou uma estimativa de custos para modos alternativos de se prover para a segurança nacional. Até que o faça, podemos estar certos de que o argumento da segurança nacional é uma racionalização do interesse próprio do setor, não uma razão válida para subsídios.

Não há dúvida de que os executivos do setor siderúrgico e dos sindicatos de trabalhadores em empresas siderúrgicas são sinceros quando apresentam a segurança nacional como argumentação. A sinceridade é uma virtude extremamente valorizada. Somos todos capazes de nos convencer de que o que é bom para nós é bom para o país. Não devemos nos queixar de que os produtores de aço recorram a essa argumentação, mas de nos deixar levar por ela.

E sobre o argumento de que temos que defender o dólar, de que temos que evitar que caia de valor em relação a outras moedas — o iene japonês, o marco alemão ou o franco suíço? Esse é um problema totalmente artificial. Se as taxas de câmbio forem determinadas em um livre mercado, elas irão se fixar em qualquer nível que equilibre o mercado. O preço resultante do dólar em termos do iene, por exemplo, pode temporariamente ficar abaixo do nível justificado pelo custo em dólares e em ienes — respectivamente, dos bens americanos e dos japoneses. Se assim for, isso incentivará as pessoas que perceberem a situação a comprar dólares e guardá-los por algum tempo para obter um lucro quando os preços subirem. Ao se baixar o preço em iene dos produtos americanos de exportação, isso irá estimular as exportações americanas; ao se aumentar o preço em dólares das mercadorias japonesas, isso desestimulará as importações do Japão. Esses fatos aumentarão a demanda por dólares e assim corrigirão o baixo preço inicial. O preço do dólar, se determinado livremente, tem a mesma função da de todos os outros preços. Transmite informações e proporciona um incentivo para se agir baseando-se nelas porque afeta as rendas obtidas pelos participantes do mercado.

Por que, então, todo esse furor com relação à "fraqueza" do dólar? Por que a repetição das crises cambiais? A causa principal é porque as taxas de câmbio não foram determinadas em um mercado livre. Os bancos centrais dos governos fizeram intervenções em grande escala para influenciar o preço de suas moedas. No processo, causaram a perda de grande quantidade de dinheiro de seus cidadãos (nos Estados Unidos, perto de 2 bilhões de dólares de 1973 até o início de 1979). E o mais importante é que impediram que esse conjunto importante de preços desempenhasse sua função específica. Não foram capazes de evitar que as pressões econômicas subjacentes e fundamentais exercessem, no final, seu efeito sobre as taxas de câmbio, mas foram capazes de manter taxas de câmbio artificiais por consideráveis intervalos. O efeito foi o de evitar o ajuste gradual nas pressões subjacentes. Pequenos distúrbios acumularam-se formando grandes desajustes e, no final, ocorreu uma enorme "crise" cambial.

Por que os governos fizeram intervenções no mercado de câmbio? Porque as taxas de câmbio refletem políticas internas. O dólar americano esteve fraco com relação ao iene japonês, ao marco alemão e ao franco suíço basicamente porque a inflação esteve muito mais alta nos Estados Unidos do que nos outros países. A inflação significou que o dólar foi capaz de comprar cada vez menos nos EUA. Deveríamos nos surpreender se também pudesse comprar menos no exterior? Ou se japoneses, alemães ou suíços não estivessem interessados em trocar as mesmas quantidades de suas unidades monetárias por 1 dólar? Mas os governos, como todos nós, não medem esforços para dissimular ou compensar as consequências indesejáveis de suas próprias políticas. Um governo que inflaciona é levado, então, a tentar manipular a taxa de câmbio. Quando fracassa, culpa a inflação interna pela queda na taxa de câmbio, em vez de reconhecer que a causa e o efeito vão na direção oposta.

Em toda a imensa literatura sobre livre-comércio e protecionismo, nos últimos séculos, apenas três argumentos foram desenvolvidos a favor das tarifas que até em princípio podem ter alguma validade.

O primeiro é o argumento da segurança nacional já mencionado. Apesar de tal argumento ser, na maioria das vezes, mais uma racionalização para determinadas tarifas do que uma razão válida para elas, não se pode negar que, em certas ocasiões, pode-se justificar a manutenção de áreas de produção não rentáveis. Para irmos além da mera afirmação de que existe uma possibilidade e apontarmos um caso específico em que se justifica uma tarifa ou outra restrição comercial para promover a segurança nacional, seria necessário comparar o custo de se alcançar o objetivo de segurança específico entre diversas alternativas e estabelecer ao menos um caso *prima facie*, em que a tarifa seria a alternativa menos dispendiosa. Na prática, essas comparações de custo raramente são feitas.

O segundo argumento é o da "indústria incipiente", desenvolvido, por exemplo, por Alexander Hamilton em seu *Relatório sobre manufaturas*. Diz-se que há uma indústria em potencial naquela que, uma vez estabelecida e assistida durante suas dificuldades iniciais, puder concorrer em termos iguais no mercado mundial. Diz-se que é justificável uma tarifa temporária para proteger a indústria em potencial no seu começo e capacitá-la a crescer até a maturidade, quando puder se sustentar sobre seus próprios pés. Mesmo que, uma vez estabelecida, a indústria pudesse competir com sucesso, isso não justifica, por si só, uma tarifa inicial. Só é vantajoso para os consumidores subsidiarem a indústria em um primeiro momento — é o que é feito efetivamente ao arrecadar uma tarifa — se subsequentemente tiverem de volta ao menos esse subsídio de algum outro modo, por meio de preços posteriormente mais baixos do que o preço mundial ou de outras vantagens de se ter a indústria. Mas, nesse caso, é necessário o subsídio? Não valerá a pena, então, para os "estreantes" na indústria sofrer prejuízos no início, na expectativa de poder recuperá-los mais tarde? Afinal de contas, as empresas passam por prejuízos nos seus primeiros anos, quando estão se estabelecendo. Isso vale tanto quando entram em uma indústria nova quanto quando entram em uma que já existe. Talvez haja alguma razão especial pela qual esses "estreantes" não possam recuperar suas perdas iniciais, ainda que valha a pena para a comunidade em geral fazer o investimento inicial. Mas, certamente, a pressuposição é no outro sentido.

O argumento da indústria incipiente é uma cortina de fumaça. Os assim chamados estreantes não crescem nunca. Uma vez impostas, raramente as tarifas são eliminadas. Além do mais, o argumento quase nunca é usado em benefício das empresas que estão, de verdade, em estágio embrionário, que podem nascer e sobreviver se tiverem uma proteção temporária. Elas não têm porta-voz. Tal argumento é usado a fim de justificar tarifas mais antigas que podem aumentar a pressão política.

O terceiro argumento a favor das tarifas, que não pode ser deixado de lado, é o argumento "empobreça o seu vizinho" ("beggar-thy-neighbor"). Um país que é o principal produtor de um produto ou que pode se aliar a um pequeno número de outros produtores que, juntos, controlam a maior parcela da produção, poderá ter condições de levar vantagem de sua posição de monopólio elevando o preço do produto (o cartel da Opep é o exemplo óbvio atual). Em vez de subir o preço diretamente, o país pode fazê-lo indiretamente impondo uma taxa de exportação sobre o produto — uma tarifa de exportação. O benefício a si mesmo será menor que o custo imposto aos outros, mas, do ponto de vista nacional, pode haver um ganho. Da mesma forma, o país que é o comprador principal de um produto — no jargão econômico, que tem o poder de monopsônio — poderá se beneficiar fazendo uma tremenda barganha com os vendedores, impondo-lhes um preço excessivamente baixo. Uma forma de fazê-lo é impondo uma tarifa de importação sobre o produto. O lucro líquido para o vendedor é o preço menos a tarifa, razão pela qual isso é o equivalente a se comprar a um preço mais baixo. A tarifa é paga, na realidade, pelos estrangeiros (nenhum exemplo nos ocorre, no momento). Na prática, essa atitude nacionalista tem grande probabilidade de promover uma retaliação por parte de outros países. Além disso, quanto ao argumento da indústria incipiente, as pressões políticas reais costumam produzir estruturas tarifárias que não levam nenhuma vantagem sobre quaisquer situações de monopólio ou monopsônio.

Um quarto argumento, que foi lançado por Alexander Hamilton e continua a ser repetido até hoje, é o de que o livre-comércio seria bom se todos os outros países o praticassem. Mas, já que não o fazem, os Estados Unidos não podem se permitir fazê-lo. Esse argumento não tem qualquer validade, nem por princípio nem na prática. Outros países que impõem restrições ao comércio internacional de fato nos prejudicam. Mas eles também se prejudicam. Com exceção dos três casos recém-considerados, se impusermos restrições em troca, simplesmente aumentamos os danos a nós mesmos e também nos prejudicamos. A concorrência no masoquismo e no sadismo dificilmente será uma prescrição para uma política econômica sensata! Em vez de levar a uma redução das restrições por parte dos outros países, esse tipo de ação retaliatória apenas conduz a mais restrições.

Somos um grande país, o líder do mundo livre. Não nos cabe exigir que Hong Kong e Taiwan imponham cotas de exportação sobre os artigos têxteis para "proteger" nossa indústria têxtil à custa dos consumidores americanos e dos trabalhadores chineses em Hong Kong e em Taiwan. Falamos brilhantemente das virtudes do livre-comércio, enquanto usamos nosso poder político e econômico para persuadir o Japão a restringir as exportações de aço e aparelhos de TV. Devemos mudar para o livre-comércio unilateralmente; não de forma instantânea, mas no decorrer de certo tempo — digamos, cinco anos —, a um ritmo anunciado previamente.

Poucas medidas que viéssemos a adotar fariam mais para promover a causa da liberdade no país e no exterior do que um comércio totalmente livre. Em vez de fazermos doações a governos estrangeiros em nome da ajuda econômica — promovendo, assim, o socialismo — enquanto ao mesmo tempo impomos restrições sobre os produtos que produzem — obstruindo, assim, a livre-iniciativa —, poderíamos assumir uma posição consistente e baseada em princípios. Poderíamos dizer ao resto do mundo: nós acreditamos na liberdade e temos a intenção de praticá-la. Não podemos forçá-los a ser livres. Mas podemos oferecer total cooperação em igualdade de condições a todos. Nosso mercado está aberto a vocês, sem tarifas e outras restrições. Vendam aqui o que puderem e quiserem. Comprem o que puderem e quiserem. Desse modo, a cooperação entre as pessoas poderá ser mundial e livre.

O argumento político a favor do livre-comércio

A interdependência é uma característica muito disseminada no mundo moderno: na esfera econômica própria, entre um conjunto de preços e outro, entre uma indústria e outra, entre um país e outro, na sociedade em geral, entre a atividade econômica e as atividades culturais, sociais e beneficentes; na organização da sociedade, entre acordos econômicos e acordos políticos, entre liberdade econômica e liberdade política.

Também na esfera internacional, acordos econômicos se entrelaçam com acordos políticos. O livre-comércio internacional promove relações harmoniosas entre nações de cultura e instituições diferentes, assim como também promove dentro do país relações harmoniosas entre pessoas de diferentes crenças, atitudes e interesses.

Em um mundo comercial livre, assim como em uma economia livre em qualquer país, as transações acontecem entre entidades privadas — indivíduos, empresas comerciais, organizações beneficentes. Os termos pelos quais as transações acontecem são acordados entre todas as partes da transação. A transação só irá ocorrer se todas as partes acreditarem que se beneficiarão dela. Como resultado, os interesses das várias partes são harmonizados. A cooperação, não o conflito, é a regra.

Quando os governos intervêm, a situação é muito diferente. Dentro de um país, as empresas buscam subsídios de seu governo, seja diretamente ou na forma de tarifas ou outras restrições ao comércio. Elas tentarão se livrar das pressões econômicas dos concorrentes que ameaçam sua lucratividade ou sua própria existência recorrendo à pressão política para impor custos às outras.

A intervenção de um governo em prol das empresas locais leva empresas de outros países a buscarem ajuda de seus governos para neutralizar as medidas adotadas pelo governo estrangeiro. Rixas particulares tornam-se ocasião para rixas governamentais. Toda negociação comercial passa a ser uma questão política. Altos funcionários dos governos voam mundo afora para conferências sobre comércio. Surgem os atritos. Muitos cidadãos, em cada país, ficam desapontados com o resultado e acabam sentindo que ficaram com a pior parte do bolo. O conflito, não a cooperação, é a regra.

O século de Waterloo até a Primeira Guerra Mundial oferece um exemplo impressionante dos efeitos benéficos do livre-comércio nas relações entre países. A Inglaterra era o país que liderava o mundo e durante todo o século teve um comércio quase totalmente livre. Outros países, principalmente os do Ocidente, inclusive os Estados Unidos, adotaram uma política semelhante — ou ao menos de uma forma um pouco diluída. As pessoas eram, em sua maior parte, livres para comprar e vender bens de e para alguém, onde quer que morasse, no mesmo país ou em outro, em quaisquer termos mutuamente acordados. Talvez mais surpreendente para nós ainda hoje, as pessoas eram livres para viajar por toda a Europa e por grande parte do mundo sem um passaporte e sem as repetidas inspeções aduaneiras. Eram livres para emigrar e, em grande parte do mundo, especialmente nos Estados Unidos, livres para entrar e se tornar residente e cidadão.

Como resultado, o século de Waterloo até a Primeira Guerra Mundial foi um dos mais pacíficos na história da humanidade entre os países ocidentais, manchado apenas por algumas guerras menores — a Guerra da Crimeia e as Guerras Franco-Prussianas são as mais memoráveis — e, naturalmente, por uma importante guerra civil dentro dos Estados Unidos, resultado da importante circunstância — a escravidão — pela qual o país se afastou da liberdade econômica e política.

No mundo moderno, as tarifas e restrições similares ao comércio foram uma fonte de atritos entre os países. Mas uma fonte muito mais preocupante foi a intervenção de longo alcance do Estado na economia em nações coletivistas, como a Alemanha de Hitler, a Itália de Mussolini e a Espanha de Franco, e especialmente os países comunistas, desde a Rússia e seus satélites até a China. As tarifas e restrições similares distorcem os sinais transmitidos pelo sistema de preços, mas ao menos deixam as pessoas livres para dar uma resposta a esses sinais distorcidos. Os países coletivistas adotaram elementos de comando de muito maior alcance.

Transações completamente privadas são impossíveis de acontecer entre os cidadãos de uma economia basicamente de mercado e os de um Estado coletivista. Um dos lados é representado, obrigatoriamente, por funcionários do governo. As considerações políticas são inevitáveis, mas os atritos seriam minimizados se os governantes das economias de mercado permitissem aos seus cidadãos a maior margem de manobra possível para fazerem seus próprios acordos com os governos coletivistas. Tentar usar o comércio como uma arma política ou medidas políticas como meios de aumentar a relação com países coletivistas torna os inevitáveis atritos políticos ainda piores.

Comércio internacional livre e a concorrência interna

O tamanho da concorrência nacional está intimamente relacionado com os arranjos comerciais internacionais. O clamor público contra os "trustes" e "monopólios" no recente século XIX levou à criação da Comissão do Comércio Interestadual e à adoção da Lei Sherman Antitruste, mais tarde complementada por muitos outros atos legislativos para promover a concorrência. Tais medidas tiveram efeitos muito variados. Contribuíram, em alguns aspectos, para aumentar a concorrência, mas em outros tiveram efeitos perversos.

Mas nenhuma dessas medidas, ainda que tivessem correspondido à expectativa de seus patrocinadores, poderia contribuir tanto para garantir uma concorrência efetiva quanto a eliminação de todas as barreiras ao comércio internacional. A existência de apenas três fábricas importantes de automóveis nos Estados Unidos — e uma delas à beira da falência — constitui-se em uma séria ameaça de preços de monopólio. Mas deixemos os fabricantes de automóveis *do mundo* concorrerem com a General Motors, a Ford e a Chrysler na disputa pelo gosto do comprador americano e o fantasma dos preços de monopólio desaparecerá.

E assim é em tudo. Raramente se estabelece um monopólio dentro de um país sem a ajuda explícita ou encoberta do governo na forma de uma tarifa ou de algum outro meio. É quase impossível fazê-lo em escala mundial. O monopólio de diamantes De Beers é o único que conhecemos que parece ter obtido êxito. Não conhecemos nenhum outro que tenha sido capaz de existir por tanto tempo sem a ajuda direta dos governos — sendo os exemplos mais proeminentes o cartel da Opep e, anteriormente, os cartéis da borracha e do café. E a maioria desses cartéis patrocinados pelo governo não durou muito. Quebraram sob a pressão da concorrência internacional — o destino que espera a Opep também, acreditamos. Em um mundo de livre-comércio, os cartéis internacionais desapareceriam ainda mais rapidamente. Até mesmo em um mundo com restrições ao comércio, os Estados Unidos, por meio do livre-comércio, unilateral se necessário, poderia praticamente eliminar o perigo de importantes monopólios internos.

Economia planificada

Viajando por países subdesenvolvidos, ficamos impressionados, inúmeras vezes, com o contraste marcante entre as ideias dos intelectuais desses países e de muitos intelectuais do Ocidente sobre certos fatos e os fatos em si.

Intelectuais de todos os lugares têm por certo que o capitalismo da livre empresa e um livre mercado são mecanismos para explorar as massas, ao passo que o planejamento econômico central é a onda do futuro que colocará seus países no caminho para um progresso econômico rápido. Tão cedo não nos esqueceremos da bronca que um de nós levou de um destacado empresário indiano, bem-sucedido, extremamente culto — fisicamente, o próprio modelo da caricatura marxista de um capitalista obeso —, em reação a observações que ele interpretou corretamente como crítica ao planejamento central detalhado da Índia. Ele nos informou, em termos que não deixaram dúvida, que o governo de um país tão pobre quanto a Índia simplesmente tinha de controlar as importações, a produção nacional e a alocação de investimento — e consequentemente conceder a ele privilégios especiais em todas estas áreas, fontes de sua própria riqueza — de modo a garantir que as prioridades *sociais* se sobrepujassem às demandas egoístas dos indivíduos. E ele estava simplesmente sendo o eco da visão dos professores e outros intelectuais da Índia e de outros lugares.

Os fatos em si são muito diferentes. Onde quer que encontremos uma grande parcela de liberdade individual, alguma dose de progresso no conforto material à disposição dos cidadãos comuns e uma esperança generalizada de mais progresso no futuro, lá veremos também que a atividade econômica está organizada principalmente com base na economia de mercado. Onde quer que o Estado assuma o controle detalhado das atividades econômicas de seus cidadãos, ou seja, onde quer que reine o planejamento econômico central detalhado, lá os cidadãos comuns estão com algemas políticas, têm um baixo padrão de vida e pouco poder para controlar seu próprio destino. O Estado pode prosperar e produzir monumentos impressionantes. Classes privilegiadas podem usufruir plenamente do conforto material. Mas os cidadãos comuns são instrumentos a serem usados para os propósitos do Estado, recebendo nada além do necessário para serem mantidos dóceis e razoavelmente produtivos.

O exemplo mais óbvio é o contraste entre a Alemanha Oriental e a Alemanha Ocidental, originalmente partes de um único todo, separadas pelas vicissitudes da guerra. Pessoas de mesmo sangue, mesma civilização, mesmo nível de preparo técnico e conhecimento habitam as duas partes. Qual prosperou? Qual teve de erguer um muro para confinar seus cidadãos? Qual deve se guarnecer hoje com guardas armados, auxiliados por cães ferozes, campos minados e recursos similares de engenhosidade diabólica com o objetivo de frustrar cidadãos corajosos e desesperados que preferem arriscar suas vidas para deixar seu paraíso comunista e partir para o inferno capitalista do outro lado do muro?

De um lado desse muro, as ruas feericamente iluminadas e as lojas estão cheias de pessoas alegres, movimentando-se. Algumas estão fazendo compras de artigos de todas as partes do mundo. Outras estão indo aos numerosos cinemas ou a outros lugares de entretenimento. Podem comprar livremente jornais e revistas que expressam toda a variedade de opiniões. Falam umas com as outras ou com estranhos sobre qualquer assunto e comunicam uma gama enorme de opiniões sem precisar olhar para trás, uma vez sequer. Uma caminhada de algumas centenas de metros, depois de uma hora em uma fila, preenchendo formulários e esperando pela devolução dos passaportes, é o que você vai enfrentar, como aconteceu conosco, para passar ao outro lado do muro. Lá, as ruas parecem vazias; a cidade, cinzenta e pálida; as vitrines das lojas, entediantes; os edifícios, encardidos. A destruição da guerra ainda não foi reparada depois de mais de três décadas. O único sinal de alegria ou de atividade que encontramos durante nosso breve passeio por Berlim Oriental foi no centro de entretenimento. Uma hora na Berlim Oriental é o suficiente para entender por que as autoridades ergueram o muro.

Pareceu um milagre quando a Alemanha Ocidental — um país derrotado e devastado — tornou-se uma das mais fortes economias do continente europeu em menos de uma década. Foi o milagre de um mercado livre. O economista Ludwig Erhard era o ministro alemão da Economia. Em um domingo, no dia 20 de junho de 1948, ele lançou uma nova moeda, o marco alemão, e aboliu todos os controles sobre salários e preços. Erhard agiu em um domingo, orgulhava-se de dizer, porque os gabinetes das autoridades de ocupação francesas, americanas e inglesas estariam fechados naquele dia. Considerando suas atitudes favoráveis a controles, tinha a certeza de que, se tivesse agido quando seus gabinetes estivessem funcionando, as autoridades de ocupação teriam dado uma contraordem. Suas medidas funcionaram como por encanto. Em alguns dias, as lojas estavam repletas de mercadorias. Em alguns meses, a economia alemã estava em atividade efervescente.

Até mesmo dois países comunistas, a Rússia e a Iugoslávia, oferecem um contraste semelhante, só que menos extremo. A Rússia é rigorosamente controlada a partir do centro. Não conseguiu dispensar totalmente a propriedade privada e a economia de mercado, mas tentou limitar sua abrangência tanto quanto possível. A Iugoslávia começou pelo mesmo caminho. No entanto, depois que a Iugoslávia sob o governo de Tito rompeu com a Rússia, mudou drasticamente de curso. Ainda é comunista, mas promove, deliberadamente, a descentralização e o uso das forças de mercado. A maior parte das terras agrícolas é de propriedade privada e seu produto é vendido em mercados relativamente livres. Pequenas empresas (aquelas com menos de cinco empregados) podem ser de propriedade privada e assim gerenciadas. Elas estão prosperando, especialmente as de artesanato e turismo. As empresas maiores são cooperativas dos trabalhadores — uma forma ineficiente de organização, mas ao menos proporcionam alguma oportunidade para a responsabilidade e a iniciativa individual. Os habitantes da Iugoslávia não são livres. Eles têm um padrão de vida muito inferior ao dos habitantes da vizinha Áustria ou de outros países ocidentais semelhantes. Ainda assim, a Iugoslávia surpreende o viajante que vem da Rússia, que foi o nosso caso, como se fosse um paraíso em comparação ao território russo.

No Oriente Médio, Israel, a despeito de uma anunciada filosofia e política socialista e uma enorme intervenção governamental, tem um vigoroso setor de mercado, principalmente por consequência indireta da importância do comércio internacional. Suas políticas socialistas retardaram seu crescimento econômico; no entanto, seus cidadãos usufruem tanto de uma liberdade política quanto de um padrão de vida bem mais alto do que os cidadãos do Egito, país que sofreu uma centralização do poder político muito mais forte e que impôs controles muito mais rígidos sobre a atividade econômica.

No Extremo Oriente, Malásia, Cingapura, Coreia, Taiwan, Hong Kong e Japão — todos em grande parte baseados na economia de mercado — estão prosperando. Seus povos estão cheios de esperança. Uma explosão econômica está a caminho nesses países. Tanto quanto essas coisas podem ser mensuradas, a renda anual por pessoa, ao final dos anos 1970, variava de 700 dólares na Malásia a cerca de 5 mil dólares no Japão. Em compensação, Índia, Indonésia e a China comunista, todas fundamentalmente baseadas no planejamento central, vivenciaram a estagnação econômica e a repressão política. A renda anual por pessoa nesses países era de menos de 250 dólares.

Os apologistas intelectuais da economia planificada cantavam louvores à China de Mao até seus sucessores alardearem o atraso do país e lamentarem a falta de progresso dos últimos 25 anos. Parte de sua intenção de modernizar o país é deixar os preços e os mercados terem um papel maior. Essas táticas podem produzir ganhos consideráveis para o atual baixo nível econômico do país — como fizeram na Iugoslávia. Entretanto, os ganhos serão extremamente limitados se o controle político sobre a atividade econômica permanecer apertado e a propriedade privada for estritamente limitada. Além disso, deixar o gênio da iniciativa privada sair da garrafa, até mesmo para essa dimensão limitada, vai dar origem a problemas políticos que, mais cedo ou mais tarde, poderão produzir uma reação na direção de um autoritarismo ainda maior. O efeito oposto — o colapso do comunismo e sua substituição pelo sistema de mercado — parece muito menos provável, apesar de, como otimistas incuráveis, não podermos descartá-lo completamente. Da mesma forma, quando o já idoso marechal Tito morrer, a Iugoslávia vivenciará uma instabilidade política que poderá produzir uma reação em direção a um autoritarismo maior ou, muito menos provável, a um colapso do atual regime coletivista.

Um exemplo especialmente esclarecedor, que vale a pena ser examinado detalhadamente, é o contraste entre as experiências da Índia e do Japão — a Índia durante os primeiros trinta anos depois que conseguiu a independência, em 1947, e o Japão, não o de hoje, mas aquele dos primeiros trinta anos após a Restauração Meiji, em 1867. Os economistas e os cientistas sociais, em geral, raramente podem realizar experimentações controladas do tipo das que são tão importantes para testar hipóteses nas ciências físicas. Entretanto, a experiência produziu aqui algo muito próximo de uma experimentação controlada que podemos usar para testar a importância da diferença nos métodos de organização econômica.

Há um lapso de oito décadas no tempo. Em todos os outros aspectos, os dois países encontravam-se em circunstâncias bastante parecidas no início dos períodos que comparamos. Ambos eram países com civilizações antigas e uma cultura sofisticada. Cada um tinha uma população altamente estruturada. O Japão contava com uma estrutura feudal com daimiôs (senhores feudais) e servos. A Índia apresentava um rígido sistema de castas com os brâmanes, no topo, e os intocáveis, designados pelos ingleses de "castas cadastradas" [scheduled castes], no nível mais baixo.

Os dois países passaram por mudanças políticas que propiciaram uma mudança drástica nos sistemas políticos, econômicos e sociais. Em ambos, um grupo de líderes capazes e dedicados assumiu o poder. Estavam imbuídos de orgulho nacional e determinados a converter a estagnação econômica em rápido crescimento e transformar seus países em grandes potências.

Quase todas as diferenças eram mais propícias à Índia do que ao Japão. Os regimes anteriores do Japão haviam imposto um isolamento quase total do resto do mundo. O comércio e o contato internacional limitavam-se a uma visita de um navio holandês por ano. Os poucos ocidentais que tinham permissão para ficar eram confinados em um pequeno enclave em uma ilha no porto de Osaka. Três séculos ou mais de um isolamento forçado deixaram o Japão ignorante do mundo exterior, muito atrás do Ocidente em ciência e tecnologia, e com quase ninguém que pudesse falar qualquer língua estrangeira que não fosse o chinês.

A Índia teve muito mais sorte. Usufruiu de um crescimento econômico substancial antes da Primeira Guerra Mundial. Esse crescimento se converteu em estagnação entre as duas guerras mundiais com a luta para tornar-se independente da Inglaterra, mas não houve reversão. Melhorias nos transportes haviam posto um fim à fome em determinadas regiões, o que antes fora uma praga recorrente. Muitos de seus líderes haviam sido educados em países avançados do Ocidente, especialmente na Grã-Bretanha. O domínio britânico deixou a Índia com um funcionalismo público altamente qualificado e treinado, fábricas modernas e um excelente sistema de ferrovias. Nada disso existia no Japão em 1867. A Índia era mais atrasada tecnologicamente em comparação com o Ocidente, mas a diferença era menor do que entre o Japão em 1867 e os países avançados da época.

Os recursos materiais da Índia também eram muito superiores aos do Japão. A única vantagem material do Japão era o mar, que proporcionava um transporte fácil e uma oferta abundante de peixe. Quanto ao mais, a Índia é quase nove vezes o tamanho do Japão e uma porcentagem muito maior de sua área consiste em terra relativamente plana e acessível. A maior parte do Japão é montanhosa. Tem apenas uma estreita faixa de terra habitável e arável ao longo de sua costa.

Por fim, o Japão vivia por conta própria. Nenhum capital estrangeiro foi investido no país; nenhum governo estrangeiro nem fundações estrangeiras de nações capitalistas formaram consórcios para fazer doações ou oferecer empréstimos a juros baixos ao Japão. O país tinha de contar com o próprio capital para financiar seu desenvolvimento econômico. Chegou a ter uma fase de sorte. Nos primeiros anos depois da Revolução Meiji, as safras de seda da Europa passaram por um desastroso fracasso que permitiram ao Japão ganhar mais divisas estrangeiras com as exportações de seda do que teria conseguido em outras circunstâncias. Fora isso, não houve nenhuma fonte importante fortuita ou organizada de capital.

A Índia se deu melhor. Desde que conquistou a independência, em 1947, recebeu um enorme volume de recursos do resto do mundo, na maior parte doações. O fluxo continua até hoje.

Apesar das circunstâncias semelhantes do Japão de 1867 e da Índia de 1947, o resultado foi completamente diferente. O Japão desmontou sua estrutura feudal e estendeu as oportunidades sociais e econômicas a todos os seus cidadãos. A sorte do homem comum melhorou rapidamente, ainda que com explosão populacional. O Japão tornou-se uma potência a ser reconhecida no cenário político internacional. Não atingiu a plena liberdade individual e política, mas fez grande progresso nessa direção.

A Índia fez promessas vazias de eliminar as barreiras da divisão em castas, mas progrediu muito pouco na prática. As diferenças de renda e riqueza se ampliaram ainda mais, não se reduziram. O crescimento populacional explodiu, como ocorreu no Japão oito décadas antes, mas a produção econômica *per capita* não. Permaneceu quase estacionada. Na realidade, o padrão de vida do terço mais pobre da população provavelmente teve uma queda. Logo após o domínio britânico, a Índia orgulhava-se de ser a maior democracia do mundo, mas em pouco tempo caiu em uma ditadura que restringia a liberdade de expressão e de imprensa. Corre o risco de fazer o mesmo outra vez.

O que explica a diferença de resultados? Muitos observadores consideram a diferença nas instituições sociais e nas características humanas. Tabus religiosos, o sistema de casta, uma filosofia fatalista — tudo isso, acredita-se, amarra os indianos em uma camisa de força da tradição. Dizem que os indianos são sem iniciativa e indolentes. Em compensação, os japoneses são aclamados como trabalhadores, vigorosos, ávidos por responder às influências do exterior, e incrivelmente inovadores, adaptando o que aprendem de fora do país às suas próprias necessidades.

Essa descrição dos japoneses pode ser exata hoje. Não era em 1867. Um morador estrangeiro da época no Japão escreveu: "Rico não acreditamos que ele [o Japão] algum dia será. As vantagens proporcionadas pela Natureza, com exceção do clima, e o amor das próprias pessoas pela indolência e pelo prazer não permitem que isso aconteça. Os japoneses são uma raça feliz e, contentando-se com pouco, provavelmente não conseguirão muito." Outro escreveu: "Nesta parte do mundo, os princípios, estabelecidos e reconhecidos no Ocidente, parecem perder toda virtude e vitalidade que tinham originalmente e a tender para a debilidade e a corrupção."

Do mesmo modo, a descrição dos indianos pode ser precisa hoje para alguns indianos na Índia, talvez até para a maior parte, mas certamente não é exata para os indianos que migraram para outros países. Em muitos países da África, na Malásia, em Hong Kong, nas Ilhas Fiji, no Panamá e, mais recentemente, na Grã-Bretanha, os indianos são empresários de sucesso, constituindo-se, algumas vezes, no esteio da classe empresarial. Eles têm sido, muitas vezes, o dínamo que dá a partida e promove o progresso. Na própria Índia, existem enclaves de espírito empreendedor, dinamismo e iniciativa onde quer que tenha sido possível escapar da mão letal do controle do governo.

Em qualquer situação, o progresso econômico e social não depende dos atributos ou do comportamento das massas. Em todos os países, uma pequena minoria estabelece o ritmo, determina o curso dos acontecimentos. Nos países que se desenvolveram mais rapidamente e com maior sucesso, uma minoria de indivíduos empreendedores e que assumem riscos seguiram em frente, criaram oportunidades para que imitadores os seguissem e possibilitaram que a maioria aumentasse sua produtividade.

As características dos indianos que muitos observadores de fora deploram são reflexo, não a causa, da ausência de progresso. A preguiça e a falta de empreendimento surgem quando o trabalho árduo e a tomada de riscos não são recompensados. Uma filosofia fatalista é uma acomodação à estagnação. A Índia não tem carência de pessoas com as qualidades que poderiam desencadear e alimentar o mesmo tipo de desenvolvimento econômico que o Japão vivenciou depois de 1867, ou mesmo que a Alemanha e o Japão vivenciaram após a Segunda Guerra Mundial. Na realidade, a verdadeira tragédia da Índia é que ela continua sendo um subcontinente repleto de pessoas desesperadamente pobres, quando poderia ser, acreditamos, uma sociedade florescente, vigorosa, cada vez mais próspera e livre.

Recentemente, deparamo-nos com um exemplo fascinante de como um sistema econômico pode afetar as qualidades das pessoas. Os refugiados chineses que confluíram para Hong Kong depois que os comunistas tomaram o poder desencadearam seu notável desenvolvimento econômico e ganharam uma merecida reputação pelo espírito de iniciativa, empreendedorismo, economia e trabalho árduo. A recente liberalização da emigração da China comunista produziu um novo fluxo de imigrantes — do mesmo estoque racial, com as mesmas tradições culturais fundamentais, mas criados e formados por trinta anos de regime comunista. Ouvimos de diversas empresas que contrataram alguns desses refugiados que eles são muito diferentes dos primeiros chineses que entraram em Hong Kong. Os novos imigrantes mostram pouca iniciativa e querem que lhes digam exatamente o que precisam fazer. São indolentes e nada cooperativos. Sem dúvida, alguns anos no mercado livre de Hong Kong irão mudar tudo isso.

O que explica, então, a diferença de experiências do Japão de 1867 a 1897 para a Índia de 1947 até os dias de hoje? Acreditamos que a explicação é a mesma que a da diferença entre a Alemanha Ocidental e a Oriental, entre Israel e o Egito, Taiwan e a China comunista. O Japão apoiou-se fundamentalmente na cooperação voluntária e na economia de mercado — nos moldes da Grã-Bretanha de seu tempo. A Índia baseou-se na economia planificada — também nos moldes da Grã-Bretanha.

O governo Meiji de fato intervinha de diversas formas e tinha um papel fundamental no processo de desenvolvimento. Enviou muitos japoneses para o exterior para capacitação técnica. Importou muitos especialistas estrangeiros. Criou plantas-piloto de diversas indústrias e concedeu numerosos subsídios a outras. Mas em momento algum tentou controlar a quantidade total ou a direção do investimento ou a estrutura de produção. O Estado manteve uma participação grande somente na construção de navios e nas indústrias de ferro e de aço que julgava necessárias para o poderio militar. Conservou tais indústrias porque não eram atrativas para a empresa privada e exigiam pesados subsídios do governo. Esses subsídios eram um dreno dos recursos japoneses. Em vez de estimular, impediam o progresso econômico do Japão. Finalmente, um tratado internacional proibiu o Japão, durante as três primeiras décadas após a Restauração Meiji, de cobrar tarifas acima de 5%. Essa restrição acabou sendo uma enorme bênção para o Japão, mesmo não tendo uma boa recepção na época, e as tarifas foram elevadas depois que terminou o prazo das proibições do tratado.

A Índia está seguindo uma política muito diferente. Seus líderes veem o capitalismo como sinônimo de imperialismo, a ser evitado a todo custo. Eles embarcaram em uma série de planos quinquenais nos moldes russos que traçavam detalhadamente programas de investimento. Algumas áreas de produção são reservadas ao governo; em outras, firmas particulares têm permissão para operar, mas apenas em conformidade com o plano. As tarifas e cotas controlam as importações, os subsídios controlam as exportações. A autossuficiência é o ideal. Desnecessário dizer, tais medidas produzem escassez de moeda estrangeira. Essa escassez se dá em razão de um amplo controle detalhado da moeda estrangeira — uma fonte importante tanto de ineficiência quanto de privilégios especiais. Os salários e os preços são controlados. É necessária uma autorização do governo para construir uma fábrica ou fazer qualquer outro investimento. Os impostos são onipresentes, altamente progressivos no papel, desviados, na prática, por evasão fiscal. Contrabando, mercado negro, transações ilegais de toda espécie são tão onipresentes em cada área como são os impostos, minando o respeito pela lei e, ainda assim, prestando um serviço social valoroso ao anular, de certa forma, a rigidez do planejamento central, permitindo que as necessidades urgentes sejam atendidas.

No Japão, a confiança no mercado liberou um potencial surpreendente de energia e de engenhosidade. Evitou que interesses particulares impedissem a mudança. Forçou o desenvolvimento a se submeter à dura prova da eficiência. A dependência do controle governamental na Índia frustra a iniciativa ou a desvia por canais de desperdício. Protege interesses particulares contra as forças da mudança. Substitui a eficiência do mercado pela aprovação burocrática como critério de sobrevivência.

A experiência nos dois países com artigos têxteis feitos em casa ou em fábricas serve para ilustrar a diferença de política. Tanto o Japão em 1867 quanto a Índia em 1947 tinham uma vasta produção de artigos têxteis feitos em casa. No Japão, a concorrência estrangeira não teve muito efeito na produção caseira de seda, talvez por causa da vantagem do país em seda crua, reforçada pelo fracasso da safra na Europa, mas liquidou com a fiação caseira do algodão e, mais tarde, com a tecelagem manual de tecidos de algodão. Desenvolveu-se, no Japão, a indústria têxtil. No início, fabricavam-se apenas os tecidos mais rústicos e da pior qualidade. Mas depois se passou a tecidos de qualidade cada vez melhor e, recentemente, tornou-se um importante setor de exportação.

Na Índia, a tecelagem manual era subsidiada e o mercado garantido, supostamente para facilitar a transição para a produção fabril. A produção fabril está crescendo aos poucos, mas foi deliberadamente atrasada para proteger o setor de tecelagem manual. A proteção significou expansão. O número de teares manuais quase dobrou de 1948 a 1978. Hoje, em milhares de aldeias em toda a Índia, pode-se ouvir o som dos teares manuais, desde o início da manhã até tarde da noite. Não há nada de errado com um setor de tecelagem manual, contanto que possa competir em condições iguais com outras indústrias. No Japão, ainda existe uma indústria de tecelagem manual, extremamente tímida, mas próspera. Ela produz tecidos de seda de luxo, entre outros. Na Índia, a indústria de tecelagem manual prospera porque é subsidiada pelo governo. Na realidade, os impostos são cobrados de pessoas que não estão em condições melhores de vida do que as que operam os teares, de modo que possam pagar a estas um salário mais alto do que receberiam em um livre mercado.

No início do século XIX, a Grã-Bretanha viu-se exatamente diante do mesmo problema que o Japão enfrentou algumas décadas mais tarde e a Índia mais de um século depois. O tear mecânico ameaçava destruir uma próspera indústria de tear manual. Foi designada uma comissão da coroa para investigar a indústria. Ela considerou explicitamente a política seguida pela Índia: subsidiar a tecelagem manual e garantir um mercado à indústria. Rejeitou sumariamente a política pelo simples fato de que ela tornaria o problema fundamental, o excesso de teares manuais, ainda pior — exatamente o que ocorreu na Índia. A Grã-Bretanha adotou a mesma solução do Japão — a política temporariamente dura, mas em última análise benéfica, de deixar as forças do mercado agirem.[2]

As experiências contrastantes da Índia e do Japão são interessantes porque mostram claramente não apenas a diferença de resultados dos dois métodos de organização, mas também a falta de relação entre os objetivos a serem alcançados e as políticas adotadas. Os objetivos dos novos governantes Meiji — que estavam voltados para fortalecer o poder e a glória de seu país e que atribuíam muito pouco valor à liberdade individual — estavam mais afinados com as políticas da Índia do que com as que eles próprios adotaram. Os objetivos dos novos líderes da Índia — ardorosos devotos da liberdade individual — estavam mais afinados com as políticas do Japão do que com as que eles próprios adotaram.

Controles e liberdade

Apesar de os Estados Unidos não terem adotado a economia planificada, nos últimos cinquenta anos fomos longe demais na expansão do papel do governo na economia. Essa intervenção custou caro em termos econômicos. As limitações impostas à nossa liberdade econômica ameaçam pôr um fim a dois séculos de progresso econômico. A intervenção também custou caro em termos políticos. Limitou enormemente nossa liberdade humana.

Os Estados Unidos continuam sendo um país predominantemente livre — um dos mais livres entre os principais países do mundo. Entretanto, nas palavras de Abraham Lincoln no famoso discurso "Casa dividida": "Uma casa dividida contra si mesma não consegue subsistir. [...] Não espero que a casa caia, mas espero, de fato, que pare de se dividir. Tornar-se-á, toda ela, uma coisa ou, toda ela, outra." Ele estava falando sobre a escravidão humana. Suas palavras proféticas aplicam-se, igualmente, à intervenção do governo na economia. Se continuar avançando nessa direção, nossa casa dividida poderá pender para o lado coletivista. Felizmente, crescem os sinais de que o público está reconhecendo o perigo e está determinado a parar e reverter a tendência para um governo cada vez maior.

Todos nós somos afetados pelo status quo. Nós nos acostumamos a aceitar a situação tal como é, a considerá-la natural, especialmente quando foi criada por uma sucessão de pequenas mudanças graduais. É difícil avaliar qual foi o tamanho do efeito cumulativo. É preciso muito esforço de imaginação para se olhar de fora a situação presente e enxergá-la com outros olhos. Vale a pena o esforço. O resultado será, com toda probabilidade, surpreendente — para não dizer chocante.

Liberdade econômica

Um aspecto fundamental da liberdade econômica é a liberdade de escolher como usar nossa renda: quanto gastar conosco e em que artigos; quanto poupar e de que forma; quanto destinar a doações e a quem. Atualmente, mais de 40% de nossa renda é disponibilizada pelo governo, em nosso nome, nas esferas federal, estadual e municipal somadas. Um de nós sugeriu certa vez um novo feriado nacional, o "Dia da Independência Pessoal — aquele dia no ano em que paramos de trabalhar para pagar os gastos do governo [...] e começamos a trabalhar para pagar por artigos que nós distinta e individualmente escolhemos à luz de nossas próprias necessidades e desejos".[3] Em 1929, esse feriado teria ocorrido no dia do aniversário de Abraham Lincoln, 12 de fevereiro; hoje seria em torno de 30 de maio; se continuarem as tendências atuais, esse dia coincidirá com o outro Dia da Independência, 4 de julho, lá por 1988.

Claro que temos algo a dizer sobre quanto de nossa renda é gasto em nosso nome pelo governo. Participamos do processo político que resultou em um gasto de uma quantia equivalente a mais de 40% de nossa renda. A regra da maioria é um recurso necessário e desejável. É, no entanto, muito diferente do tipo de liberdade que você tem quando faz compras em um supermercado. Quando você entra na cabine de votação, quase sempre vota em um pacote e não em artigos específicos. Se você fizer parte da maioria, na melhor das hipóteses levará tanto os artigos que eram de seu agrado quanto os que não eram, mas que, no cômputo geral, considerava menos importantes. Em geral, você termina ficando com alguma coisa diferente daquilo em que votou. Se você estiver na minoria, tem que se conformar com o voto majoritário e esperar sua vez chegar. Quando você vota todo dia no supermercado, você leva exatamente aquilo em que votou, e assim ocorre com todo mundo. As urnas geram conformidade sem unanimidade; o mercado, unanimidade sem conformidade. É por essa razão que é desejável usar as urnas, tanto quanto possível, somente para aquelas decisões nas quais a conformidade é essencial.

Como consumidores, não somos sequer livres para escolher como gastar a parte de nossa renda que sobrou depois de cobrados os impostos. Não temos a liberdade de comprar ciclamatos nem amigdalina, e logo, talvez, a sacarina também. Nosso médico não tem a liberdade de nos prescrever muitas drogas que considere mais efetivas para nossas doenças, ainda que as drogas possam estar amplamente disponíveis no exterior. Não temos a liberdade de comprar um automóvel sem cintos de segurança, apesar de ainda termos, por enquanto, a liberdade de querer ou não usá-los.

Outra parte essencial de nossa liberdade econômica é a liberdade de usar os recursos que possuímos de acordo com nossos valores pessoais — a liberdade de escolher qualquer profissão, abrir qualquer empresa, comprar de ou vender para qualquer pessoa, desde que o façamos de modo estritamente voluntário e sem recorrer ao uso da força para coagir as outras pessoas.

Hoje você não tem a liberdade de oferecer seus serviços de advogado, médico, dentista, bombeiro hidráulico, barbeiro, agente funerário, nem de ingressar em uma série de outras profissões sem primeiro obter uma autorização ou licença de um funcionário do governo. Não tem a liberdade de trabalhar além da hora, em termos mutuamente acordados entre você e seu empregador, a menos que os termos estejam em conformidade com as normas e regulamentos estabelecidos por um funcionário do governo. Não tem liberdade para fundar um banco, entrar no negócio de táxi ou no de venda de eletricidade, nem no de serviço telefônico, ou dirigir uma ferrovia, uma linha de ônibus ou linha aérea sem primeiro receber permissão de um funcionário do governo.

Você não tem liberdade para levantar recursos no mercado de capitais se não preencher as numerosas páginas de formulários que a Comissão de Valores Mobiliários dos Estados Unidos (SEC, na sigla em inglês) exige. Se não convencer a SEC com o prospecto da empresa cujos valores mobiliários pretende emitir, ela apresenta um quadro de tal modo desolador de suas perspectivas que nenhum investidor, em sã consciência, investiria em seus projetos se levasse em consideração seu prospecto literalmente. E obter a aprovação da SEC pode custar mais de 100 mil dólares — o que, certamente, desencoraja as empresas pequenas que nosso governo alega ajudar.

A liberdade de possuir bens é outra parte essencial da liberdade econômica. E, de fato, nós temos uma ampla propriedade de bens. Muito mais da metade de nós possui a casa em que mora. Já com máquinas, fábricas e meios de produção semelhantes, a situação é bem diferente. Referimo-nos a nós mesmos como uma sociedade da livre iniciativa privada, como uma sociedade capitalista. No entanto, em termos de propriedade de sociedades anônimas, somos cerca de 46% socialistas. Possuir 1% de uma sociedade anônima significa que você tem direito a receber 1% de seus lucros e tem que participar com 1% de seus prejuízos até o valor total de suas ações. O imposto de renda federal sobre as sociedades anônimas, em 1979, é de 46% sobre toda a renda maior que 100 mil dólares (inferior aos 48% de anos anteriores). O governo federal tem direito a 46% de cada dólar de lucro e participa com 46% de cada dólar de prejuízo (contanto que haja algum lucro anterior para compensar esses prejuízos). O governo federal possui 46% de cada sociedade anônima — ainda que não seja de uma forma que lhe dê o direito de votar diretamente em assuntos da empresa.

Seria preciso um livro muito maior do que este só para listar por completo todas as restrições à nossa liberdade econômica, quanto mais descrevê-las em detalhe. Os exemplos citados têm somente a intenção de mostrar quão invasivas se tornaram tais restrições.

Liberdade humana

As restrições sobre a liberdade econômica afetam, inevitavelmente, a liberdade em geral, inclusive áreas como a da liberdade de expressão e de imprensa.

Considere os seguintes trechos de uma carta de 1977 de Lee Grace, então vice-presidente executivo de uma associação de petróleo e gás. A respeito da legislação sobre energia, ele escreveu:

> Como vocês sabem, a verdadeira questão, mais do que o preço por mil pés cúbicos, é a continuação da Primeira Emenda da Constituição, a garantia da liberdade de expressão. Com a crescente regulação, à medida que o Big Brother olha mais de perto sobre nossos ombros, nos intimidamos, cada vez mais, para falar

a verdade e nos manifestarmos contra falsidades e transgressões. O medo dos auditores do Internal Revenue Service (IRS), do estrangulamento burocrático ou da perseguição do governo é uma arma poderosa contra a liberdade de expressão.

Na edição de 31 de outubro [de 1977] do *U.S. News & World Report*, a seção Washington Whispers observava que "funcionários do setor petrolífero argumentam que receberam este ultimato do secretário de Energia James Schlesinger: 'Apoiem o imposto sobre o petróleo bruto proposto pelo governo — ou terão de se ver com uma regulação ainda mais dura e uma possível pressão para quebrar as empresas de petróleo.'"

Sua análise foi amplamente confirmada pelo comportamento público dos funcionários do setor petrolífero. Criticados pelo senador Henry Jackson por ganharem "lucros obscenos", nenhum membro sequer de um grupo de executivos do setor petrolífero retrucou, nem mesmo saiu da sala ou se recusou a se submeter a outros insultos pessoais. Os executivos das empresas de petróleo que, em particular, manifestam forte oposição à atual estrutura complexa dos controles federais sob os quais trabalham e à imensa intervenção do governo proposta pelo presidente Carter fazem declarações públicas insípidas aprovando os objetivos dos controles.

Poucos empresários consideram os assim chamados controles voluntários de preços e salários do presidente Carter uma forma desejável e eficaz de combater a inflação. No entanto, um empresário após o outro, uma empresa seguida de outra, fizeram falsos elogios ao programa, falaram coisas agradáveis a respeito dele e prometeram cooperar. Apenas uns poucos, como Donald Rumsfeld, ex-congressista, funcionário da Casa Branca e membro do gabinete, tiveram a coragem de denunciá-lo publicamente. Ganharam a adesão de George Meany, o irritado octogenário ex-dirigente da Federação Americana do Trabalho e Congresso de Organizações Industriais (AFL-CIO, na sigla em inglês).

É perfeitamente concebível que as pessoas paguem um preço — no mínimo, de impopularidade e críticas — por falarem livremente. Entretanto, o preço deve ser justo e não desproporcional. Não deve haver, nas palavras da famosa decisão da Suprema Corte, "um efeito inibidor" sobre a liberdade de expressão. E, no entanto, há pouca dúvida de que, atualmente, existe tal efeito sobre os executivos de empresas.

O "efeito inibidor" não se restringe aos executivos de empresas. Ele afeta a todos nós. Conhecemos mais intimamente a comunidade acadêmica. Muitos de nossos colegas dos departamentos de economia e ciências naturais recebem apoio financeiro da Fundação Nacional da Ciência; os da área das humanidades, da Fundação Nacional para as Humanidades; todos os que lecionam em universidades estaduais obtêm seus salários, em parte, das legislaturas estaduais. Acreditamos que a Fundação Nacional da Ciência, a Fundação Nacional para as Humanidades e os subsídios fiscais para o ensino superior são, todos, indesejáveis e devem ser extintos. Esse é, sem dúvida, um ponto de vista minoritário na comunidade acadêmica, mas a minoria é muito maior do que alguém poderia conseguir com as declarações públicas para tal efeito.

A imprensa é altamente dependente do governo — não apenas como uma importante fonte de notícias, mas em numerosas outras questões funcionais do dia a dia. Considere um exemplo notável da Grã-Bretanha. O *Times* de Londres, um grande jornal, foi impedido de ser publicado, certa vez, muitos anos atrás, por um de seus sindicatos, por conta de um artigo que pretendia publicar sobre uma tentativa do sindicato de influenciar o conteúdo do jornal. Em seguida, disputas trabalhistas fecharam o jornal de vez. Os sindicatos em questão podem exercer esse poder porque o governo lhes concedeu imunidades especiais. Um sindicato nacional de jornalistas, na Inglaterra, está pressionando pelo monopólio de contratação dos jornalistas e ameaçando boicotar os jornais que empreguem não afiliados. Tudo isso em um país que foi a fonte de tantas de nossas liberdades.

Com relação à liberdade religiosa, fazendeiros amish dos Estados Unidos tiveram suas casas e outros bens confiscados porque se recusaram, com base em motivos religiosos, a pagar as contribuições da Seguridade Social — e também a aceitar seus benefícios. Os alunos de colégios religiosos foram acusados de gazeteiros por violarem a legislação de comparecimento obrigatório porque seus professores não tinham as folhas de papel necessárias certificando seu cumprimento das exigências estaduais.

Apesar de tais exemplos serem apenas superficiais, eles ilustram a proposição fundamental de que a liberdade é um todo, de que qualquer coisa que reduza a liberdade em uma parte de nossas vidas provavelmente afetará a liberdade em outras partes.

A liberdade não pode ser absoluta. Vivemos em uma sociedade interdependente. Algumas restrições à nossa liberdade são necessárias para evitar outras ainda piores. Entretanto, fomos muito além desse ponto. A necessidade urgente hoje é eliminar restrições, não aumentá-las.

3

A anatomia da crise

A Depressão que começou em meados de 1929 foi uma catástrofe de dimensões sem precedentes para os Estados Unidos. A renda em dólar do país foi cortada pela metade antes que a economia atingisse o fundo do poço em 1933. A produção total caiu em um terço e o desemprego atingiu o nível sem precedentes de 25% da mão de obra. Para o resto do mundo, a Depressão deixou de ser uma catástrofe. À medida que se espalhou por outros países, causou menor produção, aumento do desemprego, fome e miséria em todos os lugares. Na Alemanha, a depressão ajudou Adolf Hitler a chegar ao poder, abrindo o caminho para a Segunda Guerra Mundial. No Japão, reforçou a camarilha militar voltada para a criação de uma esfera de coprosperidade para a Grande Ásia Oriental. Na China, desencadeou mudanças monetárias que aceleraram a hiperinflação final, selando o destino do regime Chiang Kai-shek e ainda levando os comunistas ao poder.

No campo das ideias, a depressão convenceu o público de que o capitalismo era um sistema instável destinado a sofrer crises cada vez mais sérias. O público passou a ter uma visão que já havia ganhado aceitação crescente entre os intelectuais: o governo tinha que ter um papel mais ativo; tinha que intervir para neutralizar a instabilidade gerada pela empresa privada não regulada; tinha que servir como uma roda de contrapeso para promover a estabilidade e garantir a segurança. A mudança de percepção do público do papel apropriado da empresa privada, por um lado, e do governo, por outro, foi um grande catalisador para o rápido crescimento do governo e, particularmente, do governo central, desde então.

A Depressão também produziu uma mudança de longo alcance na opinião dos economistas profissionais. O colapso econômico abalou a tradicional crença, que se reforçou durante os anos 1920, de que a política monetária era um instrumento poderoso para promover a estabilidade econômica. A opinião mudou quase que para o extremo oposto, para "o dinheiro não importa". John Maynard Keynes, um dos maiores economistas do século XX, propôs uma teoria alternativa. A revolução keynesiana não apenas cooptou os economistas, como também ofereceu tanto uma justificativa atraente quanto uma prescrição para uma ampla intervençao do governo.

A mudança de opinião tanto do público quanto dos economistas foi resultado de um mal-entendido sobre o que havia acontecido de fato. Nós sabemos agora, assim como poucos sabiam na época, que a Depressão não foi produzida por falha da empresa privada, mas por uma falha do governo em uma área para a qual o próprio havia sido designado desde o início — "Cunhar a moeda, regular seu valor e o da moeda estrangeira", nas palavras da Seção 8, Artigo 1, da Constituição dos EUA. Infelizmente, como veremos no capítulo 9, o fracasso do governo na administração da moeda não é mera curiosidade histórica, mas continua a ser uma realidade até o presente momento.

A origem do Federal Reserve System

Em uma segunda-feira, dia 21 de outubro de 1907, uns cinco meses depois do começo de uma recessão econômica, a Knickerbocker

Trust Company, a terceira maior sociedade fiduciária da cidade de Nova York, começou a passar por dificuldades financeiras. No dia seguinte, uma "corrida" ao banco forçou-a a fechar (temporariamente, como acabou acontecendo; ela encerrou as atividades em março de 1908). O fechamento da Knickerbocker Trust precipitou corridas a outras empresas fiduciárias em Nova York e em outras partes do país — acontecia um "pânico" bancário de um tipo que já ocorrera de tempos em tempos durante o século XIX.

Em uma semana, os bancos em todo o país reagiram ao "pânico" com "restrição de pagamentos", ou seja, anunciaram que não pagariam mais com moeda as solicitações dos depositantes que quisessem retirar seus depósitos. Em alguns estados, o governador ou o procurador-geral adotou medidas para aplicar sanções à restrição de pagamentos. Nos demais, a prática simplesmente foi tolerada e os bancos puderam continuar abertos, ainda que tecnicamente estivessem violando as leis bancárias estaduais.

A restrição de pagamentos reduziu as falências bancárias e pôs um fim às corridas. Mas causou sérios transtornos aos negócios. Levou à escassez de moedas e cédulas, bem como à circulação privada de moedas de madeira e outros substitutos temporários para a moeda legal. No auge da escassez de moeda corrente, eram necessários 104 dólares para comprar 100 dólares. No conjunto, tanto o pânico quanto as restrições, atuando diretamente a partir de seus efeitos sobre a confiança e sobre a possibilidade de conduzir a atividade comercial eficientemente, e, indiretamente, ao forçar uma redução na quantidade de moeda, fizeram da recessão uma das mais severas que os Estados Unidos já tinham sofrido até aquele momento.

Entretanto, a fase severa da recessão foi de curta duração. Os bancos voltaram a pagar no início de 1908. Alguns meses depois, começava a recuperação econômica. A recessão durou apenas treze meses ao todo e sua fase severa, apenas a metade desse tempo.

Esse episódio dramático foi em grande parte responsável pela promulgação do Federal Reserve Act (Lei da Reserva Federal), em 1913. Isso tornou politicamente essencial alguma ação na área monetária e bancária. Durante o governo republicano de Theodore Roosevelt, foi criada uma Comissão Monetária Nacional, presidida pelo eminente senador republicano Nelson W. Aldrich. Durante o governo democrata de Woodrow Wilson, o ilustre congressista democrata, mais tarde senador, Carter Glass, reescreveu e reformulou as recomendações da comissão. O resultante Federal Reserve System (Sistema de Reserva Federal, mais conhecido como Fed) passou a ser a principal autoridade monetária do país desde então.

O que significam, realmente, os termos "corrida", "pânico" e "restrição de pagamentos"? Por que tiveram os efeitos de longo alcance que atribuímos a eles? E como foi a proposta dos autores do Federal Reserve Act para impedir episódios semelhantes?

Uma corrida a um banco é uma tentativa de muitos de seus depositantes de "retirar" seus depósitos em dinheiro vivo, todo ele de uma vez só. A corrida surge a partir de rumores ou fatos que levam os depositantes a temerem que o banco se torne insolvente e não tenha condições de cumprir com suas obrigações. Representa uma tentativa de cada pessoa de retirar o "seu" dinheiro antes que ele acabe.

É fácil ver por que uma corrida pode levar um banco insolvente a falir mais cedo que o faria em outra circunstância. Mas por que uma corrida causaria problema a um banco responsável e solvente? A resposta está relacionada com uma das mais enganosas palavras da língua inglesa — a palavra "depósito", quando usada para se referir a um crédito em um banco. Se você "deposita" moeda corrente em um banco, é tentador supor que o banco pegue seus dólares e os "deposite" em um cofre bancário para custodiá-los até que você os peça de volta. Ele não faz nada disso. Se fizesse, de onde o banco iria obter rendimentos para pagar suas despesas, sem falar no pagamento de juros sobre os depósitos? O banco pode pegar uma parte dos dólares e colocá--los em um cofre como uma "reserva". O resto ele empresta a outra pessoa, cobrando juros do tomador de empréstimo, ou usa para comprar um título que rende juros.

Se, como normalmente é o caso, você não deposita moeda corrente, mas cheques de outros bancos, seu banco não tem em mãos nem mesmo moeda corrente para depositar em um cofre. Tem apenas um crédito de moeda corrente a ser cobrado de outro banco, o que normalmente ele não irá fazer porque outros bancos têm créditos equivalentes para cobrar. Para cada 100 dólares de depósitos, todos os bancos juntos têm apenas uns poucos dólares em dinheiro vivo em seus cofres. Nós temos um "sistema bancário de reservas fracionárias". Esse sistema funciona muito bem, contanto que todo mundo tenha a confiança de que sempre poderá retirar dinheiro vivo referente a seus depósitos e, assim, tentará pegar dinheiro apenas quando realmente precisar. Normalmente, os novos depósitos praticamente se equiparam aos saques, de modo que a pequena quantia em reserva é suficiente para atender a disparidades temporárias. No entanto, se todos tentarem pegar dinheiro de uma vez só, a situação é muito diferente — é provável que ocorra pânico, exatamente como quando alguém grita "fogo" em um teatro lotado e o público corre para sair.

Um banco só pode atender a uma corrida desse tipo, para retirada, pegando dinheiro emprestado com outros bancos ou solicitando a seus devedores que quitem seus empréstimos. Os devedores poderão estar em condições de quitar suas dívidas retirando dinheiro vivo de outros bancos. Mas se uma corrida aos bancos se generalizar, todos eles juntos não poderão dar conta da corrida. Simplesmente não há dinheiro suficiente nos cofres dos bancos para satisfazer as demandas de todos os depositantes. Além disso, qualquer tentativa de conter uma corrida generalizada, sacando-se todo o dinheiro dos cofres — a menos que se consiga restaurar rapidamente a confiança e se ponha um fim à corrida de modo que o dinheiro seja de novo depositado — provoca uma redução muito maior nos depósitos. Na média, em 1907 os bancos só tinham 12 dólares para cada 100 depositados. Cada dólar de depósitos convertido em dinheiro vivo e transferido dos cofres dos bancos para os colchões dos depositantes tornava necessária a redução dos depósitos em mais 7 dólares se os bancos fossem manter a relação anterior de reservas para os depósitos. É por essa razão que uma corrida que resulte em um entesouramento de dinheiro por parte do público costuma reduzir a oferta total de dinheiro. É por essa razão também que, se não for prontamente interrompida, causa tamanha preocupação. Os bancos, individualmente, tentam obter dinheiro vivo para atender as demandas de seus depositantes pressionando os que pegaram empréstimo a pagarem suas dívidas e recusando a renovação ou o acréscimo de novos empréstimos. Os tomadores de empréstimo, como um todo, não têm a quem recorrer e os bancos então vão à falência — e as empresas também.

Como se pode acabar com o pânico, uma vez desencadeado, ou, melhor ainda, como se pode evitar que comece? Uma forma de acabar com o pânico é o método adotado em 1907: uma restrição de pagamentos, em comum acordo, por parte dos bancos. Os bancos ficaram abertos, mas fizeram um acordo entre si de que não pagariam em dinheiro vivo, à vista, aos depositantes. Em vez disso, operaram a partir de lançamentos contábeis. Eles pagavam os cheques subscritos por um de seus depositantes para crédito de outro, reduzindo os depósitos registrados em sua contabilidade em favor do primeiro e aumentando os depósitos na conta do outro. No caso de cheques subscritos por seus depositantes para depositantes de outro banco ou vice-versa, operavam quase como de costume, "por meio da câmara de compensação", ou seja, compensando os cheques de outros bancos recebidos como depósitos com os cheques de seu próprio banco depositados em outros bancos. A única diferença era que quaisquer diferenças entre a quantia que eles deviam a outros bancos e a quantia que os outros bancos deviam a eles eram liquidadas mediante promessa de pagamento e não, como em geral, pela transferência de dinheiro vivo. Os bancos pagavam em espécie em alguns casos, não à vista para todos, mas para clientes habituais que precisavam de dinheiro para cobrir folhas de pagamento e finalidades urgentes similares e, do mesmo modo, recebiam alguma quantia desses mesmos clientes habituais. Sob esse sistema, os bancos ainda assim poderiam falir, como de fato ocorreu, porque não eram bancos "sólidos". Não faliram meramente por não poderem converter ativos absolutamente sólidos em dinheiro. Com o passar do tempo, o pânico diminuiu, a confiança nos bancos foi restaurada, tornando-lhes possível retomar os pagamentos em dinheiro à vista sem começar uma nova série de corridas. É um modo um tanto drástico de acabar com o pânico, mas funcionou.

Outra forma de acabar com o pânico é dar condições aos bancos sólidos de converterem seus ativos em dinheiro rapidamente, não à custa de outros bancos, mas tornando disponível mais dinheiro — de uma impressão emergencial, por assim dizer. Foi a forma prevista no Federal Reserve Act, a fim de evitar até mesmo as interrupções temporárias provocadas pela restrição de pagamentos. Os doze bancos regionais criados por lei, operando sob a supervisão do Federal Reserve, em Washington, receberam o poder de servirem como "emprestadores de última instância" para os bancos comerciais. Poderiam fazer esses empréstimos tanto na forma de dinheiro — cédulas do Federal Reserve, que eles tinham o poder de imprimir — quanto na forma de créditos depositados em carteira, que eles tinham o poder de criar — a mágica da caneta do contador. O objetivo era servir como bancos dos banqueiros, como o correspondente americano do Banco da Inglaterra e de outros bancos centrais.

No início, a expectativa era de que os bancos do Federal Reserve operassem basicamente por meio de empréstimos diretos a outros bancos, assegurados pelos ativos dos próprios, especialmente por notas promissórias equivalentes a empréstimos às empresas. Em muitos desses empréstimos, os bancos "descontavam" as notas — ou seja, pagavam menos do que o valor de face, representando o desconto dos juros. Em troca, o Federal Reserve "redescontava" as notas promissórias, cobrando das instituições bancárias, então, juros sobre os empréstimos.

Com o passar do tempo, as "operações de mercado aberto" — a compra ou venda de títulos públicos — passaram a ser, em vez dos redescontos, o principal meio pelo qual o sistema inseria ou retirava dinheiro de circulação. Quando um banco do Federal Reserve compra um título público, paga por ele em notas do próprio Fed, que tem em seus cofres ou que acabou de emitir ou, mais comumente, acrescentando em sua contabilidade para os depósitos de um banco comercial. O banco comercial pode ser, ele mesmo, o vendedor do título público ou a instituição bancária no qual o vendedor do título tem sua conta de depósito. A moeda corrente e os depósitos servem de reserva para os bancos comerciais, permitindo que eles, no conjunto, expandam seus depósitos por uma multiplicidade de reservas adicionais, razão pela qual a moeda corrente mais os depósitos nos bancos do Federal Reserve são designados "dinheiro de alta potência" ou "base monetária". Quando um banco do Fed vende um título público, o processo se inverte. As reservas dos bancos comerciais caem e eles são levados a se contrair. Até bem pouco tempo, o poder dos bancos do Federal Reserve de criar moeda corrente e depósitos era limitado pela quantidade de ouro em posse do Fed. Esse limite foi eliminado agora, de modo que hoje não há efetivamente nenhum limite, a não ser o critério das pessoas responsáveis pelo Federal Reserve.

Quando o Fed deixou de fazer, no começo dos anos 1930, o que era incumbido de fazer, foi finalmente adotado, em 1934, um método efetivo de evitar pânico. Foi criada a Federal Deposit Insurance Corporation (FDIC) para garantir os depósitos em caso de prejuízo até um determinado limite. O seguro dá confiança aos depositantes de que seus depósitos estão em segurança. Evita, assim, que a falência ou as dificuldades financeiras de um banco com risco de insolvência provoquem corridas a outros bancos. As pessoas no teatro lotado têm confiança de que ele é, realmente, à prova de fogo. Desde 1934, tem havido falências e algumas corridas a certos bancos em particular. Não tem havido mais o pânico bancário de outros tempos.

A garantia dos depósitos para evitar o pânico já era prática frequente dos próprios bancos, mas de um modo mais parcial e menos efetivo. Constantemente, quando um banco em particular tinha problemas financeiros ou estava na iminência de sofrer uma corrida por conta de rumores, outros bancos se uniam voluntariamente para subscrever um fundo que garantisse os depósitos do banco em perigo. Esse recurso evitava uma eventual onda de pânico. Não obteve êxito em outras ocasiões, seja porque não fora possível um acordo satisfatório, seja porque a confiança não fora prontamente restabelecida. Examinaremos um caso particularmente dramático e importante de tal insucesso mais adiante neste capítulo.

Os primeiros anos do Federal Reserve System

O Federal Reserve System começou a funcionar no final de 1914, poucos meses depois da eclosão da guerra na Europa. Esse conflito mudou drasticamente o papel e a importância do Fed.

Quando o sistema foi instituído, a Grã-Bretanha era o centro do mundo financeiro. Dizia-se que o mundo estava sob o padrão-ouro, mas bem que se poderia dizer que estava sob o padrão-libra esterlina. O Federal Reserve System foi concebido inicialmente como um meio de evitar o pânico bancário e de facilitar o comércio; secundariamente, para servir como banqueiro do governo. O pressuposto é que operaria dentro de um padrão-ouro mundial, reagindo a acontecimentos externos, mas não os forjando.

Ao final da guerra, os Estados Unidos haviam substituído a Grã-Bretanha como o centro do mundo financeiro. O mundo estava, de fato, sob um padrão-dólar e assim continuou, mesmo depois que se restabeleceu uma enfraquecida versão do padrão-ouro do pré-guerra. O Federal Reserve System já não era mais um organismo secundário reagindo passivamente a acontecimentos externos. Era um importante poder independente que ditava a estrutura monetária mundial.

Os anos de guerra mostraram o poder do novo sistema, tanto para o bem como para o mal, especialmente depois que os Estados Unidos entraram no conflito. Como em todas as guerras anteriores (e subsequentes), recorreu-se ao equivalente à prensa com o objetivo de financiar as despesas bélicas. Mas o sistema permitiu que isso fosse feito de um modo mais sofisticado e sutil do que antes. A impressão, no sentido literal, foi usada em parte, quando os bancos do Fed compraram títulos públicos e pagaram por eles com cédulas do Federal Reserve que o Tesouro desembolsava para pagar algumas de suas despesas. Mas, na maioria das vezes, o próprio Fed pagava pelos títulos que comprava, creditando o Tesouro com depósitos nos bancos do Federal Reserve. O Tesouro, por sua vez, pagava suas compras com cheques resultantes desses depósitos. Quando os beneficiários depositavam os cheques em seus próprios bancos e estes, por sua vez, repassavam ao Federal Reserve System, os depósitos do Tesouro eram transferidos para os bancos comerciais, aumentando suas reservas. Esse aumento capacitava o sistema de bancos comerciais a se expandir, em grande parte — na época — comprando eles mesmos títulos públicos do governo ou concedendo empréstimos a seus clientes para que pudessem comprar títulos do governo. Por conta desse processo rotatório, o Tesouro obtinha dinheiro recém-criado para pagar as despesas com a guerra, mas o aumento da quantidade de dinheiro, na maior parte das vezes, tomava a forma de aumento de depósitos nos bancos comerciais em vez de moeda corrente. A sutileza do processo pelo qual a quantidade de dinheiro aumentava não evitava a inflação, mas facilitava o funcionamento e, ocultando o que de fato ocorria, reduzia ou adiava o temor de inflação por parte do público.

Depois da guerra, o sistema continuou a aumentar a quantidade de moeda rapidamente, aumentando, assim, a inflação. Nessa fase, no entanto, o dinheiro adicional estava sendo usado não para pagar as despesas do governo, mas para financiar as atividades da empresa privada. Um terço de toda a nossa inflação de guerra se deu não apenas depois que o embate terminou, mas também com o fim dos déficits do governo para custear o conflito. Tardiamente, o Fed descobriu seu erro. Reagiu, então, bruscamente, mergulhando o país na repentina, porém breve, Depressão de 1920-1921.

A maré alta do sistema foi, sem dúvida, o restante da década de 1920. Durante esses poucos anos, serviu de contrapeso eficaz, elevando a taxa de crescimento da moeda quando a economia mostrava sinais de fraqueza e reduzindo a taxa de crescimento da moeda quando a economia começava a crescer mais rapidamente. Não impedia as instabilidades econômicas, mas contribuía para que fossem mais suaves. Acima de tudo, era suficientemente equilibrado, de modo que evitava a inflação. O resultado do ambiente monetário e econômico estável foi um rápido crescimento econômico. Era amplamente alardeado que uma nova era havia chegado, que o ciclo econômico estava morto, liquidado por um vigilante Federal Reserve System.

Grande parte do sucesso durante a década de 1920 se deve a Benjamin Strong, um banqueiro de Nova York que foi o primeiro presidente do Federal Reserve de Nova York e permaneceu como presidente até sua morte prematura, em 1928. Até então, o Banco de Nova York era o maior propulsor da política do Federal Reserve, tanto nacional quanto externamente, e Benjamin Strong foi, sem dúvida, a figura principal. Ele foi um homem notável, definido por um membro do Conselho do Federal Reserve como "um gênio — um Hamilton entre banqueiros". Mais do que qualquer outra pessoa do Fed, ele tinha a confiança e o apoio de outros líderes financeiros dentro e fora da instituição, tinha a força pessoal para fazer prevalecer sua visão e a coragem para agir de acordo com ela.

A morte de Strong desencadeou uma luta pelo poder fadada a consequências de longo alcance. Como declarou seu biógrafo, "a morte de Strong deixou o Sistema sem um centro empreendedor e uma liderança aceitável. O Conselho do Federal Reserve [em Washington] havia decidido que o Banco de Nova York não deveria mais desempenhar aquela função. Mas o próprio Conselho não conseguia desempenhá-la de um modo empreendedor. Era ainda fraco e dividido. [...] Além disso, a maioria dos outros bancos do Federal Reserve, assim como o de Nova York, estava relutante em seguir a liderança do Conselho. [...] Assim, foi fácil para o Sistema resvalar para a indecisão e o impasse".[1]

Essa luta pelo poder acabou sendo — como ninguém poderia ter previsto na época — o primeiro passo para uma transferência acelerada de poder do mercado privado para o governo e do governo local e estadual para Washington.

O início da depressão

A visão popular é de que a depressão começou na Quinta-feira Negra de 24 de outubro de 1929, quando o mercado de ações de Nova York entrou em colapso. Depois de uma série de oscilações intermediárias, o mercado acabou se reduzindo, em 1933, a um sexto do estonteante nível de 1929.

A quebra do mercado de ações foi importante, mas não foi o começo da Depressão. A atividade econômica atingiu seu auge em agosto de 1929, dois meses antes da quebra do mercado de ações, e já havia caído consideravelmente na ocasião. A quebra refletiu o crescimento das dificuldades econômicas mais o estouro de uma bolha especulativa insustentável. Claro que, ocorrida a quebra, ela espalhou a incerteza entre os empresários e outras pessoas que haviam ficado atônitas com a deslumbrante possibilidade de uma nova era. Ela refreou a disposição de gastar, tanto dos consumidores quanto dos empresários, e intensificou neles o desejo de aumentar suas reservas líquidas para emergências.

Esses efeitos deprimentes da quebra do mercado de ações foram poderosamente reforçados pelo comportamento subsequente do Federal Reserve System. Na época da quebra, o Banco de Nova York, quase que por reflexo condicionado incutido nos tempos de Strong, atuou imediatamente por iniciativa própria para amortecer o choque comprando títulos públicos, aumentando, assim, as reservas bancárias. Isso permitiu aos bancos comerciais reduzir o baque fornecendo empréstimos adicionais às empresas do mercado de ações e comprando títulos delas e de outras afetadas adversamente pela quebra. Mas Strong estava morto e o Conselho queria firmar sua liderança. Ele agiu rapidamente para impor sua disciplina a Nova York, que cedeu. Daí em diante, o Fed atuou de modo muito diferente do que havia feito durante recessões econômicas anteriores, nos anos 1920. Em vez de expandir ativamente a oferta de moeda com uma quantidade maior do que a habitual para compensar a contração, o Federal Reserve System permitiu que a quantidade de moeda diminuísse lentamente ao longo de 1930. Comparada com o declínio de aproximadamente um terço na quantidade de moeda do final de 1930 até o início de 1933, a redução na quantidade de moeda de outubro de 1930 parece branda — meros 2,6%. Entretanto, em comparação com episódios passados, ela foi considerável. De fato, foi uma redução maior do que já havia ocorrido durante ou precedendo todas as recessões anteriores, com exceção de umas poucas.

O efeito conjunto das consequências da quebra no mercado de ações com a redução lenta da quantidade de moeda durante 1930 foi, na verdade, uma severa recessão. Ainda que a recessão tivesse acabado no final de 1930 ou início de 1931, o que provavelmente teria ocorrido se não tivesse acontecido um colapso monetário, teria se configurado como uma das mais severas recessões já observadas.

A crise bancária

Mas o pior ainda estava por vir. Até o outono de 1930, a contração, apesar de severa, não estava afetada por dificuldades bancárias ou corrida aos bancos. O caráter da recessão mudou drasticamente quando uma série de falências bancárias no centro-oeste e no sul minou a confiança nos bancos e levou a tentativas generalizadas de converter os depósitos em dinheiro.

O contágio finalmente se espalhou por Nova York, o centro financeiro do país. A data decisiva foi 11 de dezembro de 1930, quando o Banco dos Estados Unidos fechou as portas. Foi o maior banco comercial a falir até aquele momento na história da nação. Além disso, apesar de ser um banco comercial comum, seu nome levou muita gente no país e no exterior a pensar que se tratava de um banco oficial. Sua falência foi, assim, um sério golpe para a confiança.

Foi por mero acaso que o Banco dos Estados Unidos acabou tendo um papel tão importante. Considerando-se a estrutura descentralizada do sistema bancário dos EUA e a política seguida pelo Federal Reserve System de deixar o estoque monetário cair e de não responder com vigor às falências dos bancos, a corrente de pequenas falências cedo ou tarde causaria uma corrida aos grandes bancos. Se o Banco dos Estados Unidos não tivesse falido quando faliu, a falência de outro grande banco teria sido a pequena pedra a desencadear a avalanche. Foi por acaso também que o Banco dos Estados Unidos faliu. Era um banco sólido. Apesar de sua liquidação ter ocorrido durante os piores anos da Depressão, acabou pagando 83,5 centavos por dólar devido a seus depositantes. Praticamente não há dúvida de que, se tivesse conseguido enfrentar a crise imediata, nenhum depositante teria perdido um centavo sequer.

Quando rumores sobre o Banco dos Estados Unidos começaram a se espalhar, a Superintendência de Bancos do Estado de Nova York, o Banco do Federal Reserve de Nova York e a Associação de Bancos da Câmara de Compensação de Nova York tentaram elaborar planos para salvar o banco com a criação de um fundo de garantia ou a fusão com outros bancos. Esse havia sido o comportamento habitual nas primeiras ondas de pânico.

Até dois dias antes de o banco fechar, tais esforços pareciam ter sucesso garantido.

O plano fracassou, no entanto, principalmente por causa do caráter particular do Banco dos Estados Unidos, mas também graças ao preconceito da comunidade bancária. Como o nome em si atraía os imigrantes, despertava animosidade por parte de outros bancos. O mais importante é que o banco era de propriedade de judeus, que também o dirigiam, e atendia principalmente a comunidade judaica. Ele foi um entre diversos bancos de propriedade de judeus em um setor que, mais do que qualquer outro, tem sido a reserva dos bem-nascidos e bem-colocados. Não por acaso, o resgate planejado envolvia a fusão do Banco dos Estados Unidos com o único outro banco importante da cidade de Nova York que era basicamente de propriedade de e administrado por judeus, além de dois outros bancos bem menores também pertencentes a judeus.

O plano fracassou porque a Câmara de Compensação de Nova York no último momento desistiu do plano proposto — presumivelmente em grande parte por causa do antissemitismo de alguns dos principais membros da comunidade bancária. Na última reunião dos banqueiros, Joseph A. Broderick, então superintendente dos Bancos do Estado de Nova York, tentou mas não conseguiu que eles se entendessem. Mais tarde, ele testemunhou em um processo judicial:

> Eu disse que ele [o Banco dos Estados Unidos] tinha milhares de mutuários, que ele financiava pequenos comerciantes, especialmente comerciantes judeus, e que seu fechamento poderia resultar e provavelmente resultaria em falência generalizada entre aqueles que atendia. Alertei para o fato de que o encerramento de suas atividades resultaria no fechamento de pelo menos outros dez bancos na cidade e que poderia afetar, inclusive, os ban-

cos de poupança. A repercussão do fechamento poderia ir além da cidade, disse-lhes.

Lembrei-lhes que apenas duas ou três semanas antes eles haviam resgatado dois dos maiores banqueiros privados da cidade e de bom grado haviam disponibilizado o dinheiro necessário. Lembrei que apenas sete ou oito anos antes disso, eles tinham vindo em auxílio de um dos maiores bancos de investimento de Nova York, disponibilizando muitas vezes a quantia necessária para salvar o Banco dos Estados Unidos, mas somente depois que alguns de seus diretores haviam se reunido às pressas.

Perguntei-lhes se sua decisão de abandonar o plano era definitiva. Disseram-me que sim. Então os alertei de que estavam cometendo o erro mais colossal da história bancária de Nova York.[2]

O fechamento do Banco dos Estados Unidos foi trágico para seus donos e para os depositantes. Dois dos proprietários foram julgados, condenados e cumpriram penas na prisão pelo que todo o mundo entendeu terem sido infrações técnicas da lei. Os depositantes tiveram inclusive aquela parte de seus fundos imobilizada por anos, o que, afinal, conseguiram recuperar. Depositantes de todo o país, com receio da segurança de seus depósitos, aderiram às corridas esporádicas que tinham começado anteriormente. Os bancos faliam em massa — 352 bancos só no mês de dezembro de 1930.

Se o Federal Reserve System nunca tivesse sido criado, e uma série semelhante de corrida aos bancos tivesse começado, é quase certo que teriam sido tomadas as mesmas medidas de 1907 — uma restrição de pagamentos. Isso teria sido mais drástico do que de fato ocorreu nos últimos meses de 1930. Entretanto, evitando-se a drenagem de reservas dos bons bancos, a restrição quase certamente teria evitado as subsequentes séries de falências bancárias em 1931, 1932 e 1933, assim como a restrição em

1907 rapidamente pôs um fim às falências na ocasião. Na verdade, o próprio Banco dos Estados Unidos teria podido reabrir, como a Knickerbocker Trust Company reabriu em 1908. Fim do pânico, confiança restabelecida, muito provavelmente teria começado uma recuperação econômica no início de 1931, assim como aconteceu no início de 1908.

A existência do Federal Reserve System impediu essa drástica medida terapêutica — de forma direta, reduzindo a preocupação dos bancos fortes que, erroneamente, como acabou se provando, estavam confiantes de que pegando dinheiro emprestado do Fed teriam um mecanismo de escape confiável em caso de dificuldade; e, de forma indireta, acalmando a comunidade como um todo e o sistema bancário em particular, com a crença de que tais medidas radicais já não eram mais necessárias agora que o Federal Reserve estava lá para cuidar dessas questoes.

O Fed poderia ter propiciado uma solução muito melhor, envolvendo-se em compras de títulos do governo em grande escala no mercado aberto. Isso teria propiciado aos bancos um dinheiro adicional para atender as demandas de seus depositantes. Isso teria acabado — ou pelo menos sofrido drástica redução — com o fluxo de falências bancárias e evitado que a tentativa do público de converter os depósitos em moeda corrente reduzisse a quantidade de dinheiro. Infelizmente, as ações do Federal Reserve foram hesitantes e pouco significativas. Basicamente, ele ficou de braços cruzados e deixou a crise seguir seu curso — um padrão de comportamento que se repetiria diversas vezes nos dois anos seguintes.

Repetiu-se na primavera de 1931, quando ocorreu uma segunda crise bancária. Seguiu-se uma política ainda mais perversa em setembro de 1931, quando a Grã-Bretanha abandonou o padrão-ouro. O Fed reagiu — depois de dois anos de uma grave depressão — *elevando* a taxa dos juros que cobrava dos bancos por empréstimos da forma mais acentuada de toda a sua história. Tal medida tinha como objetivo evitar a fuga de suas reservas de ouro por detentores estrangeiros de dólares que o Federal Reserve temia serem compensados pelo abandono do padrão-ouro por parte da Grã-Bretanha. O efeito no mercado nacional, no entanto, foi altamente deflacionário — pondo mais pressão tanto sobre os bancos comerciais quanto sobre as empresas. O Fed poderia ter compensado esse duro golpe que deu em uma economia em dificuldades a partir da compra de títulos públicos no mercado aberto — mas não o fez.

Em 1932, sob forte pressão do Congresso, finalmente o Federal Reserve se lançou às compras em larga escala no mercado aberto. Os efeitos favoráveis mal estavam começando quando o Congresso suspendeu suas sessões — e o Fed prontamente pôs um fim a seu programa.

O episódio final dessa triste história foi o pânico bancário de 1933, mais uma vez iniciado por uma série de falências bancárias. Ele foi intensificado pelo interregno entre Herbert Hoover e Franklin D. Roosevelt, eleito em 8 de novembro de 1932, mas que não tomou posse até 4 de março de 1933. Herbert Hoover não tinha a intenção de tomar medidas drásticas sem a cooperação do presidente eleito, e Roosevelt não desejava assumir nenhuma responsabilidade até sua posse.

Quando o pânico se espalhou pela comunidade financeira de Nova York, o próprio sistema entrou em pânico. O diretor do Federal Reserve em Nova York tentou, sem sucesso, persuadir o presidente Hoover a declarar feriado bancário nacional no último dia de seu governo. Ele se reuniu, então, com os bancos da Câmara de Compensação de Nova York e com o superintendente estadual de bancos para persuadir o governador Lehman, de Nova York, a declarar feriado bancário estadual em 4 de março de 1933, dia da posse de Roosevelt. O Fed fechou junto com os bancos comerciais. Medidas semelhantes foram adotadas por outros governadores. Um feriado nacional foi finalmente decretado pelo presidente Roosevelt para 6 de março.

O sistema de banco central, estabelecido inicialmente para tornar desnecessária a restrição de pagamentos por parte dos bancos comerciais, acabou se juntando aos bancos comerciais em uma generalizada, completa e economicamente perturbadora restrição de pagamentos jamais vivida na história do país. Pode-se até concordar com o comentário de Hoover em suas memórias: "Concluí que ele [o Conselho do Federal Reserve] era, na realidade, um ponto fraco para um país se apoiar em tempos difíceis."[3]

No auge da atividade comercial em meados de 1929, cerca de 25 mil bancos comerciais estavam em operação nos Estados Unidos. No início de 1933, o número havia reduzido para 18 mil. Quando o feriado bancário foi encerrado pelo presidente Roosevelt dez dias depois que começou, menos de 12 mil bancos tinham permissão para operar e apenas outros 3 mil tiveram tal permissão posteriormente. Apesar de tudo, no entanto, cerca de 10 mil dos 25 mil bancos desapareceram durante esses quatro anos — por falência, fusão ou liquidação.

O estoque total de moeda revelou um declínio igualmente drástico. Para cada 3 dólares de depósitos e moeda nas mãos do público em 1929, havia menos de 2 dólares em 1933 — um colapso monetário sem precedentes.

Os fatos e a interpretação

Esses fatos já não são questionados hoje — embora seja necessário frisar que não eram conhecidos ou estavam disponíveis para a maior parte dos observadores da época, inclusive John Maynard Keynes. Mas eles são suscetíveis a diferentes interpretações.

O colapso monetário teria sido a causa do colapso econômico ou seu resultado? O sistema poderia ter evitado o colapso monetário? Ou ele aconteceu apesar dos esforços do Federal Reserve — como muitos observadores concluíram na época? A Depressão teria começado nos Estados Unidos e se espalhado no exterior? Ou forças procedentes do exterior é que converteram em uma grave recessão o que teria sido uma recessão bem discreta nos Estados Unidos?

Causa ou efeito

O Federal Reserve, por si só, não manifestava dúvida a respeito de seu papel. É tão grande a capacidade de autojustificação que o Conselho pôde dizer em seu *Relatório anual* de 1933: "A capacidade dos bancos do Federal Reserve de atender as enormes demandas de moeda corrente durante a crise demonstrou a eficácia do sistema monetário do país nos termos do Federal Reserve Act. [...] É difícil dizer qual teria sido o desenrolar da depressão se o Federal Reserve System não tivesse seguido a política liberal de compras no mercado aberto."[4]

O colapso monetário foi tanto uma causa quanto um efeito do colapso econômico. Originou-se, em grande parte, da política do Federal Reserve e, sem dúvida, tornou o colapso econômico muito pior do que teria sido. Entretanto, o colapso econômico, uma vez começado, tornou o colapso monetário pior. Empréstimos bancários que deveriam ter sido "bons" empréstimos em uma leve recessão se tornaram empréstimos inadimplentes no grave colapso econômico. A inadimplência nos empréstimos enfraqueceu os bancos emprestadores, o que contribuiu para a tentação dos depositantes de correr para os bancos. As falências das empresas, a produção em queda, o crescente desemprego — tudo isso contribuiu para a incerteza e o medo. O desejo de converter ativos para sua forma mais líquida, dinheiro, e em dinheiro do tipo mais seguro, dinheiro em mãos, generalizou-se. Feedback é uma característica universal de um sistema econômico.

As provas agora são quase conclusivas de que o sistema não apenas tinha uma ordem legislativa para evitar o colapso monetário, como poderia tê-lo feito se tivesse usado com sabedoria os poderes a ele outorgados pelo Federal Reserve Act. Defensores do Federal Reserve System apresentaram uma série de desculpas. Nenhuma delas resistiu a um exame cuidadoso. Nenhuma delas é uma justificativa válida para a omissão do Fed em desempenhar a tarefa para a qual seus fundadores o criaram. O Fed não apenas tinha o poder de evitar o colapso monetário como sabia usar esse poder. Em 1929, 1930 e 1931, o Federal Reserve de Nova York instou, repetidas vezes, o sistema para realizar compras em larga escala no mercado aberto — a medida fundamental que o sistema deveria ter tomado, mas não tomou. O Banco de Nova York foi ignorado não porque seus propósitos mostraram estar mal-orientados ou por serem inviáveis, mas por causa da luta pelo poder dentro do sistema, o que fez tanto os outros bancos do Federal Reserve quanto o Conselho em Washington rejeitarem a liderança de Nova York. A alternativa acabou sendo uma confusa e indecisa liderança do Conselho. Vozes competentes fora do sistema também exigiram a ação correta. Um congressista de Illinois, A. J. Sabath, disse em audiência na Câmara: "Eu insisto que está no poder do Conselho do Fed aliviar a crise financeira e comercial." Alguns críticos acadêmicos — inclusive Karl Bopp, que se tornou mais tarde diretor do Federal Reserve da Filadélfia — expressaram ponto de vista semelhante. Na reunião do Federal Reserve na qual foram aprovadas as compras no mercado aberto em 1932, sob pressão direta do Congresso, Ogden L. Mills, então secretário do Tesouro e membro *ex officio* do Conselho, declarou, ao explicar seu voto a favor da medida: "Para um grande sistema de banco central ficar assistindo, com uma reserva de 70% em ouro, sem tomar medidas concretas, tal situação era quase inconcebível e quase imperdoável." No entanto, era exatamente assim que o Fed havia se comportado nos dois anos anteriores e voltou a se comportar tão logo o Congresso suspendeu as sessões alguns meses depois, bem como durante a crise bancária final culminante, de março de 1933.[5]

Onde começou a Depressão

A prova definitiva de que a Depressão se espalhou pelo mundo a partir dos Estados Unidos, e não o contrário, vem do movimento do ouro. Em 1929, os Estados Unidos estavam sob o padrão-ouro no sentido de que havia um preço oficial (20,67 dólares por onça) pelo qual o governo americano compraria ou venderia ouro à vista. A maioria dos principais países praticava o assim chamado padrão-ouro de câmbio, pelo qual também especificavam um preço oficial para o ouro nos termos de suas próprias moedas. Esse preço oficial em sua moeda dividido pelo preço oficial dos EUA resultava em uma taxa de câmbio oficial, ou seja, o preço de sua moeda nos termos do dólar. Eles poderiam ou não comprar e vender ouro livremente ao preço oficial, mas se comprometiam a manter a taxa de câmbio fixada no nível determinado pelos dois preços oficiais de ouro comprando e vendendo dólares à vista àquela taxa de câmbio. Sob tal sistema, se os residentes nos Estados Unidos, ou outras pessoas que tinham dólares, gastassem (ou emprestassem, ou dessem) no exterior mais dólares do que os receptores desses dólares estivessem dispostos a gastar (ou emprestar, ou dar) nos Estados Unidos, os receptores exigiriam ouro pela diferença. O ouro sairia dos Estados Unidos para outros países. Se a balança estivesse no sentido contrário, de modo que detentores de moedas estrangeiras quisessem gastar (ou emprestar, ou dar) mais dólares nos Estados Unidos do que os detentores de dólares quisessem converter em moedas estrangeiras para gastar (ou emprestar, ou dar) no exterior, eles obteriam os dólares adicionais comprando-os de seus bancos centrais às taxas de câmbio oficiais. Os bancos centrais, por sua vez, obteriam os dólares adicionais vendendo ouro aos Estados Unidos. (Na prática, é claro, a maior parte dessas transferências não envolvia o embarque literal do ouro através dos oceanos. A maior parte do ouro de propriedade de bancos centrais estrangeiros era armazenada nos cofres do Federal Reserve de Nova York, "marcado" para o país que o detinha. A transferência ocorria mudando-se as etiquetas dos contêineres que armazenavam as barras de ouro nos andares subterrâneos do edifício do banco na rua Liberty, 33, na área de Wall Street.)

Se a Depressão tivesse começado no exterior enquanto a economia dos EUA continuava a crescer, por um tempo, as condições de deterioração da economia no exterior teriam reduzido as exportações dos EUA e, baixando o custo dos bens estrangeiros, estimulariam as importações dos EUA. O resultado teria sido uma tentativa de gastar (ou emprestar, ou dar) mais dólares no exterior do que os receptores desejariam usar nos Estados Unidos e haveria uma saída do ouro do território americano. A saída de ouro teria reduzido as reservas do Fed. E isso teria, por sua vez, induzido o banco a reduzir a quantidade de dinheiro. É assim que um sistema de taxas de câmbio fixas transmite pressão deflacionária (ou inflacionária) de um país para outro. Se tivesse sido esse o desenrolar dos acontecimentos, o Federal Reserve poderia, acertadamente, ter alegado que suas medidas foram uma resposta a pressões vindas do exterior.

De modo inverso, se a Depressão tivesse se originado nos Estados Unidos, um efeito precoce seria uma queda da quantidade de dólares dos EUA que seus detentores desejariam usar no exterior e um aumento do número de dólares que outras pessoas desejariam usar nos Estados Unidos. Isso teria produzido um influxo de ouro para os EUA. Tal consequência, por sua vez, faria pressão sobre os outros países para reduzirem sua quantidade de dinheiro e seria o modo pelo qual a deflação norte-americana seria transmitida a eles.

Os fatos são claros. O estoque de ouro dos EUA subiu de agosto de 1929 até agosto de 1931, os dois primeiros anos de contração — prova irrefutável de que os EUA estavam na vanguarda do movimento. Tivesse o Federal Reserve System seguido as normas do padrão-ouro, teria reagido ao influxo de ouro aumentando a quantidade de dinheiro. No entanto, praticamente deixou baixar essa quantidade.

Uma vez em marcha a Depressão e já tendo sida transmitida a outros países, ocorreu, naturalmente, a influência de seu reflexo sobre os Estados Unidos — outro exemplo do feedback tão onipresente em qualquer economia complexa. O país na vanguarda de um movimento internacional não precisa estar lá. A França havia acumulado um grande estoque de ouro como consequência de seu retorno ao padrão-ouro, em 1928, a uma taxa de câmbio que depreciou o franco. Tinha, portanto, muita reserva e poderia ter resistido à pressão deflacionária vinda dos Estados Unidos. Apesar disso, a França adotou políticas ainda mais deflacionárias do que os Estados Unidos e não apenas começou a aumentar seu grande estoque de ouro como também, depois de 1931, passou a drenar ouro dos EUA. Sua dúbia recompensa por tal liderança foi que, mesmo com a economia norte-americana chegando ao fundo do poço ao suspender pagamentos em ouro em março de 1933, a economia francesa só chegou lá também em abril de 1935.

O efeito sobre o Federal Reserve System

Um resultado irônico da política monetária perversa do Conselho do Fed, apesar da recomendação do Federal Reserve nova-iorquino, foi uma completa vitória do Conselho contra Nova York e os outros bancos do Federal Reserve na luta pelo poder. O mito de que a empresa privada, inclusive o sistema bancário privado, havia fracassado, e de que o governo precisava de mais poder para neutralizar a suposta instabilidade inerente à economia de mercado, significava que a falha do Federal Reserve produziu um ambiente político favorável para dar ao Conselho um controle maior sobre os bancos regionais.

Um sinal da mudança foi a transferência do Conselho do Federal Reserve dos modestos escritórios do edifício do Tesouro dos EUA para um magnífico templo grego de sua propriedade na avenida Constitution (depois complementado por uma enorme estrutura adicional).

A marca final da mudança de poder foi uma alteração no nome do Conselho e no título dos diretores dos bancos regionais. Nos círculos do banco central, o título de prestígio é governador, não presidente. De 1913 a 1935, o dirigente de um banco regional era designado "governador"; o órgão central de Washington era chamado de "Conselho do Federal Reserve"; apenas o presidente do conselho era chamado de "governador"; os demais membros eram simplesmente "membros do Conselho do Federal Reserve". A Lei do Sistema Bancário de 1935 mudou tudo isso. Os diretores dos bancos regionais foram designados "presidentes" em vez de "governadores"; e o compacto "Conselho do Federal Reserve" foi substituído pelo complicado "Conselho dos governadores do Federal Reserve System", exclusivamente para que cada membro do Conselho pudesse ser chamado de "governador".

Infelizmente, o aumento de poder, prestígio e pompa do cargo não foi acompanhado da respectiva melhoria de desempenho. Desde 1935, o Fed presidiu — e contribuiu em grande parte para — uma importante recessão em 1937-1938, um período de guerra e uma inflação imediatamente após a guerra, e uma economia de muita incerteza, desde então, com a inflação subindo e caindo alternativamente, com quedas e aumentos no desemprego. Cada pico inflacionário e cada baixa inflacionária temporária ficaram em patamares cada vez mais acentuados, e o nível médio de desemprego aumentou gradativamente. O Fed não cometeu o mesmo erro de 1929-1933 — de permitir ou de fomentar um colapso monetário —, mas cometeu o erro oposto: fomentar um crescimento rápido indevido da quantidade de moeda, promovendo, assim, a inflação. Além disso, continuou, oscilando de um extremo a outro, a produzir não só booms econômicos, mas também recessões, algumas suaves, outras agudas.

Em um aspecto o Fed se manteve totalmente consistente o tempo todo. Pôs a culpa de todos os problemas nas influências externas além de seu controle e atribui a si o crédito por toda e qualquer ocorrência favorável. Assim, continua a promover o mito de que a economia privada é instável, enquanto seu comportamento continua a mostrar a realidade de que o governo hoje é a fonte principal de instabilidade econômica.

4

Do berço à sepultura

A eleição presidencial de 1932 foi um marco político para os Estados Unidos. Herbert Hoover, procurando se reeleger pela chapa republicana, estava atado a uma profunda depressão. Milhões de pessoas estavam desempregadas. A imagem-padrão da época era a de uma fila para o pão ou a de uma pessoa desempregada vendendo maçãs em uma esquina. Apesar do independente Federal Reserve System ter a culpa pela política monetária errada que transformou uma recessão em uma catastrófica depressão, o presidente, como chefe de Estado, não poderia se furtar à responsabilidade. O público tinha perdido a confiança no sistema econômico vigente. As pessoas estavam desesperadas. Queriam ter sua confiança restabelecida, a promessa de uma saída.

Franklin Delano Roosevelt, o carismático governador de Nova York, era o candidato dos democratas. Ele era uma cara nova que transmitia esperança e otimismo. Verdade seja dita: sua campanha se baseava nos velhos princípios. Ele prometeu que, se eleito, cortaria os desperdícios do Estado e equilibraria o orçamento, e criticava Hoover pela extravagância nas despesas do governo e por permitir o aumento do déficit. Ao mesmo tempo, tanto antes das eleições quanto durante o intervalo anterior à sua posse, ele se encontrava regularmente com um grupo de conselheiros na mansão do governador em Albany — seu *brain trust*, como foi batizado. Eles elaboraram medidas a serem adotadas depois da posse e evoluíram para o "New Deal" que Roosevelt havia prometido ao povo americano ao aceitar sua nomeação como candidato à Presidência pelo Partido Democrata.

A eleição de 1932 foi um marco em termos estritamente políticos. Em 72 anos, de 1860 a 1932, os republicanos ocuparam a Presidência por 56 anos; os democratas, por dezesseis. Em 48 anos, de 1932 a 1980, o jogo mudou: os democratas ocuparam a Presidência por 32 anos; os republicanos, por dezesseis.

A eleição foi também um marco em um sentido mais importante: definiu uma significativa mudança tanto na percepção do público sobre o papel do governo quanto no papel atribuído de fato ao governo. Um simples conjunto de estatísticas revela a magnitude da mudança. Da fundação da República até 1929, o gasto do governo em todos os níveis — federal, estadual e local — nunca excedeu 12% da renda nacional, exceto em tempos de uma grande guerra, e dois terços dele eram gastos estaduais e local. O gasto federal chegava, geralmente, a 3% ou menos da renda nacional. Desde 1933, o gasto do governo nunca foi menor do que 20% da renda nacional e agora está acima de 40%, dois terços gastos pelo governo federal. É verdade que grande parte do período após a Segunda Guerra Mundial foi de guerra fria ou quente. Entretanto, desde 1946, somente os gastos não destinados à defesa nunca foram menores do que 16% da renda nacional e agora são, aproximadamente, de um terço da renda nacional. O gasto do governo federal, sozinho, é de mais de um quarto da renda nacional no total, e mais de um quinto somente fora da área da defesa. Por esses valores, o papel do governo federal na economia multiplicou-se, aproximadamente, por dez na última metade do século.

Roosevelt tomou posse em 4 de março de 1933 — quando a economia estava na sua pior fase. Muitos estados haviam declarado feriado bancário, fechando seus bancos. Dois dias depois de sua posse, o presidente Roosevelt ordenou que todos os bancos do país fechassem. Mas Roosevelt usou seu discurso de posse para divulgar uma mensagem de esperança, proclamando que "a única coisa que temos que temer é o próprio medo". E imediatamente lançou um programa frenético de medidas legislativas — os "cem dias" de uma sessão especial do Congresso.

Os membros do *brain trust* de Roosevelt eram oriundos basicamente das universidades — em particular, da Universidade de Colúmbia. Eles refletiam a mudança que havia ocorrido antes na atmosfera intelectual dos *campi* universitários — da crença na responsabilidade individual, no *laissez-faire* e no governo descentralizado e limitado à crença na responsabilidade social e em um governo centralizador e poderoso. Era função do governo, acreditavam, proteger as pessoas das vicissitudes da vida e controlar o funcionamento da economia em prol do "interesse geral", mesmo que isso implicasse na apropriação e administração pelo governo dos meios de produção. Esses dois vetores já estavam presentes em um famoso romance publicado em 1887, *Daqui a cem anos: revendo o futuro*, de Edward Bellamy, uma fantasia utópica na qual o personagem Rip van Winkle vai dormir em 1887 e acorda no ano 2000 para descobrir um mundo transformado. "Olhando para trás", seus companheiros lhe explicam como a utopia que o deixa assombrado surgiu nos anos 1930 — uma data profética — do inferno dos anos 1880. Essa utopia incluía a promessa de segurança "do berço à sepultura" — o primeiro uso dessa expressão que encontramos —, assim como um planejamento governamental detalhado, incluindo o Serviço Nacional Obrigatório para todas as pessoas por um período prolongado.[1]

Vindos desse ambiente intelectual, os conselheiros de Roosevelt estavam já prontos para ver a Depressão como uma falha do capitalismo e acreditar que a intervenção ativa do governo — em especial do governo central — era o remédio apropriado. Servidores públicos benevolentes, especialistas desinteressados, deveriam assumir o poder do qual os "monarquistas da ordem econômica", egoístas e de mente estreita, abusaram. Nas palavras do primeiro discurso de posse de Roosevelt: "Os cambistas fugiram dos assentos elevados no templo de nossa civilização."

Ao formularem programas a serem adotados por Roosevelt, eles poderiam ter tirado proveito não só do *campus* universitário, mas também de experiências anteriores como a da Alemanha de Bismarck, da Inglaterra fabiana e da Suécia da via intermediária.

O New Deal, do modo como surgiu na década de 1930, reflete claramente essa visão. Incluía programas destinados a reformar a estrutura básica da economia. Alguns deles tiveram de ser abandonados quando a Suprema Corte os declarou inconstitucionais, especialmente a Administração Nacional de Recuperação (NRA, na sigla em inglês) e a Administração para Ajuste Agrícola (AAA, na sigla em inglês). Outros ainda estão entre nós, em especial a SEC, a Junta Nacional de Relações Trabalhistas (NLRB, na sigla em inglês), os salários mínimos em todo o país.

O New Deal também incluía programas para prover seguridade contra adversidades, especialmente a Seguridade Social (Old Age and Survivors Insurance — OASI), seguro-desemprego e assistência social. Este capítulo discute essas medidas e seu resultado mais adiante.

O New Deal incluía também programas planejados para serem estritamente temporários, elaborados para fazer face à situação de emergência criada pela Grande Depressão. Alguns dos programas temporários se tornaram permanentes, como ocorre em geral com programas de governo.

Os programas temporários mais importantes incluíam projetos "*make work*"* sob a responsabilidade da Works Progress Administration (WPA), a utilização de jovens desempregados para a preservação dos parques nacionais e florestas sob a responsabilidade do Corpo Civil de Conservação (CCC, na sigla em inglês) e auxílio federal direto ao indigente. Na época, esses programas tiveram uma função útil. Havia uma situação de miséria em grande escala; era importante fazer alguma coisa para resolver essa questão imediatamente, tanto para dar auxílio às pessoas em situação de miséria quanto para restaurar a esperança e a confiança do público. Esses programas foram feitos às pressas, e, sem dúvida, eram imperfeitos e produziam desperdícios, mas isso é compreensível e inevitável naquelas circunstâncias. O governo Roosevelt obteve um considerável grau de sucesso no alívio imediato da miséria e na restauração da confiança.

A Segunda Guerra Mundial interrompeu o New Deal e, ao mesmo tempo, fortificou seus fundamentos. A guerra produziu gigantescos orçamentos governamentais e um controle do governo sem precedentes sobre os detalhes da vida econômica: a fixação de preços e salários por decreto, o racionamento de bens de consumo, a proibição de produção de alguns bens civis, a alocação de matérias-primas e produtos acabados, e o controle dos importados e dos exportados.

A eliminação do desemprego, a vasta produção de material bélico que transformou os Estados Unidos no "arsenal da democracia" e a vitória incondicional sobre a Alemanha e o Japão — tudo isso foi largamente interpretado como uma demonstração da capacidade do governo de administrar o sistema econômico

---

* Literalmente, "faça trabalhar" ou trabalhos ocupacionais para pessoas desempregadas, visando mais sua ocupação e futura reinserção no mercado de trabalho do que a contribuição econômica em si. [*N. da T.*]

mais eficientemente do que o "capitalismo não planejado". Um dos primeiros exemplos de importante legislação aprovada depois da guerra foi a Lei do Emprego (Employment Act), de 1946, que expressava a responsabilidade do governo pela manutenção "máxima do emprego, da produção e do poder de compra" e, na realidade, transformou políticas keynesianas em lei.

O efeito da guerra nas atitudes do público espelhava a imagem da Depressão. A Depressão convenceu o público de que o capitalismo era deficiente; e a guerra, de que o governo centralizado era eficiente. Ambas as conclusões eram falsas. A Depressão foi produzida por uma falha do governo, não da empresa privada. Quanto à guerra, uma coisa é o governo exercer um grande controle temporariamente para um único e primordial propósito compartilhado por quase todos os cidadãos e pelo qual quase todos os cidadãos têm a intenção de fazer pesados sacrifícios; outra coisa bem diferente é o governo controlar a economia de forma permanente para promover um vagamente definido "interesse público" formado pela enorme variedade e diversidade de objetivos de seus cidadãos.

Ao fim da guerra, parecia que a economia planificada era a onda do futuro. Esse resultado foi apaixonadamente saudado por alguns que o viam como a aurora de um mundo de abundância dividida em partes iguais. Foi igualmente temido por outros, entre os quais nos incluímos, que viram nisso uma volta à tirania e à miséria. Até o presente, nem as esperanças de uns nem os temores de outros se concretizaram.

O governo teve uma enorme expansão. Entretanto, essa expansão não tomou a forma de uma economia planificada detalhada, acompanhada de uma estatização cada vez maior da indústria, do setor financeiro e do comércio, como muitos de nós temíamos. A experiência pôs um fim à economia planificada detalhada, em parte porque não teve sucesso no alcance dos objetivos anunciados, mas também porque ela conflitava com a liberdade. Esse conflito ficou claro com a tentativa do governo britânico de controlar os empregos que as pessoas poderiam ter. A reação adversa do público forçou o governo a abandonar a tentativa. As indústrias estatizadas tornaram-se tão ineficientes e geraram tantos prejuízos na Grã-Bretanha, Suécia, França e Estados Unidos que apenas alguns marxistas cabeças-duras veem hoje a estatização como algo desejável. A ilusão de que a estatização aumenta a eficiência produtiva, amplamente compartilhada no passado, já não existe. Estatizações secundárias ocorrem — serviço ferroviário para passageiros e alguns serviços de transporte de carga nos Estados Unidos, a Leyland Motors na Grã-Bretanha, o aço na Suécia. Mas ocorrem por razões muito diferentes — porque os consumidores querem manter os serviços subsidiados pelo governo quando as condições de mercado exigem sua redução ou porque os trabalhadores em indústrias deficitárias temem o desemprego. Até mesmo os defensores da estatização a veem, na melhor das hipóteses, como um mal necessário.

O fracasso do planejamento e da estatização não acabou com a pressão para um governo cada vez maior. Simplesmente alterou sua direção. A expansão do governo agora toma a forma de programas de bem-estar social e de atividades regulatórias. Como diz W. Allen Wallis em um contexto um tanto diferente, o socialismo, "intelectualmente falido depois de mais de um século vendo seus argumentos a favor da socialização dos *meios* de produção serem demolidos um a um, agora tenta socializar os *resultados* da produção".[2]

Na área dos programas de bem-estar social, a mudança de direção levou a uma explosão nas últimas décadas, especialmente depois que o presidente Lyndon Johnson declarou "Guerra à Pobreza" em 1964. Os programas do New Deal de seguridade social, seguro-desemprego e auxílio direto foram todos ampliados para cobrir novos grupos; os pagamentos aumentaram; e o Medicare, o Medicaid, o vale-alimentação e numerosos outros programas foram acrescentados. Os programas de habitação e renovação urbana foram ampliados. No momento, há literalmente centenas de programas de bem-estar social do governo e programas de transferência de renda. O Departamento de Saúde, Educação e Bem-estar Social (HEW, na sigla em inglês), criado em 1953 para consolidar os programas dispersos, começou com um orçamento de 2 bilhões de dólares, menos de 5% das despesas com a defesa nacional. Vinte e cinco anos depois, em 1978, seu orçamento era de 160 bilhões de dólares, uma vez e meia o total das despesas com o Exército, a Marinha e a Força Aérea. Teve o terceiro maior orçamento do mundo, superado apenas pelo orçamento total dos governos dos EUA e da União Soviética. O departamento supervisionava um imenso império, penetrando por todos os cantos do país. Mais do que uma pessoa e meia em cada cem empregadas neste país trabalhava no império do HEW, seja diretamente para o departamento ou em programas pelos quais o HEW era responsável, mas que eram administrados por unidades dos governos estaduais ou locais. Todos nós fomos afetados por suas atividades. (No final de 1979, o HEW foi subdividido, com a criação de um Departamento de Educação separado.)

Ninguém consegue discutir sobre dois fenômenos aparentemente contraditórios: insatisfação generalizada com os resultados dessa explosão das atividades de bem-estar social do governo; e pressão contínua por maior expansão do governo.

Os objetivos eram todos nobres; os resultados, desapontadores. As despesas da seguridade social dispararam e o sistema está com um imenso problema financeiro. Os programas habitacionais e de renovação urbana subtraíram mais do que acrescentaram à disponibilidade de moradias para os pobres. A assistência social aumenta cada vez mais, apesar do crescimento do emprego. Por unanimidade, programas de bem-estar social são uma "confusão" saturada de fraudes e corrupção. Como o governo pagou uma parte maior das contas médicas do país, tanto os pacientes quanto os médicos reclamam de gastos exorbitantes e da crescente despersonalização da medicina. Na educação, o desempenho dos alunos caiu na mesma proporção em que a intervenção do governo federal aumentou (capítulo 6).

Os repetidos fracassos de programas bem-intencionados não são mero acaso. Não são simplesmente resultado de erros de execução. O fracasso está profundamente enraizado no uso de meios ruins para se atingirem bons objetivos.

Apesar do fracasso desses programas, cresce a pressão para que sejam expandidos. Os fracassos são atribuídos à mesquinharia do Congresso ao designar fundos, e assim nos deparamos com pedidos de programas ainda maiores. Grupos de interesses específicos que se beneficiam com determinados programas pressionam por sua expansão — em primeiro lugar, a imensa burocracia criada pelos programas.

Uma alternativa atraente para o atual sistema de auxílio do governo é um imposto negativo sobre a renda. Essa proposta teve amplo apoio de pessoas e grupos de todas as convicções políticas. Uma variante foi proposta por três presidentes; ainda assim, parece politicamente impraticável em um futuro próximo.

O surgimento do moderno Estado de Bem-estar Social

O primeiro Estado moderno a adotar, em uma escala bem grande, o tipo de medidas de bem-estar social que se tornaram populares na maioria das sociedades atuais foi o recém-criado império germânico sob a liderança do "Chanceler de Ferro", Otto von Bismarck. No início da década de 1880, ele implantou um sistema abrangente de seguridade social, oferecendo ao trabalhador seguro contra acidente, doença e velhice. Seus motivos eram uma complexa mistura de preocupação paternal com as classes mais baixas e esperteza política. Suas iniciativas serviram para enfraquecer a atratividade política dos social-democratas, que acabavam de surgir.

Pode parecer paradoxal que um Estado essencialmente autocrático e aristocrata como era a Alemanha antes da Primeira Guerra Mundial — no jargão de hoje, uma ditadura de direita — tenha aberto o caminho para a introdução de iniciativas que são, em geral, vinculadas ao socialismo e à esquerda. Mas não há paradoxo algum — mesmo pondo de lado os motivos políticos de Bismarck. Os crentes da aristocracia e do socialismo compartilham da fé no governo centralizado, no governo por comandos, em vez de na cooperação voluntária. Eles diferem quanto a quem deve governar: se uma elite determinada pelo berço ou especialistas supostamente escolhidos pelo mérito. Ambos alegam, sinceramente, sem dúvida, que desejam promover o bem-estar do "público em geral", que sabem o que é do "interesse público" e como alcançá-lo melhor do que a pessoa comum. Ambos, portanto, professam uma filosofia paternalista. E ambos acabam, se chegam ao poder, promovendo os interesses de sua própria classe em nome do "bem-estar geral".

Precursores mais imediatos das medidas de seguridade social adotadas na década de 1930 foram as medidas adotadas na Grã-Bretanha, começando pela Lei das Pensões dos Idosos (Old Age Pensions Act) em 1908 e a Lei do Seguro Nacional (National Insurance Act) em 1911.

A Lei das Pensões dos Idosos concedia uma pensão semanal a qualquer pessoa com mais de 70 anos cuja renda fosse menor que um determinado valor. Tal pensão variava de acordo com a renda do destinatário. Totalmente isenta de contribuição, era, em certo sentido, simplesmente um auxílio direto — uma renovação das disposições da Lei dos Pobres que, de uma forma ou de outra, existiu durante séculos na Grã-Bretanha. Entretanto, como ressalta A. V. Dicey, havia uma diferença fundamental. A pensão era tida como um direito cujo recebimento, nas palavras da lei, "não privará o pensionista de qualquer franquia, direito ou privilégio, nem o sujeitará a nenhuma inabilidade jurídica". Ela mostra como fomos longe daquele modesto começo sobre o qual Dicey, comentando sobre a lei cinco anos depois de promulgada, pôde escrever: "Certamente um homem sensato e de bem pode se perguntar se a Inglaterra como um todo ganhará alguma coisa decretando que o recebimento de um pobre auxílio, na forma de uma pensão, será coerente com o fato de o sobrevivente preservar o direito de participar da eleição de um membro do Parlamento."[3] Seria preciso um Diógenes moderno com uma poderosa lâmpada para encontrar alguém hoje que pudesse votar se o recebimento de generosidades do governo fosse uma incompatibilidade.

A Lei do Seguro Nacional tinha o propósito "de alcançar dois objetivos: o primeiro é que qualquer pessoa [...] que esteja empregada no Reino Unido [...] e tenha entre 16 e 70 anos terá seguro contra doenças ou, em outras palavras, terá assegurados os meios para se tratar de doença. [...] O segundo objetivo é que, qualquer pessoa que esteja empregada em certos empregos especificados pela lei terá seguro contra o desemprego ou, em outras palavras, terá assegurado um auxílio durante os períodos de desemprego".[4] Diferentemente das pensões dos idosos, o sistema criado era de contribuição obrigatória. Era para ser financiado em parte por empregadores, em parte pelos empregados, em parte pelo governo.

Tanto por sua natureza contributiva quanto por causa das contingências contra as quais ela procurava assegurar, essa lei foi um desvio ainda mais radical da prática anterior do que a Lei das Pensões dos Idosos. Segundo Dicey:

> Sob a Lei do Seguro Nacional, o Estado incorre em novas e talvez muito onerosas obrigações e confere aos assalariados novos e muito abrangentes direitos. [...] Antes de 1908, a questão de se um homem, rico ou pobre, deveria assegurar sua saúde era deixada inteiramente ao critério ou à falta de critério de cada pessoa. Sua conduta não dizia respeito ao Estado mais do que se deveria usar um casaco preto ou um casaco marrom.
>
> Mas a Lei do Seguro Nacional criará a longo prazo para o Estado, isto é, para os contribuintes, uma responsabilidade muito mais pesada do que a prevista pelos eleitores ingleses. O seguro-desemprego [...] é, na realidade, a admissão por parte de um Estado de sua obrigação de segurar um homem contra o mal subsequente ao fato de ele não ter emprego. [...] A Lei do Seguro Nacional está de acordo com a doutrina do socialismo e dificilmente é compatível com o liberalismo ou mesmo com o radicalismo de 1865.[5]

Essas medidas iniciais britânicas, como as de Bismarck, ilustram a afinidade entre a aristocracia e o socialismo. Em 1904, Winston Churchill saiu do Partido Tory — o partido da aristocracia — e foi para o Partido Liberal. Como membro do gabinete de Lloyd George, teve um papel fundamental na legislação de reforma social. A mudança de partido, que se tornou temporária, não exigiu mudança de princípios — como teria ocorrido meio século antes, quando o Partido Liberal era o partido do livre-comércio no exterior e do *laissez-faire* em casa. A legislação social que ele patrocinou, ainda que diferente em alcance e espécie, estava de acordo com a tradição das paternalistas Leis das Fábricas (Factory Acts), adotadas no século XIX, em grande parte por influência dos assim chamados Radicais do Tory[6] — um grupo, em grande parte, oriundo da aristocracia e imbuído do senso de obrigação de cuidar dos interesses das classes trabalhadoras e fazê-lo com o seu consentimento e apoio, não por meio de coerção.

Não é exagero dizer que o modelo da Inglaterra hoje se deve mais aos princípios dos Tory do século XIX do que às ideias de Karl Marx e Friedrich Engels.

Outro exemplo que, sem dúvida, influenciou o New Deal de Roosevelt foi *Sweden, The Middle Way*, como Marquis Childs intitularia seu livro, publicado em 1936. A Suécia aprovou as pensões compulsórias dos idosos em 1915 como um sistema contributivo. As pensões eram pagas a todos depois dos 67 anos de idade, independentemente de sua condição financeira. O tamanho da pensão dependia das contribuições individuais feitas ao sistema. Essas contribuições eram complementadas com recursos do governo.

Além das pensões dos idosos e, mais tarde, do seguro-desemprego, a Suécia foi adiante, tornando propriedade do governo a indústria, a habitação popular e as cooperativas dos consumidores em grande escala.

Resultados do Estado de Bem-estar Social

A Grã-Bretanha e a Suécia, os dois países há muito apontados como casos de sucesso de Estados de Bem-estar Social, passaram a ter dificuldades cada vez maiores. A insatisfação cresceu nos dois países.

A Grã-Bretanha se viu em dificuldades crescentes para financiar os gastos do governo. Os impostos passaram a ser uma fonte principal de ressentimento. E o ressentimento se multiplicou muitas vezes com o impacto da inflação (ver capítulo 9). O Serviço Nacional de Saúde [National Health Service], que já foi a joia premiada da coroa do Estado de Bem-estar Social, e ainda é amplamente considerado pela maior parte do público britânico uma das grandes realizações do governo trabalhista, começou a ter dificuldades crescentes — contaminado por greves, aumento dos custos e longas listas de espera para os pacientes. E cada vez mais as pessoas têm passado para os médicos particulares, para o seguro-saúde, hospitais e casas de repouso particulares. Apesar de ainda ser um segmento menor no setor da saúde, o setor privado tem crescido rapidamente.

O desemprego na Grã-Bretanha subiu junto com a inflação. O governo teve de voltar atrás com seu compromisso de pleno emprego. Subjacente a tudo isso, a produtividade e a renda real na Grã-Bretanha, na melhor das hipóteses, ficaram estagnadas, de tal forma que o país tem ficado muito atrás de seus vizinhos continentais. A insatisfação tornou-se dramaticamente evidente com a esmagadora vitória do Partido Tory nas eleições de 1979, uma vitória obtida graças à promessa de Margaret Thatcher de uma drástica mudança na direção do governo.

A Suécia saiu-se muito melhor do que a Grã-Bretanha. Ela foi poupada do ônus de duas guerras mundiais e, de fato, colheu benefícios econômicos com a sua neutralidade. Apesar disso, também passou recentemente pelas mesmas dificuldades da Grã--Bretanha: inflação alta e desemprego constante; oposição aos altos impostos, resultando na emigração de suas pessoas mais talentosas; e insatisfação com programas sociais. Nos EUA, também, os eleitores expressaram seu ponto de vista nas urnas. Em 1976, os eleitores puseram fim a quatro décadas de governo do Partido Social-Democrata e o substituíram por uma coalizão de outros partidos, apesar de ainda assim não ter havido nenhuma mudança fundamental na direção da política do governo.

A cidade de Nova York é o exemplo mais dramático nos Estados Unidos dos resultados de tentativas de se fazer o bem com programas de governo. Nova York é a comunidade mais voltada para o bem-estar social nos Estados Unidos. O gasto do governo municipal é maior em relação à sua população do que o de qualquer outra cidade norte-americana — o dobro do gasto de Chicago. A filosofia que orientava a cidade foi expressa pelo prefeito Robert Wagner em sua mensagem orçamentária de 1965: "Não me proponho a permitir que nossos problemas fiscais estabeleçam limites para os nossos compromissos de atender as necessidades básicas das pessoas da cidade."[7] Wagner e seus sucessores passaram a interpretar "necessidades básicas" de um modo bastante amplo. Porém, mais dinheiro, mais programas, mais impostos não deram certo. Provocaram uma catástrofe financeira sem atender às "necessidades básicas das pessoas" até na mais elementar das interpretações, quanto mais nas de Wagner. A falência só foi evitada com o auxílio do governo federal e do estado de Nova York; em contrapartida, a cidade de Nova York abriu mão do controle de seus assuntos de governo, tornando-se uma tutela supervisionada de perto pelos governos estadual e federal.

Os nova-iorquinos tentaram, naturalmente, culpar as forças externas por seus problemas, mas, como escreveu Ken Auletta em um livro recente, Nova York "não foi obrigada a criar um enorme hospital municipal nem um sistema universitário da cidade, nem a continuar com o ensino gratuito, instituir matrículas sem concurso no ensino superior, ignorar as limitações orçamentárias, cobrar os impostos mais elevados do país, endividar-se além de seus recursos, subsidiar habitação para a classe média, continuar com os rígidos controles sobre o aluguel, premiar os funcionários municipais com opulentas pensões, salários e benefícios adicionais".

Ele ironiza: "Impelidas pela compaixão do liberalismo e pelo compromisso ideológico com a redistribuição de riqueza, as autoridades de Nova York ajudaram a redistribuir grande parte da base tributária e milhares de empregos para fora de Nova York."[8]

Uma feliz particularidade é que a cidade de Nova York não pode emitir moeda. Não podia usar a inflação como uma forma de imposto e, assim, postergar o dia das contas finais. Infelizmente, em vez de enfrentar seus problemas, simplesmente pediu socorro ao estado de Nova York e ao governo federal.

Vamos olhar de perto alguns outros exemplos.

Seguridade social

O maior programa de bem-estar social dos Estados Unidos no nível federal é a seguridade social, abrangendo idosos, sobreviventes, pessoas portadoras de deficiência e seguro-saúde. Por um lado, é uma vaca sagrada que ninguém pode questionar — como Barry Goldwater descobriu em 1964. Por outro lado, é alvo de queixas de todos os lados. As pessoas que recebem os benefícios se queixam de que os valores são inadequados para manter o padrão de vida que foram levadas a esperar. As pessoas que pagam as contribuições da seguridade social se queixam de que elas são um ônus pesado. Os empresários se queixam de que a carga fiscal incorporada pelos impostos entre o custo para o empregador de acrescentar um trabalhador à sua folha de pagamentos e o ganho líquido para o trabalhador de assumir o emprego cria desemprego. Os contribuintes se queixam de que as obrigações, não capitalizadas, do sistema de seguridade social chegam a trilhões de dólares e de que nem mesmo as elevadas contribuições atuais manterão uma situação de solvência por muito tempo. E todas as queixas se justificam!

A seguridade social e o seguro-desemprego foram adotados na década de 1930 para que o trabalhador pudesse prover sua própria aposentadoria e para períodos temporários de desemprego, não para que se tornassem objeto de caridade. A assistência social foi implantada para ajudar as pessoas desvalidas, na expectativa de que seria eliminada progressivamente à medida que o emprego aumentasse e que a seguridade social assumisse a tarefa. Os dois programas começaram pequenos. Os dois cresceram como Topsy. A seguridade social não mostrou nenhum sinal de que acabaria com a assistência social — ambas estão o tempo todo elevadas, tanto em termos de gastos em dólar quanto em número de pessoas que recebem benefícios. Em 1978, os benefícios da seguridade social para aposentadoria, pessoas portadoras de deficiência, desemprego, hospital e assistência médica e para os sobreviventes totalizaram mais de 130 bilhões e foram concedidos a mais de 40 milhões de beneficiários.[9] Os benefícios em assistência social, de mais de 40 bilhões de dólares, foram concedidos a mais de 17 milhões de beneficiários.

Para manter a discussão dentro de limites administráveis, restringiremos esta seção ao principal componente da seguridade social — os benefícios para os idosos e para os sobreviventes, que foram responsáveis por dois terços das despesas totais e por três quartos dos beneficiários. A próxima seção trata de programas de assistência social.

A seguridade social foi instituída na década de 1930 e desde então promovida por meio de uma rotulagem errônea e uma publicidade enganosa. Uma empresa privada que incorresse em tal rotulagem e publicidade seria, sem dúvida, punida severamente pela Federal Trade Commission (FTC).

Avalie o seguinte parágrafo que apareceu por anos seguidos até 1977 em milhões de cópias de um folheto não assinado do HEW intitulado *Your social security*:

"A ideia básica da seguridade social é bem simples: durante os anos de trabalho, os empregados, seus empregadores e os trabalhadores autônomos pagam contribuições para a seguridade social, consolidadas em fundos fiduciários especiais. Quando cessam os ganhos ou são reduzidos porque o trabalhador se aposenta, se torna incapaz ou morre, são pagos benefícios mensais para substituir parte dos ganhos que a família perdeu."[10]

Isto é duplipensar orwelliano.

Impostos sobre os salários são rotulados de "contribuições" (ou, como o Partido deve ter se expressado no livro *1984*,[11] "Compulsório é voluntário").

Fundos fiduciários são invocados como se tivessem um papel importante. Na realidade, há muito tempo eles têm sido extremamente pequenos (32 bilhões de dólares para o OASI em junho de 1978, ou menos do que as despesas de metade do ano em valores atuais) e consistem apenas em promessas de uma área do governo de pagar a outra área do governo. O valor atual das pensões dos idosos já prometidas às pessoas cobertas pela seguridade social (tanto as que já se aposentaram quanto as que ainda não) está na casa dos trilhões de dólares. Esse é o tamanho do fundo fiduciário que seria necessário para justificar as palavras do folheto (em termos orwellianos, "Pouco é muito").

A impressão que dá é de que os "benefícios" de um trabalhador são financiados por suas "contribuições". O fato é que impostos cobrados de pessoas em atividade foram usados para pagar benefícios a pessoas que se aposentaram, ou a seus dependentes, ou sobreviventes. Nenhum fundo fiduciário que faça sentido estava sendo acumulado ("Eu sou você").

Os trabalhadores que pagam impostos hoje não têm nenhuma garantia de que receberão benefícios dos fundos fiduciários quando se aposentarem. Qualquer garantia advém exclusivamente da intenção de futuros contribuintes de cobrarem impostos de si mesmos para pagar os benefícios que os atuais contribuintes estão prometendo a si mesmos. Esse "pacto entre as gerações" unilateral, imposto a gerações que não podem dar seu consentimento, é algo bem diferente de um "fundo fiduciário". Está mais para uma carta-corrente.

Os folhetos do HEW, inclusive os atualmente distribuídos, também dizem: "Nove entre dez trabalhadores dos Estados Unidos estão ganhando proteção para eles mesmos e suas famílias com o programa de seguridade social."[12]

Mais duplipensar. O que nove entre dez trabalhadores estão agora fazendo é pagando impostos para financiar pagamentos a pessoas que não estão trabalhando. O trabalhador, individualmente, não está "ganhando" proteção para ele próprio e sua família no mesmo sentido que se pode dizer que uma pessoa que contribui para um sistema de pensão privado constituído está "ganhando" sua própria proteção. Ele está apenas "ganhando" proteção no sentido político de que está satisfazendo certas exigências administrativas para fazer jus aos benefícios. As pessoas que agora recebem benefícios ganham muito mais do que o valor atuarial dos impostos que pagaram e que foram pagos em seu benefício. Os jovens que contribuem agora para a seguridade social têm a promessa de receber muito menos do que o valor atuarial dos impostos que pagarão e que serão pagos em seu benefício.

Em nenhum sentido a seguridade social é um programa de seguro no qual os pagamentos individuais compram benefícios atuariais equivalentes. Como seus próprios defensores admitem, "a relação entre as contribuições individuais (ou seja, impostos sobre os salários) e os benefícios recebidos é extremamente tênue".[13] A seguridade social é mais uma combinação de um determinado imposto com um determinado programa de transferências.

O fascinante é que nunca encontramos alguém, qualquer que seja sua convicção política, que defendesse o sistema de imposto em si ou o sistema de benefício. Se os dois componentes tivessem sido considerados separadamente, nenhum dos dois jamais teria sido adotado!

Considere o imposto. Exceto por uma recente pequena modificação (deduções no crédito da renda auferida), é um imposto único sobre os salários até um limite máximo, um imposto regressivo, pesando mais sobre as pessoas com baixa renda. É um imposto sobre o trabalho que desencoraja empregadores de contratarem trabalhadores e desencoraja as pessoas de buscarem trabalho.

Considere o plano de benefício. Os benefícios não são determinados nem pelo total pago pelo beneficiário nem por seu status financeiro. Não são um retorno justo pelas contribuições feitas nem um modo eficaz de ajudar o indigente. Há uma ligação entre os impostos pagos e os benefícios recebidos, mas, na melhor das hipóteses, isso é tapar o sol com a peneira para dar alguma aparência de credibilidade ao se chamar a combinação de "seguro". O montante em dinheiro que a pessoa recebe depende de uma série de circunstâncias acidentais. Se trabalhou em um setor coberto, há benefício; se trabalhou em um setor não coberto, não há benefício. Se trabalhou em um setor coberto apenas por alguns trimestres, não há nada a receber, não importa quão indigente a pessoa possa ser. Uma mulher que nunca trabalhou, mas é a esposa ou a viúva de um homem que tem direito ao benefício máximo, recebe exatamente a mesma quantia de uma mulher na mesma situação que, além disso, faz jus aos benefícios em razão de seus próprios ganhos. Uma pessoa com mais de 65 anos que decide trabalhar e que ganha mais do que uma quantia modesta por ano não apenas não recebe nenhum benefício como, para piorar a situação, tem que pagar outros impostos — supostamente para financiar os benefícios que não estão sendo pagos. E essa lista poderia se estender indefinidamente.

Dificilmente poderíamos conceber um triunfo maior de uma embalagem imaginativa do que a combinação de um imposto inaceitável com um programa de um benefício inaceitável transformada em um programa de seguridade social amplamente considerado uma das maiores realizações do New Deal.

À medida que nos inteiramos da literatura sobre a seguridade social, fomos ficando chocados com os argumentos usados para defender o programa. Pessoas que não mentiriam para seus filhos, seus amigos ou seus colegas, em quem todos nós confiaríamos implicitamente nas mais importantes relações pessoais, difundiram uma ideia falsa da seguridade social. Sua inteligência e exposição de pontos de vista contrários tornam difícil de acreditar que agiram assim de forma desinteressada e inocente. Aparentemente, elas se viam como um grupo de elite dentro da sociedade que sabe o que é bom para as outras pessoas mais do que essas pessoas sabem o que é bom para elas mesmas, uma elite que tem um dever e uma responsabilidade de persuadir os eleitores de aprovarem leis que serão boas para eles, mesmo que tenham que enganar os eleitores para que façam isso.

Os problemas de longa data da seguridade social se originam de um simples fato: o número de pessoas que recebem os benefícios do sistema aumentou e continuará a aumentar mais rápido do que o número de trabalhadores cujos salários são descontados para financiar esses benefícios. Em 1950, havia dezessete pessoas empregadas para cada pessoa que recebia os benefícios; por volta de 1970, apenas três; lá pelo início do século XXI, se continuar a atual tendência, haverá no máximo duas.

Como essas observações mostram, o programa de seguridade social implica em uma transferência dos jovens para os velhos. Em certo sentido, esse tipo de transferência ocorreu ao longo da história — os jovens dando suporte a seus pais ou a outros parentes na velhice. De fato, em muitos países pobres com altas taxas de mortalidade infantil, como a Índia, o desejo de assegurar uma descendência que possa sustentar a pessoa em sua velhice é uma das importantes razões para as altas taxas de nascimento e famílias numerosas. A diferença entre a seguridade social e os arranjos sociais do passado é que a seguridade social é compulsória e impessoal — os arranjos sociais do passado eram voluntários e pessoais. A responsabilidade moral é uma questão individual, não uma questão social. Os filhos ajudavam seus pais por amor ou por dever. Eles agora contribuem para sustentar os pais de terceiros por ser compulsório e por medo. As transferências do passado estreitavam os laços de família; as transferências compulsórias os enfraquecem.

Além da transferência dos jovens para os velhos, a seguridade social também envolve transferência dos menos providos de recursos para os mais abastados. É verdade que o plano de benefícios pesa mais em favor das pessoas com salários mais baixos, mas esse efeito é mais do que anulado por outro. É comum as crianças de famílias pobres começarem a trabalhar — e começarem a pagar impostos — em uma idade relativamente precoce; as crianças de famílias com renda mais alta, só com uma idade bem maior. Na outra ponta do ciclo da vida, as pessoas com rendas mais baixas, em média, vivem menos do que as pessoas com rendas mais altas. O resultado líquido é que os pobres costumam pagar impostos por mais anos e receber benefícios por menos anos do que os ricos — tudo em nome da ajuda aos pobres!

Esse efeito perverso é reforçado por uma série de outras características da seguridade social. A isenção de imposto de renda sobre benefícios é mais valiosa quanto mais altos são os outros rendimentos do beneficiário. A restrição de pagamentos a pessoas entre 65 e 72 anos (completando 70 em 1982) baseia-se apenas nos salários durante esses anos e não em outras categorias de renda — 1 milhão de dólares em dividendos não desqualificam ninguém a receber os benefícios da seguridade social; vencimentos ou salários de mais de 4.500 dólares por ano produzem um prejuízo de 1 dólar em benefícios para cada 2 dólares em ganhos.[14]

Em suma, a seguridade social é um excelente exemplo da "Lei de Director" em ação, ou seja: "Os gastos públicos são feitos principalmente para beneficiar a classe média e são financiados com impostos bancados em grande parte pelos pobres e pelos ricos."[15]

Assistência social

Podemos ser muito mais breves no exame da "desordem dos programas de bem-estar social do governo" do que no exame da seguridade social — porque nesta questão há mais entendimento. Os defeitos de nosso atual sistema de bem-estar social se tornaram amplamente reconhecidos. A lista de pessoas que recebem auxílio do governo cresce, a despeito da crescente prosperidade. Uma vasta burocracia é altamente devotada a mexer com papéis em vez de servir às pessoas. Uma vez que alguém entre para o programa de auxílio, dificilmente sairá. O país está cada vez mais dividido em duas classes de cidadãos: uma que recebe auxílio do governo e outra que paga por isso. Os que recebem auxílio têm pouco incentivo para ganhar seu próprio dinheiro. Os pagamentos de auxílio do governo variam enormemente de uma parte para outra do país, o que encoraja a migração do sul e das zonas rurais para o norte, particularmente para os centros urbanos. As pessoas que receberam ou estão recebendo auxílio do governo são tratadas de modo diferente daquelas que não receberam auxílio do governo (os assim chamados pobres trabalhadores), ainda que ambos possam estar no mesmo nível econômico. A irritação pública é frequentemente provocada pela corrupção generalizada e pelas fraudes, com relatos amplamente divulgados de "rainhas" do bem-estar social dirigindo pela cidade com Cadillacs comprados com múltiplos cheques-auxílio.

À medida que crescem as reclamações sobre os programas de bem-estar social, cresce também o número de programas que são objeto de reclamações. Há uma mixórdia de bem mais de cem programas federais aprovados para ajudar os pobres. Há programas mais relevantes como a seguridade social, seguro-desemprego, Medicare, Medicaid, auxílio a famílias com filhos dependentes, benefício complementar, vale-alimentação e uma miríade de outros menos importantes de que a maioria das pessoas nunca ouviu falar, tais como: assistência a refugiados cubanos, alimentação suplementar especial para mulheres, crianças da primeira idade e mais velhas; projeto de cuidados intensivos para crianças da primeira idade; auxílio-aluguel; controle de pragas urbanas; centros de tratamento inclusivo da hemofilia, e por aí vai. Um programa se desdobra em outro. Algumas famílias que conseguem receber auxílio de numerosos programas terminam com uma renda certamente maior do que a renda média do país. Outras famílias, seja por ignorância ou por apatia, não conseguem se inscrever nos programas que poderiam aliviar uma carência real. Mas cada programa exige uma burocracia para administrá-lo.

Além dos 130 bilhões de dólares gastos por ano com a seguridade social, as despesas com tais programas estão em torno de 90 bilhões por ano — dez vezes o total gasto em 1960, isto é, claramente um despropósito. O assim chamado nível de pobreza de 1978, estimado pelo censo, estava perto dos 7 mil dólares para uma família não rural de quatro pessoas e cerca de 25 milhões de pessoas foram consideradas membros de famílias abaixo do nível de pobreza. Essa é uma superestimativa bruta porque classifica as famílias apenas pela renda em dinheiro, ignorando inteiramente qualquer renda em espécie — resultante de uma casa própria, uma horta, vale-alimentação, Medicaid ou habitação popular. Diversos estudos indicam que, deduzidas tais omissões, a estimativa do censo cairia pela metade ou por três quartos.[16] Mas, mesmo que se use essa estimativa, deduz-se que as despesas com programas de bem-estar social somam cerca de 3.500 dólares por pessoa abaixo do nível de pobreza ou cerca de 14 mil dólares por família de quatro pessoas — aproximadamente o dobro do próprio nível de pobreza. Se todos esses recursos estivessem indo para os "pobres", não sobraria mais nenhum deles — estariam entre os de uma confortável situação financeira.

É óbvio que esse dinheiro não vai essencialmente para os pobres. Parte é escoada para despesas administrativas, sustentando uma imensa burocracia em atraentes tabelas salariais. Outra parte vai para pessoas que, por mais que se apele à imaginação, de modo algum podem ser consideradas indigentes. São alunos universitários que conseguem vale-alimentação e, talvez, outras formas de auxílio; são famílias com renda confortável que recebem subsídios para habitação e assim por diante, nas formas de auxílio mais variadas do que a sua ou a nossa imaginação possa conceber. Uma parte vai para as fraudes.

No entanto, tudo isso precisa ser dito sobre esses programas. Diferentemente da renda média dos beneficiários da seguridade social, a das pessoas que são subsidiadas por essa vasta soma de valores é provavelmente mais baixa do que a renda média das pessoas que pagam os impostos para sustentá-las — ainda que nem mesmo isso possa ser afirmado com certeza. Como diz Martin Anderson:

> Pode haver muita ineficiência em nossos programas de bem-estar social, o nível de fraude pode ser muito alto, a qualidade da administração pode ser terrível, os programas podem se sobrepor, as injustiças podem abundar e o incentivo financeiro para

trabalhar pode, praticamente, não existir. Mas, se voltamos atrás e analisamos a vasta gama desses programas [...] por dois critérios básicos — a abrangência de cobertura para aqueles que realmente precisam de auxílio e a adequação da quantidade de auxílios que eles recebem —, o quadro muda dramaticamente. Analisado por esses parâmetros, nosso sistema de bem-estar social tem sido um tremendo sucesso.[17]

Subsídios à habitação

De pequenos começos nos anos do New Deal, os programas governamentais para prover habitação expandiram-se rapidamente. Um novo departamento ministerial, o Departamento de Habitação e Desenvolvimento Urbano, foi criado em 1965. Agora ele tem um quadro de funcionários de aproximadamente 20 mil pessoas que desembolsam mais de 10 bilhões de dólares por ano. Os programas habitacionais do governo federal foram complementados por programas dos governos estaduais e municipais, especialmente no estado e na cidade de Nova York. Os programas começaram com a construção de unidades habitacionais pelo governo para famílias de baixa renda. Depois da guerra, foi acrescentado um programa de renovação urbana e em muitas áreas a habitação popular estendeu-se para famílias "de renda média". Recentemente, foram acrescentados os "complementos ao aluguel" — subsídio do governo na locação de unidades habitacionais de propriedade particular.

Em termos do objetivo inicial, tais programas foram um notório fracasso. Unidades habitacionais foram mais destruídas do que construídas. As famílias que tinham apartamentos de aluguéis subsidiados se beneficiaram. As famílias que foram forçadas a se mudar para habitações mais pobres porque suas casas haviam sido destruídas e não substituídas ficaram em piores condições. A moradia hoje é melhor e mais amplamente distribuída nos Estados Unidos do que quando começou o programa popular de habitação, mas isso ocorreu por meio da iniciativa privada, apesar dos subsídios do governo.

As próprias unidades habitacionais públicas frequentemente se transformavam em favelas e focos de crime, especialmente de delinquência juvenil. O caso mais dramático foi o projeto de habitação popular Pruitt-Igoe, em Saint Louis — um imenso complexo de apartamentos cobrindo pouco mais de 20 hectares que ganhou um prêmio de arquitetura por seu desenho. Ele se deteriorou em tal grau que parte dele teve de ser implodida. Nessa altura, apenas seiscentas das 2 mil unidades estavam ocupadas e se dizia que o projeto parecia mais um campo de batalha urbano.

Lembramo-nos muito bem de um episódio que ocorreu quando viajamos pela região de Watts, em Los Angeles, em 1968. A área nos estava sendo mostrada pelo homem no comando de um bem-gerenciado projeto de iniciativa popular, patrocinado por um sindicato. Quando comentamos sobre a atratividade de alguns prédios de apartamentos na região, ele gritou com raiva: "Essa foi a pior coisa que já aconteceu em Watts. Isso é conjunto habitacional." E continuou: "Como se pode esperar que jovens desenvolvam um bom caráter e bons valores quando vivem em um ambiente constituído inteiramente por famílias desestruturadas, vivendo quase que totalmente da assistência governamental?" Ele lamentou também o efeito do ambiente dos conjuntos habitacionais sobre a delinquência juvenil e sobre os colégios da vizinhança, frequentados de forma desproporcional por crianças de famílias sem qualquer estrutura.

Há pouco tempo, ouvimos uma avaliação semelhante sobre conjuntos habitacionais do líder de um projeto de "mutirão" de construção de moradia popular no South Bronx, em Nova York. A área parece uma cidade bombardeada, com muitos edifícios abandonados como resultado do controle do governo sobre os aluguéis e outros destruídos por distúrbios. O grupo do "mutirão" encarregou-se da recuperação de uma área desses prédios abandonados com seu próprio trabalho para transformá-los em moradia que possam ocupar em seguida. No início, tiveram ajuda de fora apenas na forma de umas poucas doações. Recentemente, têm recebido também alguma ajuda do governo.

Quando indagamos o nosso entrevistado por que seu grupo havia adotado uma solução mais trabalhosa no lugar de simplesmente se mudar para conjuntos habitacionais, ele deu uma resposta parecida com a que ouvimos em Los Angeles, com a diferença de que construir e ter seu próprio lar daria aos participantes do projeto um sentido de orgulho, o que faria com que cuidassem de sua casa devidamente.

Parte da ajuda do governo que o grupo do "mutirão" recebeu foram os serviços dos trabalhadores da CETA (sigla em inglês para Lei do Pleno Emprego e Treinamento). Essas pessoas foram pagas pelo governo nos termos dessa lei e designadas para diversos projetos públicos a fim de obter capacitação, na expectativa de se prepararem para conseguir emprego na iniciativa privada. Quando perguntamos ao nosso entrevistado se o grupo do mutirão preferiria a ajuda dos trabalhadores da CETA ou o dinheiro que estava sendo gasto com eles, ele não deixou qualquer dúvida de que prefeririam o dinheiro. De qualquer forma, é confortante observar esse senso de autoconfiança, independência e energia demonstrado nesse projeto de mutirão, em contraste com a apatia, senso de futilidade e tédio tão evidentes nos projetos de conjuntos habitacionais que visitamos.

As moradias subsidiadas para famílias de "renda média", justificadas como um meio de se evitar que essas famílias saiam da cidade, apresentam uma situação bem diferente. Apartamentos espaçosos e luxuosos são alugados a taxas subsidiadas para famílias que só são de "renda média" por um emprego bastante generoso do termo. Os apartamentos são subsidiados, em média, em mais de 200 dólares por mês. A Lei de Director em ação outra vez.

A renovação urbana foi adotada com o propósito de eliminar as favelas — "deterioração urbana". O governo subsidiava a aquisição e a desocupação de áreas a serem renovadas e tornava disponível a maior parte da terra desocupada para construtores da iniciativa privada a preços artificialmente baixos. A renovação urbana destruía "quatro casas, a maioria delas ocupadas por pessoas negras, para cada casa que construía — a maioria a ser ocupada por pessoas brancas de renda média e alta".[18] Os moradores originais eram forçados a se mudar, quase sempre transformando o lugar em outra área "em ruínas". O programa bem merece os nomes de "remoção de favela" e "remoção dos negros" que alguns críticos lhe deram.

Os principais beneficiários dos programas habitacionais e de renovação urbana não foram as pessoas pobres, mas os donos de propriedades compradas para moradia popular ou localizadas em áreas de renovação urbana; as famílias de renda média e alta que puderam encontrar moradia nos apartamentos de preço alto ou nos conjuntos habitacionais que frequentemente substituíam as moradias de baixa renda renovadas para não mais existirem; os construtores e locatários de shopping centers construídos em áreas urbanas; instituições tais como as universidades e as igrejas que puderam usar projetos de renovação urbana para melhorar sua vizinhança.

Como disse um recente editorial do *Wall Street Journal*:

A Federal Trade Commission [FTC] investigou as políticas habitacionais do governo e descobriu que são motivadas por algo além de mero altruísmo. Um livro com instruções técnicas da equipe da FTC revela que a principal motivação parece vir de pessoas que ganham dinheiro erguendo habitações — construtores, banqueiros, sindicatos, fornecedores de materiais etc. Depois que as habitações saem do papel, o governo e essa variada "clientela" passam a ter menos interesse por elas. Por isso, a FTC tem recebido reclamações a respeito da qualidade das moradias construídas pelos programas federais, tais como goteiras, encanamento defeituoso, fundações inadequadas etc.[19]

Enquanto isso, mesmo onde não foram deliberadamente destruídas, as moradias de baixo aluguel se deterioravam por causa do controle sobre os aluguéis e medidas semelhantes.

Assistência médica

A medicina é o último campo do bem-estar social no qual o papel do governo vem explodindo. Os governos estaduais e os locais e, em menor grau, o governo federal sempre tiveram um papel na saúde pública (saneamento público, doenças contagiosas etc.) e na disponibilização de instalações hospitalares. Além disso, o governo federal proporcionava assistência médica para os militares e veteranos. No entanto, ainda em 1960, as despesas do governo com cuidados médicos para a população civil (omitindo-se os militares e veteranos) ficaram em menos de 5 bilhões de dólares, ou seja, pouco mais de 1% da renda nacional. Depois do lançamento do Medicare e do Medicaid em 1965, os gastos do governo com a saúde subiram rapidamente, alcançando 68 bilhões de dólares por volta de 1977, cerca de 4,5% da renda nacional. A participação do governo nas despesas totais com assistência médica quase dobrou, de 25% em 1960 para 42% em 1977. O clamor para que o governo federal assuma um papel ainda maior continua. O presidente Carter surgiu com uma proposta a favor de um seguro nacional de saúde, ainda que de uma forma limitada por causa de restrições financeiras. O senador Edward M. Kennedy não tem tais inibições; ele é a favor de um compromisso total do governo com a assistência médica dos cidadãos do país.

Os gastos extraordinários do governo foram acompanhados por um rápido crescimento do seguro privado de saúde. Os gastos totais com assistência médica dobraram de 1965 para 1977 como percentual da renda nacional. As instalações médicas expandiram-se, também, mas não tão rápido quanto as despesas. Aumentos acentuados no preço da assistência médica e na renda de médicos e de outros envolvidos com a prestação de serviços médicos foram resultados inevitáveis.

O governo respondeu tentando regular os procedimentos médicos adotados e manter sob controle as taxas cobradas pelos médicos e hospitais. E assim deveria fazer. Se o governo gasta o dinheiro do contribuinte, é certo e adequado que se preocupe com o que recebe em troca do que paga: quem paga o flautista dá o tom. Se a tendência atual continuar, o resultado final será inevitavelmente a socialização da medicina.

O seguro nacional de saúde é outro exemplo de rotulagem enganosa. Em tal sistema, não haveria relação entre o que você pagaria e o valor atuarial a que você teria direito, como há no seguro privado. Além disso, não é direcionado para prover seguro de "saúde nacional" — uma expressão sem sentido —, mas para a prestação de serviços médicos aos residentes no país. O que seus proponentes estão de fato apresentando é um sistema de medicina socializada. Como escreveu o dr. Gunnar Biörck, eminente professor sueco de medicina e chefe do departamento de medicina de um importante hospital da Suécia:

> O cenário no qual a medicina foi praticada durante milhares de anos tem sido aquele em que o *paciente* tem sido o cliente e

o empregador do médico. Hoje, o Estado, em uma manifestação ou outra, alega ser o empregador e, assim, ele é aquele que prescreve as condições sob as quais o médico deve conduzir seu trabalho. Tais condições podem não se restringir — e no final não se restringirão — a horas trabalhadas, salários e aprovação de medicamentos; elas podem invadir todo o território do relacionamento paciente-médico. [...] Se não se lutar pela batalha de hoje e vencê-la, amanhã já não haverá mais batalha para lutar.[20]

Os proponentes da medicina socializada nos Estados Unidos — para dar à causa deles seu devido nome — têm o costume de citar a Grã-Bretanha e, mais recentemente, o Canadá como exemplos de seu sucesso. A experiência canadense é ainda muito recente para propiciar um teste adequado — quase toda vassoura nova varre muito bem —, mas as dificuldades já começam a surgir. O serviço de saúde britânico já está agora em funcionamento há mais de três décadas e os resultados são bastante conclusivos. É, sem dúvida, por essa razão que o Canadá tem substituído a Grã-Bretanha como exemplo a ser citado. Um médico britânico, o dr. Max Gammon, passou cinco anos estudando seu serviço de saúde. Em um relatório de dezembro de 1976, escreveu: "[O Serviço Nacional de Saúde] instaurou o financiamento estatal centralizado e o controle da prestação de praticamente todos os serviços médicos do país. O sistema voluntário de financiamento e prestação de serviços médicos que foram desenvolvidos na Grã-Bretanha ao longo dos duzentos anos anteriores foi quase totalmente eliminado. O sistema compulsório existente foi reorganizado e tornado praticamente universal." Além disso, "nenhum hospital novo foi, de fato, construído na Grã-Bretanha durante os primeiros treze anos do Serviço Nacional de Saúde e agora, em 1976, há menos leitos hospitalares na Grã-Bretanha do que em julho de 1948, quando o Serviço Nacional de Saúde assumiu o controle".[21]

E, devemos acrescentar, dois terços desses leitos estão em hospitais que foram construídos antes de 1900 pelo serviço médico privado e por recursos privados.

O dr. Gammon foi levado por sua pesquisa a anunciar o que ele chama de uma teoria do deslocamento burocrático: quanto mais burocrática uma organização, maior a dimensão em que o trabalho inútil tende a substituir o trabalho útil — um desdobramento interessante de uma das leis de Parkinson. Ele ilustra a teoria com serviços hospitalares na Grã-Bretanha de 1965 a 1973. Nesse período de oito anos, o pessoal médico aumentou de número, no total, em cerca de 28%, enquanto o pessoal administrativo e demais funcionários em torno de 51%. Mas a produtividade, medida pelo número médio de leitos hospitalares ocupados diariamente, na realidade, *caiu* em torno de 11%. E não, como o dr. Gammon se apressou a observar, por causa de falta de pacientes para ocupar os leitos. Nesse tempo todo, sempre havia uma lista de espera por leitos hospitalares de aproximadamente 600 mil pessoas. Muitas têm de esperar anos para se submeter a uma operação que o serviço de saúde considera opcional ou adiável.

Os médicos estão saindo do sistema de saúde britânico. Cerca de um terço emigram todos os anos da Grã-Bretanha para outros países, assim que se formam nas escolas de medicina. O recente crescimento acelerado da prática da medicina, do seguro-saúde e dos hospitais e casas de repouso estritamente privados é outra consequência da insatisfação com o serviço de saúde.

Os dois principais argumentos apresentados para a adoção da medicina socializada nos Estados Unidos são: primeiro, que os custos médicos estão além dos recursos da maioria dos norte--americanos; segundo, que a socialização reduzirá, de alguma forma, os custos. O segundo pode ser descartado logo de saída — pelo menos até que alguém consiga achar algum exemplo de uma atividade que é conduzida de modo mais econômico pelo governo do que pela empresa privada. Quanto ao primeiro, as pessoas do país têm de pagar os custos de uma forma ou de outra; a única questão é se elas pagam esses custos diretamente em seu benefício ou indiretamente a partir da mediação de burocratas do governo que subtrairão uma considerável fatia para seus próprios salários e despesas.

Em qualquer hipótese, os custos da assistência médica comum estão bem dentro dos recursos da maioria das famílias norte-americanas. Os planos de saúde privados estão disponíveis para atender à contingência de uma despesa grande fora do habitual. De todas as contas hospitalares, 90% já são pagas por terceiros. Casos de dificuldades excepcionais surgem, sem dúvida, e é bem possível que haja a necessidade de algum auxílio, privado ou público. Mas o auxílio para alguns casos de dificuldades raramente justifica pôr-se toda a população em uma camisa de força.

Para se ter uma ideia de proporção, as despesas totais com assistência médica, privada ou do governo, chegam a menos de dois terços dos gastos com habitação, cerca de três quartos dos gastos com automóveis e apenas duas vezes e meia o que se gasta com álcool e fumo — o que, sem dúvida, aumenta as despesas médicas.

Em nossa opinião, não há justificativa, qualquer que seja, para a medicina socializada. O governo já tem um papel muito grande na assistência médica; qualquer ampliação de seu papel seria totalmente contra os interesses de pacientes, médicos e profissionais da saúde. Discutimos outro aspecto da assistência médica — o licenciamento de médicos e a delegação de poder para sua concessão à Associação Médica Americana (AMA) — no capítulo 8, "Quem protege o trabalhador?".

A falácia do Estado de Bem-estar Social

Por que todos esses programas foram tão decepcionantes? Certamente seus objetivos eram humanitários e nobres. Por que não foram alcançados?

No surgimento de uma nova era, tudo parecia estar indo bem. As pessoas a serem beneficiadas eram poucas; os contribuintes aptos a financiar tais benefícios, muitos — assim, cada um pagava uma pequena quantia que proporcionava benefícios importantes para uns poucos carentes. Conforme os programas de bem-estar social se expandiram, os números mudaram. Hoje, todos nós estamos tirando dinheiro de um bolso — ou alguma coisa que o dinheiro pode comprar — para pôr no outro.

Uma simples classificação dos gastos mostra por que esse processo conduz a resultados indesejáveis. Quando você gasta, o dinheiro gasto é o seu próprio ou o de outrem; e você pode gastar para seu próprio benefício ou o de qualquer outra pessoa. A combinação desses dois pares de alternativas resulta em quatro possibilidades sintetizadas na simples tabela a seguir.[22]

Você é o gastador

De quem é o dinheiro	Com quem é o gasto	
	Você	Outra pessoa
Seu	I	II
De outra pessoa	III	IV

Categoria I: Refere-se ao gasto do seu próprio dinheiro com você mesmo. Você faz compras em um supermercado, por exemplo. Certamente há um forte incentivo tanto para economizar quanto para obter o máximo de valor possível para cada dólar gasto.

Categoria II: Refere-se ao gasto do seu próprio dinheiro com outra pessoa. Você compra presentes para o Natal ou algum aniversário. Há o mesmo incentivo para economizar que há na Categoria I, mas não o mesmo incentivo para obter o máximo de valor para seu próprio dinheiro, ao menos segundo a avaliação do gosto do destinatário. Você vai querer comprar, é claro, alguma coisa que o destinatário talvez goste — contanto que isso também cause a impressão correta e não requeira muito tempo ou esforço seu. (Se, de fato, seu objetivo principal fosse o de permitir que o beneficiário obtivesse o máximo de valor possível por dólar, você daria a ele dinheiro, convertendo o gasto da Categoria II em gasto da Categoria I, a ser feito por ele.)

Categoria III: Refere-se ao gasto do dinheiro de outra pessoa com você mesmo — almoço pago por uma conta de despesas de terceiros, por exemplo. Você não tem um forte incentivo para manter baixo o custo do almoço, mas com certeza tem um forte incentivo para fazer valer seu dinheiro.

Categoria IV: Refere-se ao gasto do dinheiro de terceiros com outra pessoa. Você está pagando o almoço de alguém com o dinheiro de uma conta de despesas de terceiros. Há pouco incentivo tanto para economizar quanto para tentar obter para seu convidado o almoço que ele poderá apreciar mais. Entretanto, se você estiver almoçando com ele, de modo que o almoço seja uma mistura da Categoria III com a Categoria IV, há, na verdade, um forte incentivo para satisfazer seu próprio paladar em detrimento do dele, se necessário.

Todos os programas de bem-estar social caem na Categoria III — por exemplo, seguridade social que envolve pagamentos em dinheiro que o destinatário pode gastar como quiser — ou na Categoria IV — por exemplo, habitação popular; com a exceção de que mesmo os programas da Categoria IV têm um aspecto em comum com a Categoria III, isto é, que os burocratas que administram o programa participam do almoço; e todos os programas da Categoria III têm burocratas entre seus destinatários.

Em nossa opinião, tais características dos gastos com bem-estar social são a principal fonte de seus defeitos.

Os legisladores votam para gastar o dinheiro de terceiros. Os eleitores que elegem os legisladores estão votando, em certo sentido, para gastar seu próprio dinheiro com eles mesmos, mas não no sentido direto dos gastos da Categoria I. A relação entre os impostos que qualquer pessoa paga e os gastos pelos quais se vota é extremamente vaga. Na prática, os eleitores, assim como os legisladores, têm a tendência de achar que outra pessoa está pagando pelos programas a favor dos quais o legislador vota diretamente e que o eleitor vota indiretamente. Os burocratas que administram o programa também estão gastando o dinheiro de terceiros. Não é de se admirar que a quantia gasta seja explosiva.

Os burocratas gastam o dinheiro de terceiros com outra pessoa. Apenas a generosidade humana, e não o estímulo do interesse próprio — mais forte e mais dependente —, assegura que eles gastarão o dinheiro do modo mais benéfico para os destinatários. Daí o desperdício e a ineficácia do gasto.

Mas isso não é tudo. A sedução de se pôr a mão no dinheiro de terceiros é forte. Muitos, inclusive os burocratas que administram os programas, tentarão obtê-lo para si, em vez de deixá-lo seguir para outra pessoa. A tentação de se envolver em corrupção, de trapacear, é forte e nem sempre se conseguirá resistir a ela ou frustrá-la. As pessoas que resistem à tentação de trapacear usarão meios legítimos para direcionar o dinheiro para elas mesmas. Elas farão lobby por uma legislação que as favoreça, por leis que as possam beneficiar. Os burocratas que administram os programas pressionarão para terem melhores salários e outras benesses — uma consequência natural que os programas maiores facilitarão.

A tentativa de desvio de dinheiro do governo por parte dessas pessoas em benefício delas mesmas tem duas consequências que podem não ser óbvias. A primeira é que isso explica por que tantos programas têm a tendência de beneficiar grupos de renda média e alta em vez de beneficiar os pobres para os quais, em teoria, são destinados. Estes costumam não ter nem a competência valorizada no mercado nem a competência necessária para alcançar o sucesso na luta política por recursos. Na realidade, a desvantagem dos pobres no mercado político é provavelmente maior do que no econômico. Uma vez que os bem-intencionados reformadores que possam ter contribuído para a adoção de uma medida de bem-estar social tenham passado para sua próxima reforma, os pobres são deixados por sua própria conta e quase sempre serão dominados pelos grupos que já demonstraram uma capacidade maior de levar vantagem nas oportunidades disponíveis.

A segunda consequência é que o ganho líquido dos destinatários das transferências será menor do que a quantia total transferida. Se 100 dólares do dinheiro de alguém estão disponíveis para serem roubados, vale a pena gastar 100 dólares de seu próprio dinheiro para pegá-los. Os gastos realizados para se fazer lobby junto aos legisladores e às autoridades reguladoras, com contribuições para campanhas políticas e uma miríade de outros itens, são puro desperdício — prejudicando o contribuinte que paga e não beneficiando ninguém. Eles têm de ser subtraídos do valor bruto da transferência para se obter o lucro líquido — e podem, algumas vezes, é claro, até superar a transferência bruta, deixando um prejuízo líquido, não um lucro.

As consequências da busca de subsídios também ajudam a explicar a pressão para gastos cada vez maiores, para cada vez mais programas. As medidas iniciais não conseguem alcançar os objetivos dos reformadores bem-intencionados que as patrocinaram. Eles concluem que não foi feito o suficiente e vão em busca de mais programas. Ganham como aliados tanto aqueles que vislumbram suas carreiras de burocratas que administram os programas quanto os que acreditam que poderão botar a mão no dinheiro a ser gasto.

Os gastos da Categoria IV tendem a corromper também as pessoas envolvidas. Todos esses programas põem algumas pessoas em uma posição de decidir o que é bom para outras pessoas. O efeito é o de instilar no primeiro grupo um sentimento de poder divino; no outro, um sentimento de dependência infantil. A capacidade de independência dos beneficiários para tomar suas próprias decisões atrofia com o desuso. Além do desperdício de dinheiro, além do fracasso no alcance dos objetivos almejados, o resultado final é que apodrece o tecido moral que mantém unida uma sociedade decente.

Outro subproduto dos gastos da Categoria III ou IV tem o mesmo efeito. Doações voluntárias à parte, você só pode gastar o dinheiro de outra pessoa se tomar o dinheiro dela, como o governo sempre faz. O uso da força está, portanto, bem na essência do Estado de Bem-estar Social — um meio ruim que tende a corromper as boas finalidades. Essa também é a razão pela qual o Estado de Bem-estar Social ameaça nossa liberdade tão seriamente.

O que tem de ser feito

A maioria dos atuais programas de bem-estar social nunca deveria ter sido aprovada. Se assim fosse, muitas das pessoas agora dependentes deles teriam se tornado indivíduos autoconfiantes, não tutelados pelo Estado. A curto prazo, isso poderia parecer cruel para alguns, deixando-os sem alternativa senão para trabalhos de baixa remuneração e pouco atraentes. Mas, a longo prazo, teria sido muito mais humano. Entretanto, dado que tais programas de bem-estar social existem, não podem simplesmente ser abolidos da noite para o dia. Precisamos de algum meio que facilite a transição de onde estamos para onde gostaríamos de estar, de proporcionar assistência a pessoas agora dependentes enquanto, ao mesmo tempo, estimula-se uma transferência ordenada de pessoas das folhas dos programas de bem-estar social para folhas de pagamento de salários.

Tal programa de transição foi proposto de modo a aumentar a responsabilidade individual, acabar com a atual divisão do país em duas classes, reduzir tanto os gastos do governo quanto a imensa burocracia atual e, ao mesmo tempo, garantir uma rede de segurança para cada pessoa do país, de modo a que ninguém precise passar por grande necessidade. Infelizmente, a aprovação de tal programa parece ser um sonho utópico no momento. Muitos grupos de interesses estabelecidos — ideológicos, políticos e financeiros — são um obstáculo.

Apesar disso, vale a pena esboçar os elementos principais de tal programa, não com qualquer expectativa de que seja adotado no futuro próximo, mas para dar uma visão da direção que devemos tomar, uma visão que pode orientar mudanças graduais.

O programa tem dois componentes essenciais: primeiro, a reforma do atual sistema de bem-estar social substituindo a colcha de retalhos de programas específicos por um único programa abrangente de uma renda complementar em dinheiro — um imposto de renda negativo atrelado ao imposto de renda positivo; segundo, desfazer a seguridade social paralelamente, cumprindo compromissos atuais e exigindo aos poucos que as pessoas façam seus próprios planos para sua própria aposentadoria.

Uma reforma ampla como essa faria, de modo mais eficaz e humano, o que nosso atual sistema de bem-estar social faz de modo tão ineficaz e desumano. Proporcionaria um mínimo assegurado a todas as pessoas necessitadas, independentemente das razões de sua necessidade, causando ao mesmo tempo o mínimo possível de dano ao seu caráter, à sua independência ou ao seu incentivo para melhorar sua própria condição.

A ideia básica de um imposto de renda negativo é simples, uma vez que penetremos na cortina de fumaça que oculta as características essenciais do imposto de renda positivo. Sob o atual imposto de renda positivo, é permitido receber uma certa quantia de dinheiro sem pagar imposto. A quantia exata depende do tamanho de sua família, sua idade e se você especifica suas deduções. Essa quantia é composta de uma série de elementos — isenções pessoais, subsídio para baixa renda, dedução-padrão (que recentemente teve reclassificada a faixa de isenção), correspondendo a soma ao crédito fiscal geral e, tanto quanto sabemos, a outros itens ainda acrescentados pelo gênio de Rube Goldberg, que andou fazendo a festa com o imposto de renda pessoal. Para simplificar a discussão, vamos usar o termo britânico mais simples de "deduções pessoais" para nos referirmos a esta quantia básica.

Se sua renda excede suas deduções, você paga um imposto sobre o excedente em alíquotas progressivas de acordo com o tamanho do excedente. Suponha que sua renda seja menor do que suas deduções. Sob o atual sistema, essas deduções não usadas em geral não têm qualquer valor. Você simplesmente não paga imposto.[23]

Se sua renda tiver se equiparado às suas deduções por dois anos consecutivos, você não pagaria imposto em nenhum dos dois anos. Suponha que sua renda tenha sido a mesma nos dois anos somados, porém mais da metade tenha sido obtida no primeiro ano. Você teria um imposto de renda positivo, ou seja, renda excedente às deduções permitidas para aquele ano, e pagaria imposto sobre ela. No segundo ano, você teria um imposto de renda negativo, ou seja, suas deduções excederiam sua renda, mas, em geral, você não se beneficiaria das deduções não usadas. Você acabaria pagando mais pelos dois anos juntos do que se sua renda tivesse sido dividida igualmente.[24]

Com um imposto de renda negativo, você receberia do governo alguma fração das deduções não utilizadas. Se a fração que você recebeu foi a mesma do imposto de renda positivo, o imposto total pago por você nos dois anos seria o mesmo, independentemente de como sua renda tenha sido dividida entre eles.

Se sua renda ficasse acima das deduções, você pagaria imposto, dependendo da quantia das alíquotas de imposto cobradas sobre os vários níveis de renda. Se sua renda ficasse abaixo das deduções, você receberia um subsídio, dependendo da quantia das taxas de subsídio atribuídas aos diversos valores de deduções não utilizadas.

O imposto de renda negativo permitiria uma renda flutuante, como em nosso exemplo, mas este não é seu principal objetivo. Seu principal objetivo é, na realidade, prover um meio direto de assegurar a cada família uma quantia mínima e, ao mesmo tempo, evitar uma imensa burocracia, preservando, em grande medida, a responsabilidade individual e mantendo um incentivo para os indivíduos trabalharem e ganharem o suficiente para pagar impostos, em vez de receberem um subsídio.

Considere determinado exemplo numérico: em 1978, as deduções chegavam a 7.200 dólares para uma família de quatro pessoas, nenhuma delas acima dos 65 anos. Suponha que já existisse um imposto de renda negativo com uma taxa de subsídio de 50% das deduções não usadas. Nesse caso, uma família de quatro pessoas que não tivesse renda estaria habilitada a um subsídio de 3.600 dólares. Se os membros da família tivessem achado emprego e ganhassem uma renda, o total do subsídio teria baixado, mas a renda total da família — subsídios mais ganhos — teria subido. Se os ganhos tivessem sido de mil dólares, o subsídio teria baixado para 3.100 dólares e a renda total teria subido para 4.100 dólares. De fato, os ganhos teriam sido divididos entre a redução do subsídio e o aumento da renda familiar. Quando os ganhos da família chegassem a 7.200 dólares, o subsídio baixaria para zero. Esse teria sido o ponto de *equilíbrio* no qual a família não teria recebido subsídio nem pagado imposto. Se os ganhos tivessem subido ainda mais, a família teria começado a pagar imposto.

Não precisamos entrar em detalhes administrativos aqui — se os subsídios seriam pagos semanal, quinzenal ou mensalmente, como o cumprimento seria verificado, e assim por diante. Basta dizer que essas questões já foram todas exaustivamente exploradas; que planos detalhados foram desenvolvidos e submetidos ao Congresso — um assunto ao qual voltaremos.

O imposto de renda negativo será uma reforma satisfatória do nosso atual sistema de bem-estar social somente se ele *substituir* a multidão de outros programas específicos que temos agora. Faria mais mal do que bem se ele simplesmente se tornasse mais um retalho na colcha dos programas de bem-estar social.

Se, de fato, os substituísse, o imposto de renda negativo teria enormes vantagens. Ele é dirigido especificamente para o problema da pobreza. Presta auxílio na forma mais útil para o destinatário, ou seja, dinheiro. É genérico — não fornece ajuda porque o destinatário é idoso, incapacitado, doente ou mora em uma determinada área, ou tem quaisquer das muitas outras características que qualificam as pessoas aos benefícios como nos atuais programas. Presta auxílio porque o destinatário tem uma renda baixa. Torna explícito o custo bancado pelos contribuintes. Como qualquer outra medida para aliviar a pobreza, reduz o incentivo das pessoas ajudadas para que elas se ajudem. Entretanto, se a taxa de subsídio for mantida a um nível razoável, não elimina inteiramente esse incentivo. Um dólar ganho a mais significa sempre mais dinheiro disponível para gastos.

Igualmente importante, o imposto de renda negativo dispensaria a imensa burocracia que administra hoje a multidão de programas de bem-estar social. Um imposto de renda negativo se encaixaria diretamente em nosso atual sistema de imposto de renda e poderia ser administrado junto com ele. Reduziria a evasão que ocorre no atual sistema de imposto de renda, uma vez que todos serão obrigados a preencher declarações de imposto de renda. Poderá haver necessidade de uma equipe de funcionários, mas nada parecido com o número atual empregado para administrar programas de bem-estar social.

Ao dispensar a imensa burocracia e integrar o sistema de subsídio com o sistema de impostos, o imposto de renda negativo eliminaria a atual situação desmoralizante na qual algumas pessoas — os burocratas que administram os programas — governam a vida de outras pessoas. Ajudaria a eliminar a atual divisão da população em duas classes — aqueles que pagam e aqueles que são sustentados por recursos públicos. Com níveis de equilíbrio e alíquotas de imposto razoáveis, seria muito menos dispendioso do que nosso atual sistema.

Ainda assim, haveria necessidade de assistência pessoal para algumas famílias que são incapazes, por uma razão ou por outra, de administrar seus próprios negócios. Entretanto, se o ônus da manutenção da renda fosse administrado pelo imposto de renda negativo, essa assistência poderia e seria proporcionada por instituições beneficentes privadas. Acreditamos que um dos maiores custos de nosso atual sistema de bem-estar social é que ele não apenas solapa e destrói a família, mas também contamina as fontes da atividade beneficente privada.

Onde se encaixa a seguridade social nesse belo, se não politicamente impraticável, sonho?

A melhor solução, em nosso ponto de vista, seria combinar a adoção de um imposto de renda negativo com a dissolução gradativa da seguridade social até o cumprimento integral de suas obrigações atuais. O modo de fazer isso seria o seguinte:

1. Revogar imediatamente o imposto sobre o salário.
2. Continuar a pagar a todos os beneficiários da seguridade social os valores a que têm direito nos termos da atual legislação.
3. Dar a todo trabalhador que já adquiriu cobertura um direito àqueles benefícios de aposentadoria, incapacidade e pensão por morte a que suas contribuições e ganhos até o momento o habilitariam, nos termos da atual legislação, descontando o valor atual da redução de seus impostos futuros, em razão da revogação do imposto sobre o salário. O trabalhador poderia optar por receber seus benefícios na forma de uma anuidade futura *ou* como títulos do governo de valor igual ao valor atual dos benefícios a que teria direito.
4. Dar a todo trabalhador que ainda não adquiriu cobertura uma quantia total (repetindo: na forma de títulos) igual ao valor acumulado das contribuições que ele mesmo fez ou que seu empregador fez em nome dele.

5. Acabar com outros acúmulos de benefícios, permitindo que as pessoas façam seus próprios planos de aposentadoria como quiserem.
6. Financiar os pagamentos dos itens 2, 3 e 4 com recursos da arrecadação geral de impostos acrescidos de títulos a serem emitidos pelo governo.

Esse programa de transição não aumenta de modo algum a dívida real do governo dos EUA. Na verdade, *reduz* essa dívida, pondo um fim a compromissos com futuros beneficiários. Simplesmente traz à tona obrigações que estão agora ocultas, além de promover recursos para o que agora está sem recursos. Essas medidas fariam com que a maior parte do aparato administrativo da seguridade social se desmantelasse de uma só vez.

A dissolução gradativa da seguridade social eliminaria seu atual efeito desencorajador no emprego e implicaria em uma renda nacional maior no momento. Contribuiria para a poupança pessoal e, assim, conduziria a uma taxa maior de formação de capital e a uma taxa mais rápida de crescimento de renda. Estimularia o desenvolvimento e expansão dos planos de pensão privados, contribuindo assim para a seguridade de muitos trabalhadores.

O que é politicamente viável?

Eis um belo sonho, mas infelizmente sem qualquer chance de ser aprovado no momento. Três presidentes — Nixon, Ford e Carter — examinaram ou recomendaram um programa incluindo elementos de um imposto de renda negativo. Em cada caso, pressões políticas fizeram com que eles propusessem o programa como mais um entre os vários programas existentes em vez de um substituto para eles. Em cada caso, a taxa de subsídio era tão alta que o programa oferecia pouco incentivo, se é que algum, para que os destinatários buscassem ganhar dinheiro por conta própria. Tais programas deformados teriam tornado ainda pior todo o sistema, não melhor. Apesar de termos sido os primeiros a propor um imposto de renda negativo como um substituto para o nosso atual sistema assistencialista, um de nós fez um depoimento no Congresso *contra* a versão que o presidente Nixon ofereceu como o Plano de Assistência à Família.[25]

Os obstáculos políticos a um imposto de renda negativo aceitável são de dois tipos relacionados. O mais óbvio é a existência de grupos de interesses próprios nos atuais programas: os destinatários dos benefícios, funcionários estaduais e locais que se veem como beneficiários dos programas e, acima de tudo, a burocracia assistencialista que os administra.[26] O obstáculo menos óbvio é o conflito entre os objetivos que pretendem alcançar os que defendem a reforma do sistema de previdência social, inclusive os grupos de interesse vigentes.

Como diz Martin Anderson em um excelente capítulo de *The Impossibility of Radical Welfare Reform*:

> Todos os planos de reforma radical do sistema de bem-estar social têm três partes essenciais com um alto grau de sensibilidade política. A primeira é o nível do benefício básico concedido, por exemplo, a uma família de quatro pessoas. A segunda é o grau em que o programa afeta o incentivo de uma pessoa assistida para procurar emprego e ganhar mais. A terceira é o custo adicional para os contribuintes.
>
> [...] Para se tornar uma realidade política, o plano tem que prever um nível decente de sustentação para aqueles que rece-

bem assistência, tem que conter um forte incentivo para o trabalho e tem que ter um custo razoável. *E tem que satisfazer as três condições ao mesmo tempo.*[27]

O conflito surge do conceito dado a "decente", "forte" e "razoável", mas especialmente a "decente". Se um nível "decente" de sustentação significa que poucos beneficiários — se é que algum — terão que receber menos com o programa reformado do que recebem agora da coletânea de programas disponíveis, então é impossível alcançar os três objetivos simultaneamente, seja lá como se interprete "forte" e "razoável". Mesmo assim, como diz Anderson: "Não há chance de o Congresso, ao menos em futuro próximo, aprovar qualquer espécie de reforma de programas de bem-estar social que na prática reduzam os benefícios a milhões de beneficiários desses programas."

Considere o imposto de renda negativo simples que apresentamos a título de ilustração na seção anterior: um ponto de equilíbrio para uma família de quatro pessoas a 7.200 dólares, uma taxa de subsídio de 50%, o que significa um pagamento de 3.600 dólares a uma família que não tem outra fonte de sustentação. Uma taxa de subsídio de 50% daria um incentivo toleravelmente forte ao trabalho. O custo seria bem menor do que o custo do atual complexo de programas. Entretanto, o nível de sustentação é politicamente inaceitável atualmente. Como diz Anderson: "A típica família de quatro pessoas favorecida pelos programas de bem-estar social nos Estados Unidos hoje [início de 1978] tem direito a receber em torno de 6 mil dólares em serviços e dinheiro todo ano. Em estados onde se paga mais, como Nova York, numerosas famílias assistidas pelos programas recebem benefícios anuais que variam entre 7 mil e 12 mil dólares, e até mais."[28]

Mesmo a estimativa "costumeira" de 6 mil dólares requer uma taxa de subsídio de 83,3% se o ponto de equilíbrio for mantido a 7.200 dólares. Uma taxa como essa poderia tanto minar o incentivo ao trabalho quanto aumentar enormemente o custo. A taxa de subsídio poderia ser reduzida elevando-se o ponto de equilíbrio, mas isso aumentaria de forma gigantesca o custo. Esse é um círculo vicioso do qual não se escapa. Já que não é politicamente viável reduzir os pagamentos a muitas pessoas que agora recebem altos benefícios de múltiplos programas vigentes, Anderson tem razão: "Não há como alcançar ao mesmo tempo todas as condições politicamente necessárias para uma reforma radical do sistema de bem-estar social."[29]

Entretanto, o que não é politicamente viável hoje pode se tornar politicamente viável amanhã. Os cientistas políticos e os economistas têm um lamentável histórico de previsões do que será politicamente viável. Suas previsões foram seguidamente contrariadas pela experiência.

Nosso grande e reverenciado professor Frank H. Knight gostava de ilustrar diferentes formas de liderança com patos que voam em *V* com um líder na frente. De vez em quando, dizia ele, os patos atrás do líder se desviavam para uma direção diferente enquanto o líder continuava a voar adiante. Quando o líder olhava ao redor e via que ninguém o estava seguindo, ele corria para ficar na frente novamente. Essa é uma forma de liderança — sem dúvida, a que prevalece em Washington.

Apesar de aceitarmos o ponto de vista de que nossas propostas não são politicamente viáveis hoje, fizemos um esboço completo delas não apenas como um ideal que possa conduzir a uma reforma gradativa, mas também na esperança de que possam, mais cedo ou mais tarde, tornar-se politicamente viáveis.

Conclusão

O império até recentemente governado pelo Departamento de Saúde, Educação e Bem-estar Social vem gastando cada vez mais nosso dinheiro todos os anos com a nossa *saúde*. O efeito principal foi simplesmente aumentar os custos dos serviços médicos e de saúde sem qualquer melhoria correspondente na qualidade da assistência médica.

Os gastos com a *educação* dispararam; apesar disso, segundo o consenso, a qualidade da educação vem caindo. Quantias cada vez maiores e um controle cada vez mais rígido nos foram impostos para promover a integração racial e, no entanto, nossa sociedade parece estar ficando mais fragmentada.

Bilhões de dólares estão sendo gastos todos os anos com programas de *bem-estar social*. No entanto, em uma época em que o padrão de vida médio do cidadão norte-americano é o mais alto da história, as folhas de pagamento desses programas estão crescendo. O orçamento da seguridade social é um colosso, mas enfrenta profundos problemas financeiros. Os jovens se queixam, com muita razão, dos altos impostos que têm de pagar, impostos necessários para financiar os benefícios que vão para os idosos. No entanto, os idosos se queixam, com muita razão, de que não conseguem manter o padrão de vida que foram levados a esperar. Um programa adotado para assegurar que nossos companheiros mais velhos nunca se tornassem objeto de caridade viu o número de pessoas idosas crescer nas folhas de pagamento dos programas de bem-estar social.

De acordo com sua própria contabilidade, em um ano o Departamento de Saúde, Educação e Bem-estar Social perdeu em fraude, corrupção e desperdícios uma soma em dinheiro que seria suficiente para construir bem mais de 100 mil casas custando mais de 50 mil dólares cada uma.

O desperdício é angustiante, mas é o menor dos males dos programas paternalistas que cresceram a uma dimensão tão gigantesca. O seu mal maior é seu efeito no tecido de nossa sociedade. Eles enfraquecem a família; reduzem o incentivo ao trabalho, à poupança e à inovação; reduzem o acúmulo de capital; e cerceiam nossa liberdade. São os critérios fundamentais pelos quais devem ser julgados.

5

Criados iguais

"Igualdade", "liberdade" — o que exatamente essas palavras da Declaração de Independência significam? Os ideais que elas exprimem podem se concretizar na prática? A igualdade e a liberdade são consistentes uma com a outra ou estão em conflito?

Desde muito antes da Declaração de Independência, essas perguntas tiveram um papel central na história dos Estados Unidos. A tentativa de respondê-las moldou o ambiente intelectual de opiniões, conduziu a uma guerra sangrenta e provocou enormes mudanças em instituições econômicas e políticas. Essa tentativa continua a dominar nosso debate político. Moldará nosso futuro como o fez com o nosso passado.

Nas primeiras décadas da República, igualdade significava igualdade perante Deus; liberdade significava liberdade para conduzir a própria vida. O óbvio conflito entre a Declaração de Independência e a instituição da escravatura ocupava lugar central no palco. Tal conflito foi finalmente resolvido pela Guerra Civil. O debate mudou, então, para um nível diferente. Igualdade passou a ser cada vez mais interpretada como "igualdade de oportunidades" no sentido de que ninguém deveria ser impedido por obstáculos arbitrários de usar sua capacidade para perseguir seus próprios objetivos. Ainda é seu sentido dominante para a maioria dos cidadãos dos Estados Unidos.

Nem a igualdade perante Deus nem a igualdade de oportunidades apresentavam qualquer conflito com a liberdade para conduzir a própria vida. Exatamente o contrário. Igualdade e liberdade eram as duas faces do mesmo valor básico — o de que cada indivíduo deveria ser considerado um fim em si mesmo.

Um significado muito diferente de igualdade surgiu nas últimas décadas nos Estados Unidos — a igualdade de resultados. Todos devem ter o mesmo nível de vida ou de renda, devem terminar a corrida ao mesmo tempo. A igualdade de resultados está em claro conflito com a liberdade. A tentativa de promovê-la tem sido uma importante causa para um governo cada vez maior e para restrições à nossa liberdade impostas pelo governo.

Igualdade perante Deus

Quando Thomas Jefferson, aos 33 anos, escreveu "todos os homens são iguais", ele e seus contemporâneos não consideraram estas palavras literalmente. Eles não viam os "homens" — ou, como diríamos hoje, as "pessoas" — como iguais em características físicas, reações emocionais, habilidades mecânicas ou intelectuais. O próprio Thomas Jefferson era uma pessoa notável. Aos 26 anos, desenhou sua bela casa em Monticello (em italiano, "pequena montanha"), supervisionou sua construção e, na realidade, diz-se que ele mesmo fez parte do trabalho. Ao longo de sua vida, foi inventor, intelectual, autor, homem de Estado, governador da Virgínia, presidente dos Estados Unidos, diplomata na França e fundador da Universidade da Virgínia — dificilmente um homem comum.

A pista para o que Thomas Jefferson e seus contemporâneos queriam dizer com "igualdade" está na expressão que vem a seguir, na Declaração: "[...] dotados pelo Criador de certos direitos inalienáveis; que entre estes estão a vida, a liberdade e a procura da felicidade." Os homens eram iguais perante Deus. Cada pessoa é preciosa em si mesma e por si mesma. Tem direitos inalienáveis, direitos que ninguém mais está autorizado a invadir. Tem o direito de lutar por seus próprios propósitos e não ser tratada simplesmente como um instrumento para promover os propósitos de outra pessoa. "Liberdade" é parte da definição de igualdade, não está em conflito com ela.

Igualdade perante Deus — igualdade pessoal —[1] é importante precisamente porque as pessoas não são idênticas. Seus diversos valores, gostos e capacidades as levarão a querer conduzir vidas muito diferentes. A igualdade pessoal requer respeito pelo direito de assim procederem, não a imposição dos valores ou julgamentos de terceiros. Jefferson não tinha dúvida de que alguns homens eram superiores a outros, de que havia uma elite. Mas isso não lhes dava o direito de governar os outros.

Se uma elite não tinha o direito de impor sua vontade sobre os outros, também nenhum outro grupo o tinha, nem mesmo uma maioria. Cada pessoa seria seu próprio governante — contanto que não interferisse nos direitos semelhantes de outrem. O governo foi estabelecido para proteger esse direito — contra investidas de seus concidadãos e de ameaças externas — não para decretar um domínio desenfreado da maioria. Jefferson teve três realizações pelas quais queria ser lembrado em sua lápide: o estatuto da Virgínia pela liberdade religiosa (precursor da Declaração dos Direitos dos Cidadãos dos Estados Unidos, destinada a proteger as minorias contra o domínio das maiorias), a autoria da Declaração de Independência e a fundação da Universidade da Virgínia. O objetivo dos autores da Constituição dos Estados Unidos, esboçada pelos contemporâneos de Jefferson, era um governo forte o suficiente para defender o país e promover o bem-estar geral, mas, ao mesmo tempo, suficientemente limitado de poder para proteger o cidadão individualmente e os distintos governos estaduais do domínio do governo nacional. Democrático, no sentido de uma participação ampla no governo, sim; no sentido político do governo da maioria, claramente que não.

Do mesmo modo, o francês Alexis de Tocqueville, o famoso filósofo político e sociólogo, em sua obra clássica *A democracia na América*, escrita depois de uma demorada visita na década de 1830, percebeu a igualdade, não o governo da maioria, como a característica marcante dos Estados Unidos. "Na América", escreveu,

> [...] o elemento aristocrático sempre foi fraco desde seu nascimento; e, se nos dias de hoje não está efetivamente destruído, está, de qualquer modo, tão completamente desativado que dificilmente podemos atribuir-lhe qualquer grau de influência sobre o curso dos acontecimentos. O princípio democrático, ao contrário, ganhou tanta força com o tempo, com os acontecimentos e com a legislação que se tornou não apenas predominante, mas preeminente. Não há autoridade na família ou na empresa. [...]
>
> A América, então, revela em seu estado social um fenômeno absolutamente extraordinário. Os homens lá são vistos em uma igualdade maior sob o aspecto de sua condição e intelecto ou, em outras palavras, mais iguais em sua força do que em qualquer outro país do mundo, ou do que em qualquer outra época da qual a história tenha preservado a memória.[2]

Tocqueville ficou admirado com a maior parte do que observou, mas de modo algum deixou de ser um admirador acrítico, receando que a democracia levada a seu extremo pudesse minar a virtude cívica. Como ele disse: "Há uma [...] paixão viril e legítima pela igualdade que incita os homens a desejarem que todos sejam poderosos e honrados. Essa paixão tende a elevar o humilde à posição do importante; mas lá existe também no coração humano um gosto pervertido pela igualdade que impele o fraco a tentar rebaixar o poderoso a seu próprio nível e submete os homens a preferir a igualdade na escravidão à desigualdade com liberdade."[3]

É uma prova impressionante da mudança de sentido das palavras a de que, em décadas recentes, o Partido Democrata dos Estados Unidos tenha sido o principal instrumento a fortalecer aquele poder do governo que Jefferson e muitos de seus contemporâneos consideraram a maior ameaça à democracia. E ele tem lutado para aumentar o poder do governo em nome de um conceito de "igualdade" que é quase o oposto do conceito de igualdade que Jefferson identificou com liberdade e Tocqueville com democracia.

É claro que nem sempre a prática dos pais fundadores correspondeu ao que pregavam. O conflito mais óbvio foi a escravidão. O próprio Thomas Jefferson teve escravos até o dia de sua morte — 4 de julho de 1826. Agonizou falando diversas vezes em escravidão, sugeriu em suas notas e correspondências planos para acabar com esse sistema, mas nunca propôs em público nenhum desses planos ou fez campanha contra a instituição.

No entanto, ou a Declaração que ele elaborou teria que ser flagrantemente violada pela nação que ele tanto contribuiu para criar e formar, ou a escravidão teria de ser abolida. Não é de se admirar que as primeiras décadas da República tenham presenciado uma crescente onda de controvérsia a respeito da instituição da escravidão. Essa controvérsia acabou em uma guerra civil que, nas palavras de Abraham Lincoln em seu *Discurso de Gettysburg*, testou se uma "nação, concebida em liberdade e dedicada à proposição de que todos os homens são criados iguais [...], podia resistir por muito tempo". A nação resistiu, mas apenas a um tremendo custo de vidas, propriedades e coesão social.

Igualdade de oportunidades

Uma vez abolida a escravidão pela Guerra Civil, e o conceito de igualdade pessoal — igualdade perante Deus e perante a lei — tenha chegado perto de se realizar, a ênfase mudou, no debate intelectual e na política do governo e privada, para um conceito diferente: igualdade de oportunidades.

Literalmente, a igualdade de oportunidades — no sentido de "identidade" — é impossível. Uma criança nasce cega, outra com visão. Uma criança tem pais que se preocupam profundamente com seu bem-estar e que lhe proporcionam uma base de cultura e conhecimento; outra tem pais desregrados e imprevidentes. Uma criança nasce nos Estados Unidos, outra na Índia, ou na China, ou na Rússia. É óbvio que elas não têm oportunidades idênticas abertas a elas em seu nascimento e nao há meio de tornar suas oportunidades idênticas.

Assim como a igualdade pessoal, a igualdade de oportunidades não deve ser interpretada literalmente. Seu significado real talvez seja mais bem-enunciado na expressão francesa que data da Revolução Francesa: *Une carrière ouverte aux talents* — uma carreira aberta aos talentos. Nenhum obstáculo arbitrário deve impedir que as pessoas alcancem os postos para os quais seus talentos as preparam e que seus valores as levam a buscar. Nem o berço, nem a nacionalidade, cor, religião, sexo ou qualquer outra característica irrelevante deve determinar as oportunidades que possam se abrir a uma pessoa — somente suas capacidades.

De acordo com tal interpretação, igualdade de oportunidades simplesmente explicita com mais detalhes o significado de igualdade pessoal, de igualdade perante a lei. E, assim como a igualdade pessoal, ela tem significado e importância exatamente porque as pessoas são diferentes em suas características genéticas e culturais e, portanto, desejam e podem seguir diferentes carreiras.

A igualdade de oportunidades, assim como a igualdade pessoal, não é inconsistente com a liberdade; ao contrário, é um componente essencial dela. Se é negado a algumas pessoas o acesso a determinados postos na vida para os quais são qualificadas simplesmente por causa de sua origem étnica, cor ou religião, isso é uma interferência em seu direito pela "vida, liberdade e busca da felicidade". Nega a igualdade de oportunidades e, pela mesma moeda, sacrifica a liberdade pessoal de alguns para favorecimento de outros.

Como todo ideal, a igualdade de oportunidades é incapaz de ser plenamente realizada. O desvio mais grave foi, sem dúvida, com relação aos negros, em especial no sul, mas no norte também. Ainda assim, houve um tremendo progresso para os negros e para outros grupos. O próprio conceito de "caldeirão de culturas" refletia o objetivo de igualdade de oportunidades. Assim também a ampliação da educação "livre" nos níveis fundamental, médio e superior — apesar de, como veremos no próximo capítulo, esta evolução ter tido seus prós e contras.

A prioridade dada à igualdade de oportunidades na hierarquia de valores, aceita em geral pelo público depois da Guerra Civil, manifesta-se particularmente na política econômica. As palavras-chave eram livre-iniciativa, concorrência, *laissez-faire*. Era para todo mundo ter a liberdade de ingressar em uma atividade empresarial, seguir uma carreira, comprar uma propriedade, uma vez que as outras partes envolvidas na transação estivessem de acordo. Era para toda pessoa ter a oportunidade de colher os benefícios se tivesse êxito, arcar com os prejuízos se fracassasse. Não era para haver nenhum obstáculo arbitrário. O desempenho — não o berço —, a religião ou a nacionalidade eram os critérios.

Um corolário foi a evolução para o que muitos que se consideravam a elite cultural depreciavam como materialismo vulgar: uma ênfase no todo-poderoso dólar, na riqueza, tanto como símbolo quanto como atestado de sucesso. Como frisou Tocqueville, essa ênfase refletia a relutância da comunidade em aceitar os critérios tradicionais das sociedades feudais e aristocráticas, ou seja, berço e parentesco. O desempenho era a alternativa óbvia, e o acúmulo de riqueza era a medida mais prontamente disponível de avaliação do desempenho.

Outro corolário, naturalmente, foi uma enorme liberação da energia humana que transformou a América em uma sociedade cada vez mais produtiva e dinâmica, na qual a mobilidade social era uma realidade diária. Outro ainda, talvez surpreendente, foi uma explosão da atividade caritativa. Algo que só se tornou possível graças ao rápido crescimento da riqueza. Tomou a forma que tomou — de hospitais sem fins lucrativos, universidades mantidas por doações particulares, uma pletora de organizações beneficentes voltadas para a ajuda aos pobres — por causa dos valores dominantes na sociedade, inclusive, principalmente, a promoção da igualdade de oportunidades.

Naturalmente, na esfera econômica assim como em outras, a prática não esteve sempre em conformidade com o ideal. O governo *era* restrito a um papel secundário; não se erguiam obstáculos à atividade empresarial e, no final do século XIX, foram adotadas medidas governamentais positivas, especialmente a Lei Sherman Antitruste, para eliminar as barreiras à concorrência. Mas acordos extralegais continuaram a interferir na liberdade das pessoas de ingressar em diversas atividades comerciais ou profissionais, e os usos e costumes sociais deram, sem dúvida, vantagens especiais a pessoas nascidas nas famílias "certas", da cor "certa" e praticantes da religião "certa". Entretanto, a rápida ascensão econômica e social de diversos grupos menos privilegiados demonstra que tais obstáculos de modo algum eram insuperáveis.

Com respeito às medidas do governo, um desvio importante da economia de mercado foi no comércio exterior, onde o *Relatório sobre manufaturas*, de Alexander Hamilton, havia consagrado a proteção tarifária em prol das indústrias nacionais como parte do modo de vida norte-americano. A proteção tarifária era incompatível com uma completa igualdade de oportunidades (ver capítulo 2) e, certamente, com a livre imigração de pessoas, o que era a norma até a Primeira Guerra Mundial, exceto apenas para os orientais. Entretanto, podia ser racionalizada tanto pela necessidade de defesa nacional quanto pela fundamentação, bem distinta, de que a igualdade só valia para dentro do país — uma racionalização ilógica adotada também pela maioria dos atuais proponentes de um conceito de igualdade muito diferente.

Igualdade de resultados

Esse conceito diferente, o da igualdade de resultados, vem ganhando terreno neste século. Influenciou primeiro a política governamental na Grã-Bretanha e no continente europeu. Na última metade do século, influenciou cada vez mais a política do governo também nos Estados Unidos. Em alguns círculos intelectuais, o desejo de igualdade de resultados tornou-se artigo de fé: todos deveriam terminar a corrida ao mesmo tempo. Como disse o Dodô em *Alice no país das maravilhas*, "*todo mundo* ganhou e *todos* têm que ter prêmios".

Para esse conceito, assim como para os outros dois, "igual" não deve ser interpretado literalmente como "idêntico". Ninguém defende, na realidade, que todo mundo, independentemente de idade, sexo ou outras qualidades físicas, deve ter porções idênticas de cada item específico de comida, por exemplo. O objetivo é na verdade "justiça", um conceito muito mais vago — de fato, um conceito difícil, talvez impossível, de se definir com exatidão. "Porções justas para todos" é o *slogan* moderno que substituiu o de Marx: "A cada um de acordo com suas necessidades, de cada um de acordo com sua capacidade."

Tal conceito de igualdade difere radicalmente de outros dois. As ações do governo que promovem a igualdade pessoal ou igualdade de oportunidades aumentam a liberdade; as ações do governo para obter "porções justas para todos" reduzem a liberdade. Se o que as pessoas adquirem tem que ser determinado pela "justiça", quem irá decidir o que é "justo"? Como um coro de vozes perguntou ao Dodô: "Mas quem tem que dar os prêmios?" "Justiça" não é um conceito que possa ser definido objetivamente uma vez que se desvie de identidade. "Justiça", assim como "necessidades", está nos olhos de quem vê. Se todos têm que ter "porções justas", alguém ou algum grupo de pessoas tem que decidir que porções são justas — e tem que ser capaz de impor suas decisões sobre os outros, tirando daqueles que têm mais do que sua "justa" porção e dando àqueles que têm menos. Esses que tomam essas decisões e as impõem aos outros são iguais àqueles por quem eles decidem? Não estaremos nós no caso de *A revolução dos bichos*, de George Orwell, "onde todos os animais são iguais, mas alguns animais são mais iguais que outros"?

Além disso, se o que as pessoas adquirem é determinado pela "justiça" e não pelo que produzem, de onde devem vir os "prêmios"? Que incentivo há para se trabalhar e produzir? Como decidir quem deve ser o doutor, o advogado, o lixeiro? O que garante que as pessoas aceitarão os papéis que lhes foram designados e os desempenharão de acordo com suas capacidades? Certamente, apenas o uso — ou a ameaça dele — da força fará isso.

O ponto-chave não é meramente que a prática se afastará do ideal. É óbvio que isso ocorrerá, como acontece também com relação aos outros dois conceitos de igualdade. O cerne da questão, na realidade, é o de que há um conflito fundamental entre o *ideal* de "porções justas", ou o de seu precursor "a cada um de acordo com suas necessidades", e o *ideal* de liberdade pessoal. Esse conflito tem incomodado toda tentativa de fazer da igualdade de resultados o princípio fundamental da organização social. O resultado invariavelmente foi um estado de terror: a Rússia, a China e, mais recentemente, o Camboja oferecem provas claras e convincentes. Nem mesmo o terror igualou os resultados. Em cada caso, persiste uma enorme desigualdade, por qualquer critério que seja; desigualdade entre os governantes e os governados, não apenas em poder, mas também em padrão de vida material.[4]

As medidas muito menos extremas tomadas em países ocidentais em nome da igualdade de resultados conduziram ao mesmo destino em um menor grau. Elas também restringiram a liberdade individual e não conseguiram atingir seus objetivos. Ficou provado ser impossível definir "porções justas" de um modo que a aceitação seja geral ou que convença os membros da comunidade de que estão sendo tratados "com justiça". Na verdade, a insatisfação aumentou a cada nova tentativa de se implantar a igualdade de resultados.

Grande parte do fervor moral por trás da pressão por igualdade de resultados vem da crença generalizada de que não é justo que algumas crianças devam ter uma grande vantagem sobre as outras simplesmente porque lhes aconteceu de terem pais ricos. Claro que não é justo. Entretanto, a injustiça pode ter várias formas. Pode ter a forma de herança de bens — títulos e ações, casas, fábricas; também pode ter a forma de talento — habilidade musical, força, genialidade matemática. A herança de bens pode afetar mais rapidamente do que a herança de talento. Mas, de um ponto de vista ético, há alguma diferença entre as duas? No entanto, muitas pessoas se ressentem quanto à herança de bens, mas não quanto à herança de talento.

Veja a mesma questão do ponto de vista do pai ou da mãe. Se você quer assegurar a seu (sua) filho(a) uma renda maior na vida, você pode fazer isso de várias maneiras. Pode comprar para ele(a) uma educação que o (a) preparará para seguir uma carreira que lhe proporcione uma renda alta; ou pode abrir-lhe uma empresa que proporcionará uma renda mais alta do que se estivesse como empregado(a) assalariado(a); ou pode lhe deixar bens com cuja renda ele(a) poderá ter um padrão de vida melhor. Há alguma diferença ética entre esses três modos de usar seus bens? Ou ainda, se o Estado permite que algum dinheiro sobre depois de lhe tomar os impostos, deve então permitir que você o gaste vivendo dissolutamente em vez de deixá-lo para seus filhos?

As questões éticas envolvidas são sutis e complexas. Não são para serem resolvidas por fórmulas simplistas como a de "porções justas para todos". De fato, se levássemos isso a sério, jovens com menos habilidade musical deveriam receber a maior quantidade de formação musical de modo a compensar sua desvantagem hereditária; da mesma forma, aqueles com maior aptidão deveriam ser impedidos de ter acesso a uma boa formação musical; e assim com todas as outras categorias de qualidades pessoais herdadas. Isso pode ser mais "justo" para os jovens com falta de talento, mas seria "justo" para com os talentosos, ou para com aqueles que tiveram de trabalhar para pagar pela formação dos jovens com falta de talento, ou para com as pessoas privadas dos benefícios que poderiam receber do cultivo dos talentos dos dotados de maior aptidão?

A vida não é justa. É tentador acreditar que o governo possa corrigir o que a natureza gerou. Mas também é importante reconhecer o quanto nos beneficiamos da própria injustiça que deploramos.

Não há nada de justo no fato de Marlene Dietrich ter nascido com belas pernas que todos nós queremos olhar; ou no de

Muhammad Ali ter nascido com a destreza que o transformou em um grande lutador. Mas, por outro lado, milhões de pessoas que apreciaram olhar as pernas de Dietrich ou assistir a uma das lutas de Ali se beneficiaram com o fato de a natureza ter sido injusta ao produzir uma Marlene Dietrich ou um Muhammad Ali. Que tipo de mundo seria este se todos fossem uma duplicata de todos os outros?

Certamente não é justo que Muhammad Ali possa ganhar milhões de dólares em uma noite. Mas não seria ainda mais injusto com as pessoas que gostassem de vê-lo se, em busca de algum ideal abstrato de igualdade, não fosse permitido a Muhammad Ali ganhar mais por uma noite de luta — ou para cada dia de preparativos para uma luta — do que o mais inferior dos homens na escala social poderia obter por um dia de trabalho não qualificado nas docas? Talvez fosse possível fazer isso, mas o resultado teria sido negar às pessoas a oportunidade de assistir a Muhammad Ali. Duvidamos muito que ele estivesse disposto a se submeter ao regime árduo de treinamento que precedia suas lutas ou se submeter ao tipo de lutas a que se submeteu se estivesse limitado ao pagamento de um trabalhador não especializado das docas.

Outra faceta dessa complexa questão de justiça pode ser ilustrada ao considerarmos um jogo de azar, por exemplo, uma noite no bacará. As pessoas que decidirem jogar poderão começar a noite com pilhas iguais de fichas, mas conforme o jogo se desenrola essas pilhas ficarão desiguais. Ao final da noite, alguns serão grandes vencedores, outros, grandes perdedores. Em nome do ideal de igualdade, deveria ser exigido aos vencedores reembolsar os perdedores? Isso tiraria toda a graça do jogo. Nem mesmo os perdedores gostariam disso. Eles poderiam até gostar por uma noite, mas será que voltariam para jogar se soubessem que, o que quer que acontecesse, eles terminariam exatamente como começaram?

Tal exemplo tem muito mais a ver com o mundo real do que a princípio se poderia supor. Todos os dias cada um de nós toma decisões que envolvem risco. Em certas ocasiões, o risco é grande — como quando decidimos que carreira seguir, com quem devemos nos casar, se vamos comprar uma casa ou fazer um investimento maior. Geralmente os riscos são pequenos, como quando decidimos que filme vamos ver, se atravessaremos a rua contra o tráfego, se devemos comprar um seguro em detrimento de outro. Todas as vezes a pergunta é: quem tem que decidir que riscos devemos correr? Isso, por sua vez, depende de quem arca com as consequências da decisão. Se arcamos com as consequências, podemos tomar a decisão. Mas se outra pessoa arca com as consequências, deveríamos, ou nos seria permitido, tomar a decisão? Se você joga bacará como representante de alguém, com o dinheiro dessa pessoa, será que ela permitiria, ou deveria permitir, plena liberdade para você tomar decisões? Não é quase certo que ela porá limites à sua capacidade de decidir? Será que ela não estabelecerá algumas regras? Para tomarmos um exemplo bem diferente, se o governo (seus companheiros contribuintes) assume os custos dos danos causados por inundações à sua casa, poderia ser concedida a você a liberdade de decidir se irá construir sua casa em uma planície inundável? Não é por acaso que a crescente intervenção do governo nas decisões pessoais tenha caminhado de mãos dadas com a pressão por "porções justas para todos".

O sistema no qual as pessoas fazem suas próprias escolhas — e assumem a maior parte das consequências de suas decisões — é o sistema que prevaleceu na maior parte de nossa história. É o sistema que deu aos Henry Fords, aos Thomas Alva Edisons, aos George Eastmans, aos John D. Rockefellers, aos James Cash Penneys o incentivo para transformar nossa sociedade nos dois últimos séculos. É o sistema que deu a outras pessoas um incentivo para fornecer capital de risco para financiar os arriscados empreendimentos que esses ambiciosos inventores e capitães da indústria assumiram. Naturalmente, houve uma série de perdedores ao longo do caminho — provavelmente mais perdedores do que vencedores. Não lembramos de seus nomes. Mas na maioria dos casos eles entraram nesses empreendimentos de olhos abertos. Sabiam que corriam riscos. E, vencendo ou perdendo, a sociedade como um todo se beneficiou de sua disposição de se arriscar.

As fortunas que esse sistema produziu vieram predominantemente do desenvolvimento de novos produtos ou serviços, ou de novos modos de produzi-los, ou de distribuí-los amplamente. O resultante aumento de riqueza para a comunidade como um todo, para o bem-estar das massas de pessoas, foi equivalente a muitas vezes a riqueza acumulada pelos inovadores. Henry Ford adquiriu uma grande fortuna. O país adquiriu um meio barato e confiável de transporte e as técnicas de produção em massa. Além disso, em muitos casos, as fortunas particulares foram em grande parte destinadas, no fim, ao benefício da sociedade. As fundações Rockefeller, Ford e Carnegie são apenas as mais notáveis das inumeráveis obras beneficentes particulares que são uma consequência tão marcante do funcionamento de um sistema que correspondia à "igualdade de oportunidades" e à "liberdade" da forma que estes termos foram até recentemente entendidos.

Uma pequena amostra pode dar o tom da efusiva atividade filantrópica no século XIX e início do século XX. Em um livro dedicado à "filantropia cultural em Chicago da década de 1880 a 1917", Helen Horowitz escreve:

> Na virada do século, Chicago era uma cidade de impulsos contraditórios: tanto era um centro comercial que lidava com as mercadorias básicas de uma sociedade industrial quanto uma comu-

nidade invadida por ares de elevação cultural. Como disse um comentarista, a cidade era "uma estranha combinação de carne de porco e Platão".

Uma demonstração importante da atração de Chicago pela cultura foi a criação das grandes instituições culturais da cidade na década de 1880 e início dos anos 1890 (o Instituto da Arte, a Biblioteca Newberry, a Orquestra Sinfônica de Chicago, a Universidade de Chicago, o Museu Field, a Biblioteca Crerar). [...]

Essas instituições foram um fenômeno novo na cidade. Qualquer que tenha sido o ímpeto inicial por trás de sua criação, foi em grande parte organizado, sustentado e controlado por um grupo de empresários. [...] Ainda que mantidas e administradas pela iniciativa privada, as instituições foram concebidas para toda a cidade. Seus curadores voltaram-se para a filantropia cultural não tanto para satisfazer sua estética pessoal ou anseios acadêmicos, mas para realizarem objetivos sociais. Perturbados por pressões sociais que eles não podiam controlar e cheios de conceitos idealistas de cultura, esses empresários viram no museu, na biblioteca, na orquestra sinfônica e na universidade um modo de purificar sua cidade e gerar um renascimento cívico.[5]

A filantropia não se limitava, de modo algum, a instituições culturais. Houve, como escreve Horowitz em outro texto relacionado, "uma espécie de explosão de atividades em muitos níveis diferentes". E Chicago não era um caso isolado. Todavia, como coloca Horowitz, "Chicago parecia sintetizar o que ocorria na América".[6] A mesma época viu a criação da Hull House em Chicago, sob a direção de Jane Addams, a primeira de muitas casas de abrigo criadas em todo o país para disseminar a cultura e a educação entre os pobres e auxiliá-los em seus problemas diários. Muitos hospitais, orfanatos e outras instituições de caridade foram criados na mesma época.

Não há incompatibilidade entre um sistema de economia de mercado e a busca de amplos objetivos sociais e culturais, ou entre um sistema de economia de mercado e a compaixão pelos menos afortunados; tenha essa compaixão a forma, como ocorreu no século XIX, de atividade caritativa privada ou, como ocorreu cada vez mais no século XX, de assistência social por meio do governo — contanto que, em ambos os casos, seja uma expressão de um desejo de ajudar outras pessoas. Há toda a diferença do mundo, entretanto, entre duas espécies de assistência social por meio do governo que aparentemente são similares: na primeira, 90% de nós concorda que nos sejam cobrados impostos de modo a ajudar os 10% na base da pirâmide social; na segunda, 80% vota pela cobrança de impostos sobre os 10% do topo para ajudar os 10% da base — o exemplo famoso de William Graham Sumner em que B e C decidem o que D deve fazer por A.[7] A primeira poderá ser sensata ou não, um modo eficaz ou ineficaz de ajudar os desfavorecidos — mas é compatível com a crença tanto na igualdade de oportunidades quanto na liberdade. A segunda procura a igualdade de resultados e é inteiramente antitética à liberdade.

Quem é a favor da igualdade de resultados?

Há pouco apoio para o objetivo da igualdade de resultados, a despeito da dimensão a que chegou, quase como um artigo de fé religiosa entre intelectuais, e a despeito de seu destaque nos discursos de políticos e nos preâmbulos da legislação. O assunto é desmentido igualmente pelo comportamento do governo, dos intelectuais que mais ardorosamente esposam sentimentos igualitários e do público em geral.

Para o governo, um exemplo óbvio é a política com relação a loterias e jogos. O estado — e particularmente a cidade — de

Nova York é largamente visto como uma fortaleza do sentimento de igualdade. No entanto, o governo do estado de Nova York administra loterias e disponibiliza instalações para apostas nas corridas de cavalo fora das pistas. Faz intensa propaganda para induzir os cidadãos a comprar bilhetes de loteria e apostar nas corridas — em termos que rendem um bom lucro ao governo. Ao mesmo tempo, tenta suprimir o jogo dos "números" que, na realidade, oferece melhores chances do que a loteria do governo (especialmente quando se leva em consideração a maior facilidade de evitar o imposto sobre os ganhos). A Grã-Bretanha, uma fortaleza, senão o berço, do sentimento de igualdade, permite o funcionamento de clubes de jogos e apostas em corridas de cavalo particulares, além de outros eventos esportivos. Na verdade, apostas são um passatempo nacional e uma importante fonte de renda do governo.

Quanto aos intelectuais, a maior evidência é seu fracasso em praticar o que muitos deles pregam. A igualdade de resultados pode ser promovida na base do "faça você mesmo". Primeiro, decida exatamente o que você quer dizer com igualdade. Você quer conseguir a igualdade dentro dos Estados Unidos? Em um grupo selecionado de países como um todo? No mundo como um todo? A igualdade deve ser considerada em termos de renda por pessoa? Por família? Por ano? Por década? Por toda uma vida? Renda na forma apenas de dinheiro? Ou incluindo itens não monetários tais como o valor do aluguel de uma casa própria; alimento cultivado para consumo próprio; serviços prestados por membros da família não empregados por dinheiro, especialmente a dona de casa? Como são contabilizadas as deficiências ou as vantagens físicas e mentais?

Seja lá como você avaliará essas questões, pode estimar, se é um igualitário, que renda em dinheiro corresponderia a seu conceito de igualdade. Se sua renda real é maior do que isso, você pode guardar esse dinheiro e distribuir o resto entre pessoas abaixo desse nível. Se o seu critério for o de englobar o mundo — como sugere a maior parte da retórica igualitária —, alguma coisa menor que, digamos, 200 dólares por ano (no valor do dólar em 1979) por pessoa seria uma quantia que corresponderia ao conceito de igualdade que parece estar implícito na maior parte da retórica igualitária. Essa é, aproximadamente, a renda média *per capita* em todo o mundo.

Aqueles que Irving Kristol chamou de "nova classe" — burocratas do governo, acadêmicos cuja pesquisa é financiada por recursos governamentais ou que estão empregados em *think tanks* financiados pelo governo, membros dos muitos assim chamados grupos de "interesse geral" ou de "políticas públicas", jornalistas e outros do setor de comunicação — estão entre os mais ardorosos pregadores da doutrina da igualdade. E, no entanto, eles nos fazem lembrar daquele velho, se não injusto, ditado sobre os quacres: "Eles vieram para o Novo Mundo para fazer o bem e acabaram fazendo bem." Os membros da nova classe estão, em geral, entre as pessoas mais bem pagas da comunidade. E, para muitos deles, pregar a igualdade e promover ou administrar a legislação resultante tornou-se um meio efetivo de obter tais rendas elevadas. Todos nós achamos fácil identificar nosso próprio bem-estar com o bem-estar da comunidade.

Claro, um igualitário pode alegar que ele é apenas uma gota no oceano, que gostaria de redistribuir a parte de sua renda que excede seu conceito de uma renda igual se todo mundo fosse obrigado a fazer o mesmo. Em certo nível, a afirmação de que a coerção mudaria as coisas é errada — mesmo que todos fizessem o mesmo, sua contribuição específica para a renda de outros ainda seria uma gota no oceano. Sua contribuição individual, se ele fosse o único contribuinte, seria tão grande quanto se fosse um entre muitos. Na realidade, seria mais valiosa porque ele poderia direcionar sua contribuição para aquele que está em pior situação entre os supostos destinatários adequados. Em outro nível, a coerção mudaria as coisas drasticamente: o tipo de sociedade que se formaria se tais atos de redistribuição fossem voluntários é inteiramente diferente do — e, pelos nossos padrões, infinitamente preferível ao — tipo que se formaria se a redistribuição fosse compulsória.

As pessoas que acreditam ser preferível uma sociedade de igualdade instituída à força podem também praticar o que pregam. Podem entrar para uma das muitas comunas existentes neste país ou em outras, ou mesmo criar novas. E isso, é claro, é inteiramente consistente com uma crença em igualdade pessoal ou igualdade de oportunidades e liberdade, de tal forma que qualquer grupo de indivíduos que queiram viver desse modo deve ter a liberdade de fazê-lo. Nossa tese de que a defesa da igualdade de resultados fica mais na palavra do que na ação é apoiada pelo pequeno número de pessoas que quiseram entrar para essas comunas e pela fragilidade das já criadas.

Igualitários dos Estados Unidos poderão objetar que o pequeno número de comunas e sua fragilidade refletem o opróbrio a que uma sociedade predominantemente "capitalista" expõe tais comunas e a discriminação resultante a que são submetidas. Isso pode ser verdade nos Estados Unidos, mas, como destacou Robert Nozick,[8] há um país onde isso não é verdade, onde, ao contrário, comunas igualitárias são bem-vistas e admiradas: Israel. O *kibutz* teve um papel importante no início dos assentamentos do povo judeu na Palestina e continua relevante no Estado de Israel. Uma fração desproporcional de líderes do Estado israelense é oriunda dos *kibutzim*. Longe de ser um motivo de desaprovação, ser membro de um *kibutz* confere status e aprovação das autoridades. Todo mundo tem a liberdade de ingressar ou sair de um *kibutz*, e os *kibutzim* têm sido organizações viáveis. No entanto, em tempo algum, e certamente nem hoje, aproximadamente mais de 5% dos judeus de Israel optaram por serem membros de um *kibutz*. Essa porcentagem pode ser vista como uma superestimativa da fração de pessoas que escolheriam voluntariamente um sistema que impõe a igualdade de resultados em detrimento de um sistema caracterizado pela desigualdade, diversidade e oportunidade.

As atitudes públicas a respeito do imposto de renda progressivo já são mais mescladas. Recentes referendos a respeito da adoção do imposto de renda estadual progressivo em alguns estados que não têm e sobre um aumento no nível de progressão em outros estados foram, em geral, derrotados. Por outro lado, o imposto de renda federal é altamente progressivo, ao menos no papel, apesar de também conter um grande número de disposições ("brechas") que reduzem enormemente o nível de progressão na prática. Pelo que se vê, há pelo menos uma tolerância pública para uma taxação redistributiva em quantidade moderada.

Entretanto, arriscamo-nos a afirmar que a popularidade de Reno, Las Vegas e agora Atlantic City é uma indicação não menos confiável das preferências do público do que o imposto de renda federal, os editoriais do *New York Times* e do *Washington Post* e as páginas da *New York Review of Books*.

Consequências das políticas igualitárias

Ao formular nossa própria política, podemos aprender com a experiência de países ocidentais com os quais compartilhamos de uma mesma base intelectual e cultural da qual decorrem muitos dos nossos valores. Talvez o exemplo mais instrutivo seja o da Grã-Bretanha, que abriu caminho no século XIX para a adoção da igualdade de oportunidades e no século XX para a adoção da igualdade de resultados.

Desde o fim da Segunda Guerra Mundial, a política interna britânica tem sido dominada pela busca de maior igualdade de resultados. Foram adotadas sucessivas medidas destinadas a tirar dos ricos para dar aos pobres. Os impostos sobre a renda foram elevados até uma taxa máxima de 98% sobre os rendimentos de propriedade e 83% sobre a renda "auferida", e foram complementados por taxações sobre herança cada vez mais pesadas. Serviços médicos, moradia e outros serviços assistenciais do governo foram enormemente expandidos, junto com os pagamentos aos desempregados e aos idosos. Infelizmente, os resultados foram bem diferentes dos pretendidos pelas pessoas que se sentiam, com razão, ofendidas pela estrutura de classes que dominou a Grã-Bretanha durante séculos. Houve uma enorme redistribuição de riqueza, mas o resultado final não é uma distribuição com equidade.

No entanto, foram criadas novas classes de privilegiados para substituir ou complementar as antigas: os burocratas, seguros em seus empregos, protegidos contra a inflação tanto quando trabalham quanto quando se aposentam; os sindicatos, que declaram representar os trabalhadores mais explorados, mas na realidade consistem nos trabalhadores mais bem-pagos da Terra, aristocratas do movimento trabalhista; e os novos milionários, pessoas que foram mais espertas em descobrir modos de burlar as leis, normas e regulamentos que brotaram do Parlamento, e a burocracia, que descobriu modos de evitar pagar imposto sobre sua renda e de mandar sua riqueza para fora do país, longe do alcance dos cobradores. Um vasto remanejamento de renda e riqueza, sim; maior equidade, dificilmente.

O movimento pela igualdade falhou na Grã-Bretanha, não porque foram adotadas as medidas erradas — apesar de algumas, sem dúvida, o terem sido; não porque foram mal-administradas — apesar de algumas, sem dúvida, o terem sido; não porque as pessoas erradas as administraram — apesar de algumas, sem dúvida, o terem feito. O movimento pela igualdade falhou por uma razão muito mais fundamental. Foi contra um dos mais básicos instintos de todos os seres humanos. Nas palavras de Adam Smith, "o esforço uniforme, constante e ininterrupto de todo homem para melhorar sua condição"[9] — e, podemos acrescentar, as condições de seus filhos e dos filhos de seus filhos. Smith, naturalmente, quis dizer com "condição" não apenas o bem-estar material, ainda que este fosse, com certeza, um componente. Ele tinha um conceito muito mais amplo em vista, que incluía todos os valores pelos quais os homens julgam seu sucesso — em particular o tipo de valores sociais que deu origem à efusão de atividades filantrópicas no século XIX.

Quando a lei interfere na busca de realização dos valores das pessoas, elas tentarão descobrir um modo de obtê-los de outra forma. Elas evitarão a lei; a violarão ou sairão do país. Poucos de nós acreditam em um código moral que justifique forçar as pessoas a abrir mão da maior parte do que produzem para financiar pagamentos a pessoas que elas não conhecem para finalidades que podem não aprovar. Quando a lei contraria o que a maioria das pessoas considera moral e correto, elas violarão a lei — tenha sido ela aprovada em nome de um nobre ideal, como o da igualdade, ou do mais deslavado interesse de um grupo à custa de outro. Apenas o medo da punição, não um senso de justiça e moralidade, levará à obediência da lei.

Quando as pessoas começam a violar um conjunto de leis, inevitavelmente ocorre o desrespeito geral para todas as demais, até mesmo para aquelas largamente consideradas morais e corretas — leis contra a violência, o roubo e o vandalismo. Por mais incrível que possa parecer, o crescimento da bruta criminalidade na Grã-Bretanha nas últimas décadas pode muito bem ter sido uma das consequências do movimento pela igualdade.

Além disso, esse movimento pela igualdade fez sair da Grã-Bretanha alguns de seus mais capazes, mais bem-treinados e mais vigorosos cidadãos, em grande parte em benefício dos Estados Unidos e de outros países que lhes deram melhores oportunidades para usar seus talentos em benefício próprio. Por fim, quem pode duvidar do efeito que o movimento pela igualdade tenha tido sobre a eficiência e a produtividade? Certamente, essa é uma das principais razões por que o crescimento econômico na Grã-Bretanha ficou tão para trás de seus vizinhos continentais, dos Estados Unidos, do Japão e de outros países nas últimas décadas.

Nós nos Estados Unidos não fomos tão longe quanto a Grã-Bretanha na promoção do objetivo de igualdade de resultados. No entanto, muitas das mesmas consequências já são evidentes — desde o fracasso das medidas igualitárias em atingir seus objetivos, um remanejamento da riqueza que, por nenhum critério, pode ser visto como equitativo, o aumento da criminalidade até um efeito depressivo sobre a produtividade e a eficiência.

Capitalismo e igualdade

Em todos os lugares do mundo há desigualdades flagrantes de renda e riqueza. Elas escandalizam a maioria de nós. Poucos não se deixam sensibilizar pelo contraste entre o luxo usufruído por alguns e a pobreza opressiva sofrida por outros.

No último século, cresceu um mito de que o capitalismo da economia de mercado — igualdade de oportunidades do modo como interpretamos este termo — aumenta essas desigualdades; de que é um sistema no qual os ricos exploram os pobres.

Nada poderia estar mais longe da verdade. Onde quer que a economia de mercado tenha tido a permissão de funcionar, onde quer que qualquer coisa mais próxima de igualdade de oportunidades tenha existido, o homem comum foi capaz de atingir níveis de vida nunca antes sonhados. Entre toda a defasagem entre ricos e pobres, em nenhum lugar os ricos são mais ricos e os pobres mais pobres do que naquelas sociedades que não permitem o funcionamento da economia de mercado. Isso é válido para sociedades como as da Europa medieval, a Índia antes da independência e a maior parte da América do Sul dos tempos modernos onde o status herdado determina a posição. É igualmente verdade nas sociedades de economia planificada, como a Rússia, a China ou a Índia desde a independência, onde o acesso ao governo determina a posição. É válido até mesmo onde a economia planificada foi adotada, como nesses três países, em nome da igualdade.

A Rússia é um país de duas nações: uma pequena classe superior privilegiada de burocratas, funcionários públicos e técnicos membros do Partido Comunista; e uma grande massa de pessoas vivendo pouco melhor do que seus bisavós. A classe superior tem acesso a lojas e colégios especiais e a luxos de toda espécie; as massas são condenadas a usufruir de pouco mais do que as necessidades básicas. Nós nos lembramos de ter perguntado a um guia turístico em Moscou quanto custava um carro grande que tínhamos visto, ao que ele nos respondeu: "Ah, aqueles não estão à venda; são apenas para o Politburo." Diversos livros recentes de jornalistas americanos documentam, em detalhe, o contraste entre a vida privilegiada das classes superiores e a pobreza das massas.[10] Até mesmo em um nível mais simples, chama atenção o fato de que o salário médio de um capataz seja maior que o salário médio de um trabalhador comum em uma fábrica da Rússia do que em uma fábrica dos Estados Unidos — e, sem dúvida, ele o merece. Afinal de contas, um capataz norte-americano só tem que se preocupar em não ser demitido; o capataz russo tem que se preocupar também em não ser morto.

A China, também, é um país com enormes diferenças de renda — entre os politicamente poderosos e o resto; entre a cidade e o campo; entre alguns trabalhadores nas cidades e outros trabalhadores. Um estudante chinês perspicaz escreve que "a desigualdade entre as regiões ricas e as pobres da China era mais acentuada em 1957 do que em qualquer dos outros grandes países do mundo, exceto, talvez, o Brasil". Ele cita outro estudante como tendo dito: "Esses exemplos indicam que a estrutura salarial da indústria chinesa não é significativamente mais igualitária do que a de outros países." E conclui sua análise da igualdade na China: "Com que uniformidade seria distribuída hoje a renda da China? Certamente não seria tão equilibrada como a de Taiwan ou a da Coreia do Sul. [...] Por outro lado, sua distribuição de renda é obviamente mais equilibrada do que no Brasil ou na América do Sul. [...] Devemos concluir que a China está longe de ser uma sociedade de completa igualdade. Na realidade, as diferenças de renda na China podem ser muito maiores do que em muitos países comumente associados a elites 'fascistas' e massas exploradas."[11]

O progresso industrial, o aprimoramento mecânico e todas as grandes maravilhas da era moderna significaram relativamente pouco para os abastados. Os ricos da Grécia Antiga pouco teriam lucrado com o sistema de encanamento moderno: os servos corriam para substituir a água corrente. Televisão e rádio — os patrícios de Roma podiam se distrair com os melhores músicos e atores em sua casa, ter os melhores artistas como serventes domésticos. Roupa pronta, supermercados — tudo isso e muitos outros avanços da era moderna teriam acrescentado muito pouco à sua vida. Teriam aprovado o progresso nos transportes e na medicina, mas, quanto ao resto, as grandes realizações do capitalismo ocidental redundaram em benefício basicamente para a pessoa comum. Essas realizações tornaram disponíveis para as massas comodidades e amenidades que anteriormente eram de prerrogativa exclusiva dos ricos e poderosos.

Em 1848, John Stuart Mill escreveu: "Até o presente, é questionável se todas as invenções mecânicas já criadas aliviaram a labuta diária de qualquer ser humano. Elas permitiram que uma população maior vivesse a mesma vida de servidão e cativeiro e que um número maior de fabricantes e outras pessoas fizessem fortunas. Elas aumentaram o conforto da classe média. Mas ainda não começaram a efetuar aquelas grandes mudanças no destino da humanidade que estão em sua natureza e em seu futuro realizar."[12]

Ninguém poderia dizer isso hoje em dia. Você pode viajar de um extremo do mundo industrializado para o outro e praticamente todas as pessoas que encontrar fazendo trabalhos exaustivos são as que o fazem por esporte. Para achar pessoas cuja labuta diária não tenha sido aliviada pelas invenções mecânicas, você tem que ir para o mundo não capitalista: Rússia, China, Índia ou Bangladesh, partes da Iugoslávia ou países capitalistas mais atrasados — na África, no Oriente Médio, na América do Sul; e até recentemente Espanha e Itália.

Conclusão

Uma sociedade que põe a igualdade — no sentido de igualdade de resultados — à frente da liberdade terminará sem uma nem outra. O uso da força para se obter a igualdade vai destruir a liberdade, e a força, adotada para bons propósitos, terminará nas mãos de gente que a usa para promover seus próprios interesses.

Por outro lado, a sociedade que põe a liberdade em primeiro lugar terminará tendo, como um feliz subproduto, liberdade e igualdade maiores. Apesar de subproduto da liberdade, a maior igualdade não é mero acaso. Uma sociedade livre libera energia e capacidade das pessoas para perseguirem seus próprios objetivos. Impede que algumas, arbitrariamente, oprimam outras. Não impede que algumas pessoas alcancem posições de privilégio, mas, contanto que a liberdade seja mantida, impede que tais posições se tornem institucionalizadas; estão sujeitas a ataques contínuos de outras pessoas capazes e ambiciosas. Liberdade significa diversidade, mas também mobilidade. Ela preserva a oportunidade para que os desfavorecidos de hoje se tornem os privilegiados de amanhã e, no processo, habilita quase todo mundo, do topo à base, a usufruir de uma vida mais plena e mais rica.

6

O que há de errado com nossos colégios?

A educação foi sempre um componente importante do Sonho Americano. Na Nova Inglaterra puritana, os colégios foram rapidamente criados, primeiro como um anexo da igreja, mais tarde assumidos por autoridades seculares. Depois da abertura do canal Erie, os fazendeiros que trocaram as montanhas rochosas da Nova Inglaterra pelas planícies férteis do centro-oeste fundavam instituições de ensino aonde quer que fossem, não apenas de ensino fundamental e médio, mas também seminários e universidades. Muitos dos imigrantes que cruzaram o Atlântico na segunda metade do século XIX tinham fome de educação. Agarravam ansiosamente todas as oportunidades disponíveis nas metrópoles e nas grandes cidades nas quais a maior parte se estabelecia.

No início, as escolas eram particulares e o comparecimento, voluntário. Aos poucos, o governo começou a ter uma participação cada vez maior, primeiro contribuindo com apoio financeiro, depois criando colégios públicos e cuidando de sua administração. A primeira lei estabelecendo o comparecimento obrigatório foi aprovada pelo estado de Massachusetts em 1852, mas o comparecimento só se tornou obrigatório em todos os estados depois de 1918. O controle governamental era basicamente local até já avançado o século XX. O colégio de bairro e o controle pelo conselho escolar local eram a norma. Surgiu, então, um assim chamado movimento de reforma, especialmente nas grandes cidades, despertado pelas enormes diferenças na composição étnica e social de diferentes distritos educacionais e pela crença de que educadores profissionais deveriam ter uma participação maior. Esse movimento ganhou mais terreno na década de 1930 junto com a tendência geral tanto para a expansão quanto para a centralização do governo.

Sempre nos orgulhamos, e com bastante razão, da ampla disponibilidade de escolarização para todos e do papel que a educação pública teve em promover a assimilação dos recém-chegados em nossa sociedade, evitando a fragmentação e a tendência à divisão e permitindo que pessoas de diferentes origens culturais e religiosas vivessem juntas em harmonia.

Infelizmente, nos últimos anos, nosso histórico educacional ficou manchado. Os pais se queixam da baixa qualidade de ensino que seus filhos recebem. Muitos ficam ainda mais preocupados com os riscos ao bem-estar físico de seus filhos. Os professores se queixam de que a atmosfera na qual têm de trabalhar muitas vezes não é propícia ao aprendizado. Um número cada vez maior de professores está temendo por sua segurança física, até mesmo em sala de aula. Os contribuintes se queixam dos gastos crescentes. Dificilmente alguém defenderá que nossos colégios estão dando às crianças as ferramentas de que precisam para enfrentar os problemas da vida. Em vez de promover a assimilação e a harmonia, nossas instituições de ensino são, cada vez mais, uma fonte da própria fragmentação que no passado tanto lutaram para evitar.

No nível fundamental e no médio, a qualidade do ensino varia tremendamente: excepcional em alguns subúrbios das principais metrópoles, excelente ou razoavelmente satisfatória em muitas cidades pequenas e áreas rurais, incrivelmente ruim nos centros das grandes metrópoles.

"A educação, ou melhor, a *des*educação de crianças negras de famílias de baixa renda é, sem dúvida, a área de maior desastre do ensino público e seu fracasso mais devastador. Isso é duplamente trágico porque sempre foi da ética oficial do ensino público que os pobres e os oprimidos eram seus maiores beneficiários."[1]

A educação pública está sofrendo, receamos, do mesmo mal de muitos dos programas que abordamos nos capítulos anteriores e subsequentes. Há mais de quatro décadas, Walter Lippmann a diagnosticou como "a doença de uma sociedade supergovernada", a mudança da "antiga crença [...] de que o exercício do poder sem limites por homens de mentes estreitas e com preconceitos de autoestima logo se torna opressivo, reacionário e corrupto, [...] de que a verdadeira condição para o progresso era a limitação do poder à capacidade e à virtude dos governantes" para a nova crença de "que não há limites para a capacidade do homem de governar os outros e que, portanto, não há limitações a serem impostas ao governo".[2]

Para a educação, essa doença tomou forma: a de negar a muitos pais o controle do tipo de educação escolar que seus filhos recebem, seja diretamente, escolhendo e pagando os colégios que seus filhos frequentam, seja indiretamente, a partir da atividade política local. No entanto, o poder passou para os educadores profissionais. A doença se agravou pela crescente centralização e burocratização dos colégios, especialmente nas grandes cidades.

Os arranjos do mercado privado tiveram uma participação maior no nível superior do que no nível básico. Mas esse setor não ficou imune à doença de uma sociedade supergovernada. Em 1928, havia menos estudantes matriculados em instituições governamentais de ensino superior do que em instituições privadas; em 1978, o número do primeiro grupo era quase o quádruplo do segundo. O financiamento direto pelo governo cresceu menos do que a administração do governo por conta dos custos das taxas pagas pelos estudantes. Mesmo assim, em 1978, as bolsas diretas do governo eram responsáveis por mais da metade dos gastos totais do ensino superior realizados por todas as instituições, governamentais e privadas. O aumento da participação do governo no ensino superior teve muitos dos mesmos efeitos adversos que havia tido no ensino fundamental e no médio. Criou uma atmosfera que tanto os professores dedicados quanto os estudantes sérios acham quase sempre prejudicial à aprendizagem.

A educação no ensino fundamental e no ensino médio: o problema

Mesmo nos primeiros anos da República, não apenas as grandes cidades, mas também toda vila e aldeia e a maioria dos distritos rurais tinham colégios. Em muitos estados ou localidades, a manutenção de um "colégio comum" era obrigatória por lei. Mas era, grande parte, financiada por taxas pagas pelos pais. Em geral, havia também algum financiamento complementar por parte do governo local, do condado ou do estado, tanto para pagar as taxas das crianças cujos pais eram considerados incapazes de pagar quanto para complementar as taxas pagas pelos pais. Apesar de o ensino não ser obrigatório nem gratuito, era praticamente universal (não se estendendo aos escravos, naturalmente). Nesse relatório de 1836, o superintendente de escolas comuns do estado de Nova York declarava: "Sob qualquer ponto de vista, é justificável acreditar que nas instituições de ensino comuns, particulares e academias, o número de crianças recebendo de fato instrução é igual ao número total daquelas entre 5 e 16 anos."[3]

As condições, sem dúvida, variavam de estado para estado, mas, de acordo com a opinião geral, o ensino era amplamente disponível para crianças (brancas) de famílias de todos os níveis econômicos.

No começo dos anos 1840, desenvolveu-se uma campanha para substituir o sistema diversificado — e em grande parte privado — por um dos assim chamados colégios gratuitos, ou seja, onde os pais e outras pessoas pagavam o custo indiretamente nos impostos e não diretamente por meio de taxas. De acordo com E. G. West, que estudou intensamente o desenvolvimento da participação do governo na educação, essa campanha não foi conduzida por pais insatisfeitos, mas "principalmente por professores e autoridades governamentais".[4] O mais famoso batalhador pelas escolas gratuitas foi Horace Mann, "o pai da educação pública americana", como é definido pela *Enciclopédia britânica* em artigo sobre sua vida.[5] Mann foi o primeiro secretário do Conselho de Educação do Estado de Massachusetts, criado em 1837, e nos doze anos seguintes liderou uma forte campanha em prol de um sistema de ensino pago pelo governo e controlado por educadores profissionais. Seus principais argumentos eram que a educação era tão importante que o governo tinha o dever de proporcionar educação a toda criança, que os colégios tinham de ser seculares e incluir crianças de todas as origens religiosas, sociais e étnicas, e que o ensino universal gratuito permitiria que as crianças superassem a desvantagem da pobreza de seus pais. "Em seus relatórios como secretário do Conselho de Educação de Massachusetts, Mann proclamava repetidamente [...] que a educação era um bom investimento público e um aumento de produção."[6] Apesar dos argumentos serem lançados todos em termos do interesse público, muito do apoio que os professores e administradores davam ao movimento em favor do ensino público decorria de um mesquinho interesse pessoal. Eles tinham a expectativa de usufruir de uma estabilidade maior de emprego, ter uma segurança maior de que seus salários seriam pagos e um grau maior de controle se o governo, e não os pais, fosse o pagador imediato.

"Apesar de enormes dificuldades e de uma forte oposição [...] os aspectos principais" do tipo de sistema proposto insistentemente por Mann "foram obtidos em meados do século XIX."[7] Desde então, a maioria das crianças passou a frequentar os colégios mantidos pelo governo. Algumas continuaram a frequentar os assim chamados colégios particulares, a maioria administrada pela Igreja católica e por outras denominações religiosas.

Os Estados Unidos não foram o único país a mudar de um sistema de ensino essencialmente privado para um essencialmente governamental. De fato, uma autoridade descreveu "a aceitação gradual da visão de que a educação tem de ser uma responsabilidade do Estado" como a "mais significativa" das tendências gerais do século XIX "que ainda estavam influenciando a educação em todos os países ocidentais na segunda metade do século XX".[8] Curiosamente, essa tendência começou na Prússia em 1808 e na França, sob Napoleão, quase ao mesmo tempo. A Grã-Bretanha foi ainda depois dos Estados Unidos. "Sob o encanto do *laissez-faire*, ela hesitou durante muito tempo antes de permitir que o Estado interferisse em assuntos educacionais", mas, finalmente, em 1870, foi estabelecido um sistema de ensino mantido pelo governo, apesar de o ensino fundamental só ter se tornado obrigatório em 1880 e as taxas referentes à educação formal só terem sido abolidas em quase toda parte em 1891.[9] Na Grã-Bretanha, assim como nos Estados Unidos, o ensino era quase universal antes de o governo assumir o controle. O professor West foi convincente ao afirmar que o governo assumiu o controle na Grã-Bretanha, assim como nos Estados Unidos, como resultado da pressão dos professores, administradores e intelectuais bem-intencionados, e não dos pais. Ele conclui que o controle do governo reduziu a qualidade e a diversidade do ensino.[10]

A educação é outro exemplo, assim como a seguridade social, do elemento comum na filosofia do autoritarismo e na do socialismo. A aristocrática e autoritária Prússia e a França imperial foram as pioneiras no controle estatal da educação. Intelectuais inclinados ao socialismo nos Estados Unidos, Grã-Bretanha e, mais tarde, na França republicana foram os maiores apoiadores do controle estatal em seus países.

O estabelecimento do sistema de ensino nos EUA como uma ilha de socialismo em uma economia de mercado refletia, só que em um grau muito menor, o despertar precoce entre intelectuais de uma desconfiança em relação ao mercado e à troca voluntária. E, acima de tudo, refletia simplesmente a importância que a comunidade dava ao ideal de igualdade de oportunidade. A habilidade com que Horace Mann e seus associados souberam tocar nesse profundo sentimento fez com que tivessem sucesso em sua cruzada.

Como era de se esperar, o sistema público de ensino não era visto como "socialista", mas simplesmente "norte-americano". O fator mais importante que determinava como o sistema funcionava era sua estrutura política descentralizada. A Constituição limitava estritamente os poderes do governo federal, portanto ele não teve um papel importante. Os estados, em sua maioria, deixavam o controle dos colégios para a comunidade local, a vila, a cidade pequena ou a uma subdivisão de uma grande cidade. O monitoramento das autoridades políticas que administravam o sistema de ensino, feito de perto pelos pais, era um substituto parcial para a concorrência e assegurava que os desejos amplamente compartilhados dos pais fossem adotados.

Antes da Grande Depressão, a situação já estava mudando. Os distritos escolares foram consolidados, os distritos educacionais foram ampliados e cada vez mais poderes foram sendo atribuídos aos educadores profissionais. Depois da Depressão, quando o público aderiu aos intelectuais em uma fé desenfreada nas virtudes do governo, e em especial do governo central, o declínio do colégio de apenas uma sala de aula e do conselho escolar local se tornou uma perda total. O poder mudou rapidamente da comunidade local para entidades mais amplas — a cidade, o condado, o estado e, mais recentemente, o governo federal.

Em 1920, os recursos locais chegavam a 83% de todas as receitas dos colégios públicos; as bolsas federais, menos de 1%. Em 1940, a participação local havia caído para 68%. Atualmente, é de menos da metade. O Estado fornecia a maior parte do resto do dinheiro: 16% em 1920, 30% em 1940 e atualmente mais de 40%. A participação do governo federal ainda é pequena, mas está crescendo rapidamente: de menos de 2% em 1940 a aproximadamente 8% hoje.

Como os educadores profissionais assumiram o controle, o controle pelos pais foi enfraquecido. Além disso, a função atribuída aos colégios mudou. Ainda devem ensinar os três Rs* e transmitir valores comuns. Fora isso, no entanto, tais instituições agora são vistas como meios de promover a mobilidade social, a integração racial e outros objetivos vagamente relacionados com sua atribuição fundamental.

No capítulo 4, referimo-nos à teoria do deslocamento burocrático desenvolvida pelo dr. Max Gammon depois de estudar o serviço nacional de saúde britânico; conforme suas palavras, em "um sistema burocrático [...] o aumento dos gastos será acompanhado de queda na produção. [...] Tais sistemas atuarão mais como 'buracos negros' no universo econômico, ao mesmo tempo sugando recursos e encolhendo em termos de produção 'emitida'".[11]

Sua teoria aplica-se plenamente ao efeito da crescente burocratização do sistema de ensino público nos Estados Unidos. Nos

---

* Isto é, *reading, writing and arithmetic*, leitura, escrita e aritmética. [*N. da T.*]

cinco anos do calendário escolar, de 1971-1972 a 1976-1977, o número total de profissionais em todas as escolas públicas dos EUA subiu 8% e o custo por aluno subiu 58% em dólares (11% depois da correção da inflação). *Insumos claramente em alta.*

O número de alunos *caiu* 4%, o número de colégios também *caiu* 4%. E achamos que poucos leitores irão objetar a afirmação de que a qualidade da educação *caiu* ainda mais drasticamente do que a quantidade. Certamente essa é a história contada pelas notas decrescentes dos alunos registradas em exames padronizados. *Produção claramente em queda.*

Será que o declínio da produção por unidade de insumo se deve à crescente burocratização e centralização da organização? Como prova, o número de distritos escolares caiu 17% no período de sete anos, de 1970-1971 a 1977-1978 — continuando a tendência de longo prazo para uma centralização maior. Quanto à burocratização, considerando um período um pouco anterior de cinco anos para os quais há dados disponíveis (1968-1969 a 1973-1974), quando o número de estudantes subiu 1%, o quadro total de funcionários subiu 15% e o de professores 14%, *mas o número de supervisores subiu 44%*.[12]

O problema na educação não é meramente o tamanho, nem simplesmente o fato de que os distritos escolares se tornaram maiores e que na média cada colégio tem mais alunos. Afinal de contas, na indústria, o tamanho quase sempre mostrou ser uma fonte de maior eficiência, custo mais baixo e melhor qualidade. O desenvolvimento industrial nos Estados Unidos ganhou muito com a introdução da produção em massa, o que os economistas chamam de "economia de escala". Por que na educação deveria ser diferente?

Não é. A diferença não está entre a educação e as outras atividades, mas entre arranjos em que o consumidor tem a liberdade de escolher e arranjos em que o produtor é quem manda e o consumidor pouco tem a dizer. Se o consumidor é livre para escolher, uma empresa só pode crescer de tamanho se produzir um artigo de sua preferência, seja por causa de sua qualidade, seja por causa de seu preço. E o tamanho por si só não garantirá a nenhuma empresa impor um produto ao consumidor que este não considere valer seu preço. O gigantismo da General Motors não a impediu de prosperar. O gigantismo da W. T. Grant & Co. não a salvou da falência. Quando o consumidor é livre para escolher, o tamanho só sobreviverá se for eficiente.

Em arranjos políticos, o tamanho, em geral, afeta a liberdade de escolha dos consumidores. Em comunidades pequenas, o cidadão sente que tem, e tem de fato, como indivíduo, maior controle sobre o que as autoridades políticas fazem do que em comunidades grandes. Ele pode não ter a mesma liberdade de escolha que tem ao decidir se irá ou não comprar algo, mas ao menos tem uma oportunidade considerável de afetar o que acontece. Além disso, quando há muitas pequenas comunidades, o indivíduo pode escolher onde morar. Naturalmente, essa é uma escolha complexa, envolvendo muitos elementos. No entanto, isso significa, de fato, que os governos locais devem proporcionar serviços a seus cidadãos que eles considerem valer os impostos que pagam, ou serão substituídos, ou sofrerão uma perda de contribuintes.

A situação é muito diferente quando o poder está nas mãos de um governo central. O cidadão sente que tem, e tem de fato, pouco controle sobre as distantes e impessoais autoridades políticas. A possibilidade de se mudar para outra comunidade, apesar de ainda existir, é muito mais limitada.

Na educação, os pais e a criança são os consumidores, o professor e o administrador do colégio são os produtores. A centralização na educação significou unidades de maior tamanho, uma redução da capacidade de escolha dos consumidores e um aumento de poder dos produtores. Professores, administradores e funcionários de sindicatos não são diferentes de nós. Eles também podem ser pais, desejando, sinceramente, um bom sistema de ensino. Entretanto, seu interesse como professores, como administradores, como funcionários de sindicatos é diferente de seu interesse como pais e do interesse dos pais cujos filhos eles ensinam. Seu interesse pode ser atendido com uma centralização e uma burocratização maior, mesmo que o interesse dos pais não o seja — na realidade, uma maneira de tal interesse ser atendido é exatamente reduzindo o poder dos pais.

O mesmo fenômeno ocorre sempre que a burocracia governamental assume o controle em detrimento da capacidade de escolha do consumidor: seja nos correios, na coleta de lixo ou nos muitos exemplos dos outros capítulos.

Na educação, aqueles que, como nós, estão nas classes de renda maior preservam a liberdade de escolha. Podemos mandar nossos filhos para colégios particulares, na realidade pagando duplamente por sua educação — uma vez por meio dos impostos para sustentar o sistema de ensino público, outra por conta das taxas cobradas pelo ensino formal. Ou podemos escolher onde morar com base na qualidade do sistema público de ensino. Excelentes colégios públicos costumam se concentrar nos subúrbios mais ricos das cidades maiores, onde o controle dos pais continua bastante real.[13]

A situação é pior nos centros das grandes metrópoles — Nova York, Chicago, Los Angeles, Boston. As pessoas que vivem nessas áreas só podem pagar duplamente pela educação dos filhos com muita dificuldade — apesar de um número surpreendente conseguir isso mandando seus filhos para colégios paroquiais. Elas não têm condições financeiras de se mudar para áreas com bons colégios públicos. Seu único recurso é tentar influenciar as autoridades políticas que têm a responsabilidade sobre esses colégios, em geral uma tarefa difícil, senão impossível, tarefa para a qual não estão preparadas. Os moradores dos centros das cidades sofrem mais desvantagens com relação ao nível de escolaridade que podem obter para seus filhos do que em qualquer outra área da vida, com a possível exceção da proteção contra o crime — outro "serviço" proporcionado pelo governo.

A tragédia, e ironia, é que um sistema voltado para fazer com que todas as crianças adquiram uma linguagem comum e os valores da cidadania americana, para dar a todas as crianças oportunidades educacionais iguais, acabe, na prática, exacerbando a estratificação da sociedade e proporcionando oportunidades educacionais altamente desiguais. Os gastos com educação por aluno são quase sempre tão altos nos centros das cidades quanto até mesmo nos ricos subúrbios, mas a qualidade do ensino é tremendamente mais baixa. Nos subúrbios, quase todo o dinheiro vai para a educação; nos centros das cidades, a maior parte dele vai para a preservação da disciplina, a prevenção do vandalismo ou para consertar seus efeitos. A atmosfera em alguns colégios dos centros das cidades é mais parecida com a de uma prisão do que com a de um lugar de aprendizagem. Os pais nos subúrbios estão tendo muito mais rendimento com os dólares gastos nos impostos do que os pais nos centros das cidades.

Um programa de voucher para o ensino fundamental e o ensino médio

A educação, mesmo nos centros das cidades, não tem que ser do jeito que é. Não era assim quando os pais tinham um maior controle. Não é desse jeito onde os pais ainda têm o controle.

A forte tradição americana de ação voluntária proporcionou excelentes exemplos que demonstram o que pode ser feito quando os pais têm maior escolha. Um exemplo no ensino fundamental é o de um colégio paroquial, de São João Crisóstomo, que visitamos em uma das áreas mais pobres do Bronx, em Nova York. Seus recursos vêm, em parte, de uma entidade filantrópica, o New York's Inner City Scholarship Fund, em parte da Igreja católica, e em parte de taxas relacionadas ao ensino. Os jovens do colégio estão lá porque assim seus pais escolheram. Quase todos são de famílias pobres, mesmo assim seus pais estão, quase todos, pagando ao menos uma parte dos custos. As crianças são bem-comportadas, ansiosas por aprender. Os professores são dedicados. O ambiente é calmo e sereno.

O custo por aluno é bem menor do que nos colégios públicos, mesmo contabilizados os serviços gratuitos das professoras que são freiras. Mesmo assim, na média, as crianças estão dois anos à frente de seus colegas do ensino público. Isso porque os professores e os pais têm a liberdade de escolher como as crianças devem ser ensinadas. O dinheiro particular substituiu o dinheiro do imposto. O controle foi retirado dos burocratas e devolvido a quem pertence.

Outro exemplo, este no ensino médio, está no Harlem. Na década de 1960, o Harlem foi arrasado por distúrbios de rua. Muitos adolescentes abandonaram as salas de aula. Grupos de pais e professores preocupados decidiram fazer alguma coisa a respeito. Usaram recursos particulares para assumir o controle de lojas vazias e estabeleceram o que ficou conhecido como "colégios de frente de loja". Um dos primeiros e de maior êxito se chamava Harlem Prep, voltado para atrair os jovens que não tinham tido êxito no ensino convencional.

O Harlem Prep não tinha instalações físicas adequadas. Muitos de seus professores não tinham a papelada adequada que os qualificasse para o certificado de ensino em colégios públicos. Mas isso não os impediu de fazer um bom trabalho. Apesar de muitos alunos terem sido desajustados e de terem abandonado colégios anteriores, encontraram o tipo de ensino que queriam no Harlem Prep.

O colégio foi um sucesso fenomenal. Muitos de seus alunos foram para a faculdade, inclusive para algumas das melhores. Mas, infelizmente, essa história tem um final infeliz. Depois de passado o período inicial de crise, o colégio ficou com o orçamento apertado. O Conselho de Educação ofereceu ajuda a Ed Carpenter (o diretor do colégio e um de seus fundadores), contanto que se ajustasse às suas regras. Depois de uma longa batalha para manter a independência, ele desistiu. O colégio foi assumido pelos burocratas. "Eu senti", comentou o sr. Carpenter, "que um colégio como o Harlem Prep com certeza morreria, em vez de progredir, sob a rígida burocracia de um Conselho de Educação. [...] Tínhamos que ver o que iria acontecer. Eu não acreditava que seria bom. Estou certo. O que aconteceu desde que fomos ao Conselho de Educação não é totalmente bom. Não é totalmente ruim, mas tende mais para o ruim do que para o bom."

Empreendimentos privados desse gênero são valiosos. Entretanto, na melhor das hipóteses, apenas tocam a superfície do que precisa ser feito.

Uma forma de se obter um melhor resultado, de levar o aprendizado de novo à sala de aula, especialmente para os que hoje estão mais defasados, é dar a todos os pais um controle maior sobre o ensino de seus filhos, semelhante ao que temos agora nas classes de renda mais elevada. Em geral, os pais tanto têm um maior interesse na educação de seus filhos como um conhecimento mais íntimo de suas capacidades e necessidades, melhor do que qualquer outra pessoa. Os reformadores sociais, e os reformadores educacionais em particular, quase sempre consideram, hipocritamente, que os pais, especialmente aqueles que são pobres e têm pouco grau de instrução, têm pouco interesse na educação de seus filhos e nenhuma competência para escolher por eles. Isso é um insulto gratuito. Esses pais, quase sempre, tiveram pouca chance de escolha. Entretanto, a história dos EUA demonstrou amplamente que, dada a oportunidade, eles quase sempre estiveram dispostos a se sacrificar muito, e o fizeram com sabedoria, pelo bem de seus filhos.

Sem dúvida, alguns pais não têm interesse na educação formal de seus filhos ou a capacidade e o desejo de escolher sensatamente. Entretanto, são a minoria. De qualquer forma, nosso atual sistema faz muito pouco, infelizmente, para ajudar seus filhos.

Uma forma simples e efetiva de assegurar aos pais uma liberdade maior de escolha, ao mesmo tempo preservando os recursos atuais de financiamento, é um programa de voucher. Imagine que seu filho frequente uma instituição pública de ensino fundamental ou médio. Isso tem um custo, na média, em todo o país, para o contribuinte — você e eu — de cerca de 2 mil dólares por ano (em 1978) para cada criança matriculada. Se você tira seu filho de um colégio público e o manda para um particular, você poupa aos contribuintes um gasto em torno de 2 mil dólares por ano — mas você não ganha nada com essa economia, exceto na medida em que ela é repassada aos contribuintes, o que totalizaria, no máximo, alguns centavos a menos no seu imposto a pagar. Você tem que pagar a taxa do colégio particular, além dos impostos — um forte incentivo para manter seu filho em um colégio público.

Suponha, no entanto, que o governo lhe tenha dito: "Se você nos desobrigar da despesa de dar educação formal ao seu filho, você receberá um voucher, um pedaço de papel resgatável em determinado valor em dinheiro se, e somente se, for usado para pagar o ensino de seu filho em um colégio aprovado." O valor em dinheiro poderia ser de 2 mil dólares, ou poderia ser um valor menor, digamos de 1,5 mil dólares ou mil dólares, de modo a dividir a economia entre você e os outros contribuintes. Mas seja pelo valor total, seja pelo valor menor, ele eliminaria ao menos uma parte da penalidade financeira que hoje limita a liberdade de escolha dos pais.[14]

O programa do voucher incorpora exatamente o mesmo princípio das GI Bills* que proporcionam benefícios educacionais aos veteranos militares. O veterano obtém um voucher válido apenas para despesa com educação e tem total liberdade de escolher o colégio no qual usará o voucher, contanto que esteja de acordo com determinadas normas.

Os pais poderiam, e deveriam, ter a permissão de usar os vouchers não apenas nos colégios privados, mas também em colégios públicos — e não apenas em instituições de seus próprios distritos, cidades ou estados, mas em qualquer uma que quisesse aceitar seus filhos. Isso tanto daria aos pais uma oportunidade maior de escolha quanto, ao mesmo tempo, faria com que os colégios públicos passassem a se financiar, cobrando matrícula (total, se o voucher correspondesse ao custo total; ou pelo menos de uma parte, caso contrário). Os colégios públicos teriam, então, de concorrer tanto uns com os outros quanto com colégios particulares.

Tal programa não desoneraria ninguém da carga de impostos a pagar pela educação. Simplesmente daria uma escolha mais ampla aos pais quanto à forma da educação formal de seus filhos que a comunidade se obrigou a proporcionar. O programa

---

* *GI Bill* é a denominação popular dada à lei federal Servicement's Reajustment Act (Legislação de Reajuste das Forças Armadas) criada nos EUA em 1944 com o fim de assegurar o pagamento de benefícios para os ex-combatentes da Segunda Guerra Mundial. Desde a sua criação, vários programas inspirados nela têm permitido que o valor pago seja utilizado para custear a educação dos beneficiados. [*N. da T.*]

também não afetaria as normas atuais impostas às instituições privadas de ensino quanto ao comparecimento obrigatório dos alunos, em cumprimento à lei.

Vemos o programa do voucher como uma solução parcial porque não afeta nem o financiamento da educação nem as leis de comparecimento obrigatório. Somos a favor de ir muito além. À primeira vista, pareceria que, quanto mais rica a sociedade e maior a distribuição de renda, menos razão teria o governo para financiar a educação. Seja como for, os pais arcam com a maior parte do custo, e o custo para uma qualidade igual é, sem dúvida, maior quando arcam com o custo indiretamente por meio dos impostos do que quando pagam pela educação formal diretamente — a menos que o setor de educação seja muito diferente das outras atividades do governo. Ainda assim, na prática, o financiamento do governo respondeu por uma participação cada vez maior nas despesas totais com educação, à medida que a renda nos Estados Unidos subiu e teve uma distribuição mais equitativa.

Supomos que uma razão seja a administração dos colégios pelo governo, de modo que os pais que desejavam gastar mais com educação, conforme suas rendas subiam, descobriram que o caminho de menor resistência seria o de um aumento no montante gasto em colégios públicos. Uma vantagem de um programa de voucher é o encorajamento de uma mudança gradual para o financiamento direto pelos pais. O desejo deles de gastar mais com educação poderia rapidamente ganhar a forma de um acréscimo à quantia aprovisionada pelo voucher. O financiamento público para casos de necessidade poderá permanecer, mas esta é uma questão muito diferente de ter o governo financiando um sistema de ensino formal para 90% das crianças que vão frequentar as salas de aula porque 5% ou 10% delas podem ser casos de necessidade.

As leis de comparecimento obrigatório são a justificativa para o governo controlar as normas dos colégios particulares. Mas não está nem um pouco claro que haja qualquer justificativa para essas leis de comparecimento obrigatório. Nossa própria visão a respeito disso mudou com o tempo. Quando escrevemos extensamente sobre esse assunto pela primeira vez, um quarto de século atrás, aceitávamos a ideia da necessidade dessas leis baseando-nos no fato de que "é impossível [haver] uma sociedade democrática estável sem um mínimo grau de alfabetização e conhecimento por parte da maioria dos cidadãos".[15] Continuamos a acreditar nisso, mas a pesquisa realizada nesse ínterim sobre a história da educação nos Estados Unidos, no Reino Unido e em outros países nos convenceu de que o comparecimento obrigatório não é necessário para se conseguir tal padrão mínimo de alfabetização e conhecimento. Como já foi observado, essa pesquisa mostrou que a educação formal era quase universal nos Estados Unidos antes da obrigatoriedade de comparecimento. No Reino Unido, era quase universal antes que existisse seja a obrigatoriedade de comparecimento, seja o financiamento governamental da educação. Como todas as leis, o comparecimento obrigatório tem custos e benefícios. Já não acreditamos que os benefícios justifiquem os custos.

Entendemos que tal visão sobre as leis de financiamento e comparecimento possa parecer extremada para a maior parte dos leitores. É por isso que apenas as citamos aqui simplesmente para manter o registro, sem procurar defendê-las detalhadamente. Em vez disso, voltamos ao programa do voucher — uma saída muito mais moderada em relação à prática atual.

No momento, a única alternativa amplamente disponível para um colégio público local é o colégio paroquial. Somente as igrejas estiveram em condições de subsidiar a educação formal em larga escala e somente a educação subsidiada pode competir com a educação "gratuita". (Tente vender um produto que alguém está doando!) O programa de voucher produziria uma gama muito maior de alternativas — a menos que fosse sabotado por padrões excessivamente rígidos para "aprovação". Aumentaria imensamente a escolha entre os próprios colégios públicos. O tamanho de um colégio público seria determinado pelo número de clientes que atraísse, não por limites geográficos definidos politicamente ou por atribuição de número de alunos. Pais que organizaram colégios não lucrativos, como algumas famílias fizeram, teriam assegurados recursos para pagar os custos. Organizações voluntárias — variando de vegetarianos até escoteiros e a Associação Cristã de Moços (YMCA) — poderiam fundar instituições de ensino e tentar atrair clientes. E, mais importante, surgiriam novos tipos de colégio para explorar o vasto novo mercado.

Consideremos brevemente alguns possíveis problemas com o programa de voucher e algumas objeções que foram levantadas.

(1) *A questão Igreja-Estado*. Se os pais pudessem usar o plano do voucher para pagar a taxa em colégios paroquiais, isso seria uma violação da Primeira Emenda? Sendo ou não uma violação, é desejável adotar uma política que possa fortalecer o papel de instituições religiosas na educação?

A Suprema Corte decidiu, em geral, contra leis estaduais provendo assistência aos pais que mandam seus filhos para colégios paroquiais, apesar de nunca ter tido a oportunidade de decidir a respeito de um programa de voucher completo, cobrindo tanto os colégios públicos quanto os não públicos. Como quer que possa decidir sobre esse plano, parece claro que a Suprema Corte aceitaria um plano que excluiria colégios vinculados a igrejas, mas que se aplicaria a todos os outros colégios privados e públicos. Um plano com tal restrição seria muito superior ao sistema atual e não muito inferior a um plano sem restrição alguma. Os colégios hoje vinculados a igrejas poderiam se habilitar dividindo-se em duas partes: uma parte secular reorganizada, como um colégio independente habilitado para os vouchers, e uma parte religiosa reorganizada, como uma atividade posterior ao colégio ou um colégio dominical pago diretamente pelos pais ou com recursos da Igreja.

A questão constitucional terá de ser decidida pelos tribunais. Mas vale a pena realçar que os vouchers iriam para os *pais, não para os colégios*. Nos termos das *GI Bills*, os veteranos têm a liberdade de frequentar faculdades católicas ou outras faculdades e, tanto quanto sabemos, nunca foi levantada nenhuma questão a respeito da Primeira Emenda. Os beneficiários da seguridade social e os que recebem auxílios da previdência têm a liberdade de comprar comida em bazares de igreja e até mesmo contribuir para a cesta de coleta com seus subsídios do governo, sem qualquer indagação a respeito da Primeira Emenda.

Na realidade, acreditamos que a penalidade imposta agora aos pais que não mandam seus filhos para colégios públicos viola o espírito da Primeira Emenda, independente de como advogados e juízes interpretem a carta. Os colégios públicos também ensinam religião — não uma religião formal, teísta, mas um conjunto de valores e crenças que se constituem em uma religião em tudo, exceto no nome. O atual sistema priva da liberdade religiosa os pais que não aceitam a religião ensinada pelas escolas públicas e, ainda assim, são forçados a pagar para terem seus filhos submetidos a essa doutrinação e pagar mais ainda para que seus filhos escapem dessa doutrinação.

(2) *Custos financeiros*. Uma segunda objeção ao programa de voucher é o de que ele elevaria o custo total da educação para os contribuintes — em razão do custo dos vouchers dados a aproximadamente 10% das crianças que agora frequentam colégios paroquiais e outros colégios privados. Esse é um "problema" apenas para aqueles que não se dão conta da atual discriminação

contra os pais que mandam seus filhos para colégios não públicos. Vouchers universais poriam um fim à injustiça de usar recursos dos impostos para educar algumas crianças e outras não.

Em todo caso, há uma solução simples e direta: estipular um valor do voucher suficientemente menor que o custo atual por criança em colégio público para manter as despesas com educação pública no mesmo patamar de hoje. Esse valor menor gasto com um colégio privado sujeito à concorrência muito provavelmente proporcionará melhor qualidade de ensino do que a quantia maior gasta hoje com as escolas do governo. Veja o custo drasticamente menor por criança em colégios paroquiais. (O fato de colégios luxuosos, de elite, cobrarem taxas maiores não é um contra-argumento, assim como os 12,25 dólares cobrados em 1979 pelo "21" Club por seu Hamburger Twenty-One em 1979 não significavam que o McDonald's não podia vender com lucro um hambúrguer por 45 centavos de dólar e um Big Mac por 1,05 dólar.)

(3) *A possibilidade de fraude*. Como se pode ter a certeza de que o voucher será gasto com a educação e não desviado para a cerveja do papai e as roupas da mamãe? A resposta é que o voucher teria de ser gasto em um colégio ou estabelecimento de ensino *aprovado* e só poderia ser resgatado em dinheiro por tais instituições. Isso não evitaria *toda espécie* de fraude — talvez na forma de "propina" para os pais —, mas manteria a fraude em um nível tolerável.

(4) *A questão racial*. Os programas de voucher foram adotados por um tempo em diversos estados do sul para evitar a integração. Foram julgados inconstitucionais. A discriminação por meio de um programa de voucher pode ser evitada pelo menos com a mesma facilidade com que é evitada nos colégios públicos, resgatando-se os vouchers apenas das escolas que não discriminam. Um problema mais difícil preocupou alguns estudantes de vouchers. É a possibilidade de que a escolha voluntária por meio

dos vouchers possa aumentar a segregação racial e de classes nos colégios e, assim, exacerbar o conflito racial, formando uma sociedade cada vez mais segregada e hierárquica.

Acreditamos que o programa de voucher teria exatamente o efeito oposto; seria um moderador do conflito racial e promoveria uma sociedade na qual negros e brancos cooperariam em objetivos comuns, ao mesmo tempo respeitando os direitos e interesses individuais uns dos outros. A maior parte da objeção que se faz à integração forçada reflete não um racismo, mas o receio, com algum fundamento, pela segurança física das crianças e pela qualidade de sua educação. A integração foi quase sempre bem-sucedida quando resultado de uma escolha, não de coerção. Os colégios não públicos, os paroquiais e outros mais sempre estiveram na vanguarda do movimento para a integração.

A violência do tipo que tem surgido nos colégios públicos só é possível porque as vítimas são compelidas a frequentar as escolas que frequentam. Dê-lhes liberdade efetiva de escolher e os estudantes — negros e brancos, pobres e ricos, do norte e do sul — abandonariam os colégios que não conseguissem manter a ordem. Raramente a disciplina é um problema nos colégios particulares que capacitam os alunos a serem técnicos de rádio e televisão, datilógrafos e secretárias, e para muitas outras especialidades.

Que os colégios se especializem, como os particulares, e o interesse do público irá superar o preconceito de cor e levará a uma integração maior que a que hoje ocorre. A integração será real, não meramente no papel.

O projeto do voucher eliminará o *busing** forçado, a que se opõe uma grande maioria tanto de negros quanto de brancos. O *busing* poderá ocorrer, e poderá, na realidade, aumentar, mas

---

* Transporte de crianças de bairros negros para escolas públicas em bairros brancos, e vice-versa. [N. da T.]

será voluntário — assim como é hoje o *busing* de crianças para aulas de música e dança.

A falta de apoio de lideranças negras aos vouchers há muito nos intriga. Seus eleitores seriam os que mais se beneficiariam. Daria a eles o controle da educação de seus filhos, eliminaria o domínio dos políticos em toda a cidade e, ainda mais importante, a burocracia educacional enraizada. Os líderes negros frequentemente mandam seus próprios filhos para escolas particulares. Por que não ajudam as outras pessoas a fazer o mesmo? Nossa resposta, à primeira vista, é a de que os vouchers libertariam os negros do domínio de seus próprios líderes políticos, que atualmente veem esse controle sobre a educação como uma fonte de apadrinhamento político e de poder.

Entretanto, como as oportunidades educacionais abertas para a maior parte das crianças negras continuaram a se deteriorar, um número cada vez maior de educadores, colunistas e outros líderes comunitários negros começaram a apoiar os vouchers. O Congresso da Igualdade Racial fez do apoio aos vouchers uma importante plataforma política em sua pauta.

(5) *A questão da classe econômica*. A questão que talvez mais tenha dividido os estudantes dos vouchers, mais do que qualquer outra, é seu provável efeito na estrutura de classe social e econômica. Algumas pessoas argumentaram que o grande valor do colégio público é o de ser um caldeirão de culturas no qual ricos e pobres, nativos e estrangeiros, negros e brancos aprenderam a conviver uns com os outros. Essa imagem era e é em grande parte verdadeira para comunidades pequenas, mas quase totalmente falsa para as grandes cidades. Lá, a escola pública alimentou a estratificação residencial, vinculando o tipo e o custo da educação com a localização residencial. Não é por acaso que a maior parte dos colégios públicos de maior destaque do país está em enclaves de alta renda.

A maioria das crianças provavelmente ainda frequentaria o colégio primário da vizinhança no sistema de voucher — na realidade, talvez mais do que agora porque o sistema acabaria com o *busing* forçado. Entretanto, como o programa de voucher tenderia a tornar mais heterogêneas as áreas residenciais, os colégios locais a serviço de qualquer comunidade poderão ser menos homogêneos do que agora. Os de ensino médio quase com certeza serão menos estratificados, definidos a partir de interesses comuns — uns enfatizando, por exemplo, as artes; outros, as ciências; outros, as línguas estrangeiras —, e atrairão estudantes de uma grande variedade de áreas residenciais. Sem dúvida, o processo de seleção individual ainda deixaria um elemento classista na composição do corpo discente, mas esse elemento seria menor do que é hoje.

Um aspecto do programa de voucher que levantou uma certa preocupação é a possibilidade de os pais "acrescentarem" algum valor aos vouchers. Se o voucher fosse, por exemplo, de 1.500 dólares, um pai poderia acrescentar outros 500 dólares e mandar seu filho para um colégio que cobrasse uma taxa de 2 mil dólares. Algumas pessoas temem que o resultado possa ser uma diferença ainda maior de oportunidades educacionais das que existem hoje porque os pais de baixa renda não acrescentariam nada ao valor do voucher enquanto os pais de renda média e mais alta complementariam de forma ampla.

Esse receio fez com que apoiadores dos programas de voucher propusessem a proibição dos "acréscimos".[16]

Coons e Sugarman escrevem que

[...] a liberdade de acrescentar dólares particulares torna o modelo de Friedman inaceitável para muitos, entre os quais nos incluímos. [...] As famílias sem condições de acrescentar dólares extras dariam preferência aos colégios que não cobrassem taxas acima do valor do voucher, ao passo que as mais ricas teriam a liberdade de se espalhar pelos colégios mais caros. O que é hoje meramente uma escolha pessoal dos que têm maior poder aquisitivo, financiado inteiramente com recursos particulares, tornar-se-ia um privilégio individual com a assistência do governo. [...] Isso avilta um compromisso de valor fundamental — o de que qualquer programa de escolha deve assegurar oportunidades iguais às famílias de frequentar qualquer escola participante do programa.

Mesmo em um programa de escolha que permitisse acréscimos às taxas escolares, as famílias pobres estariam em melhores condições de vida do que estão hoje. Friedman argumentou bastante. No entanto, por mais que viesse a melhorar sua educação, um financiamento consciente de segregação econômica pelo governo ultrapassa nossa tolerância. Se o programa de Friedman fosse o único experimento com o sistema de escolha politicamente viável, não seríamos entusiastas.[17]

Essa visão nos parece um exemplo da espécie de igualitarismo discutido no capítulo anterior: deixar os pais gastarem dinheiro vivendo dissolutamente, mas tentar evitar que gastem dinheiro na melhoria da educação de seus filhos. É algo que chama a atenção vindo de Coons e Sugarman, os quais, em outro lugar, dizem: "Um compromisso com a igualdade à custa deliberada do desenvolvimento de crianças como indivíduos nos parece a última corrupção do que quer que seja bom no instinto igualitário"[18] — um sentimento que compartilhamos ardorosamente. No nosso modo de ver, os mais pobres são os que mais se beneficiariam com o programa de voucher. Como alguém pode justificar, de modo concebível, sua objeção a um programa, "não importa o quanto tenha melhorado [a] educação" do pobre, só para evitar "o financiamento do governo" do que os autores chamam de "segregação econômica", ainda que se pudesse demonstrar que teria esse efeito? E, naturalmente, não se pode demonstrar que de fato isso aconteceria. Na verdade, estamos convencidos, com base em estudos consideráveis, de que ele teria exatamente o efeito contrário — ainda que tenhamos de acompanhar essa declaração com a observação de que "segregação econômica" é uma expressão tão vaga que seu significado não fica absolutamente claro.

A religião igualitária é tão forte que alguns dos que propõem vouchers com restrições não têm a intenção de aprovar nem mesmo experiências com vouchers sem restrições. No entanto, que saibamos, nenhum deles jamais ofereceu algo além de afirmativas infundadas para justificar o medo de que o sistema de voucher sem restrições fomentaria a "segregação econômica".

Essa visão também nos parece outro exemplo da tendência de intelectuais de depreciar os pais que são pobres. Até os mais pobres podem juntar — e fazem isso — alguns dólares extras para melhorar a qualidade da educação de seus filhos, apesar de não poderem reembolsar o custo total da educação pública hoje. Acreditamos que os acréscimos ao voucher seriam quase tão frequentes entre os pobres quanto entre os demais, ainda que talvez em quantias menores.

Como já foi observado, nosso ponto de vista pessoal é o de que um voucher sem restrições seria o modo mais efetivo de reformar um sistema educacional que hoje contribui para uma vida de miséria, pobreza e crime para muitas crianças dos centros das cidades; que minaria as bases de grande parte da tal segregação econômica que existe hoje. Não podemos apresentar uma fundamentação completa de nossa convicção aqui. Mas talvez possamos tornar nossa visão plausível simplesmente recordando outro aspecto de uma consideração anterior: existe outra categoria de bens e serviços — fora a proteção contra o crime —

disponível hoje que revele maior diferença entre os grupos econômicos do que a da qualidade da educação? Os supermercados hoje disponíveis para diferentes grupos econômicos são assim tão diferentes em qualidade como são os colégios? Os vouchers em quase nada melhorariam a qualidade da educação disponível para os ricos; para os da classe média, moderadamente; para os das classes de renda mais baixa, enormemente. Certamente, o benefício para os pobres mais do que compensa o fato de que alguns pais ricos ou de renda média evitariam pagar duas vezes pela educação de seus filhos.

(6) *Dúvida a respeito dos novos colégios*. Será que isso tudo não passa de uma quimera? Os colégios particulares hoje são, quase todos, paroquiais ou academias de elite. Será que o efeito do programa de voucher será simplesmente o de subsidiá-los, deixando a maior parte dos moradores de favelas em colégios públicos inferiores? Que razões existem para se supor que surgirão, de fato, alternativas?

A razão é que se desenvolveria um mercado onde não existe hoje. As cidades, os estados e o governo federal gastam atualmente perto de 100 bilhões de dólares por ano com o ensino fundamental e o médio. Esse valor é um terço maior do que o total gasto por ano em restaurantes e bares com comida e bebida alcoólica. O valor menor certamente proporciona uma ampla variedade de restaurantes e bares para pessoas de todas as classes e lugares. O valor maior, ou mesmo uma fração dele, proporcionaria uma ampla variedade de colégios.

Abriria um vasto mercado que poderia atrair muitos estreantes, tanto das instituições públicas de ensino quanto de outras profissões. No decorrer de conversas com vários grupos a respeito dos vouchers, ficamos impressionados com o número de pessoas que disseram algo parecido com: "Sempre quis dar aula [ou dirigir um colégio], mas não conseguiria suportar a burocracia educacional, o oficialismo e a rigidez das normas das instituições de ensino públicas. Com a sua proposta, gostaria de tentar abrir um colégio."

Muitos dos novos colégios seriam criados por grupos sem fins lucrativos. Outros seriam criados com finalidade lucrativa. Não há como predizer qual seria a composição final do setor de ensino. Isso seria determinado pela concorrência. A única previsão que pode ser feita é a de que apenas os colégios que satisfizerem seus clientes sobreviverão — assim como apenas os restaurantes e bares que satisfazem seus clientes sobrevivem. A concorrência se encarregaria disso.

(7) *O impacto no ensino público*. É essencial separar a retórica da burocracia escolar dos problemas reais que surgiriam. A Associação Nacional de Educação e a Federação Americana de Professores alegam que os vouchers destruiriam o sistema público de ensino, que, de acordo com elas, tem sido o fundamento e a pedra angular de nossa democracia. Tais alegações nunca vêm acompanhadas de prova alguma de que o sistema público de ensino hoje alcance os resultados propalados — o que quer que possa ter sido de fato em épocas anteriores. Nem os porta-vozes dessas organizações explicam jamais o motivo pelo qual o sistema público de ensino, já que está fazendo um trabalho tão esplêndido, precisa temer a concorrência de colégios não governamentais, competitivos ou, se não está, por que alguém iria se opor à sua "destruição".

A ameaça aos colégios públicos vem de seus defeitos, não de suas realizações. Em comunidades pequenas com intensos laços de relacionamento, onde os colégios públicos, particularmente de ensino fundamental, são hoje razoavelmente satisfatórios, nem o mais abrangente programa de voucher produziria muito efeito. Os colégios públicos continuariam a dominar, talvez um tanto melhorados pela ameaça de uma concorrência potencial. Mas em outros lugares, particularmente nas favelas urbanas onde estão fazendo um trabalho tão ruim, a maioria dos pais tentaria, sem dúvida, mandar seus filhos para colégios particulares.

Isso faria surgir algumas dificuldades transitórias. Os pais que estão mais preocupados com o bem-estar de seus filhos provavelmente serão os primeiros a transferi-los. Mesmo que seus filhos não sejam mais inteligentes do que as crianças que ficarem, eles estarão muito mais motivados a aprender e terão antecedentes familiares mais favoráveis. Existe a possibilidade de que algumas escolas públicas fiquem com "a ralé", tornando-se mais pobres em qualidade do que estão agora.

Quando o mercado particular assumisse, a qualidade da educação se elevaria tanto que até mesmo as piores escolas, ainda que possam ficar *relativamente* abaixo na escala, estariam melhores em termos de qualidade *absoluta*. E, como demonstrou a Harlem Prep e experiências semelhantes, muitos alunos que estão entre os da "ralé" teriam um desempenho melhor nas escolas que despertassem seu entusiasmo, não hostilidade ou apatia.

Como disse Adam Smith dois séculos atrás:

> A disciplina nunca foi um requisito para forçar o comparecimento a aulas a que realmente vale a pena comparecer. [...] A força e a repressão podem, sem dúvida, ser um requisito, até certo ponto, para obrigar as crianças [...] a comparecerem àquelas partes da educação tidas como necessárias para sua aquisição durante aquele período inicial da vida: mas depois dos doze ou treze anos, uma vez que o professor cumpra com sua obrigação, a força e a repressão dificilmente serão necessárias para levar adiante qualquer parte da educação. [...]
>
> Aquelas partes da educação, é bom que se observe, para cujo ensino não há instituições públicas geralmente são as mais bem-ensinadas.[19]

Os obstáculos a um programa de voucher

Desde que fizemos a proposta do programa de voucher, há um quarto de século, como uma solução prática para os defeitos do sistema público de educação, o apoio cresceu. Uma série de organizações nacionais é a favor dele hoje.[20] Desde 1968, o Escritório Federal de Oportunidades Econômicas e depois o Instituto Federal de Educação encorajaram e financiaram estudos de programas de voucher e se ofereceram para ajudar a financiar iniciativas experimentais. Em 1978, uma emenda constitucional estava para ser votada em Michigan com o objetivo de implantar um programa de voucher. Em 1979, estava em processo um movimento na Califórnia para habilitar uma emenda constitucional exigindo a inclusão de um programa de voucher para as eleições de 1980. Um instituto sem fins lucrativos foi recentemente criado para explorar vouchers da educação.[21]

No nível federal, projetos de lei concedendo um crédito limitado a ser deduzido dos impostos das matrículas pagas em escolas não públicas diversas vezes chegaram perto da aprovação. Apesar de não serem propriamente um programa de voucher, são uma variante parcial — parcial por causa do limite ao volume do crédito e da dificuldade de incluir pessoas com baixa ou nenhuma responsabilidade fiscal.

O perceptível interesse pessoal da burocracia educacional é o principal obstáculo à introdução da concorrência de mercado na educação. Esse grupo de interesses que, como foi demonstrado pelo professor Edwin G. West, teve uma participação fundamental no estabelecimento do ensino público, tanto nos Estados Unidos quanto na Grã-Bretanha, opôs-se inflexivelmente a toda tentativa de se estudar, explorar ou experimentar programas de voucher.

Kenneth B. Clark, psicólogo e educador negro, resumiu a atitude da burocracia da educação:

> [...] não parece provável que as mudanças necessárias para o aumento de eficiência de nossas escolas públicas urbanas irão acontecer porque devem acontecer. [...] O que é mais importante para se compreender a capacidade da oligarquia educacional de resistir à mudança é o fato de que os sistemas de escolas públicas são monopólios públicos protegidos apenas com um mínimo de concorrência das escolas particulares e paroquiais. Poucos críticos das escolas públicas urbanas dos EUA — mesmo os severos como eu — ousam questionar os dados da atual organização da educação pública. [...] Nem ousam os críticos questionar a relevância dos critérios e normas de seleção de superintendentes, diretores e professores, nem a relevância de todos estes para os objetivos da educação pública — produzindo um público instruído e informado para levar adiante a defesa da democracia — e para o objetivo de produzir seres humanos com sensibilidade social, dignidade, criatividade e respeito pela humanidade dos outros.
> Um monopólio não precisa, genuinamente, se ocupar com essas questões. Enquanto os sistemas de ensino locais tiverem a segurança da ajuda do estado e da crescente ajuda do governo federal, sem a responsabilidade fiscal que decorre, inevitavelmente, de uma concorrência agressiva, seria uma pretensiosa e sentimental ideia esperar um aumento significativo na eficiência de nossas escolas públicas. Se não houver alternativas ao atual sistema — escasso de escolas particulares e paroquiais hoje, que estão chegando a seu limite de expansão —, então as possibilidades de melhoria na educação pública serão limitadas.[22]

A validade dessa análise foi logo em seguida demonstrada pela reação da oligarquia educacional à oferta do governo federal de financiar experiências com vouchers. Iniciativas promissoras foram desenvolvidas em um número considerável de comunidades. Só uma — em Alum Rock, Califórnia — teve sucesso. Foi duramente prejudicada. O caso que melhor conhecemos, de experiência pessoal, foi em New Hampshire, onde William P. Bittenbender, então presidente do Conselho Estadual de Educação, dedicou-se à realização de uma experiência. As condições pareciam excelentes: o governo federal destinou recursos, planos detalhados foram elaborados, comunidades experimentais foram selecionadas, obteve-se concordância prévia de pais e administradores. Quando tudo parecia pronto para deslanchar, uma comunidade após a outra foi convencida pelo superintendente local dos colégios ou por outras lideranças da oligarquia educacional a recuar e toda a iniciativa escorreu pelo ralo.

A experiência de Alum Rock foi a única que, de fato, se desenvolveu e não foi exatamente um teste de vouchers. Era restrita a algumas escolas públicas e não permitia a contribuição financeira de pais nem de outras pessoas aos recursos do governo. Foram criados vários "minicolégios", cada um com um currículo diferente. Durante três anos, os pais puderam escolher que colégio seus filhos frequentariam.[23]

Como disse Don Ayers, que ficou responsável pela experiência: "Provavelmente a coisa mais significativa que aconteceu foi que os professores, pela primeira vez, tiveram algum poder e puderam elaborar o currículo de acordo com as necessidades das crianças, segundo seu entendimento. Nem o conselho de educação local nem o conselho estadual ditaram o tipo de currículo que foi adotado pela McCollam School. Os pais se tornaram mais envolvidos com a instituição. Compareceram mais às reuniões. Além disso, tinham o poder de tirar seu filho daquele minicolégio em particular se preferissem outro minicolégio."

Apesar do limitado alcance daquela experiência, dar aos pais um direito maior de escolha teve um importante efeito na qualidade da educação. Em termos de notas escolares, a McCollam School foi do décimo terceiro para o segundo lugar entre as escolas em seu distrito.

Mas agora a experiência acabou, encerrada pela oligarquia educacional — o mesmo destino que teve a Harlem Prep.

A mesma resistência ocorre na Grã-Bretanha, onde um grupo extremamente eficiente denominado Fever (Friends of the Education Voucher Experiment in Representative Regions) tentou, por quatro anos, implantar uma experiência na cidade de Kent, Inglaterra. As autoridades do governo foram favoráveis, mas a oligarquia educacional foi terminantemente contra.

A atitude dos educadores profissionais com relação aos vouchers é bem-expressa por Dennis Gee, diretor de uma escola em Ashford, no Kent, e secretário do sindicato de professores local: "Vemos isso como uma barreira entre nós e os pais — este problemático pequeno pedaço de papel [o voucher] em suas mãos — impondo e coagindo — você vai fazer isso ou então... Nós fazemos a nossa avaliação porque acreditamos que é do maior interesse de cada Pedrinho e de cada Joãozinho que façamos — e não porque alguém diga 'se você não fizer isso, vamos fazer aquilo'. É a esse tipo de filosofia de mercado que nos opomos."

Em outras palavras, o sr. Gee se opõe a dar ao cliente, neste caso os pais, o direito de se pronunciar sobre o tipo de educação que seu filho adquire. Ele prefere que os burocratas decidam.

Como diz o sr. Gee,

[...] somos responsáveis perante os pais por meio dos nossos órgãos governamentais, da inspetoria de ensino do Conselho do Condado de Kent e da inspetoria de Sua Majestade na Secretaria de Estado. São pessoas, profissionais, capazes de fazer avaliações profissionais.

Não tenho certeza de que os pais saibam o que é melhor do ponto de vista educacional para seus filhos. Sabem o que é melhor para eles comerem. Sabem qual o melhor ambiente que podem oferecer em casa. Mas nós fomos treinados para averiguar os problemas das crianças, para detectar seus pontos fracos, para endireitar aquilo que precisa ser endireitado e queremos ter a liberdade de fazer isso, com a cooperação dos pais e não sob pressões indevidas.

Desnecessário dizer que pelo menos alguns pais veem as coisas de modo muito diferente. Um eletricista local de Kent e sua mulher tiveram que entrar em um litígio que durou um ano com a burocracia para conseguir pôr seu filho na escola que eles consideravam a melhor para suas necessidades.

Maurice Walton disse a respeito:

Do jeito que o sistema hoje se encontra, acho que nós pais não temos nenhuma liberdade de escolha. Os professores dizem o que é bom para eles. Dizem que os professores estão fazendo um bom trabalho e eles não podem dizer nada. Se o sistema de voucher fosse implantado, acho que ele uniria os pais e os professores — acho que ficariam mais próximos. O pai que ficasse preocupado com seu filho o tiraria da escola que não estivesse oferecendo um bom serviço e o levaria para outra escola. [...] Se uma escola tiver que desmoronar porque não tem nada a oferecer além de vandalismo, porque é negligente com a disciplina e as crianças não estão aprendendo — isto é bom, do meu ponto de vista.

Posso entender que os professores digam que "é uma arma na minha cabeça", mas no momento é essa mesma arma que eles apontam para a cabeça dos pais. O pai vai ao professor e diz: "Olha, não estou satisfeito com o que você está fazendo." E o professor pode dizer, bem duramente: "Você não pode levá-lo para outro lugar, não pode tirá-lo daqui, não pode fazer o que quer; então vá embora e pare de me amolar." Essa pode ser a atitude de alguns professores hoje — e quase sempre é. Mas, agora que as posições estão se invertendo [com os vouchers] e os papéis estão sendo trocados, só posso falar duramente com os professores. Que eles arregacem as mangas, nos deem uma condição melhor e nos deixem participar mais.

Apesar da implacável oposição da oligarquia educacional, acreditamos que os vouchers, ou algo equivalente, serão adotados, de uma forma ou de outra, em breve. Somos mais otimistas nessa área do que nos programas assistenciais porque a educação mexe com muitos de nós profundamente. Nossa intenção é a de empenhar mais esforços para melhorar a educação de nossas crianças do que eliminar o desperdício e a injustiça na distribuição de esmola. O descontentamento com a educação vem crescendo. Tanto quanto podemos avaliar, um poder de escolha maior por parte dos pais é a única alternativa disponível para reduzir esse descontentamento. Os vouchers continuam a ser rejeitados e continuam a ganhar cada vez mais apoio.

Ensino superior: os problemas

O problema do ensino superior nos EUA hoje, como os do ensino fundamental e do médio, é duplo: qualidade e equidade. Mas em ambos os aspectos a inexistência de comparecimento obrigatório altera enormemente o problema. Ninguém é obrigado por lei a comparecer a uma instituição de ensino superior. Como resultado, os estudantes têm uma enorme variedade de opções quanto à faculdade ou universidade que frequentarão se decidirem continuar com sua educação. Uma enorme variedade de opções facilita o problema da qualidade, mas exacerba o problema da equidade.

Qualidade. Uma vez que ninguém frequenta uma faculdade ou universidade contra sua vontade (ou talvez a de seus pais), não pode existir instituição alguma que não atenda, ao menos em um mínimo grau, as demandas de seus alunos.

Aí reside um problema muito diferente. Nas instituições do governo, nas quais o valor das taxas escolares é muito baixo, os alunos são clientes de segunda classe. São objeto de caridade sustentada, em parte, à custa dos contribuintes. Esse aspecto afeta os alunos, o corpo docente e os administradores.

Taxas escolares baixas significam que, enquanto faculdades e universidades municipais ou estaduais atraem muitos estudantes sérios, interessados em obter uma formação universitária, também atraem muitos rapazes e moças que aparecem porque as taxas são baixas, a moradia e a comida são subsidiadas e, acima de tudo, há muitos outros jovens por lá. Para eles, a faculdade é um interlúdio agradável entre o colegial e o ingresso no mercado de trabalho. Frequentar as aulas, fazer provas, conseguir notas para passar de ano — este é o preço que estão pagando pelas outras vantagens, *não* a razão fundamental para estar na escola.

Um resultado disso é uma elevada taxa de desistência. Por exemplo, na Universidade da Califórnia, em Los Angeles, uma das mais conceituadas universidades estaduais do país, apenas metade dos que se matriculam completam o curso de graduação — e esta é uma taxa de conclusão elevada para instituições de ensino superior mantidas pelo governo. Alguns que não concluem se transferem para outras instituições, o que altera esse quadro apenas nos detalhes.

Outra consequência é uma atmosfera na sala de aula quase sempre mais deprimente do que inspiradora. Naturalmente, a situação não é, de modo algum, uniforme. Os alunos podem escolher cursos e professores de acordo com seu interesse. Em toda escola, estudantes e professores sérios descobrem um modo de se encontrar para alcançar seus objetivos. Mas, de novo, essa é uma pequena compensação para a perda de tempo dos alunos e desperdício do dinheiro dos contribuintes.

Há bons professores em faculdades e universidades municipais e estaduais, assim como alunos interessados. Mas a recompensa para o corpo docente e para os administradores nas instituições de prestígio do governo não é pelo bom ensino de graduação administrado. Os membros do corpo acadêmico progridem como resultado de pesquisas e publicações; os administradores progridem atraindo verbas maiores por meio do legislativo estadual. Como consequência, até mesmo as mais famosas universidades estaduais — a da Califórnia, em Los Angeles (UCLA) ou em Berkeley, a de Wisconsin ou a de Michigan — não são notadas pelo ensino universitário. Sua reputação se deve ao trabalho de graduação, pesquisa e times de atletismo — é aí que estão as recompensas.

A situação é muito diferente nas instituições privadas. Os estudantes dessas instituições pagam elevadas taxas que cobrem grande parte, senão a maior parte, do custo de seu ensino. O dinheiro vem dos pais, dos ganhos dos próprios alunos, de empréstimos ou do auxílio de bolsas de estudo. O que é importante é que os estudantes são os clientes preferenciais; eles estão pagando pelo que recebem e querem fazer valer seu dinheiro.

A faculdade está vendendo ensino e os estudantes o estão comprando. Como na maioria dos mercados privados, ambos os lados têm um forte incentivo de servir um ao outro. Se a faculdade não oferece o tipo de ensino que seus alunos querem, eles podem ir para outro lugar. Os alunos querem obter pleno valor por seu dinheiro. Como observou um aluno da Dartmouth College uma instituição particular de prestígio: "Ao ver cada aula custando 35 dólares e pensar nas outras coisas que poderia estar fazendo com esse dinheiro, você vai fazer de tudo para ir àquela aula."

Uma consequência é que o percentual de estudantes matriculados em instituições privadas que completam o curso de graduação é muito maior do que nas instituições do governo — 95% em Dartmouth, em comparação com 50% na UCLA. O percentual de Dartmouth provavelmente é alto para instituições privadas, assim como o da UCLA é para instituições do governo, mas esta diferença não é atípica.

Em certo aspecto, tal quadro das faculdades e universidades privadas está supersimplificado. Além do ensino, elas produzem e vendem dois outros produtos: monumentos e pesquisa. Pessoas físicas e fundações doaram a maior parte dos prédios e instalações das faculdades e universidades privadas, além de doações para cátedras e bolsas de estudo. A maior parte das pesquisas é financiada por recursos dessas doações e de doações especiais do governo federal e de outras fontes para objetivos particulares. Os doadores contribuíram por conta do desejo de promover alguma coisa que consideram desejável. Além disso, prédio com nome, doações para professores e bolsas de estudo também prestam homenagem a uma pessoa, razão pela qual nós nos referimos a eles como monumentos.

A combinação da venda de ensino e de monumentos exemplifica a engenhosidade tão subvalorizada da cooperação voluntária por meio do mercado no aproveitamento do interesse pessoal para os objetivos sociais mais amplos. Henry M. Levin, ao abordar o financiamento do ensino superior, escreve: "É duvidoso que o mercado fosse dar apoio a um departamento de ensino clássico ou a muitos dos programas de ensino das artes e das humanidades que promovem o conhecimento e os resultados culturais que se acredita afetarem enormemente a qualidade geral de vida em nossa sociedade. A única forma de sustentar essas atividades é com subsídios sociais diretos", ou seja, subvenções do governo.[24] O sr. Levin está redondamente enganado. O mercado — entendido no sentido mais amplo — *tem apoiado* atividades sociais em instituições privadas. E é exatamente por proporcionarem benefícios em geral para a sociedade, não por servirem aos interesses pessoais imediatos dos provedores de recursos, que são atraentes para os doadores. Vamos imaginar que a sra. X queira homenagear seu marido, o sr. X. Será que ela, ou qualquer outra pessoa, entenderia como uma homenagem ao sr. X pôr o nome da empresa Fabricação ABC (que pode ser o verdadeiro monumento e contribuição do sr. X para o bem-estar da sociedade) em uma fábrica recém-construída? Por outro lado, se a sra. X financiar uma biblioteca ou outro prédio de uma universidade com o nome do sr. X, ou se puser seu nome em uma cátedra ou bolsa de estudo, isto sim será considerado uma verdadeira homenagem ao sr. X. E a razão é exatamente porque prestam um serviço público.

Os estudantes participam, de duas formas, de empreendimentos conjuntos que produzem ensino, monumentos e pesquisa. Eles são clientes, mas são também empregados. Ao facilitarem a venda de monumentos e pesquisa, contribuem para os recursos disponíveis ao ensino, ganhando desta forma, por assim dizer, parte do que almejam. Esse é outro exemplo de como são complexos e sutis os modos e o potencial da cooperação voluntária.

Muitas instituições de ensino superior nominalmente do governo são, na realidade, mistas. Elas cobram matrícula e, deste modo, vendem educação aos estudantes. Aceitam doações para prédios e similares e depois vendem monumentos. Aceitam contratos de entidades do governo ou de empresas privadas para se dedicarem à pesquisa. Muitas universidades estaduais têm grandes doações privadas — a Universidade da Califórnia, em Berkeley, a Universidade de Michigan e a Universidade de Wisconsin, só para citar algumas. Nossa impressão é de que o desempenho educacional da instituição tem sido, em geral, mais satisfatório quanto maior é a participação do mercado.

Equidade. Duas justificativas têm sido dadas para o uso do dinheiro dos impostos para financiar o ensino superior. Uma, sugerida acima pelo sr. Levin, é a de que o ensino superior produz "benefícios sociais" muito maiores do que os benefícios que advêm para os estudantes em si; a segunda é de que o financiamento do governo é necessário para promover "oportunidades iguais de educação".

(i) *Benefícios sociais.* Quando começamos pela primeira vez a escrever sobre o ensino superior, tínhamos muita simpatia pela primeira justificativa. Já não temos mais. Nesse ínterim, tentamos induzir as pessoas que oferecem esse argumento a serem mais específicas a respeito dos supostos benefícios sociais. A resposta é quase sempre má teoria econômica. Elas nos dizem que o país se beneficia por ter mais pessoas de alta qualificação e capacitação, que o investimento que proporciona essa capacitação é essencial para o crescimento econômico, que um maior número de pessoas treinadas aumenta a produtividade de todos nós. Tais afirmações estão corretas. Mas nenhuma é razão válida para se subsidiar o ensino superior. Cada uma dessas declarações estaria igualmente correta se fosse feita a respeito de capital físico (máquinas, prédios industriais etc.) e, no entanto, dificilmente alguém concluiria que o dinheiro dos impostos deveria ser usado para subsidiar o investimento de capital na General Motors ou na General Electric. Se o ensino superior melhora a produtividade econômica das pessoas, elas podem conseguir essa melhoria com uma renda maior, de modo que tenham um incentivo particular para obter a capacitação. A mão invisível de Adam Smith faz com que seu interesse particular sirva ao interesse social. É contra o interesse social mudar seu interesse particular subsidiando o ensino. Os alunos extras — aqueles que só vão para a faculdade se ela for subsidiada — são exatamente os que consideram os benefícios que recebem menores que os custos. Não fosse assim, eles mesmos iriam querer pagar os próprios custos.

Às vezes, a resposta é boa teoria econômica, mas é fundamentada mais por afirmações do que por evidências. O exemplo mais recente está, em especial, nos relatórios da Comissão sobre Ensino Superior criada pela Fundação Carnegie. Em um de seus relatórios finais — *Higher Education: Who Pays? Who Benefits? Who Should Pay?* —, a comissão sintetiza os supostos "benefícios sociais". Sua lista contém os argumentos econômicos inválidos examinados no parágrafo anterior — ou seja, trata os benefícios conferidos às pessoas que têm acesso ao ensino como se fossem benefícios a terceiros. Mas sua lista também inclui algumas das vantagens alegadas que, se de fato ocorreram, seriam atribuídas a outras pessoas que não aquelas que recebem o ensino e que, portanto, poderiam justificar um subsídio: "melhoria geral do conhecimento [...]; maior eficácia política de uma sociedade democrática [...]; maior eficácia social da sociedade a partir de um consequente melhor entendimento e tolerância mútua entre indivíduos e grupos; a preservação e ampliação mais efetiva da herança cultural."[25]

A Comissão Carnegie é quase singular ao fazer ao menos uma referência de mera retórica a possíveis "resultados negativos do ensino público — dando como exemplos, no entanto, apenas as frustrações individuais resultantes do atual excedente de Ph.D.s (que não é um efeito social, mas pessoal) e o descontentamento público com as eclosões passadas de distúrbios em *campi*".²⁶ Observe como são seletivas e tendenciosas as listas de benefícios e de "resultados negativos". Em países como a Índia, uma turma de recém-graduados que não conseguem arrumar um emprego considerado adequado à sua formação universitária foi a origem de grande agitação social e instabilidade política. Nos Estados Unidos, o "descontentamento público" dificilmente foi o único ou mesmo o principal efeito negativo de "distúrbios em *campi*". Muito mais importantes foram os efeitos adversos na governança das universidades, na "eficácia política de uma sociedade democrática", na "eficácia social da sociedade por meio [...] de um melhor entendimento e tolerância mútua" — tudo isso citado pela comissão, sem reservas, como benefícios sociais do ensino superior.

O relatório é singular também ao reconhecer que, "sem qualquer subsídio público, alguns dos benefícios sociais do ensino superior viriam, de qualquer modo, como efeitos colaterais da educação de financiamento privado".²⁷ Mas aqui, de novo, isso é mera retórica. Apesar de a comissão ter patrocinado numerosos e dispendiosos estudos especiais, não fez nenhuma tentativa séria de identificar os alegados efeitos sociais de um modo que permitisse ao menos uma estimativa quantitativa aproximada de sua importância ou do alcance que poderiam obter sem o subsídio público. Como consequência, não ofereceu nenhuma prova de que os efeitos sociais estão com saldo positivo ou negativo, menos ainda de que quaisquer efeitos positivos líquidos são suficientemente grandes para justificar os muitos bilhões de dólares do dinheiro dos contribuintes sendo gastos no ensino superior.

A comissão se contentou em concluir que "não existem métodos precisos — nem mesmo imprecisos — de avaliar os benefícios individuais e sociais em comparação com os custos privados e públicos". Mas isso não a impediu de recomendar com firmeza e inequivocamente um aumento dos já pesados subsídios do ensino público pelo governo.

Em nossa opinião, essa é, pura e simplesmente, uma reivindicação especial. A Comissão Carnegie foi presidida por Clark Kerr, ex-chanceler e reitor da Universidade da Califórnia, em Berkeley. Dos dezoito membros da comissão, incluindo Kerr, nove eram ou tinham sido dirigentes de instituições de ensino superior e outros cinco eram profissionalmente associados a instituições de ensino superior. Os quatro restantes integraram o conselho de curadores ou foram membros de conselhos de universidades. A comunidade acadêmica não tem dificuldade em reconhecer e zombar da esperteza quando empresários se põem em marcha para Washington sob a bandeira da livre-iniciativa a fim de pleitear tarifas, cotas e outros benefícios especiais. O que diria o mundo acadêmico sobre uma comissão do setor siderúrgico, da qual catorze dos dezoito membros fossem deste setor, que recomendasse um grande aumento dos subsídios do governo para a siderurgia? No entanto, não ouvimos nada do mundo acadêmico a respeito de uma recomendação semelhante por parte da Comissão Carnegie.

(ii) *Oportunidades iguais de educação*. A promoção de "oportunidades iguais de educação" é a principal justificativa que em geral se oferece para o uso do dinheiro dos impostos para financiar o ensino superior. Nas palavras da Comissão Carnegie: "Fomos a favor [...] de uma participação maior dos gastos públicos na educação, temporariamente, de modo a proporcionar maior igualdade de oportunidades educacionais."[28] Nas palavras da matriz da Fundação Carnegie: "O ensino superior é [...] uma importante via para maior igualdade de oportunidades, preferida, cada vez mais, por aqueles cujas origens estão em famílias de baixa renda e por aqueles que são mulheres e membros de grupos de minorias."[29]

O objetivo é admirável. A constatação está correta. Mas há um elo perdido. Esse objetivo foi promovido ou foi adiado com o subsídio do governo? O ensino superior foi "uma importante via para maior igualdade de oportunidades" por causa ou a despeito do subsídio do governo?

Uma simples estatística do próprio relatório da Comissão Carnegie ilustra o problema de interpretação: em 1971, 20% dos alunos de faculdades, de famílias com renda abaixo de 5 mil dólares, frequentaram instituições privadas; 17% eram de famílias com renda entre 5 mil e 10 mil dólares; e 25% dos estudantes pertenciam a famílias com renda acima de 10 mil dólares. Em outras palavras, as instituições privadas proporcionaram mais oportunidades para rapazes e moças, tanto da base quanto do topo da escala de renda, do que as instituições governamentais.[30]

E essa é só a ponta do iceberg. Pessoas de famílias de classe média e de classe alta têm uma probabilidade duas ou três vezes maior de frequentar instituições superiores do que as pessoas de grupos de renda mais baixa, e vão à escola por mais anos nas instituições mais caras (faculdades e universidades de quatro anos e não faculdades de dois anos). Como consequência, estudantes de famílias de renda mais elevada se beneficiam mais dos subsídios.[31]

Algumas pessoas de famílias pobres também se beneficiam dos subsídios do governo. Em geral, elas são, entre os pobres, as que estão em melhores condições de vida. Têm qualidades pessoais e capacidade que permitirão que se beneficiem do ensino superior, capacidade tal que também lhes possibilitaria ganhar uma renda maior sem um ensino universitário. De qualquer modo, estão destinadas a figurar entre as de melhor condição de vida na comunidade.

Dois estudos detalhados, um da Flórida, outro da Califórnia, ressaltam a dimensão com que os gastos do governo com o ensino superior transferem renda dos grupos menos abonados para os de renda elevada. O estudo da Flórida comparou os benefícios totais que as pessoas de cada uma das quatro classes de renda receberam em 1967-1968 das despesas do governo no ensino superior com os custos em que incorriam na forma de impostos. Somente a classe de renda mais alta teve um ganho líquido: recebeu 60% a mais do que pagou. As duas classes mais baixas pagaram 40% a mais do que receberam; a classe média, cerca de 20% a mais.[32]

O estudo da Califórnia, de 1964, é igualmente impressionante, apesar de os resultados centrais serem apresentados de uma forma um pouco diferente em termos de famílias com e sem filhos no ensino público superior da Califórnia. As famílias com filhos no ensino público superior receberam um benefício líquido variando entre 1,5% e 6,6% de sua renda média, o maior benefício indo para aqueles com filhos na Universidade da Califórnia e que também tinham a maior renda média. As famílias sem filhos no ensino público superior tinham a mais baixa renda média e tiveram um gasto de 8,2% de sua renda.[33]

Os fatos não estão em discussão. Até mesmo a Comissão Carnegie admite o perverso efeito redistributivo das despesas do governo com o ensino superior — apesar de ser necessário ler seus relatórios com muito cuidado, e até mesmo nas entrelinhas, para perceber sua admissão em comentários tais como: "Esta 'classe média' geralmente [...] se dá muito bem na proporção dos subsídios públicos que recebe. Pode-se conseguir uma equidade maior por meio de uma redistribuição razoável de subsídios."[34] Sua principal solução é apenas mais do mesmo: uma despesa ainda maior do governo com o ensino superior.

Não conhecemos um programa de governo que nos pareça tão injusto em seus efeitos, um exemplo tão claro da Lei de Director, quanto o financiamento do ensino superior. Nessa área, nós que estamos nas classes média e alta trapaceamos os pobres ao nos subsidiarem em grande escala — apesar disso, não só não temos uma decente vergonha como ainda nos vangloriamos, em alto e bom som, de nosso espírito de abnegação e civismo.

Ensino superior: a solução

É extremamente desejável que cada rapaz e moça, independentemente da renda, da posição social, da residência ou da cor da pele de seus pais tenha a oportunidade de obter ensino superior — *contanto que ele ou ela queira pagar por isso, seja durante o curso ou em decorrência da renda maior que sua escolarização lhe permitirá ganhar.* Há um forte argumento para que se concedam empréstimos financeiros suficientes a fim de assegurar oportunidade para todos. Há um forte argumento para que se divulguem informações sobre a disponibilidade desses recursos e para incentivar os menos privilegiados a aproveitar a oportunidade. Não há argumento para que se subsidiem pessoas que obtêm ensino superior à custa dos que não obtêm. Uma vez que os governos administram instituições de ensino superior, eles devem cobrar taxa dos estudantes correspondente ao custo total dos serviços educacionais e de outros serviços que lhes proporcionam.

Por mais desejável que seja eliminar a subvenção do ensino superior por parte do contribuinte, isso não parece politicamente viável no momento. Assim, vamos completar a nossa discussão de uma alternativa ao financiamento do governo com uma reforma menos radical — um programa de voucher.

Alternativa para o financiamento do governo. Empréstimos de valores fixos para financiar o ensino universitário têm o defeito de que há uma ampla diversidade nos ganhos dos recém-graduados. Uns vão se dar muito bem. Pagar um empréstimo de uma quantia fixa em dólares não será um grande problema para eles. Outros terminarão conseguindo apenas rendimentos modestos. Para estes, um débito fixo será uma carga pesada. Despesa com educação é um investimento de capital em um empreendimento arriscado, por assim dizer, como o investimento em uma pequena empresa recém-aberta. O método mais satisfatório de financiar tais empreendimentos não é com um empréstimo em valor fixo em dólar, mas por meio de investimento de capital — "comprando" uma participação na empresa e recebendo como retorno uma participação nos lucros.

Para a educação, a contrapartida seria "comprar" uma participação nas perspectivas de ganhos do indivíduo, adiantar para ele os recursos necessários para financiar sua capacitação, com a condição de que concorde em pagar ao investidor uma fração especificada de seus futuros ganhos. Desse modo, um investidor poderia recuperar mais do que o investimento inicial de indivíduos relativamente bem-sucedidos, que compensariam o não cumprimento daqueles que não tivessem tanto sucesso. Apesar de parecer não haver obstáculo jurídico para contratos particulares com base nisso, eles não se tornaram frequentes, supomos, basicamente por causa da dificuldade e dos custos de sua aplicação legal ao longo do período envolvido.

Em 1955, um de nós publicou um plano para financiamento de "capital" para o ensino superior através de um órgão do governo que

> [...] poderia se oferecer para financiar ou contribuir para o financiamento de capacitação de um indivíduo que atendesse a padrões mínimos de qualidade. O governo disponibilizaria uma determinada quantia por ano por um número específico de anos, desde que os recursos fossem gastos para assegurar formação profissional em uma instituição reconhecida. Em troca, o indiví-

duo concordaria em pagar ao governo a cada ano futuro um percentual especificado de seus ganhos que excedessem uma quantia especificada para cada mil dólares que ele tivesse recebido do governo. Esse pagamento poderia facilmente ser combinado com o pagamento do imposto de renda e assim envolver um mínimo de despesa administrativa adicional. A quantia básica seria estabelecida igual aos ganhos médios estimados de uma pessoa sem formação especializada; a fração dos ganhos pagos deveria ser calculada de forma a tornar todo o projeto autofinanciável. Desse modo, os indivíduos que receberam a formação arcariam, de fato, com o custo total. A quantia investida poderia, então, ser determinada por escolha individual.[35]

Mais recentemente (1967), um painel instaurado pelo presidente Lyndon Johnson e presidido pelo professor Jerrold R. Zacharias, do MIT, recomendou a adoção de uma versão específica deste plano sob o atrativo título de "Banco de Oportunidades Educacionais" e realizou um extenso e detalhado estudo de sua viabilidade e dos termos que seriam necessários para que ele fosse autossustentável.[36] Não será surpresa para nenhum leitor deste livro saber que a proposta se deparou com uma crítica severa da Associação das Universidades Estaduais e das Faculdades Land Grant — um belo exemplo daquilo a que Adam Smith se referia como "a confiança apaixonada da falsidade interesseira".[37]

Em 1970, com treze recomendações para o financiamento do ensino superior, a Comissão Carnegie propôs a criação de um Banco Nacional para Financiamento Estudantil que faria empréstimos de longo prazo com reembolso parcial dependendo dos salários correntes. "Ao contrário do Banco de Oportunidades Educacionais", diz a comissão, "vemos o Banco Nacional para Financiamento Estudantil como um meio de proporcionar financiamento complementar aos estudantes, não como um meio de financiar os custos totais da educação."[38]

Ainda mais recentemente, algumas universidades, inclusive a de Yale, examinaram ou adotaram planos de reembolso condicional administrados pela própria universidade. Assim, ainda há uma esperança.

Um programa de voucher para o ensino superior. Uma vez que qualquer dinheiro de imposto é gasto para subsidiar o ensino superior, o modo menos pior de fazê-lo é a partir de um programa de voucher como o abordado anteriormente para as escolas de ensino fundamental e médio.

Todos os colégios do governo passarão a cobrar taxas que cubram o custo total dos serviços educacionais que oferecem para, deste modo, competirem em termos iguais com as escolas não governamentais. Divide-se a quantia total dos impostos a ser gasta por ano com o ensino superior pelo número de estudantes que se deseja subsidiar por ano. Dão-se a este número de estudantes vouchers no valor do resultado da divisão. Será permitido o uso dos vouchers em qualquer instituição educacional da escolha do aluno, contanto apenas que o ensino seja de um tipo que se deseja subsidiar. Se o número de estudantes solicitando vouchers for maior do que o número disponível, os vouchers serão racionados pelos critérios que a comunidade considerar aceitáveis: concursos, capacidade atlética, renda familiar, ou por qualquer um dos vários padrões possíveis. O sistema resultante seguirá, em linhas gerais, as *GI Bills* proporcionadas para a educação dos veteranos, exceto pelo fato de que as *GI Bills* não tinham data de encerramento; seus benefícios eram disponibilizados para todos os veteranos.

Como escrevemos quando propusemos pela primeira vez este programa:

A adoção de tal programa contribuiria para uma concorrência mais efetiva entre os vários tipos de escola e para uma utilização mais eficiente de seus recursos. Eliminaria a pressão por uma ajuda mais direta do governo às faculdades e universidades particulares e, assim, preservaria sua total independência e diversidade, ao mesmo tempo em que as capacitaria a crescerem com relação às instituições estatais. Poderia ter também a vantagem adicional de provocar um exame detalhado dos propósitos para os quais os subsídios são concedidos. A subvenção das instituições, em vez das pessoas, levou a uma subvenção indiscriminada de todas as atividades próprias de tais instituições, no lugar das atividades que o Estado deveria subvencionar. Mesmo um exame superficial indica que, ao mesmo tempo que as duas classes de atividades se sobrepõem, elas nem de longe são idênticas.

O argumento da equidade para o programa alternativo [voucher] é [...] claro. [...] O estado de Ohio, por exemplo, diz a seus cidadãos: "Se você tem um(a) jovem que quer ir para a faculdade, daremos a ele(a), automaticamente, uma considerável bolsa de estudos de quatro anos, contanto que ele(a) atenda a exigências mínimas de educação e contanto que, além disso, ele(a) seja inteligente o suficiente para decidir ir para a Universidade de Ohio [ou outra instituição mantida pelo Estado]. Se seu (sua) jovem quiser ir, ou se você quiser que ele(a) vá, para a Faculdade de Oberlin, ou para a Universidade Western Reserve, para não falar em Yale, Harvard, Northwestern, Beloit ou Universidade de Chicago, ele(a) não receberá um centavo." Como se pode justificar um programa como este? Não seria muito mais correto, e promoveria um padrão mais elevado de bolsa de estudo, destinar esse dinheiro que o estado de Ohio queria gastar com ensino superior a bolsas sustentáveis em qualquer faculdade ou universidade e exigir que a Universidade de Ohio competisse em termos iguais com outras faculdades e universidades?[39]

Desde que fizemos pela primeira vez essa proposta, diversos estados adotaram um programa limitado indo parcialmente em sua direção ao concederem bolsas de estudo sustentáveis em faculdades e universidades privadas, apesar de apenas aquelas no estado em questão. Por outro lado, um programa excelente de bolsas universitárias no estado de Nova York, exatamente no mesmo espírito, foi castrado pelos planos grandiosos do governador Nelson Rockefeller para uma Universidade Estadual de Nova York nos moldes da Universidade da Califórnia.

Outro acontecimento importante no ensino superior foi um aumento enorme do envolvimento do governo federal no financiamento, e mais ainda na regulação, das instituições de ensino, tanto as do governo quanto as não governamentais. Em grande parte, a intervenção se deveu à enorme expansão da atividade do governo federal para promover a assim chamada "ação afirmativa", em nome de maiores direitos civis. Essa intervenção despertou enorme preocupação entre os membros do corpo docente e administradores de faculdades e universidades, e muita oposição deles às ações dos burocratas federais.

O episódio todo seria mais uma questão de justiça poética se não fosse tão sério para o futuro do ensino superior. A comunidade acadêmica esteve no front dos proponentes de tal intervenção — quando dirigidos para outros segmentos da sociedade. Descobriu os efeitos da intervenção — seu custo, sua interferência na missão fundamental das instituições e o fato de ser contraprodutiva em termos próprios — apenas quando essas medidas se viraram contra ela. A comunidade acadêmica agora virou vítima, tanto de suas próprias profissões de fé quanto de seu interesse próprio em continuar a comer da mão do governo federal.

Conclusão

De acordo com o costume, usamos os termos "educação" e "educação escolar" como sinônimos. Mas a identificação de ambos é outro caso de terminologia persuasiva. Em um uso mais cuidadoso dos termos, nem toda "educação formal" é "educação", e nem toda "educação" é "educação formal". Muitas pessoas com formação superior não têm educação e muitas pessoas altamente "educadas" não têm educação formal.

Alexander Hamilton era verdadeiramente um dos mais "educados", instruídos e estudiosos de nossos pais fundadores. No entanto, só tinha três ou quatro anos de educação formal. Os exemplos poderiam ser múltiplos e, sem dúvida, o leitor conhece pessoas altamente escolarizadas que ele considera sem educação e muitas pessoas sem educação formal que considera instruídas.

Acreditamos que o papel cada vez maior do governo no financiamento e na administração da educação escolar levou não só a um enorme desperdício do dinheiro do contribuinte, mas também a um sistema educacional muito mais pobre do que aquele que teria se desenvolvido se a cooperação voluntária tivesse tido uma participação maior.

Poucas instituições em nossa sociedade se encontram em maior grau de insatisfação do que as escolas. Poucas geram mais descontentamento ou podem fazer mais para minar nossa liberdade. A oligarquia educacional está em pé de guerra na defesa de seus atuais poderes e privilégios. Tem o apoio de muitos cidadãos de espírito público que compartilham de uma visão coletivista. Mas também está sob ataque. A queda nos resultados de exames em todo o país; os problemas crescentes de crime, violência e desordem nos colégios urbanos; a oposição por parte de esmagadora maioria, tanto de brancos quanto de negros, ao *busing* obrigatório; a inquietação da parte de muitos professores universitários e de administradores sob a mão pesada dos burocratas do HEW — tudo isso está produzindo uma reação contra a tendência para a centralização, burocratização e socialização da educação formal.

Tentamos neste capítulo esboçar uma série de sugestões construtivas: a introdução de um sistema de voucher para o ensino fundamental e o médio, que daria aos pais de todos os níveis de renda a liberdade de escolher os colégios que seus filhos devem frequentar; um sistema de financiamento condicional para o ensino superior com o objetivo de combinar igualdade de oportunidades com a eliminação da atual imposição escandalosa de impostos sobre os pobres para pagarem o estudo dos bem-sucedidos; ou, de modo alternativo, um programa de voucher para o ensino superior que não só melhoraria a qualidade das instituições, mas também promoveria uma equidade maior na distribuição de tais recursos do contribuinte do modo como são usados para subsidiar as universidades.

Tais propostas são visionárias, mas não impraticáveis. Os obstáculos estão na força dos grupos de interesse e nos preconceitos, não na viabilidade de administrar as propostas. Há programas precursores similares em funcionamento no país e, em escala menor, em outros lugares. Há apoio público a eles.

Não vamos consegui-los de uma só vez. Mas, conforme fizermos progressos em sua direção — ou na de programas alternativos direcionados para o mesmo objetivo —, poderemos fortalecer os fundamentos de nossa liberdade e dar pleno sentido à igualdade de oportunidades educacionais.

7

Quem protege o consumidor?

"Não é da benevolência do açougueiro, do cervejeiro ou do padeiro que esperamos nosso jantar, mas da consideração que eles têm com seu próprio interesse. Dirigimo-nos não à sua humanidade, mas a seu interesse pessoal; e nunca falamos com eles de nossas próprias necessidades, mas das suas vantagens. Ninguém, a não ser um pedinte, decide depender basicamente da benevolência de seus concidadãos."

Adam Smith, *A riqueza das nações*

Não podemos, de fato, depender da benevolência para termos o nosso jantar — mas podemos depender totalmente da mão invisível de Adam Smith? Uma longa fila de economistas, filósofos, reformadores e críticos sociais disseram não. O interesse próprio levará os vendedores a enganar seus clientes. Tirarão vantagem da inocência e ignorância deles para cobrar mais e repassar-lhes produtos de má qualidade. Bajularão seus clientes para que comprem artigos que eles não querem. Além disso, ressaltavam os críticos, se você deixar por conta do mercado, o resultado poderá afetar outras pessoas que não estão envolvidas diretamente. Pode afetar o ar que respiramos, a água que bebemos, a segurança dos alimentos que comemos. O mercado tem que ser, dizem, complementado por outros dispositivos, de modo a proteger o consumidor dele mesmo e de vendedores avarentos, além de nos proteger, a nós todos, dos efeitos colaterais das transações de mercado.

Essas críticas à mão invisível são válidas, como observamos no capítulo 1. A questão é se os dispositivos que foram recomendados ou adotados para atendê-las, para complementar o mercado, são bem-concebidos para tal finalidade ou se, como ocorre com frequência, a cura seria ainda pior que a doença.

Essa questão é particularmente relevante hoje. Um movimento que teve início há menos de duas décadas com uma série de eventos — a publicação de *Primavera silenciosa*, de Rachel Carson; a investigação, pelo senador Estes Kefauver, do setor de drogas; e o ataque de Ralph Nader ao Corvair, da General Motors, como sendo "sem segurança em qualquer velocidade" levaram a uma importante mudança, tanto na extensão quanto no caráter do envolvimento do governo com o mercado, em nome da proteção do consumidor.

Do Corpo de Engenheiros do Exército, em 1824, passando pela Comissão Interestadual do Comércio (ICC, na sigla em inglês), em 1887, à Administração Federal de Estradas de Ferro, em 1966, as agências criadas pelo governo federal para regular ou supervisionar a atividade econômica variaram de âmbito, importância e finalidade, mas quase todas lidaram com um único setor e tinham poderes bem-definidos com relação a tal setor. Da ICC em diante, pelo menos, a proteção do consumidor — essencialmente seu bolso — era um objetivo proclamado pelos reformadores.

O ritmo da intervenção se acelerou enormemente depois do New Deal — metade das 32 agências existentes em 1966 foi criada depois da eleição de Franklin Roosevelt, em 1932. Entretanto, a intervenção permaneceu razoavelmente moderada e continuou nos moldes de uma só indústria. O Federal Register, criado em 1936 para registrar todas as regulações, audiências e outras questões ligadas às agências reguladoras, cresceu, no início, um tanto devagar, depois com mais rapidez. Três volumes, contendo 2.599 páginas que tomavam 15 centímetros de espaço de prateleira, eram o suficiente para 1936; doze volumes, contendo 10.528 páginas e tomando 66 centímetros de espaço de prateleira, era o necessário para 1956; e treze volumes, contendo 16.850 páginas e tomando 91 centímetros de espaço de prateleira, foi o que se ocupou em 1966.

Então aconteceu uma verdadeira explosão de atividade regulatória do governo. Nada menos que 26 novas agências foram criadas na década seguinte. Em vez de se preocuparem com indústrias específicas, elas abarcaram de tudo: o ambiente, a produção e distribuição de energia, a segurança dos produtos, a segurança do trabalho, e assim por diante. Além da preocupação com o bolso do consumidor, com sua proteção contra a exploração dos vendedores, as agências mais recentes estão preocupadas principalmente com coisas como a segurança e o bem-estar do consumidor; em protegê-lo não apenas dos vendedores, mas também dele mesmo.[1]

As despesas do governo foram às alturas — de menos de 1 bilhão de dólares em 1970 subiram para cerca de 5 bilhões de dólares estimados para 1979. Os preços em geral praticamente dobraram, mas esses gastos mais do que quintuplicaram. O número de burocratas do governo empregados em atividades regulatórias triplicou, indo de 28 mil em 1970 para 81 mil em 1979; o número de páginas no Federal Register passou de 17.660 em 1970 para 36.487 em 1978, tomando 323 centímetros de prateleira — uma verdadeira prateleira de mais de 3 metros.

Na mesma década, o crescimento econômico nos Estados Unidos desacelerou drasticamente. De 1949 a 1969, a produção por homem-hora de todas as pessoas empregadas na iniciativa privada — uma medida simples e abrangente de produtividade

— subiu mais de 3% por ano; na década seguinte, menos da metade desse ritmo; e, no final da década, a produtividade estava praticamente em declínio.

Por que relacionar esses dois acontecimentos? Um tem a ver com a garantia de nossa segurança, com a proteção de nossa saúde, com a preservação de um ar puro e de uma água limpa; o outro, com o modo efetivo pelo qual organizamos nossa economia. Por que essas duas coisas boas deveriam conflitar?

A resposta é que, sejam quais forem os objetivos anunciados, todos os movimentos nas duas últimas décadas — o movimento do consumidor, o ecológico, o de volta para a terra, o movimento hippie, o da comida orgânica, o de proteção à vida selvagem, o do crescimento populacional zero, o movimento de "o pequeno é lindo", o movimento antinuclear — tiveram uma coisa em comum: todos foram de anticrescimento. Foram contra novos desenvolvimentos, contra a inovação industrial, contra o uso crescente dos recursos naturais. As agências criadas em resposta a tais movimentos impuseram pesados custos às indústrias, uma após a outra, para atender às cada vez mais detalhadas e extensas exigências do governo. Elas impediram que alguns produtos fossem produzidos ou vendidos; exigiram que se investisse capital em finalidades não produtivas nos moldes especificados por burocratas do governo.

Os resultados foram de longo alcance e ameaçam atingir um raio ainda maior. Como certa vez disse Edward Teller, o grande físico nuclear: "Levamos dezoito meses para construir o primeiro gerador de energia nuclear; agora levamos doze anos; isto é progresso." O custo direto da regulação para o contribuinte é a menor parte de seu custo total. Os 5 bilhões de dólares por ano gastos pelo governo são ínfimos diante dos custos da indústria e do consumidor para cumprirem com toda a regulação. Estimativas conservadoras põem esse custo em algo como 100 bilhões de dólares por ano. E isso não conta o custo para o consumidor ter a liberdade restrita e preços mais altos nos produtos que estão disponíveis.

Essa revolução no papel do governo foi acompanhada, e em grande parte produzida, por uma conquista na persuasão pública que deve ter poucos rivais. Pergunte a si mesmo(a) que produtos hoje em dia são os menos satisfatórios e apresentaram o menor progresso ao longo do tempo. Os serviços postais, o ensino fundamental e o ensino médio, bem como o transporte ferroviário de passageiros certamente estariam no topo da lista. Pergunte a si mesmo(a) que produtos são os mais satisfatórios e tiveram o maior progresso. Eletrodomésticos, aparelhos de rádio e televisão, equipamentos de som de alta fidelidade, computadores e, acrescentaríamos, supermercados e shopping centers, certamente no topo dessa lista.

Os produtos de má qualidade são todos produzidos pelo governo ou por indústrias reguladas pelo governo. Os produtos excepcionais são todos produzidos por empresas privadas com pouco ou nenhum envolvimento do governo. E, no entanto, o público — ou uma grande parte dele — foi persuadido de que as empresas privadas produzem produtos de má qualidade, de que precisamos de empregados do governo sempre vigilantes para impedir que as empresas nos empurrem produtos sem segurança, produtos enganadores a preços ultrajantes sobre clientes ignorantes, inocentes, vulneráveis. Essa campanha de relações públicas se saiu tão bem que estamos no processo de transferir para o tipo de pessoas que trazem nossa correspondência a tarefa muito mais crucial de produzir e distribuir energia.

O ataque de Ralph Nader ao carro Corvair, o mais dramático notável episódio da campanha para desacreditar os produtos da indústria privada, exemplifica não apenas a eficiência dessa campanha, mas também como foi enganosa. Uns dez anos depois que Nader denunciou o Corvair (no livro *Unsafe at Any Speed: The Designed-in Dangers of the American Automobile*) como inseguro em qualquer velocidade, uma das agências que foram criadas em resposta ao clamor público finalmente se mexeu para testar o Corvair que deu início à coisa toda. Levaram um ano e meio comparando o desempenho do Corvair com o desempenho de outros veículos similares e concluíram: "O Corvair de 1960-1963 saiu-se bem na comparação com outros veículos contemporâneos usados nos testes."[2] Hoje, há fã-clubes do Corvair em todo o país. Os Corvairs tornaram-se artigos de colecionador. Mas para a maioria das pessoas, até mesmo as mais bem-informadas, o Corvair é ainda "sem segurança em qualquer velocidade".

A indústria ferroviária e a indústria automobilística oferecem um excelente exemplo da diferença entre um setor regulado pelo governo protegido da concorrência e um setor sujeito aos rigores plenos da concorrência. As duas indústrias servem ao mesmo mercado e, em última instância, proporcionam o mesmo serviço — transporte. Uma indústria é atrasada e ineficiente e mostra pequena inovação. A grande exceção foi a substituição da máquina a vapor pela de diesel. Os carros de carga sendo puxados pelos de motor a diesel hoje quase não mostram diferença para os que no passado eram puxados por máquinas a vapor. O serviço de passageiros é mais lento e menos satisfatório hoje do que era cinquenta anos atrás. As ferrovias estão perdendo dinheiro e em processo de serem tomadas pelo governo. A indústria automobilística, por outro lado, estimulada pela concorrência nacional e estrangeira, e com liberdade para inovar, fez tremendos progressos, apresentando sucessivas inovações, de modo que os carros de cinquenta anos atrás são peças de museu. Os consumidores se beneficiaram — e também os trabalhadores e acionistas da indústria automobilística. Algo impressionante — e trágico, porque a indústria automobilística agora está se tornando rapidamente uma indústria regulada pelo governo. Podemos ver os fatos que aleijaram as ferrovias acontecendo diante de nossos olhos com os automóveis.

A intervenção do governo no mercado está sujeita a leis próprias, não leis estabelecidas, mas leis científicas. Obedece a forças e vai em direções que podem ter pouca relação com as intenções ou desejos dos que a propuseram ou apoiaram. Já examinamos esse processo com relação às atividades de programas de bem--estar social. Ele está igualmente presente quando o governo intervém no mercado, seja para proteger os consumidores contra os preços elevados ou produtos de má qualidade, seja para proteger sua segurança ou para preservar o meio ambiente. Todo ato de intervenção institui situações de poder. Como esse poder será usado e para que finalidade são questões que dependem mais das pessoas que estão na situação de tomar o controle desse poder e de quais são seus propósitos do que das intenções e dos objetivos dos patrocinadores iniciais da intervenção.

A Comissão Interestadual do Comércio, de 1887, foi a primeira agência criada em grande parte por meio de uma cruzada política liderada por autoproclamados representantes do consumidor — os Ralph Naders da época. Passou por diversos ciclos de vida e foi exaustivamente estudada e analisada. É um exemplo excelente para ilustrar a história natural da intervenção do governo no mercado.

A Food and Drug Administration (FDA), criada inicialmente em 1906 em resposta ao clamor que se seguiu depois do romance *The Jungle*, de Upton Sinclair, que expôs as condições sanitárias precárias nos abatedouros e casas de empacotamento de carnes, também passou por diversos ciclos de vida. À parte seu interesse intrínseco, serve como uma espécie de ponte entre o tipo de regulação inicial voltado para a indústria e o tipo mais recente de regulação funcional ou intersetorial por causa da mudança que ocorreu em suas atividades depois das emendas de Kefauver, de 1962.

A Comissão de Segurança dos Produtos de Consumo dos Estados Unidos, a Administração Nacional de Segurança do Tráfego em Rodovias e a Agência de Proteção Ambiental, todas elas exemplificam o tipo mais recente de agência regulatória — uma atividade intersetorial e relativamente despreocupada com o bolso do consumidor. Uma análise completa está muito além de nosso alcance, mas discutimos brevemente como essas agências exemplificam as mesmas tendências que estão presentes na ICC e na FDA, bem como os problemas que criam para o futuro.

Apesar de a intervenção no setor energético — tanto pelos governos estaduais quanto pelo federal — ser de longa data, houve um salto quantitativo depois do embargo da Opep em 1973 e uma subsequente quadruplicação do preço do petróleo bruto.

Se, como argumentaremos, não podemos depender da intervenção do governo para nos proteger como consumidores, com o que podemos contar? Que recursos o mercado desenvolve para essa finalidade? E como podem ser aperfeiçoados?

A Comissão Interestadual de Comércio

À Guerra Civil, sucedeu-se uma expansão sem precedentes de estradas de ferro — simbolizada pela direção da Golden Spike em Promontory Point, Utah, a 10 de maio de 1869, para marcar a junção das estradas de ferro Union Pacific e Central Pacific, completando a primeira linha transcontinental. Logo vieram a segunda, a terceira e até a quarta rota transcontinental. Em 1865, as estradas de ferro já operavam pouco mais de 55 mil quilômetros de ferrovias; dez anos depois, pouco mais de 120 mil quilômetros; e, em 1885, mais de 200 mil quilômetros. Em 1890, havia mais de mil estradas de ferro distintas. O país era literalmente um xadrez de estradas de ferro indo a todo remoto povoado e cobrindo o território de costa a costa. As milhas de ferrovias nos Estados Unidos superavam as do resto do mundo todo somadas.

A concorrência era acirrada. Em consequência, as tarifas de carga e de passageiros eram baixas, supostamente as mais baixas do mundo. Os ferroviários, naturalmente, queixavam-se da "concorrência implacável". Toda vez que a economia cambaleava, em uma de suas periódicas baixas, algumas estradas de ferro iam à falência e eram incorporadas por outras ou simplesmente encerravam suas atividades. Quando a economia se reaquecia, vinha uma nova onda de construções de estradas de ferro.

Os ferroviários da época tentavam melhorar sua posição unindo-se, formando associações, concordando em fixar as tarifas em níveis lucrativos e dividir o mercado. Para seu desencanto, os acordos eram sempre desalentadores. Assim que o restante dos membros de uma associação subia suas tarifas, algum membro podia se beneficiar cortando suas tarifas e tomando o negócio dos outros. Naturalmente, não cortaria as tarifas abertamente; faria de modos sinuosos para esconder o máximo possível dos outros membros da associação. Daí surgiram práticas como a de descontos secretos para transportadoras favorecidas e preços discriminatórios entre regiões ou mercadorias. Cedo ou tarde, o corte nos preços seria descoberto e a associação acabaria.

A concorrência era mais feroz entre pontos populosos distantes como Nova York e Chicago. Transportadoras e passageiros podiam escolher entre uma série de rotas alternativas administradas por diferentes estradas de ferro e, inclusive, entre os canais que antes haviam coberto a terra. Por outro lado, entre segmentos mais curtos de qualquer uma dessas rotas, por exemplo, entre Harrisburg e Pittsburgh, deveria haver apenas uma estrada de ferro. Essa estrada teria como que uma situação de monopólio, sujeita à concorrência apenas de outros meios alternativos de transporte, como canais ou rios. Naturalmente, tiraria toda vantagem possível de sua situação de monopólio onde pudesse e cobraria tudo o que o tráfego pudesse transportar.

Uma consequência é que o valor das tarifas cobradas para as curtas distâncias — ou mesmo para uma curta distância — era algumas vezes maior do que o valor total cobrado pelo trecho longo entre os dois pontos distantes. É claro que os consumidores não reclamaram dos preços baixos cobrados para o trecho longo, mas certamente se queixaram dos preços mais altos pelas curtas distâncias. Da mesma forma, as transportadoras favorecidas que conseguiram abatimentos nas guerras secretas de redução de tarifas não se queixaram, mas as que não conseguiram abatimentos alardearam suas reclamações sobre os "preços discriminatórios."

As estradas de ferro eram as empresas mais importantes da época. Altamente visíveis, altamente competitivas, tinham ligação com Wall Street e o leste financeiro e eram uma fonte segura de histórias de manipulação financeira e fraude nas altas esferas. Tornaram-se um alvo natural, especialmente dos fazendeiros do centro-oeste. O movimento Grange, que surgiu na década de 1870, atacava as "estradas de ferro monopolistas". A ele se aliou o Partido Greenback, a Aliança dos Fazendeiros, e assim por diante, todos promovendo agitações, frequentemente com sucesso, na Assembleia Legislativa, pedindo o controle do governo sobre as tarifas de carga e as práticas comerciais. O Partido Populista, através do qual William Jennings Bryan galgou a fama, não pedia meramente a regulação das estradas de ferro, mas que passassem a ser de propriedade total do governo, cabendo a este sua operação.[3] Os cartunistas da época tiveram um prato cheio representando as estradas de ferro como polvos estrangulando o país e exercendo uma tremenda influência política — que, de fato, exerceram.

Com o crescimento da campanha contra as estradas de ferro, alguns homens perspicazes das ferrovias perceberam que poderiam virá-la a seu favor e usar o governo federal para impor seus acordos de fixação dos preços e divisão de mercado, assim como proteger-se dos governos locais e dos estaduais. Associaram-se então aos reformadores na defesa da regulação do governo. O resultado foi a criação da Comissão Interestadual do Comércio, em 1887.

Levou uma década para que a comissão entrasse em plena atividade. Na época, os reformadores tinham passado para sua próxima cruzada. As estradas de ferro eram apenas uma de suas preocupações. Haviam atingido seu objetivo e não tinham um interesse tão forte que os levasse a fazer mais do que dar uma olhada, de vez em quando, no que a ICC estava fazendo. Para os homens das estradas de ferro, a situação era inteiramente diferente. As estradas de ferro eram sua atividade empresarial, sua preocupação primordial. Estavam preparados para passar 24 horas por dia nela. E quem mais tinha a competência para fornecer funcionários e administrar a ICC? Logo aprenderam como usar a comissão em seu próprio proveito.

O primeiro comissário foi Thomas Cooley, um advogado que havia representado as estradas de ferro durante muitos anos. Ele e seus associados procuraram obter junto ao Congresso um maior poder regulatório, e esse poder lhes foi concedido. Como disse o ministro da Justiça* do presidente Grover Cleveland, Richard J. Olney, em carta ao magnata do setor ferroviário Charles E. Perkins, presidente da estrada de ferro Burlington & Quincy, apenas doze anos depois da criação da ICC:

---

* *Attorney General*, no original. Nos EUA, o *Attorney General* é, ao mesmo tempo, ministro da Justiça (titular do Departamento de Justiça) e procurador-geral da República. Não tem o título de ministro ou de secretário, mas de *Attorney General*. [N. da T.]

A Comissão, uma vez que suas funções foram agora limitadas pelos tribunais, é, ou pode vir a ser, de grande utilidade para as ferrovias. Ela dá atenção ao clamor popular por uma supervisão das ferrovias por parte do governo, ao mesmo tempo que tal supervisão é quase inteiramente nominal. Além disso, quanto mais velha se torna tal comissão, será vista como mais inclinada a considerar o interesse empresarial e da ferrovia. Torna-se, assim, uma espécie de barreira entre as sociedades ferroviárias e a população, e uma espécie de proteção contra uma legislação precipitada e grosseira, hostil aos interesses da ferrovia. [...] A parte da sabedoria não é destruir a comissão, mas utilizá-la.[4]

A comissão resolveu o problema da longa/curta distância. Como já era de se esperar, conseguiu isso elevando as tarifas de longa distância para se igualar ao total das tarifas de curta distância. Todo mundo ficou contente, exceto o cliente.

Com o passar do tempo, os poderes da comissão foram aumentados e ela passou a exercer um controle cada vez mais estreito de cada aspecto da empresa ferroviária. Além disso, o poder foi transferido dos representantes das ferrovias para a crescente burocracia da ICC. No entanto, isso não era uma ameaça para as ferrovias. Muitos dos burocratas eram oriundos do setor ferroviário, suas atividades empresariais do dia a dia costumavam ser com pessoas das ferrovias e sua principal esperança de uma futura carreira lucrativa estava ali.

A verdadeira ameaça às ferrovias surgiu na década de 1920, quando apareceram os caminhões como transporte de longa distância. As tarifas de frete artificialmente elevadas fizeram com que a indústria de caminhões crescesse a passos largos. Não era regulamentada e era competitiva. Qualquer pessoa com capital suficiente para comprar um caminhão poderia entrar no negócio. O principal argumento usado contra as ferrovias na campanha pela regulamentação do governo — de que eram monopólios que precisavam ser controlados para impedir que explorassem o público — não tinha validade para o transporte de caminhões. Seria difícil achar um setor que atendesse melhor as condições daquilo que os economistas chamam de "concorrência perfeita".

Mas isso não impediu que as ferrovias se mexessem para que o transporte de longa distância por caminhões ficasse sob o controle da Comissão Interestadual do Comércio. E conseguiram. A Lei das Transportadoras Motorizadas, de 1935, deu competência à ICC para legislar sobre os caminhoneiros — para proteger as ferrovias, não os consumidores.

A história das ferrovias se repetiu com o transporte por caminhões. Foi cartelizado, as tarifas foram fixadas, as rotas, determinadas. Com o crescimento do setor de transporte por caminhões, os representantes dos caminhoneiros vieram a ter cada vez mais influência na comissão e, aos poucos, passaram a substituir os representantes das ferrovias como força dominante. A ICC tornou-se tanto uma agência voltada para a proteção do setor caminhoneiro contra as ferrovias e os caminhões não regulamentados quanto para proteção das ferrovias contra os caminhões. Com tudo isso, encobertou que estava, simplesmente, protegendo sua própria burocracia.

Para operar como transportadora interestadual pública, uma empresa de caminhões precisa ter um certificado de utilidade e necessidade pública, emitido pela ICC. Dos 89 mil pedidos de certificado iniciais, depois de aprovada a Lei das Transportadoras Motorizadas de 1935, a ICC aprovou apenas aproximadamente 27 mil. "Desde essa época [...] a comissão tem sido muito relutante em conceder autorização para uma nova concorrente. Além disso, fusões e falências das empresas de caminhões existentes reduziram o número dessas firmas de mais de 25 mil em 1939 para 14.648 em 1974. Ao mesmo tempo, as toneladas transportadas pelas empresas de caminhões autorizadas para serviços intermunicipais aumentaram de 25,5 milhões em 1938 para 698,1 milhões em 1972 — um aumento de 27 vezes."[5]

Os certificados podem ser comprados e vendidos. "O crescimento do transporte, a queda do número de firmas e o desestímulo de concorrência de tarifas pelos departamentos de tarifas e pelo modo de proceder da ICC aumentaram o valor dos certificados consideravelmente." Thomas Moore calcula que seu valor agregado em 1972 foi entre 2 e 3 bilhões de dólares[6] — um valor que corresponde exclusivamente a uma condição de monopólio concedido pelo governo. Significa prosperidade para as pessoas que possuem os certificados, mas para a sociedade como um todo é uma medida do prejuízo resultante da intervenção do governo, não uma medida de capacidade produtiva. Todos os estudos mostram que a extinção da regulamentação da ICC para o transporte realizado por caminhões reduziria drasticamente os custos para as transportadoras — Moore calcula que talvez em torno de três quartos.

Uma empresa de transporte por caminhão, a Dayton Air Freight, oferece um exemplo específico. Ela tem uma licença da ICC que lhe dá uma permissão exclusiva para transportar mercadorias de Dayton a Detroit. Para fazer o serviço em outras rotas, teve de comprar os direitos de outras titulares de licença da ICC, inclusive de uma que não tem um único caminhão. Precisou pagar nada menos que 100 mil dólares por ano pelo privilégio. Os proprietários da firma têm tentado obter a ampliação de sua licença para cobrir mais rotas, até o momento sem sucesso.

Como diz um de seus clientes, Malcolm Richards: "Francamente, não sei por que a ICC fica de braços cruzados, sem fazer nada. Esta é a terceira vez, que eu saiba, que apoiamos o pedido de licença da Dayton Air Freight para nos ajudar a economizar dinheiro, ajudar a livre-iniciativa, ajudar o país a economizar energia. [...] Tudo acaba caindo, no fim, sobre o consumidor, que vai pagar por tudo isso."

Um dos proprietários da Dayton Air Freight, Ted Hacker, acrescenta: "Que eu saiba, não há livre-iniciativa no comércio interestadual. Já não existe mais neste país. Você tem de pagar o preço, e pagar bem caro, o que significa que isso sai do bolso do *consumidor*."

Mas não se pode levar esse comentário ao pé da letra, diante da observação de outro proprietário, Herschel Wimmer: "Não tenho nada contra as pessoas que já têm licença da ICC, exceto pelo fato de que este é um grande país e, desde a concepção da ICC, em 1936, tem havido poucos estreantes no negócio. Eles não permitem a entrada de novos participantes para concorrer com os que já estão dentro."

Presumimos que isso reflete uma reação que encontramos repetidas vezes entre ferroviários e caminhoneiros: sim, deem-nos um certificado ou concedam-nos a dispensa das normas; não, não revoguem a emissão de certificados ou o sistema de regulação do governo. Em vista dos interesses adquiridos que cresceram, tal reação é perfeitamente compreensível.

De volta às ferrovias, os efeitos derradeiros da intervenção do governo ainda não acabaram. As normas cada vez mais rígidas impediram que as ferrovias se adaptassem efetivamente ao surgimento dos automóveis, ônibus e aviões como alternativas para as ferrovias no transporte de passageiros de longa distância. Novamente, elas se voltaram para o governo, desta vez pela estatização do transporte de passageiros na forma da Amtrak. O mesmo processo está ocorrendo com o transporte de carga. A maior parte das linhas de frete ferroviário do nordeste foi, de fato, nacionalizada com a criação da Conrail, depois da falência dramática da New York Central Railroad. Muito provavelmente, essa é a perspectiva para o resto do setor ferroviário também.

As viagens aéreas viram a repetição da história das ferrovias e do transporte por caminhões. Ao ser criado, em 1938, o Conselho da Aeronáutica Civil (CAB, na sigla em inglês) assumiu o controle de dezenove companhias aéreas das principais linhas nacionais. Há menos ainda hoje em dia, apesar do enorme crescimento das viagens aéreas e dos numerosos pedidos de "certificados de utilidade e necessidade pública". A história das companhias de aviação difere em um aspecto importante. Por diversas razões — entre as quais o exitoso corte de preços do outro lado do Atlântico por Freddie Laker, proprietário britânico de uma importante companhia aérea internacional, e a personalidade e a capacidade de Alfred Kahn, ex-presidente do CAB —, houve recentemente uma considerável desregulamentação das tarifas aéreas, tanto administrativa quanto legislativamente. Esse é o primeiro passo importante, entre todas as áreas, para sair do controle do governo na direção de uma liberdade maior. Seu tremendo sucesso — tarifas mais baixas, ainda que com ganhos maiores para as companhias aéreas — deu força a um movimento a favor de alguma desregulamentação do transporte de superfície. Entretanto, forças poderosas, especialmente no setor caminhoneiro, estão organizando uma oposição a essa desregulamentação, de modo que, até o momento, é uma tênue esperança. Um eco irônico levantou-se na questão de trechos de longa/curta distância no setor aéreo. Nesse caso, a discordância foi por razão oposta à das ferrovias — a tarifa para curtas distâncias era a mais baixa. O caso ocorreu na Califórnia, estado grande o suficiente para abrigar diversas linhas aéreas importantes que viajem exclusivamente dentro do estado e, por esta razão, não estavam sob o controle do CAB. A concorrência na rota entre São Francisco e Los Angeles gerou uma tarifa intraestadual muito menor do que a tarifa que o CAB permitia que as linhas interestaduais cobrassem pela mesma viagem.

A ironia é que quem deu entrada na denúncia sobre a discrepância junto ao CAB, em 1971, foi Ralph Nader, o autoproclamado defensor do consumidor. Acontece que uma das subsidiárias de Nader havia publicado uma excelente análise da ICC, enfatizando, entre outras coisas, como a discriminação longa/curta distância havia sido resolvida. Nader dificilmente poderia ter se enganado sobre como o caso da companhia aérea seria solucionado. Como qualquer estudante de regulações teria previsto, a decisão do CAB, posteriormente confirmada pela Suprema Corte, exigiu que as companhias intraestaduais elevassem suas tarifas para se equipararem com as permitidas pelo CAB. Felizmente, a decisão ficou em suspenso por causa de questões técnicas e poderá tornar-se irrelevante com a desregulamentação das tarifas aéreas.

A ICC ilustra o que pode ser chamado de a história natural da intervenção do governo. Um mal real ou imaginário leva a cobranças para que se faça algo a respeito. Forma-se uma coalizão política consistindo em reformadores sinceros, idealistas e de partidos interessados igualmente sinceros. Os objetivos incompatíveis dos membros da coalizão (por exemplo, preços baixos para o consumidor e preços altos para os produtores) estão mascarados por bela retórica sobre "o interesse público", "concorrência leal" e coisas semelhantes. A coalizão consegue que o Congresso (ou um legislativo estadual) aprove uma lei. O preâmbulo enaltece falsamente a retórica e o corpo concede poder aos funcionários do governo "para que façam alguma coisa". Os reformadores idealistas têm uma sensação de vitória e voltam suas atenções para novas causas. Os partidos interessados vão trabalhar para garantir que o poder seja usado em seu proveito. Em geral, têm sucesso. O sucesso cria seus próprios problemas, que são resolvidos ampliando-se a esfera de intervenção. A burocracia leva a sua parte, de modo que mesmo os interesses especiais do início já não se beneficiam. No final, os efeitos são exatamente o oposto dos objetivos dos reformadores e, em geral, não alcançam nem mesmo os objetivos dos interesses especiais. No entanto, o feito está tão solidamente criado e tantos interesses estabelecidos estão associados a ele que revogar a legislação inicial é quase inconcebível. Apela-se, então, para uma nova legislação do governo para enfrentar os problemas produzidos pela legislação anterior e um novo ciclo começa.

A ICC revela claramente cada uma dessas etapas — desde a curiosa coalizão responsável por sua criação até o começo de um segundo ciclo com a criação da Amtrak, cuja única desculpa para existir é que, em grande parte, não está presa à regulação da ICC e pode, assim, fazer o que a comissão não permitirá, individualmente, às ferrovias. A retórica, naturalmente, era a de que o propósito da Amtrak era um melhor transporte ferroviário para passageiros. Teve o apoio das ferrovias porque permitiria que grande parte do serviço de passageiros então existente fosse eliminado. O excelente e lucrativo serviço de passageiros da década de 1930 havia se deteriorado e se tornado não rentável como consequência da concorrência do avião e do carro particular. No entanto, a ICC não permitiria que as ferrovias reduzissem seu serviço. A Amtrak está agora reduzindo e subsidiando o que resta.

Se a ICC não tivesse sido criada e se as forças do mercado tivessem obtido a permissão de funcionar, os Estados Unidos teriam hoje um sistema de transporte muito mais satisfatório. O setor ferroviário seria mais enxuto, mas muito mais eficiente, em consequência de maior inovação tecnológica mais estimulada pela concorrência e dos ajustes mais rápidos das rotas às novas exigências de transporte. Trens de passageiros podem servir a menos comunidades, mas as instalações e o equipamento seriam muito melhores do que são hoje e o serviço, muito mais conveniente e rápido.

Da mesma forma, haveria mais empresas de transporte por caminhões, apesar de poder haver menos veículos em função de uma eficiência maior e de menor desperdício — como na forma de viagens de volta sem ocupação e de rotas de desvio a que a regulamentação da ICC obriga. Os custos seriam mais baixos e o serviço melhor. O leitor que puder usar uma empresa licenciada pela ICC para transportar seus pertences pessoais não terá dificuldade em aceitar esta crítica. Apesar de não falarmos por experiência pessoal, suspeitamos que isso seja verdade também para as transportadoras comerciais.

Todo o modelo do setor de transportes deveria ser radicalmente diferente, envolvendo, talvez, um uso muito maior de modos combinados de transporte. Uma das poucas formas lucrativas de funcionamento de ferrovias privadas nos últimos anos tem sido um serviço que transporta as pessoas e seus automóveis no mesmo trem. Sem dúvida, um serviço do tipo *piggyback** teria sido lançado muito mais cedo do que foi e muitas outras combinações teriam surgido.

Um argumento para não permitir que as forças do mercado atuem é a grande dificuldade de se imaginar o que seria o seu resultado. A única coisa certa é que nenhum serviço sobreviveria se os usuários não o valorizassem bastante para pagar por ele — e pagar a preços que rendessem às pessoas que oferecessem o serviço uma renda mais adequada do que as alternativas à sua disposição. Nem os usuários nem os produtores poderiam pôr as mãos no bolso de ninguém para manter um serviço que não satisfizesse tal condição.

---

* Que adiciona vagões de carga a trens. [*N. da T.*]

A Food and Drug Administration

Ao contrário do que ocorreu com a ICC, a segunda maior investida do governo federal na proteção do consumidor — a Lei dos Alimentos e Medicamentos, de 1906 — não surgiu de protestos contra os preços elevados, mas de uma preocupação acerca da higiene dos alimentos. Era a época do jornalismo sensacionalista, do jornalismo investigativo. Upton Sinclair tinha sido enviado a Chicago por um jornal socialista para investigar as condições dos abatedouros. O resultado foi seu famoso romance, *The Jungle*, que escreveu para criar um sentimento de compaixão pelos trabalhadores, mas que fez muito mais ao suscitar indignação pela falta de condições sanitárias com que a carne era processada. Como Sinclair disse na época: "Meu alvo era o coração do público e, por acaso, atingi seu estômago."

Muito antes de aparecer *The Jungle* e de ter cristalizado um sentimento público a favor de uma legislação, organizações como a Liga Feminina da Temperança Cristã e a Sociedade Nacional pela Temperança haviam formado o Congresso Nacional pelo Alimento e Medicamentos Puros (1898) para lutar por uma legislação que acabasse com a panaceia medicinal da época — contendo álcool em sua maior parte, permitindo, assim, a compra e o consumo de bebida alcoólica sob a aparência de remédio, o que explica o envolvimento dos grupos de temperança.

Aqui, também, grupos de interesses especiais se juntaram aos reformadores. Os empacotadores de carne "aprenderam muito cedo na história da indústria que não era proveitoso envenenar seus clientes, especialmente em um mercado competitivo no qual o consumidor poderia ir para outro lugar". Ficaram especialmente preocupados com as restrições na importação da carne dos EUA por países europeus, usando como desculpa a alegação de que o produto estava contaminado. Avidamente, agarraram a oportunidade para obter do governo um certificado de que a carne estava livre de contaminação e, ao mesmo tempo, pagar pela inspeção.[7]

Outro componente de interesse especial foi dado pelos farmacêuticos e pelos médicos a partir de suas associações profissionais, apesar de seu envolvimento ter sido mais complexo que o dos empacotadores de carne, não se concentrando apenas em um objetivo econômico — inclusive com relação às ferrovias na criação da ICC. Seu interesse econômico era claro: remédios patenteados sem exigência de prescrição e panaceias, vendidos diretamente ao consumidor por vendedores ambulantes e de outras formas, concorriam com seus serviços. Além disso, tinham um interesse profissional nas espécies de drogas e remédios disponíveis e estavam bem cientes dos perigos para o público dos remédios inúteis que prometiam curas miraculosas para tudo, do câncer à lepra. Espírito público e interesse próprio coincidiam.

A lei de 1906 era basicamente limitada à inspeção de alimentos e de rotulagem de medicamentos patenteados, apesar de, mais por acaso do que intencionalmente, sujeitar ao controle as drogas prescritas, um poder só exercido muito depois. A autoridade reguladora, da qual se originou a atual Food and Drug Administration, situava-se no Departamento de Agricultura. Até uns quinze anos atrás ou em torno disso, nem a agência original nem a FDA tinham muita atuação sobre a indústria farmacêutica.

Poucos novos medicamentos haviam sido desenvolvidos até o surgimento da sulfanilamida, em meados de 1937. Logo depois, veio o desastre do "elixir" de sulfanilamida, que ocorreu como consequência dos esforços de um químico para tornar a substância disponível para pacientes incapazes de tomar cápsulas. A combinação do solvente que ele usou com a sulfanilamida se revelou mortal. Ao final da tragédia, "108 pessoas estavam mortas — 107 pacientes, que haviam tomado o 'elixir', e o químico, que se matou".⁸ "Os próprios fabricantes aprenderam com a [...] experiência sobre os prejuízos de responsabilidade civil que poderiam sofrer com a comercialização desses medicamentos e instituíram testes de segurança previamente à comercialização para evitar que o fato se repetisse."⁹ Também concluíram que a proteção do governo poderia ser valiosa. O resultado foi a Lei dos Alimentos, Medicamentos e Cosméticos de 1938, que estendeu o controle do governo para a publicidade e a rotulagem, e exigia que todos os novos medicamentos passassem a ser aprovados quanto à segurança pela FDA antes que pudessem ser vendidos no comércio interestadual. A aprovação teria que ser concedida ou negada em um prazo de 180 dias.

Uma confortável e simbiótica relação desenvolveu-se entre a indústria farmacêutica e a FDA até que ocorresse uma nova tragédia, o episódio da talidomida de 1961-1962. A talidomida havia sido proibida no mercado dos EUA pela FDA nos termos previstos na lei de 1938, apesar de terem sido distribuídas pelos médicos quantidades limitadas da droga para fins experimentais. A distribuição acabou quando vieram à tona relatos sobre bebês de mães europeias que nasceram deformados — elas haviam tomado a talidomida durante a gravidez. O rebuliço subsequente transformou em lei, em 1962, emendas que haviam se originado das investigações do senador Kefauver na indústria farmacêutica no ano anterior. A tragédia também mudou radicalmente a pressão das emendas. Kefauver havia se preocupado basicamente com acusações de que medicamentos de valor duvidoso estavam sendo vendidos a preços indevidamente altos — a queixa de sempre acerca da exploração das empresas monopolistas sobre o consumidor. Aprovadas como lei, as emendas tratavam mais da qualidade do que do preço. Elas "acrescentaram uma exigência de prova de eficácia à exigência de prova de segurança da lei de 1938 e retiraram o limite de prazo da Petição de Aprovação de

Novo Medicamento, estabelecido nas disposições da FDA. Nenhum medicamento novo pode agora ser comercializado sem que e até que a FDA declare que há prova substancial não apenas de que o medicamento é seguro, como exigido pela lei de 1938, mas também de que é eficaz para o uso a que se pretende".[10]

As emendas de 1962 coincidiram com uma série de eventos que produziram uma explosão de intervenções do governo e uma mudança em sua direção: a tragédia da talidomida, o livro *Primavera silenciosa* de Rachel Carson, que lançou o movimento ambientalista, e a controvérsia sobre o *Unsafe at Any Speed* de Ralph Nader. A FDA participou da mudança de papel do governo e tornou-se muito mais ativista do que jamais fora. A proibição de ciclamatos e a ameaça de proibir a sacarina ganharam a atenção da maior parte do público, mas não são, de modo algum, as ações mais importantes da FDA.

Ninguém pode discordar dos objetivos da legislação que culminaram nas emendas de 1962. Claro que é desejável que o público seja protegido de medicamentos sem segurança e ineficazes. No entanto, também é desejável que seja estimulado o desenvolvimento de novos medicamentos e que os novos medicamentos se tornem disponíveis para aqueles que dele podem se beneficiar tão logo possível. Como quase sempre é o caso, um bom objetivo se conflita com outros bons objetivos. Segurança e precaução de um lado podem significar morte em outro.

As questões cruciais são se a regulamentação da FDA tem sido eficaz na conciliação desses objetivos e se não há maneiras melhores de se fazer isso. Tais questões têm sido estudadas meticulosamente. Até o presente, acumularam-se provas consideráveis que indicam que a regulamentação da FDA é contraproducente, já que causou mais danos, retardando o progresso da produção e distribuição de medicamentos valiosos, do que o bem, evitando a distribuição de medicamentos danosos e ineficazes.

O efeito no índice de inovação de novos medicamentos é dramático: o número de "novas substâncias químicas" lançadas a cada ano caiu em mais de 50% desde 1962. De igual importância, agora leva muito mais tempo para um novo medicamento ser aprovado e, em parte como resultado, o custo de se desenvolver um novo medicamento multiplicou-se muitas vezes. De acordo com uma estimativa para a década de 1950 e o início da de 1960, custava, na época, meio milhão de dólares e levava 25 meses para se desenvolver um novo medicamento e lançá-lo no mercado. Considerando-se a inflação de lá para cá, o custo subiria para pouco mais de 1 milhão de dólares. Em 1978, "estava custando 54 milhões de dólares e cerca de oito anos de esforço para levar um medicamento ao mercado" — um aumento de cem vezes no custo e o quádruplo do tempo, em contraste com a duplicação dos preços em geral.[11] Como consequência, as empresas farmacêuticas já não conseguem desenvolver novos medicamentos nos Estados Unidos para pacientes com doenças raras. Cada vez mais, têm que depender dos medicamentos com alto volume de vendas. Os Estados Unidos, por longo tempo líder no desenvolvimento de novos medicamentos, estão, rapidamente, ficando para trás. E não podemos nos beneficiar plenamente do progresso do exterior porque a FDA, como de costume, não aceita prova do exterior para comprovação de eficácia. O resultado final poderá ser o mesmo do transporte ferroviário de passageiros: a estatização do desenvolvimento de novos medicamentos.

O assim chamado "atraso dos medicamentos" resultante manifesta-se na disponibilidade relativa de medicamentos nos Estados Unidos e em outros países. Um estudo meticuloso realizado pelo dr. William Wardell, do Centro de Estudos para o Desenvolvimento de Medicamentos da Universidade de Rochester, demonstra, por exemplo, que há muito mais medicamentos disponíveis na Grã-Bretanha que não estão disponíveis nos Estados

Unidos do que o contrário, e que aqueles disponíveis nos dois países entraram mais cedo no mercado da Grã-Bretanha. Dizia o dr. Wardell em 1978:

> Se examinarmos o significado terapêutico de medicamentos que não chegaram aos Estados Unidos, mas que estão disponíveis em outros lugares do mundo, como na Grã-Bretanha, podemos nos deparar com numerosos exemplos onde o paciente sofreu. Por exemplo, há um ou dois medicamentos chamados betabloqueadores; parece, agora, que podem evitar a morte depois de um ataque cardíaco — chamamos isto de prevenção secundária de morte coronariana após infarto do miocárdio —; se estivessem disponíveis aqui, poderiam estar salvando cerca de 10 mil vidas por ano nos Estados Unidos. Nos dez anos seguintes às emendas de 1962, não foi aprovado nenhum medicamento para hipertensão — para o controle da pressão sanguínea — nos Estados Unidos, enquanto diversos foram aprovados na Grã-Bretanha. Em toda a área cardiovascular, apenas um medicamento foi aprovado no período de cinco anos de 1967 a 1972. E isso pode ter correlação com conhecidos problemas organizacionais na FDA. [...]
>
> As implicações para o paciente são que as decisões terapêuticas que antes eram da esfera do médico e do paciente estão cada vez mais sendo feitas em nível nacional, por comissões de especialistas, e tais comissões e a agência para a qual atuam — a FDA — estão altamente distorcidas no sentido de evitar riscos, havendo, assim, uma tendência para termos medicamentos que são mais seguros, mas não termos medicamentos que sejam eficazes. Ouvi algumas coisas notáveis de alguns desses conselhos consultivos, nos quais, considerando-se os medicamentos, pipocavam declarações como: "Não há pacientes em quantidade suficiente com uma doença dessa gravidade para que se garanta a comercialização desse medicamento para uso geral." Então, está

tudo bem se o que você está tentando fazer é minimizar a toxicidade medicamentosa para toda a população, mas se por acaso você é um desses "pacientes em quantidade não suficiente", e você tem uma doença que é de alta gravidade ou uma doença que é muito rara, então é apenas uma questão de azar o seu.

Considerando-se tudo isso, será que esses custos não podem ser justificados pela vantagem de manter os medicamentos perigosos fora do mercado, de prevenir uma série de desastres como a talidomida? O mais meticuloso estudo empírico já realizado sobre essa questão, feito por Sam Peltzman, conclui que a evidência é inequívoca: o dano causado superou em muito o bem. Ele explica sua conclusão, em parte, observando que "as penalidades impostas pelo mercado aos vendedores de medicamentos ineficazes antes de 1962 parecem ter sido suficientes para não deixar espaço para melhorias pela agência reguladora".[12] Afinal de contas, os fabricantes de talidomida terminaram pagando muitas dezenas de milhões de dólares em indenizações — certamente um forte incentivo para evitar episódios semelhantes. Naturalmente, erros ainda vão acontecer — a tragédia da talidomida foi um deles —, mas também vão ocorrer sob a regulamentação do governo.

As evidências confirmam o que o entendimento geral recomenda enfaticamente. Não é por acaso que a FDA, a despeito das melhores intenções, atua para desencorajar o desenvolvimento e impede que entrem no mercado novos e potencialmente úteis medicamentos.

Ponha-se no lugar de um funcionário da FDA encarregado de aprovar ou desaprovar um novo medicamento. Você pode cometer dois erros bem diferentes:

1. Aprovar uma droga que acaba tendo efeitos colaterais não previstos, resultando na morte ou em deficiência grave em um número considerável de pessoas.

2. Negar a aprovação de um medicamento que é capaz de salvar muitas vidas ou de aliviar grandes sofrimentos e que não tem efeitos colaterais adversos.

Se você comete o primeiro erro — a aprovação da talidomida —, seu nome estará estampado na primeira página de todos os jornais. Você cairá em desgraça. Se você cometer o segundo erro, quem vai saber? A empresa farmacêutica que promoveu o medicamento, que será repudiada como um exemplo de empresários gananciosos com coração de pedra, e alguns químicos e médicos decepcionados, que participaram do desenvolvimento e dos testes do novo produto. As pessoas cujas vidas poderiam ter sido salvas não vão estar por ali para protestar. Suas famílias não terão como saber que seus entes queridos perderam suas vidas por causa da "precaução" de um desconhecido funcionário da FDA.

Em vista do contraste entre os insultos lançados sobre as empresas farmacêuticas europeias que venderam a talidomida e a fama e aclamação pública recebidas pela mulher que retardou a aprovação da talidomida nos Estados Unidos (dra. Frances O. Kelsey, que recebeu de John F. Kennedy uma medalha de ouro por Eminentes Serviços Públicos prestados), há alguma dúvida sobre que erro você estará ansioso para evitar? Se um de nós, você ou eu, estivesse naquela situação, mesmo com o melhor propósito do mundo, seríamos levados a rejeitar ou a adiar a aprovação de muitos medicamentos benéficos, de modo a evitar até mesmo uma remota possibilidade de aprovação de um medicamento que terá efeitos colaterais dignos de notícia em jornal.

Essa inevitável propensão é reforçada pela reação da indústria farmacêutica, o que leva ao indevido rigor das normas. Obter a aprovação torna-se mais caro, mais demorado e arriscado. A pesquisa de novos medicamentos torna-se menos lucrativa. A empresa tem menos a temer dos esforços de pesquisa de suas concorrentes. As firmas e medicamentos existentes são protegidos da concorrência. O ingresso de novas firmas e novos medicamentos é desencorajado. A pesquisa a ser realizada se concentrará no que há de menos controverso, o que significa menos inovador, entre as novas possibilidades.

Quando um de nós sugeriu em uma coluna da *Newsweek* (8 de janeiro de 1973) que, por essas razões, a FDA deveria ser extinta, a coluna provocou enxurradas de cartas de pessoas que atuavam na área farmacêutica narrando casos aflitivos para confirmar a alegação de que a FDA estava frustrando o desenvolvimento de medicamentos. Mas a maioria disse também alguma coisa como "Em contraste com a sua opinião, não acredito que a FDA deva ser extinta, mas acredito que seu poder deveria ser" mudado assim e assim.

Uma coluna subsequente, intitulada "Barking Cats" (19 de fevereiro de 1973), respondeu:

> O que você acharia de alguém que dissesse: "Gostaria de ter um gato, contanto que ele latisse"? Sua declaração de que é a favor de uma FDA contanto que se comporte como você acha desejável equivale à mesma coisa. As leis biológicas que especificam as características de gatos não são mais rígidas do que as leis políticas que especificam o comportamento de agências do governo uma vez criadas. O modo como atua a FDA e as consequências adversas não são por acaso, nem são resultado de algum erro humano facilmente corrigido, mas uma consequência de sua constituição, exatamente do mesmo modo que um miau está relacionado à constituição de um gato. Como cientista natural, você reconhece que não pode atribuir características a seu bel-prazer a organismos químicos e biológicos, não pode exigir que gatos latam ou que a água queime. Por que supõe que a situação seja diferente nas ciências sociais?

O erro de se supor que o comportamento de organismos sociais possa ser moldado à vontade é generalizado. É o erro fundamental dos assim chamados reformadores. Isso explica por que eles, com muita frequência, sentem que a falha é do homem, não do "sistema"; que o modo de resolver os problemas é "botar para fora os patifes" e pôr pessoas bem-intencionadas em seu lugar. Explica por que suas reformas, quando ostensivamente realizadas, com frequência se desvirtuam.

O dano causado pela FDA não resulta de defeitos das pessoas encarregadas — a menos que seja defeito ser humano. Muitos foram servidores civis capazes e devotados. Entretanto, pressões sociais, políticas e econômicas determinam o comportamento das pessoas supostamente encarregadas de uma agência governamental em uma dimensão muito maior do que determinam o comportamento da própria agência. Há exceções, sem dúvida, mas são raras — quase tão raras quanto gatos que latem.

Isso não quer dizer que seja impossível uma reforma efetiva. Mas é preciso levar em conta as leis políticas que regem o comportamento das agências governamentais, não simplesmente culpar os funcionários por ineficiência e desperdício ou questionar seus motivos e instar para que façam melhor. A FDA causou muito menos mal do que causa agora antes que as emendas de Kefauver alterassem as pressões e os incentivos para os servidores civis.

A Comissão de Segurança dos Produtos de Consumo

A Comissão de Segurança dos Produtos de Consumo (CPSC, na sigla em inglês) exemplifica a mudança na função regulatória por volta da última década. Ela afeta todas as indústrias. Sua principal preocupação não é com o preço ou o custo, mas com segurança. Tem amplos poderes discricionários e funciona apenas sob a mais geral delegação de poderes.

Inaugurada em 14 de maio de 1973, "a Comissão tem a atribuição específica de proteger o público contra riscos excessivos de danos causados por produtos de consumo, prestar assistência ao consumidor na avaliação da segurança desses produtos, elaborar normas para produtos de consumo, minimizar conflitos destas normas no nível federal, estadual e local, e promover a pesquisa e a investigação das causas e prevenção de mortes, doenças e danos relacionados com os produtos".[13]

Sua autoridade cobre "qualquer artigo ou componente produzidos ou distribuídos (i) para venda ao consumidor [...] ou (ii) para uso pessoal, consumo ou diversão do consumidor", exceto "tabaco e produtos com tabaco; veículos motores e equipamento de veículos motores; medicamentos; alimentos; aeronaves e componentes de aeronaves; determinados barcos; e alguns outros itens" — quase todos cobertos por outras agências reguladoras como a Agência do Álcool, Tabaco, Armas de Fogo e Explosivos, a Administração Nacional de Segurança do Tráfego das Rodovias, a FDA, a Administração Federal de Aviação e a Guarda Costeira.[14]

Apesar de a CPSC estar em seu estágio inicial, é provável que se torne uma agência importante que terá efeitos de longo alcance nos produtos e serviços que possamos comprar. Ela realizou testes e elaborou normas para produtos que variam de caixas de fósforo a bicicletas, de armas de brinquedo para crianças a receptores de televisão, de latões de lixo a miniluzes de árvore de Natal.

O objetivo de se ter produtos mais seguros é, naturalmente, bom, mas a que custo e baseado em que padrões? "Risco excessivo" dificilmente será um termo científico suscetível a uma especificação objetiva. Que nível de decibel de barulho de uma pistola de brinquedo é um "risco excessivo" para a audição de uma criança (ou de um adulto)? O espetáculo de "peritos" treinados, regiamente pagos, usando abafadores auditivos, atirando com pistolas de brinquedo como parte do processo de se tentar responder à pergunta é concebido para despertar confiança no contribuinte de que seu dinheiro está sendo gasto sensatamente. Uma bicicleta "segura" poderá ser uma bicicleta mais lenta, mais pesada, e ter um custo mais alto do que uma bicicleta menos "segura". Baseados em que critérios os burocratas da CPSC, no estabelecimento de normas, decidem quanta velocidade se deve sacrificar, quanto peso se deve acrescentar, quanto a mais no custo se deve impor para se alcançar quanta segurança a mais? Será que as normas "mais seguras" geram mais segurança? Ou apenas geram menos atenção e cuidado da parte do usuário? A maioria dos acidentes com bicicleta e similares é causada, afinal de contas, pelo descuido e pelo erro humano.

A maior parte dessas perguntas não é passível de respostas objetivas — e, no entanto, têm de ser respondidas implicitamente no decurso da elaboração e determinação de normas. As respostas refletirão, em parte, as avaliações arbitrárias dos servidores civis envolvidos, algumas vezes a avaliação dos consumidores ou de organizações de consumidores que, por acaso, tenham algum interesse especial no artigo em questão, mas principalmente terá a influência dos fabricantes dos produtos. Em geral, são os únicos que têm o devido interesse e conhecimento específico para comentar com propriedade determinadas normas propostas. Na realidade, grande parte da elaboração de normas simplesmente foi transferida para as associações comerciais. Você pode ter certeza de que tais normas serão formuladas conforme o interesse dos membros da associação, com uma atenção redobrada para que se protejam de concorrentes, tanto de novos produtores nacionais quanto de produtores estrangeiros. O resultado será o fortalecimento dos atuais fabricantes nacionais na concorrência e o fato de que a inovação e o desenvolvimento de novos e melhores produtos serão mais custosos e difíceis.

Quando os produtos entram no mercado pelo curso normal dos acontecimentos, há uma oportunidade para a experiência, para tentativa e erro. Sem dúvida, produtos de má qualidade são fabricados, erros são cometidos, defeitos insuspeitados aparecem. Mas os erros costumam ser, quase sempre, em pequena escala — ainda que alguns sejam importantes, como no recente caso do pneu radial 500, da Firestone — e podem ser corrigidos gradualmente. Os consumidores podem fazer eles mesmos a experiência e decidir de quais aspectos gostam ou não.

Quando o governo intervém através da CPSC, a situação é diferente. Muitas decisões têm de ser tomadas antes que o produto tenha passado por uma série de tentativas e erros no uso efetivo. As normas não podem ser ajustadas a diferentes necessidades e gostos. Elas têm de ser aplicadas uniformemente a todos. Inevitavelmente, será negada aos consumidores a oportunidade de experimentar dentro de uma gama variada de alternativas. Ainda assim, os erros continuarão a ser cometidos e, quando isso acontecer, muito provavelmente serão grandes.

Dois exemplos da CPSC ilustram o problema.

Em agosto de 1973, apenas três meses depois de ter começado a funcionar, a CPSC "proibiu a comercialização de certas marcas de adesivos em spray aerossol por apresentarem perigo iminente. Sua decisão foi baseada principalmente em descobertas preliminares de um pesquisador acadêmico que alegou que eles poderiam causar defeitos de nascença. Uma investigação mais aprofundada não conseguiu corroborar o relatório inicial e a comissão suspendeu a proibição, em março de 1974".[15]

Essa pronta admissão de erro é muito louvável e muito rara para uma agência governamental. Ainda assim, não impediu danos. "Parece que ao menos nove grávidas que haviam usado os adesivos em spray reagiram à notícia da decisão inicial da comissão fazendo aborto. Decidiram não levar adiante sua gravidez com medo de terem bebês com problemas de nascença."[16]

Um exemplo ainda mais sério é o episódio com respeito ao Tris. A comissão, quando foi criada, recebeu a responsabilidade de aplicar a "Lei dos Tecidos Inflamáveis", que datava de 1953, e tinha a finalidade de reduzir as mortes e lesões causadas por queimaduras acidentais de produtos, tecidos ou materiais relacionados. Uma norma emitida pela agência anterior, em 1971, para roupas de dormir infantis, foi reforçada pela CPSC em meados de 1973. Na época, o modo mais barato de atender a essa norma era impregnando a roupa com um produto químico que retardava as chamas — o Tris. Pouco depois, 99% de todas as roupas de dormir infantis produzidas e vendidas nos Estados Unidos estavam impregnados com Tris. Depois se descobriu que o Tris era um potente cancerígeno. No dia 8 de abril de 1977, a comissão proibiu seu uso no vestuário infantil e providenciou a retirada do mercado de roupas tratadas com Tris e sua devolução por parte dos consumidores.

Desnecessário dizer que, em seu *Relatório anual* de 1977, a comissão transformou em virtude a correção de uma situação perigosa que havia surgido, unicamente, como consequência de suas ações anteriores, sem reconhecer seu próprio papel na evolução do problema. As exigências iniciais expuseram milhões de crianças ao perigo de desenvolverem câncer. Tanto as exigências iniciais quanto a subsequente proibição do Tris impuseram custos pesados aos produtores de roupas de dormir infantis, o que significou, em última instância, que custou aos seus consumidores. Eles foram tributados, por assim dizer, na ida e na volta.

Esse exemplo é instrutivo para mostrar a diferença entre a regulação linear e o funcionamento do mercado. Se fosse então possível ao mercado atuar, alguns fabricantes, sem dúvida, teriam usado o Tris com a intenção de aumentar a atratividade de sua roupa de dormir, podendo alegar sua resistência a chamas, mas o Tris teria sido adotado gradualmente. Teria havido tempo para que a informação sobre as qualidades carcinogênicas do Tris fosse descoberta e para sua retirada do mercado antes que tivesse sido usado em grande escala.

O meio ambiente

O movimento ambientalista é responsável por uma das áreas onde a intervenção federal se deu mais rapidamente. A Agência de Proteção Ambiental, estabelecida em 1970 para "proteger e melhorar o ambiente físico", recebeu cada vez mais poderes e autoridade. Seu orçamento setuplicou de 1970 a 1978 e é agora de mais de meio bilhão de dólares. Tem uma equipe de aproximadamente 7 mil funcionários.[17] Impôs custos à indústria e aos governos local e estadual para atender suas normas, que totalizam dezenas de bilhões de dólares por ano. Algo entre um décimo e um quarto de investimento líquido total em novos bens de capital realizados pelas empresas agora vai para finalidades antipoluição. E isso sem contar os custos de exigências impostas por outras agências, tais como aquelas destinadas a controlar emissões de veículos automotores, os custos de planejamento de uso do solo ou de preservação de áreas selvagens, ou uma série de outras atividades dos governos federal, estadual e local realizadas em nome da proteção ao meio ambiente.

Preservar o meio ambiente e evitar poluição indevida são problemas reais a respeito dos quais o governo tem um importante papel a desempenhar. Quando todos os custos e benefícios de qualquer ação bem como as pessoas prejudicadas ou beneficiadas são prontamente identificáveis, o mercado proporciona um excelente meio de assegurar que só serão realizadas as ações pelas quais os benefícios excedem os custos para todos os participantes. Mas quando as pessoas afetadas ou os custos e benefícios não podem ser identificados, há uma falha de mercado do tipo analisado no capítulo 1 como proveniente de efeitos de "terceiros" ou de vizinhança.

Para tomar um exemplo simples, se alguém a montante contamina um rio, está, na realidade, trocando água boa por água ruim com as pessoas a jusante. Poderá haver circunstâncias pelas quais as pessoas a jusante queiram fazer essa troca. O problema é que não é viável fazer dessa transação objeto de uma troca voluntária, de identificar exatamente quem ganhou a água ruim pela qual uma determinada pessoa a montante foi responsável, e exigir que seja obtida sua permissão.

O governo é um meio pelo qual podemos tentar compensar a "falha de mercado", usar nossos recursos mais efetivamente para produzir a quantidade de ar, água e terra puros pelos quais estamos dispostos a pagar. Infelizmente, os próprios fatores que produzem a falha de mercado também tornam difícil para o governo obter uma solução satisfatória. Em geral, não é mais fácil para o governo identificar especificamente as pessoas prejudicadas e beneficiadas do que é para os participantes do mercado; não é mais fácil para o governo avaliar a quantidade de dano e de benefício para cada um. As tentativas de se usar o governo para corrigir as falhas de mercado quase sempre substituíram a falha de mercado pela falha de governo.

As discussões públicas da questão ambiental frequentemente se caracterizam mais pela emoção do que pela razão. Grande parte disso ocorre como se a questão fosse poluição versus não poluição, como se fosse desejável e possível ter um mundo sem poluição. Isso é claramente um absurdo. Ninguém que contemple o problema seriamente considerará desejável, ou uma situação possível, a poluição zero. Poderíamos ter zero de poluição dos automóveis, por exemplo, simplesmente abolindo todos os veículos. Isso também tornaria impossível o tipo de produtividade agrícola e industrial de que usufruímos hoje e, assim, condenar todos nós a um padrão de vida drasticamente inferior ou condenar muitos à morte. Uma fonte de poluição atmosférica é o dióxido de carbono que todos nós inalamos. Poderíamos parar com isso de um modo muito simples. Mas o custo claramente excederia o ganho.

Respirar ar puro tem um custo, exatamente como têm um custo outras coisas que queremos. Nossos recursos são limitados e temos que pesar os ganhos de reduzir a poluição contra os custos. Além do mais, a "poluição" não é um fenômeno objetivo. O que é poluição para uma pessoa pode ser satisfação para outra. Para alguns de nós, o rock pode ser uma poluição sonora; para outros, um prazer.

O problema real não é eliminar a poluição, mas tentar estabelecer planos que revelem a quantidade "certa" de poluição: uma quantidade tal que o ganho ao se reduzir um pouco mais a poluição compensa o sacrifício das outras coisas boas — casas, calçados, casacos e assim por diante — das quais teríamos que abrir mão para que pudéssemos reduzir a poluição. Se formos além disso, os sacrifícios serão maiores que os ganhos.

Outro obstáculo para uma análise racional da questão ambiental é a tendência de a colocarmos como um bem ou um mal — procedermos como se pessoas más e mal-intencionadas estivessem despejando poluentes na atmosfera por pura maldade de seus corações, que o problema é um dos motivos, que, se apenas aqueles de nós nobres o suficiente se erguessem em sua cólera para subjugar os homens maus, tudo estaria resolvido. É sempre muito mais fácil falar mal de outras pessoas do que participar de uma árdua análise intelectual.

No caso da poluição, o diabo culpado são, normalmente, os "negócios", as empresas que produzem bens e serviços. Na realidade, as pessoas responsáveis pela poluição são os consumidores, não os produtores. Eles criam, por assim dizer, uma demanda por poluição. As pessoas que usam eletricidade são responsáveis pela fumaça emitida pelas chaminés das usinas geradoras. Se quisermos ter a eletricidade com menos poluição, teremos que pagar, direta ou indiretamente, um preço alto o bastante pela eletricidade para cobrir os custos extras. No fim das contas, o custo de se ter ar e água mais limpos, e tudo o mais, terá de ser arcado pelo consumidor. Não há ninguém mais que pague por isso. A empresa é apenas um intermediário, um modo de coordenar as atividades das pessoas como consumidores e produtores.

O problema de se controlar a poluição e de se proteger o meio ambiente é muito complicado pela tendência de os ganhos e as perdas decorrentes dessas ações recaírem sobre pessoas diferentes. As pessoas, por exemplo, que ganham com a maior disponibilidade de áreas despovoadas, com a melhoria da qualidade recreativa de lagos e rios ou com o ar mais limpo nas cidades não são, em geral, as mesmas que teriam a perder com os consequentes aumentos nos preços dos alimentos, do aço ou de substâncias químicas. Normalmente, acreditamos, as pessoas que mais se beneficiariam com a redução da poluição são as que estão em situação financeira e educacional melhor do que as pessoas que se beneficiariam mais com o custo menor das coisas que resultariam de uma permissão para mais poluição. Os últimos, provavelmente, hão de preferir eletricidade mais barata a um ar mais limpo. A Lei de Director não está ausente da área da poluição.

A abordagem, em geral, adotada na tentativa de controlar a poluição é a mesma da regulação das ferrovias e caminhões, do controle dos alimentos e medicamentos, e da promoção da segurança de produtos. Criar uma agência reguladora do governo que tem poder discricionário para baixar normas e ordenar ações específicas que as empresas privadas, os indivíduos ou as comunidades estaduais ou locais deverão cumprir. E procurar fazer cumprir esses regulamentos por meio de sanções impostas pela agência ou pelos tribunais.

Esse sistema não proporciona um mecanismo efetivo que assegure o equilíbrio de custos e benefícios. Ao colocar toda a questão em termos de ordens a serem cumpridas, cria uma situação sugestiva de crime e castigo, não de compra e venda; de certo e errado, não de mais ou de menos. Além disso, tem os mesmos defeitos desse tipo de regulação em outras áreas. As pessoas ou as agências reguladas têm um forte interesse em gastar recursos, não de alcançar os objetivos desejados, mas de conseguir decisões favoráveis, influenciar os burocratas. E o interesse pessoal dos reguladores, por sua vez, tem apenas a mais distante relação com o objetivo básico. Como sempre no processo burocrático, os interesses difusos e amplamente dispersos recebem pouca atenção; os interesses concentrados assumem o comando. No passado, eram, em geral, as empresas, especialmente as maiores e mais importantes. Recentemente, a elas se juntaram os autointitulados e altamente organizados grupos de "interesse público" que alegam falar em nome de um público que poderá desconhecer completamente sua existência.

Os economistas, em sua maioria, concordam que um modo muito melhor de controle da poluição do que o atual método específico de regulação e supervisão é adotar a disciplina do mercado cobrando imposto sobre a emissão de efluentes. Por exemplo, em vez de se exigir das empresas que construam instalações apropriadas para certos tipos de lixo ou que obtenham determinado nível de qualidade de água a ser despejada em um lago ou rio, que se cobre um imposto de determinado valor por unidade de efluente despejado. Desse modo, a empresa teria um incentivo para usar o modo mais barato de manter baixo o nível de efluentes. Igualmente importante, desse modo haveria uma prova objetiva dos custos de se reduzir a poluição. Se um imposto pequeno levasse a uma grande redução, isso seria uma clara indicação de que o ganho é pequeno quando se permite o despejo. Por outro lado, mesmo que um imposto alto permitisse um grande despejo, isso indicaria o contrário, mas também proporcionaria quantias altas para compensar os prejudicados ou para desfazer o dano. A própria alíquota do imposto poderia variar à medida que a experiência produzisse informações sobre os custos e os ganhos.

Como as regulações, um imposto sobre efluentes automaticamente põe o custo sobre os usuários dos produtos responsáveis pela poluição. Estes, para os quais sai caro reduzir a poluição, subiriam de preço em comparação com aqueles para os quais sai barato, exatamente como agora aqueles produtos sobre os quais as regulações impõem custos pesados sobem de preço em relação aos outros. A produção dos primeiros cairia, a dos últimos subiria. A diferença entre o imposto sobre efluentes e as regulações é que o imposto sobre efluentes controlaria a poluição de forma mais efetiva a um custo menor e imporia uma carga menor sobre as atividades não poluidoras.

Em um excelente artigo, A. Myrick Freeman III e Robert H. Haveman escrevem: "Não é inteiramente uma brincadeira sugerir que a razão pela qual ainda não se tentou uma abordagem de incentivo econômico neste país é que ela daria certo."

Como eles dizem: "A adoção de um sistema de cobrança por poluição, juntamente com padrões de qualidade ambiental, resolveria a maior parte dos conflitos na área ambiental. E isso se daria com grande visibilidade, de modo que aqueles que saíssem prejudicados com essa política poderiam ver o que estava acontecendo. São a franqueza e a clareza dessas opções que os formuladores de políticas públicas procuram evitar."[18]

Essa é uma abordagem bem rápida de um problema extremamente importante e de longo alcance. Mas talvez seja suficiente para indicar que as dificuldades que infestaram a regulamentação do governo em áreas nas quais o governo não tem papel algum a desempenhar — como na determinação de preços e na alocação de rotas no transporte de carga por caminhões, viagem ferroviária e viagem aérea — também surgem em áreas onde o governo tem uma função a desempenhar.

Talvez isso possa também levar a um segundo exame do desempenho dos mecanismos de mercado em áreas onde eles supostamente funcionam de modo imperfeito. O mercado imperfeito pode, afinal de contas, sair-se tão bem ou até melhor do que o governo imperfeito. Na área de poluição, essa observação poderá trazer muitas surpresas.

Se não olharmos para a retórica, mas para a realidade, o ar está, em geral, muito mais limpo e a água mais segura nos países mais avançados do mundo hoje do que nos países atrasados. A industrialização levantou novos problemas, mas também proporcionou os meios para resolver problemas anteriores. O desenvolvimento do automóvel contribuiu, de fato, para uma forma de poluição — mas acabou, em grande parte, com uma forma bem menos atrativa.

O Departamento de Energia

O embargo de petróleo aos Estados Unidos, instituído pelo cartel da Opep em 1973, conduziu a uma série de crises de energia e a longas filas ocasionais nos postos de gasolina, o que tem sido, desde então, um transtorno para nós. O governo reagiu criando sucessivas organizações burocráticas para controlar e regular a produção e o uso de energia, terminando com a criação do Departamento de Energia, em 1977.

Funcionários do governo, repórteres e comentaristas de TV frequentemente atribuem a crise de energia a uma gananciosa indústria do petróleo, a consumidores que esbanjam, ao mau tempo ou aos xeiques árabes. Mas nenhum destes é responsável.

Afinal de contas, a indústria petrolífera existe há muito tempo — e sempre foi gananciosa. Os consumidores não se tornaram esbanjadores de repente. Já tivemos invernos rigorosos antes. Até onde vai a memória, os xeiques sempre quiseram ter riqueza.

As pessoas inteligentes e sofisticadas que enchem as colunas de jornais e as ondas de rádio e a TV com essas explicações tolas parecem nunca ter se perguntado o óbvio: por que será que por mais de um século, antes de 1971, não houve crises de energia, nem escassez de gasolina, nem problemas com óleo combustível — exceto na Segunda Guerra Mundial?

Houve uma crise de energia porque o governo criou. Naturalmente, o governo não fez isso de forma deliberada. Os presidentes Nixon, Ford e Carter nunca mandaram uma mensagem ao Congresso pedindo que legislasse uma crise de energia nem longas filas para a gasolina. Desde que o presidente Richard Nixon congelou os salários e os preços em 15 de agosto de 1971, o governo impôs preços máximos para o petróleo bruto, para a gasolina no varejo e para outros produtos do petróleo. Infelizmente, o quadruplicar dos preços do petróleo bruto pelo cartel da Opep em 1973 impediu que a imposição desses preços máximos fosse abolida quando a de todos os outros foi. Preços máximos estipulados por lei para produtos derivados do petróleo — este foi o elemento fundamental comum tanto à Segunda Guerra Mundial quanto ao período posterior a 1971.

Os economistas podem não saber muita coisa. Mas há algo de que sabemos bem: como produzir excedentes e escassez. Quer ter excedente? Faça o governo legislar um preço *mínimo* que seja *acima* do preço que prevaleceria de outra forma. Isso é o que fizemos, em um momento ou outro, para produzir excedentes de trigo, de açúcar, de manteiga e de muitos outros produtos.

Quer escassez? Faça o governo legislar um preço *máximo* que seja *abaixo* do preço que prevaleceria de outra forma. Foi isso o que fez a cidade de Nova York e recentemente outras cidades para os aluguéis de moradia e é por essa razão que todas estão tendo ou logo terão problemas de escassez de moradias. Foi por essa razão que houve tanta escassez durante a Segunda Guerra Mundial. E é por essa razão que há uma crise de energia e uma escassez de gasolina.

Há um modo simples de acabar com a crise de energia e a escassez de gasolina amanhã — e queremos dizer amanhã mesmo, não daqui a seis meses, nem daqui a seis anos. Acabe com todos os controles de preço do petróleo bruto e de outros produtos do petróleo.

Outras políticas equivocadas do governo e o comportamento monopolístico do cartel da Opep poderão contribuir para que os produtos do petróleo permaneçam caros, mas não produzirão a desorganização, o caos e a confusão com os quais nos deparamos agora.

Talvez surpreendentemente, essa solução reduza o custo da gasolina ao consumidor — o *verdadeiro* custo. Os preços nas bombas poderão subir alguns centavos por galão, mas o custo da gasolina inclui o tempo e o combustível consumido na fila de espera na caça a um posto, *mais* o orçamento anual do Departamento de Energia, que chegou a 10,8 bilhões de dólares em 1979, ou a cerca de 9 centavos por galão de gasolina.

Por que essa solução simples e infalível não foi adotada? Tanto quanto podemos ver, por duas razões básicas — uma de caráter geral, outra específica. Para desespero de todo economista, parece quase impossível para a maioria das pessoas sem formação em economia compreender como funciona um sistema de preços. Repórteres e comentaristas de TV parecem particularmente resistentes aos princípios elementares de economia que supostamente absorveram nos primeiros anos de faculdade. Em segundo lugar, acabar com os controles de preço mostraria que o imperador está nu — mostraria quão inúteis e até danosas são as atividades dos 20 mil funcionários do Departamento de Energia. Pode ser até que alguém se dê conta de como estávamos em melhor situação antes de ter um Departamento de Energia.

E quanto à afirmação do presidente Jimmy Carter de que o governo tem de instituir um vasto programa para a produção de combustíveis sintéticos ou então o país não terá mais energia em 1990? Também é um mito. Um programa de governo parece ser a solução apenas porque o governo vem bloqueando, a cada vez, a solução eficaz de uma economia de mercado.

Pagamos aos países da Opep cerca de 20 dólares o barril de petróleo em contratos de longo prazo e até mais no mercado à vista (o mercado de entrega imediata). O governo, no entanto, força os produtores nacionais a vender petróleo a 5,94 dólares o barril. O Estado cobra imposto sobre a produção nacional de petróleo para subsidiar o petróleo importado do exterior. Pagamos mais que o dobro pelo gás natural liquefeito da Argélia do que o governo permite aos produtores nacionais cobrar pelo gás natural. O governo impõe rigorosos requisitos ambientais tanto sobre os usuários quanto sobre os produtores de energia com a mínima ou nenhuma preocupação com os custos econômicos envolvidos. Normas complicadas e burocracia contribuem, em grande parte, para o tempo necessário para se construir centrais de energia (nuclear, de petróleo ou de carvão) e para trazer à produção nossa abundante reserva de carvão — e multiplicam o custo. Essas políticas contraproducentes do governo têm sufocado a produção nacional de energia e nos tornaram mais dependentes do que nunca do petróleo de fora — apesar, como disse o presidente Carter, "do perigo de depender de uma longa fila de navios petroleiros que se estende até o meio do caminho ao redor do mundo".

Em meados de 1979, o presidente Carter propôs um vasto programa que se estenderia ao longo de uma década e custaria 88 bilhões de dólares para produzir combustível sintético. Faz algum sentido levar os contribuintes a gastarem, direta ou indiretamente, 40 dólares ou mais com um barril de petróleo de xisto e, ao mesmo tempo, proibir os proprietários de poços nacionais de receberem mais de 5,94 dólares em algumas categorias de petróleo? Ou, como disse Edward J. Mitchell em artigo para o *Wall Street Journal* (27 de agosto de 1979): "Podemos muito bem perguntar [...] como é que gastar 88 bilhões de dólares para obter uma modesta quantia de 40 dólares por barril de petróleo sintético em 1990 nos 'protege' dos 20 dólares por barril de petróleo da Opep, seja hoje, seja em 1990."

Combustível de xisto, areias betuminosas e assim por diante — tudo isto faz sentido se, e somente se, a forma de produzir energia for mais barata do que as alternativas, tendo em conta todos os custos. O mecanismo mais eficaz de determinar se é mais barato é o mercado. Se for mais barato, será do próprio interesse das empresas privadas explorar essas alternativas — contanto que colham os benefícios e arquem com o custo.

As empresas privadas podem contar que colherão os benefícios somente se tiverem confiança de que os preços futuros não serão controlados. Não sendo assim, elas são chamadas a participar de um jogo de cara ou coroa. Essa é a situação atual. Se o preço sobe, surgem os controles e "impostos sobre ganhos inesperados"; se o preço cai, elas que assumam o prejuízo. Essa perspectiva acaba com a economia de mercado e faz com que a política socialista do presidente Jimmy Carter seja a única alternativa.

As empresas privadas arcarão com todo o custo apenas se forem obrigadas a pagar por danos ambientais. Os impostos sobre efluentes são a maneira de lidar com essa situação — e não ter uma agência do governo para impor normas arbitrárias e depois ter outra para simplificar a burocracia da primeira.

A ameaça de controle de preço e de regulação é o único obstáculo importante para o desenvolvimento de combustíveis alternativos por empresas privadas. Argumenta-se que os riscos são muito grandes e os custos de capital, muito pesados. Isso, simplesmente, está errado. Correr riscos é a essência da empresa privada. Não se eliminam os riscos impondo-os ao contribuinte em vez de ao capitalista. E o oleoduto do Alasca mostra que os mercados privados podem levantar quantias enormes para projetos promissores. Os recursos de capital do país não aumentam recorrendo-se ao cobrador de impostos, mas ao mercado de capitais para que haja mobilização.

O importante é que, haja o que houver, somos nós, as pessoas, que temos de pagar pela energia que consumimos. E pagaremos muito menos no total. Teremos muito mais energia se pagarmos diretamente e tivermos a liberdade de escolher, por nós mesmos, como usar a energia do que se pagarmos indiretamente, por meio dos impostos e da inflação, e tivermos de ouvir os burocratas do governo nos dizerem como devemos usar a energia.

O mercado

A perfeição não é para este mundo. Sempre haverá produtos de má qualidade, charlatões, vigaristas. Mas, em geral, a concorrência do mercado, quando lhe é permitido funcionar, protege o consumidor melhor do que fazem os mecanismos alternativos do governo que foram sendo progressivamente impostos ao mercado.

Como disse Adam Smith na citação com a qual iniciamos este capítulo, a concorrência não protege o consumidor porque os empresários têm mais coração mole do que os burocratas ou porque são mais altruístas ou generosos, ou até mesmo porque são mais competentes, mas apenas porque é do próprio interesse do empresário servir ao consumidor.

Se um lojista lhe oferece mercadorias de qualidade inferior ou de preço mais alto do que outro, você não vai continuar a patrocinar a loja dele. Se ele compra artigos para vender que não lhe interessam, você não irá comprá-los. Os comerciantes, portanto, vão em busca, no mundo todo, dos produtos que possam lhes interessar e atrair você. E dão garantia — caso contrário, vão fechar as portas. Quando você entra em uma loja, ninguém o obriga a comprar. Você tem liberdade para fazer isso ou ir para outro lugar. Essa é a diferença básica entre o mercado e um órgão do governo. Você tem liberdade para escolher. Não há policial para tirar dinheiro de seu bolso para pagar por uma coisa que você não quer ou para obrigar você a fazer alguma coisa que não quer.

Mas os defensores da regulamentação do governo dirão: suponha que a FDA não estivesse lá; o que impediria a empresa de distribuir produtos adulterados ou perigosos? Sairia muito caro fazer isso — como indicam os exemplos do elixir de sulfanilamida, o da talidomida e de numerosos incidentes menos divulgados. É uma prática comercial muito pobre — não um modo de formar uma clientela leal e fiel. Naturalmente, erros e acidentes acontecem — mas, como ilustra o caso envolvendo Tris, a regulação do governo não impede que aconteçam. A diferença é que uma empresa privada que comete um erro grave poderá fechar. Um órgão do governo provavelmente ganhará um orçamento maior.

Surgirão casos em que ocorrerão efeitos adversos que não podiam ter sido previstos — mas o governo não tem melhor meio de prever essas ocorrências do que a empresa privada. O único modo de parar todas essas ocorrências seria parar com o progresso, o que eliminaria também a possibilidade de ocorrências favoráveis imprevistas.

Mas o defensor da regulamentação do governo dirá: sem a Comissão de Segurança dos Produtos de Consumo, como o consumidor poderá avaliar a qualidade de produtos complexos? A resposta do mercado é que ele não tem de ser capaz de avaliar por si mesmo. Ele tem outras referências para fazer sua escolha. Uma delas é recorrer a um intermediário. A principal função econômica de uma loja de departamentos, por exemplo, é monitorar a qualidade em nosso proveito. Nenhum de nós é especialista em todos os artigos que compramos, nem mesmo nos mais triviais, como camisas, gravatas ou sapatos. Se compramos um artigo que veio com defeito, o mais provável é que nós o devolveremos para o comerciante varejista de quem o compramos, não ao fabricante. O comerciante varejista está em uma condição muito melhor de avaliar a qualidade do que nós. A Sears, Roebuck e a Montgomery Ward, como lojas de departamento, são eficientes agências de testagem do consumidor e de certificação, assim como as distribuidoras. Outro recurso do mercado é a marca. É do próprio interesse da General Electric, da General Motors, da Westinghouse ou da Rolls-Royce terem uma reputação de fabricantes de produtos que não deixam ninguém na mão, confiáveis.

Essa é a fonte de seu "fundo de comércio", que pode contribuir mais para seu valor como empresa do que as fábricas e unidades de produção que possuem.

Outro recurso ainda é a organização privada que faz pesquisas. Esses laboratórios de testes são comuns na indústria e têm um papel extremamente importante na certificação da qualidade de uma vasta gama de produtos. Para o consumidor, há organizações privadas como a Consumers' Research, criada em 1928 e ainda em atividade, que publica avaliações de uma ampla gama de produtos de consumo em sua revista mensal *Consumers' Research*; e a Consumers Union, fundada em 1935, que publica a *Consumer Reports*.

Tanto a Consumers' Research quanto a Consumers Union têm tido muito êxito — o suficiente para manter grandes equipes técnicas e outros profissionais com formação para análises, além de pessoal administrativo. Apesar disso, depois de quase meio século, só foram capazes de atrair, no máximo, 1% ou 2% de clientela potencial. A Consumers Union, a maior das duas, tem cerca de 2 milhões de membros. Sua existência é uma resposta do mercado à demanda do consumidor. Seu pequeno tamanho e o não surgimento de outras agências semelhantes demonstram que apenas uma pequena minoria de consumidores recorre a esse serviço e está disposta a pagar por ele. Deve ser porque a maioria dos consumidores está tendo a orientação que deseja e está disposta a pagar por ela de outra maneira.

E quanto à alegação de que os consumidores podem ser manipulados pela propaganda? Nossa resposta é de que eles não podem — como testemunham diversos fiascos da publicidade. Um dos maiores insucessos de todos os tempos foi o automóvel Edsel, lançado pela Ford Motor Company e promovido por uma grande campanha publicitária. Basicamente, a publicidade é um custo para a empresa, e o empresário quer obter o máximo por seu dinheiro. Não faz mais sentido tentar apelar para a verdadeira vontade ou os desejos dos consumidores do que tentar fabricar vontades e desejos artificiais? Em geral, certamente será mais barato vender algo que atenda ao que eles já querem do que criar uma vontade artificial.

Um exemplo favorito foi a suposta criação artificial de desejo por mudanças no modelo de automóvel. E, no entanto, a Ford foi incapaz de tornar o Edsel um sucesso, apesar de uma campanha publicitária tremendamente dispendiosa. Sempre houve automóveis disponíveis que não fizeram mudanças frequentes de modelo — o Superba, nos Estados Unidos (o correspondente para passageiros do táxi Checker), e muitos outros carros estrangeiros. Nunca conseguiram atrair mais do que uma pequena fração da clientela almejada. Se isso fosse o que os consumidores *realmente* queriam, as companhias que ofereceram essa opção teriam prosperado e as outras seguiriam atrás. A real objeção da maioria dos críticos da publicidade não é a de que a publicidade manipula os gostos, mas que o público, em sua maior parte, tem gostos superficiais — ou seja, gostos que não estão de acordo com o gosto dos críticos.

De qualquer modo, não se pode derrubar algo com simplesmente nada. É preciso sempre comparar alternativas: a real com a real. Se a propaganda é enganosa, é preferível, então, não haver propaganda ou ter o controle por parte do governo? Ao menos com a empresa privada há concorrência. Um anunciante pode concorrer com outro. Isso é mais difícil com o governo. O governo, também, está envolvido com propaganda. Tem milhares de agentes de relações públicas para apresentar seu produto do melhor ângulo possível. Essa propaganda é muito mais enganosa do que qualquer coisa produzida por empresas privadas. Repare apenas na publicidade que o Tesouro usa: "Títulos de Poupança dos Estados Unidos [...]. Que grande modo de se poupar!", como diz o slogan de um folheto de propaganda produzido pelo Departamento do Tesouro dos Estados Unidos e distribuído pelos bancos a seus clientes. No entanto, quem comprou títulos de poupança do governo na última década e um pouco mais foi enganado. A quantia que recebeu no vencimento compraria menos artigos e serviços do que a quantia com que comprou o título e ainda teve de pagar impostos sobre os erroneamente rotulados "juros". E tudo isso por conta da inflação produzida pelo governo que lhe vendeu os títulos! Ainda assim, o Tesouro continua a fazer propaganda dos títulos do tipo "construindo a segurança pessoal" e um "presente que continua crescendo", para citar outros trechos do mesmo folheto.

E quanto ao perigo de monopólio que levou às leis antitruste? Eis um perigo real. O modo mais eficaz de enfrentá-lo não é a partir de uma divisão antitruste maior no Departamento de Justiça ou de um orçamento maior para a Federal Trade Commission, mas removendo as barreiras existentes ao comércio internacional. Isso faria com que a concorrência do mundo todo fosse ainda mais eficaz do que é hoje para minar o monopólio dentro do país. Freddie Laker, da Grã-Bretanha, não precisaria de nenhuma ajuda do Departamento de Justiça para quebrar o cartel das linhas aéreas. Os fabricantes de automóveis japoneses e alemães forçaram os fabricantes americanos a lançar carros menores.

O grande perigo para o consumidor é o monopólio — seja privado ou do governo. Sua proteção mais eficaz é a livre concorrência no país e o livre-comércio com o mundo todo. O consumidor é protegido de ser explorado por um vendedor com a existência de outro vendedor de quem pode comprar e que está ávido para lhe vender. Fontes alternativas de oferta protegem o consumidor muito mais efetivamente do que todos os Ralph Naders do mundo.

Conclusão

"O reinado das lágrimas acabou. As favelas em breve serão apenas uma lembrança. Vamos transformar nossas prisões em fábricas e nossas cadeias em celeiros. Os homens vão andar aprumados agora, as mulheres vão sorrir e as crianças vão gargalhar. O inferno será para sempre lugar de aluguel."[19]

Foi assim que Billy Sunday, célebre evangelista e importante cruzado contra o demônio álcool,* saudou o início da proibição em 1920, promulgada em uma explosão de retidão moral no final da Primeira Guerra Mundial. Esse episódio é um duro lembrete de até onde a atual explosão de retidão moral, a atual pressão de nos protegermos contra nós mesmos, pode levar.

A proibição foi imposta para o nosso próprio bem. O álcool é uma substância perigosa. Mais vidas são perdidas a cada ano por causa do álcool do que todas as substâncias controladas pela FDA juntas. Mas aonde levou a proibição?

Novos presídios e cadeias tiveram de ser construídos para alojar os criminosos que proliferaram ao se converter a ingestão de bebida alcoólica em crime contra o Estado. Al Capone e Bugs Moran tornaram-se famosos por suas façanhas — assassinato, extorsão, sequestro, contrabando. Quem eram seus clientes? Quem comprava a bebida alcoólica que forneciam ilegalmente? Cidadãos respeitáveis que nunca aprovariam ou se envolveriam nas atividades que Al Capone e seus companheiros criminosos tornaram infames. Eles simplesmente queriam uma bebida. Para ter uma bebida, tinham que violar a lei. A proibição não acabou

---

* *Demon rum*, no original, é como os movimentos religiosos pela temperança tratavam a bebida, principalmente os destilados, sem excluir cerveja e vinho, no período da Lei Seca, quando os estados americanos ratificaram a décima oitava emenda à Constituição, em 1919, proibindo a fabricação, a venda e o transporte de bebidas alcoólicas nos EUA. [*N. da T.*]

com a ingestão de bebida alcoólica. Na realidade, converteu cidadãos obedientes da lei em criminosos. Conferiu, isto sim, uma aura de glamour e excitação ao ato de beber que atraiu muitos jovens. Suprimiu, isto sim, muitas forças disciplinares do mercado que ordinariamente protegem o consumidor de produtos de má qualidade, adulterados e perigosos. Corrompeu, isto sim, agentes subalternos da lei e criou um clima moral decadente. *Não fez parar o consumo de álcool.*

Hoje ainda estamos longe disso com a proibição de ciclamatos, DDT e amigdalina. Mas essa é a direção para a qual estamos caminhando. Alguma coisa semelhante a um mercado paralelo já existe para os medicamentos proibidos pela FDA; cidadãos já vão para o Canadá ou o México a fim de comprar medicamentos que não podem adquirir legalmente nos Estados Unidos — exatamente como as pessoas fizeram durante a proibição para obter uma bebida legal. Muitos médicos conscienciosos se sentem em uma espécie de dilema, encurralados entre o que eles consideram ser o bem-estar de seu paciente e a obediência estrita da lei.

Se continuarmos nessa caminhada, não há dúvida de onde ela vai terminar. Se o governo tiver a responsabilidade de nos proteger de substâncias perigosas, a lógica certamente exige a proibição do álcool e do tabaco. Se é apropriado ao governo proteger-nos do uso perigoso de bicicletas e pistolas de brinquedo, a lógica exige a proibição de atividades ainda mais perigosas, como voo de asa-delta, motociclismo e esqui.

Até mesmo as pessoas que administram as agências reguladoras estão horrorizadas com essa perspectiva e recuam. Quanto ao restante de nós, a reação do público às tentativas mais extremadas de controlar nosso comportamento — à exigência de um sistema de bloqueio nos automóveis ou à proposta de proibição da sacarina — é uma ampla evidência de que não queremos tomar parte nisso. Na medida em que o governo tenha informações não disponíveis, em geral, sobre os méritos e os deméritos dos artigos que ingerimos ou das atividades em que nos envolvemos, que nos passe as informações — mas nos deixe livres para escolher que riscos queremos correr com nossas próprias vidas.

8

Quem protege o trabalhador?

Nos dois últimos séculos, a condição do trabalhador comum nos Estados Unidos e em outras sociedades economicamente avançadas teve uma notável melhoria. Dificilmente um trabalhador hoje se envolve com o tipo de atividade exaustiva que era comum há um século ou mais e que ainda é comum na maior parte do mundo. As condições de trabalho estão melhores; a carga horária e menor; férias e outros benefícios adicionais são uma realidade hoje em dia. Os ganhos são muito mais elevados, possibilitando um padrão de vida à família comum que apenas alguns poucos ricos podiam usufruir no passado.

Se a Gallup pudesse realizar uma pesquisa perguntando "O que explica a melhoria na vida do trabalhador?", a resposta mais popular muito provavelmente seria "sindicatos de trabalhadores" e a próxima, "o governo" — apesar de que "ninguém", "não sei" ou "não tenho opinião" pudessem bater as duas primeiras. E, no entanto, a história dos Estados Unidos e de outros países ocidentais nos dois últimos séculos demonstra que tais respostas estão erradas.

Na maior parte desse período, os sindicatos tinham pouca importância nos Estados Unidos. Até 1900, apenas 3% de todos os trabalhadores eram membros de sindicatos. Os sindicatos não eram, claramente, uma razão importante para a melhoria de vida do trabalhador nos Estados Unidos.

Da mesma forma, até o New Deal, as regulamentações e as intervenções do governo, especialmente do governo central, na ordem econômica eram mínimas. O governo tinha um papel fundamental ao proporcionar uma base institucional para uma economia de mercado. Mas a ação direta do governo não era, claramente, a razão para a melhoria de vida do trabalhador.

Quanto a "ninguém" ser responsável pela melhoria, a própria vida hoje do trabalhador desmente essa resposta.

Sindicatos de trabalhadores

Um dos mais flagrantes usos impróprios da linguagem é o uso de "trabalho" como se fosse sinônimo de "entidades sindicais" — como em relatos de que "o trabalho se opõe" a tal e tal lei proposta ou que o programa legislativo do "trabalho" é tal e tal. Esse é um duplo erro. Em primeiro lugar, mais de três em cada quatro trabalhadores nos Estados Unidos não são membros de sindicatos dos trabalhadores. Até mesmo na Grã-Bretanha, onde sindicatos há muito têm sido bem mais fortes do que nos Estados Unidos, a maioria dos trabalhadores não é membro de organizações de classe. Em segundo lugar, é um erro identificar os interesses de uma entidade sindical com os interesses de seus membros. Há uma conexão, e uma conexão estreita, para a maioria dos sindicatos na maior parte das vezes. No entanto, há diversos casos de funcionários de sindicato agindo em seu próprio benefício à custa de seus membros — tanto por meios legais quanto pelo uso impróprio e apropriação indébita de recursos do sindicato — para nos alertarem contra a equivalência automática dos interesses das entidades sindicais com os interesses de seus membros, quanto mais com relação aos interesses dos trabalhadores como um todo.

O uso impróprio da linguagem é tanto uma causa quanto um efeito de uma tendência geral para superestimar a influência e o papel dos sindicatos do trabalho. As ações do sindicato são visíveis e noticiáveis. Frequentemente, elas geram manchetes de jornal e cobertura completa nos programas noturnos de TV. "As discussões e barganhas do mercado" — como denominava Adam Smith — pelas quais são determinados os salários da maioria dos trabalhadores nos Estados Unidos são muito menos visíveis, chamam menos atenção e sua importância é, em consequência, bastante subestimada.

O uso impróprio da linguagem contribui também para a crença de que os sindicatos dos trabalhadores são um produto do desenvolvimento industrial contemporâneo. Não são nada disso. Ao contrário, são um retrocesso a um período pré-industrial, às corporações que representavam a forma característica de organização tanto dos comerciantes quanto dos artesãos nas cidades e cidades-Estados que cresceram a partir do período feudal. Na realidade, o sindicato dos trabalhadores contemporâneo pode remontar a uma época ainda mais distante, quase 2.500 anos, quando foi selado um acordo entre os médicos na Grécia.

Hipócrates, universalmente conhecido como o pai da medicina moderna, nasceu por volta de 460 a.C. em Cós, uma das ilhas gregas que ficam a apenas alguns quilômetros da costa da Ásia Menor. Na época, era uma ilha próspera e já um centro médico. Depois de estudar medicina em Cós, Hipócrates viajou muito, desenvolvendo uma grande reputação como médico, particularmente por sua capacidade de exterminar pragas e epidemias. Depois de um tempo, voltou a Cós, onde fundou, ou tomou sob seu encargo, uma escola de medicina e centro de tratamento. Ele ensinava a todos que queriam aprender — contanto que pagassem as taxas. Seu centro tornou-se famoso em todo o mundo grego, atraindo estudantes, pacientes e médicos de todas as partes.

Quando Hipócrates morreu, aos 104 anos — pelo menos assim diz a lenda —, Cós estava repleta de médicos, seus estudantes e discípulos. A disputa por pacientes era acirrada e, como era de se esperar, cresceu um movimento coordenado para que se fizesse algo a respeito disso — em terminologia moderna, para "racionalizar" a disciplina, de modo a acabar com a "concorrência desleal".

Em função disso, pouco mais de vinte anos após a morte de Hipócrates — novamente, como diz a lenda —, os médicos se reuniram e elaboraram um código de conduta, que batizaram de Juramento de Hipócrates em homenagem a seu velho professor e mestre. A partir de então, na ilha de Cós, e aos poucos no resto do mundo, todo médico recém-formado, antes de começar a praticar a medicina, tinha de prestar tal juramento. O costume continua hoje como parte da cerimônia de graduação da maioria das escolas de medicina nos Estados Unidos.

Como a maioria dos códigos profissionais, acordos comerciais de empresas e contratos de sindicatos de trabalho, o Juramento de Hipócrates estava repleto de belos ideais para proteger o paciente: "Usarei meu poder para ajudar o doente no melhor de minha capacidade e discernimento. [...] Sempre que entrar em uma casa, irei para ajudar o doente e nunca com a intenção de lhe causar algum dano ou ferimento" e assim por diante.

Mas ele também cometeu alguns deslizes. Veja este: "Passarei preceitos, preleções e todos os demais conhecimentos aos meus filhos, aos meus professores e àqueles alunos devidamente preparados e juramentados, e a mais ninguém." Hoje chamaríamos isso de um prelúdio a uma *closed shop*.*

Ou ainda este, referindo-se a pacientes sofrendo da angustiante doença de pedras nos rins ou na bexiga: "Não cortarei,

---

* Empresa na qual todos os trabalhadores têm que ser membros de um determinado sindicato. [N. da T.]

nem mesmo pela pedra, mas deixarei tais procedimentos para os praticantes do ofício"[1] — um belo acordo de partilha de mercado entre médicos e cirurgiões.

Hipócrates, presumimos, deve se virar no túmulo quando uma nova turma de médicos presta esse juramento. Acredita-se que ele tenha ensinado a todos que demonstraram interesse e pagaram a devida taxa. Provavelmente, ele se oporia ao tipo de práticas restritivas que os médicos em todo o mundo adotaram desde aquela época até os dias de hoje com o intuito de se protegerem da concorrência.

A Associação Médica Americana (AMA) raramente é tida como um sindicato. E é muito mais do que um sindicato comum. Ela presta importantes serviços a seus membros e à profissão médica como um todo. Entretanto, também é um sindicato de trabalhadores e, em nosso modo de ver, tem sido um dos sindicatos mais bem-sucedidos do país. Durante décadas, manteve baixo o número de médicos, manteve alto o custo da assistência médica e evitou a concorrência aos médicos "devidamente preparados e juramentados" de pessoas fora da profissão — tudo, é claro, em nome da assistência ao paciente. Neste ponto do livro, já não é necessário repetir que os líderes da profissão foram sinceros em sua crença de que a restrição ao ingresso na medicina ajudaria o paciente. Já estamos familiarizados com a capacidade que todos temos de acreditar que o que é do nosso interesse é do interesse social.

Conforme o governo passou a ter um papel maior na medicina e a financiar uma parte maior dos custos médicos, o poder da Associação Médica Americana diminuiu. Outro grupo monopolista, os burocratas do governo, a substituiu. Acreditamos, em parte, que isso tenha ocorrido por conta da atuação da própria classe médica organizada.

Essa evolução dos fatos na medicina é importante e poderá ter implicações de longo alcance para o tipo e custo da assistência médica que estará disponível para nós no futuro. Entretanto, este capítulo é sobre trabalho, não medicina, portanto iremos nos referir apenas àqueles aspectos da economia médica que ilustram os princípios aplicáveis a toda a atividade sindicalista. Poremos de lado outras questões importantes e fascinantes sobre a atual evolução da organização da assistência médica.

Quem se beneficia?

Os médicos estão entre os trabalhadores mais bem-pagos dos Estados Unidos. Esse status não é excepcional para pessoas que se beneficiaram com sindicatos de trabalhadores. Apesar da imagem frequentemente transmitida de que os sindicatos dos trabalhadores protegem trabalhadores malpagos contra a exploração dos empregadores, a realidade é bem diferente. Os sindicatos que têm tido mais sucesso invariavelmente dão cobertura a trabalhadores que estão em profissões que exigem capacidade e que seriam, em geral, muito bem-pagos com ou sem sindicatos. Isso simplesmente torna o alto salário ainda mais alto.

Por exemplo, os pilotos das linhas aéreas nos Estados Unidos receberam um salário anual, para uma semana de três dias, na média, de 50 mil dólares por ano em 1976, valor que desde então tem subido consideravelmente. Em um estudo intitulado "The Airline Pilots", George Hopkins escreve: "Os salários incrivelmente altos dos pilotos hoje são resultado menos da responsabilidade que têm ou da capacidade técnica que possuem do que da condição de proteção que conseguiram a partir de um sindicato."[2]

Os mais antigos sindicatos tradicionais nos Estados Unidos são os sindicatos de mesmo ofício — carpinteiros, encanadores, emboçadores e semelhantes —, repetindo: trabalhadores altamente capacitados e pagos regiamente. Há pouco tempo, os sindicatos que cresceram mais rápido — e, na realidade, quase os únicos que de fato cresceram — são os sindicatos de trabalhadores do governo, inclusive professores, policiais, agentes sanitários e todas as outras variedades de empregados do governo. Os sindicatos municipais de Nova York demonstraram sua força contribuindo para levar a cidade à beira da falência.

Os professores e funcionários municipais ilustram um princípio geral claramente exemplificado na Grã-Bretanha. Seus sindicatos não lidam diretamente com os contribuintes que pagam os salários de seus membros. Lidam com funcionários do governo. Quanto mais vaga a relação entre os contribuintes e os funcionários com os quais os sindicatos lidam, maior a tendência para que os funcionários e os sindicatos se unam à custa do contribuinte — outro exemplo do que acontece quando algumas pessoas gastam o dinheiro de outras pessoas com terceiros. É por essa razão que os sindicatos municipais são mais fortes nas grandes cidades como Nova York do que em pequenas cidades, razão pela qual os sindicatos de professores se tornaram mais poderosos à medida que o controle sobre a conduta das escolas e sobre os gastos com a educação foram se tornando mais centralizados, sendo retirados totalmente, depois, da comunidade local.

Na Grã-Bretanha, o governo nacionalizou muitos setores a mais que os Estados Unidos — inclusive de mineração de carvão, serviços de utilidade pública, telefonia, hospitais. E os sindicatos dos trabalhadores na Grã-Bretanha tornaram-se mais fortes, em geral, e os problemas trabalhistas, mais sérios nos setores nacionalizados. O mesmo princípio se reflete na força dos sindicatos de trabalhadores no serviço postal dos EUA.

Levando-se em conta que os membros dos sindicatos fortes são muito bem-pagos, a pergunta óbvia é: eles são muito bem-pagos porque seus sindicatos são fortes ou seus sindicatos são fortes porque eles são muito bem-pagos? Os defensores dos sindicatos alegam que o salário alto de seus membros ocorre graças à força da organização sindical e que, se todos os trabalhadores fossem membros de sindicatos, todos seriam muito bem-pagos.

A situação é, no entanto, muito mais complexa. Sindicatos de trabalhadores altamente capacitados foram, sem dúvida, capazes de elevar os salários de seus membros; no entanto, as pessoas que, em qualquer hipótese, seriam bem-pagas estão em condições favoráveis para formar sindicatos fortes. Além disso, a capacidade dos sindicatos de elevar os salários de alguns trabalhadores não significa que o sindicalismo universal pudesse elevar os salários de todos os trabalhadores. Essa, na verdade, é uma importante origem de mal-entendidos, pois *os ganhos que os sindicatos fortes conquistam para os seus membros são essencialmente à custa de todos os outros trabalhadores.*

A chave para se compreender a situação é o princípio mais elementar de economia: a lei da demanda — quanto mais alto o preço de qualquer coisa, menos dispostas estarão as pessoas para comprá-la. Encareça o trabalho de qualquer espécie e o número de empregos dessa espécie será menor. Encareça o trabalho dos carpinteiros e menos casas serão construídas, e essas casas que serão construídas tenderão a usar materiais e métodos que exijam menos carpintaria. Aumente o salário dos pilotos de linhas aéreas e suas viagens aéreas se tornarão mais caras. Menos pessoas voarão e haverá menos empregos para pilotos de linhas aéreas. Por outro lado, reduza o número de carpinteiros ou de pilotos e eles exigirão salários mais altos. Diminua o número de médicos e eles poderão cobrar honorários mais altos.

Um sindicato bem-sucedido reduz o número de empregos disponíveis do tipo que ele controla. Como consequência, algumas pessoas que gostariam de conseguir esses empregos pelo salário do sindicato não conseguem. São forçadas a procurar emprego em outro lugar. Uma grande oferta de trabalhadores para outros empregos puxa para baixo os salários. A sindicalização universal não alteraria a situação. Poderia significar salários mais altos para as pessoas que conseguem empregos, junto com mais desemprego para as outras. O mais provável é que significaria sindicatos fortes e sindicatos fracos, com os membros dos sindicatos fortes conseguindo salários mais altos, como ocorre agora, à custa dos membros dos sindicatos fracos.

Os líderes sindicais falam de obter salários mais altos à custa de lucros. Isso é impossível: os lucros simplesmente não são elevados o suficiente. Cerca de 80% da renda nacional total dos Estados Unidos vão atualmente para pagar as horas semanais trabalhadas, os salários e os benefícios adicionais dos trabalhadores. Mais da metade do resto vai para pagar aluguel e juros sobre empréstimos. Os lucros de pessoas jurídicas — aos quais os líderes sindicais sempre se referem — totalizam menos de 10% da renda nacional. E isso antes dos impostos. Com a dedução dos impostos, os lucros das pessoas jurídicas são algo em torno de 6% da renda nacional. O que não dá muito espaço para financiar salários mais elevados, mesmo que todos os lucros fossem absorvidos. E isso mataria a galinha dos ovos de ouro. A pequena margem de lucros proporciona o incentivo para investimentos em fábricas e máquinas e para o desenvolvimento de novos produtos e métodos. Tais investimentos e inovações elevaram, ao longo dos anos, a produtividade do trabalhador e proporcionaram recursos para salários cada vez mais altos.

Salários mais altos para um grupo de trabalhadores derivam, necessariamente, dos de outros trabalhadores. Há cerca de trinta anos, um de nós estimou que, na média, cerca de 10% a 15% dos trabalhadores deste país haviam conseguido, através de sindicatos ou de seus equivalentes, como a Associação Médica Americana, elevar seus salários de 10% a 15% acima do que conseguiriam de outra forma, à custa da redução dos salários ganhos pelos outros 85% a 90% da ordem de 4% abaixo do que teriam conseguido se a situação fosse outra. Estudos mais recentes indicam que, *grosso modo*, continua a ser essa a ordem de magnitude do efeito dos sindicatos.[3] Salários mais altos para trabalhadores bem-pagos, salários mais baixos para trabalhadores malpagos.

Todos nós, inclusive os fortemente sindicalizados, fomos indiretamente prejudicados como consumidores, pelo efeito dos altos salários estabelecidos pelos sindicatos, nos preços dos bens de consumo. As moradias são desnecessariamente caras para todo mundo, inclusive os carpinteiros. Os trabalhadores foram impedidos pelos sindicatos de usar sua capacidade para produzir os artigos mais valorizados; foram obrigados a recorrer a atividades nas quais sua produtividade é menor. A cesta total de bens disponíveis para todos nós é menor do que teria sido.

A origem do poder sindical

Como os sindicatos conseguem elevar os salários de seus membros? Qual é a origem essencial de seu poder? A resposta é: sua competência em manter baixo o número de empregos disponíveis ou, de modo equivalente, manter baixo o número de pessoas disponíveis para uma classe de empregos. Os sindicatos foram capazes de manter baixo o número de empregos através da imposição de um nível elevado de salário, em geral com a ajuda do governo. Foram capazes de manter baixo o número de pessoas disponíveis, principalmente a partir de concessão de licença para exercer a profissão, também com a ajuda do governo. Algumas vezes ganharam poder em conluio com os empregadores para impor um monopólio do produto que seus membros ajudam a produzir.

Imposição de um alto nível salarial. Se, de uma forma ou de outra, um sindicato pode assegurar que nenhum contratante pagará menos que, digamos, 15 dólares a hora para um encanador ou um carpinteiro, isso reduzirá o número de empregos oferecidos. Claro, também aumentará o número de pessoas que gostariam de conseguir os empregos.

Imagine, por um momento, que possa ser estabelecido por lei o salário de nível elevado. Terá de haver, então, um modo de racionar o número limitado de empregos lucrativos entre as pessoas que procuram por eles. Os mais diversos recursos foram adotados: nepotismo, para manter os empregos na família; critério de antiguidade e normas quanto ao grau de conhecimento; sinecura, empregos de pouco ou nenhum trabalho; e a simples corrupção. As apostas são grandes, por isso os recursos usados são uma questão delicada em assuntos sindicais. Alguns sindicatos não permitirão que as cláusulas de antiguidade sejam discutidas em reuniões abertas porque isso provoca brigas. Propinas a funcionários do sindicato para garantir preferência nos empregos são uma forma comum de corrupção. A discriminação racial, fortemente criticada pelos sindicatos, é ainda outro recurso para racionar empregos. Se há excesso de candidatos para um número limitado de empregos a serem racionados, qualquer recurso para selecionar aqueles que ficam com os empregos é, obrigatoriamente, arbitrário. Apelos a preconceito e considerações irracionais semelhantes frequentemente têm grande apoio entre os que "estão dentro" como um modo de decidir quem manter fora. A discriminação racial e religiosa entrou também nas admissões para escolas de medicina pela mesma razão: excesso de candidatos aceitáveis e a necessidade de racionar lugares entre eles.

De volta ao nível salarial, como um sindicato pode obrigar a adoção de um nível elevado de salário? Um modo é pela violência ou pela ameaça de violência: ameaçando destruir a propriedade dos empregadores, espancá-los se empregarem trabalhadores não sindicalizados ou se eles pagarem aos membros dos sindicatos menos do que o nível estabelecido pelo sindicato; ou, ainda, espancando trabalhadores ou destruindo sua propriedade, se aceitarem trabalhar por um salário inferior. Essa é a razão pela qual as propostas salariais e as negociações dos sindicatos frequentemente eram acompanhadas de violência.

Um modo mais fácil é conseguir que o governo ajude. Essa é a razão por que as sedes dos sindicatos se aglomeram em torno da Capitol Hill, em Washington, ou por que dedicam tanto dinheiro e atenção à política. Em seu estudo do sindicato dos pilotos de linhas aéreas, Hopkins observa que "a União assegurou uma legislação federal suficientemente protetora para tornar os pilotos profissionais de linhas aéreas praticamente tutelados pelo Estado".[4]

Uma forma importante de ajuda do governo para os sindicatos da construção é a Lei Davis-Bacon, uma lei federal que obriga todas as empreiteiras que trabalham em um contrato superior a 2 mil dólares, do qual o governo dos EUA ou o distrito de Colúmbia seja uma parte, a pagar níveis de salários não inferiores àqueles "predominantes nas respectivas classes de trabalhadores e mecânicos" na vizinhança em questão, segundo "determinação do secretário do Trabalho". Na prática, os níveis "predominantes" foram estipulados para serem os níveis salariais dos sindicatos em "uma proporção esmagadora de decisões salariais [...] independentemente da área ou do tipo de construção".[5] O alcance da lei foi ampliado com a incorporação de sua exigência de salário predominante em numerosas outras leis para projetos com auxílio federal e por leis semelhantes em 35 estados (com vigência a partir de 1971) cobrindo despesas de construções estaduais.[6] O efeito dessas leis é que o governo obriga a aplicação dos níveis salariais dos sindicatos para a maior parte da atividade de construção.

Até mesmo o uso da violência envolve, implicitamente, o apoio do governo. Uma atitude pública geralmente favorável aos sindicatos de trabalhadores levou as autoridades a tolerarem um comportamento no decorrer dos conflitos trabalhistas que nunca tolerariam em outras circunstâncias. Se o carro de alguém é virado no decorrer de um conflito trabalhista ou se uma fábrica, loja ou janelas de uma casa são quebradas, e se pessoas até mesmo são espancadas e seriamente feridas, é menos provável que os criminosos paguem uma multa, menos ainda que vão para a cadeia, do que se o mesmo incidente tivesse ocorrido em outras circunstâncias.

Outro conjunto de medidas do governo que impõem níveis salariais são as leis do salário mínimo. Essas leis são defendidas como um meio de ajudar as pessoas de baixa renda. Na realidade, elas as *prejudicam*. A origem da pressão a favor delas é demonstrada pelas pessoas que depõem perante o Congresso a favor de um salário mínimo mais alto. Elas não são representantes das pessoas pobres, mas, quase sempre, do sindicalismo trabalhista, da AFL-CIO e de outras organizações trabalhistas. Nenhum membro de seus sindicatos trabalha em lugar algum por um salário próximo ao salário mínimo legal. A despeito de toda a retórica sobre ajuda aos pobres, elas são a favor de um salário mínimo ainda maior, como uma forma de proteger da concorrência os membros de seus sindicatos.

A lei do salário mínimo obriga os empregadores a discriminarem pessoas de baixa qualificação. Ninguém descreve a lei desse modo, mas é isso, de fato, o que ela é. Considere um(a) adolescente com baixa qualificação cujos serviços valham, digamos, apenas 2 dólares a hora. Ele(a) pode estar ansioso(a) para trabalhar por esse salário a fim de adquirir um maior preparo que lhe permita um trabalho melhor. A lei diz que tal pessoa só pode ser contratada se o empregador estiver disposto a pagar a ele(a) (em 1979) 2,90 dólares a hora. A menos que um empregador esteja disposto a acrescentar 90 centavos por caridade aos 2 dólares que valem os serviços da pessoa, o(a) adolescente não será empregado(a). Sempre foi um mistério para nós por que razão um jovem estaria melhor de vida desempregado, sem um trabalho que pagaria 2,90 dólares a hora, do que empregado em um trabalho que paga, de fato, 2 dólares a hora.

O alto índice de desemprego entre os adolescentes, em especial adolescentes negros, é tanto um escândalo quanto uma séria causa de distúrbios sociais. E, no entanto, é, em grande parte, resultado de leis de salário mínimo. No final da Segunda Guerra Mundial, o salário mínimo era de 40 centavos a hora. A inflação dos tempos de guerra tornou-o tão baixo em termos reais que passou a não ter importância. O salário mínimo teve, então, uma brusca elevação: 75 centavos em 1950 e 1 dólar em 1956. No início da década de 1950, o índice de desemprego para adolescentes girava em torno de 10% em comparação com os cerca de 4% para os demais trabalhadores — moderadamente mais alto, como seria de se esperar para um grupo que acabava de ingressar no mercado de mão de obra. Os índices de desemprego para adolescentes brancos e negros eram quase os mesmos. Depois que os níveis de salários mínimos tiveram uma subida brusca, o índice de desemprego disparou, tanto para os adolescentes brancos quanto para os negros. Mais significativo ainda foi que aumentou a diferença entre os índices de desemprego para adolescentes brancos e para os negros. Atualmente, o índice de desemprego está em torno de 15% a 20% para adolescentes brancos e de 35% a 45% para adolescentes negros.[7] Consideramos o salário mínimo uma das leis que mais vão contra os negros, se não a maior delas, nos registros do Diário Oficial. O governo, primeiro, proporciona escolas nas quais muitos jovens, desproporcionalmente negros, são educados de modo tão precário que não têm a capacitação que os habilitaria a conseguir bons salários. Depois, o governo os penaliza uma segunda vez, impedindo que se ofereçam para trabalhar por salários baixos como um modo de induzir os empregadores a dar-lhes treinamento para o trabalho. Tudo isso em nome da ajuda ao pobre.

Números restritivos. Uma alternativa para se impor um nível de salário é restringir diretamente o número dos que podem exercer uma atividade profissional. Essa técnica é particularmente atrativa quando há muitos empregadores — de modo que a imposição de um nível de salário é difícil. A medicina é um excelente exemplo, já que grande parte da atividade da medicina sindicalizada tem sido no sentido de restringir o número de médicos em atividade.

O sucesso na restrição de números, como na imposição de um nível de salário, em geral exige a assistência do governo. Na medicina, a solução tem sido a licença para exercer a profissão de médico — ou seja, a exigência de que, para uma pessoa poder "praticar a medicina", ela tenha que ter a licença do estado. É evidente que apenas os médicos provavelmente serão considerados competentes para julgar as qualificações de médicos em potencial, daí os conselhos de medicina nos vários estados (nos Estados Unidos, a licenciatura está sob a jurisdição do estado, não do governo federal) serem, como de praxe, compostos inteiramente por médicos ou dominados por médicos que, por sua vez, foram, em geral, membros da AMA.

Os conselhos, ou os legislativos estaduais, especificaram as condições para a concessão de licenças que, na realidade, dão à AMA o poder de influenciar o número de pessoas admitidas à prática. Eles exigiram um longo treinamento, quase sempre a graduação em uma escola "aprovada", geralmente a residência em um hospital "aprovado". Não por acaso, a lista de escolas e hospitais "aprovados" geralmente é idêntica à lista emitida pelo Conselho de Educação Médica e Hospitais da Associação Médica Americana. Nenhuma escola pode ser aberta; se aberta, não continuará assim por muito tempo caso não tenha a aprovação do Conselho de Educação Médica da AMA. Isso, algumas vezes, exigiu a limitação do número de pessoas admitidas, de acordo com a recomendação do conselho.

Uma evidência marcante do poder da medicina sindicalizada para restringir a entrada foi obtida durante a Depressão da década de 1930, quando a pressão econômica era particularmente grande. Apesar do fluxo de refugiados altamente preparados da Alemanha e da Áustria — na época, centros de medicina avançada —, o número de médicos formados no exterior admitidos à prática nos Estados Unidos nos cinco anos depois que Hitler subiu ao poder não era maior do que nos cinco anos precedentes.[8]

O licenciamento é amplamente utilizado para restringir a entrada, particularmente para profissões como a medicina, que tem muitos médicos lidando, individualmente, com um grande número de clientes individuais. Como no caso da medicina, os conselhos que administram a concessão de licenças são compostos principalmente de membros da profissão licenciada — sejam eles dentistas, advogados, cosmetólogos, pilotos de linhas aéreas, encanadores ou agentes funerários. Não há profissão, por remota que seja, para a qual não tenha sido feita uma tentativa de restringir sua prática pela concessão de licença. De acordo com o presidente da Federal Trade Commission: "Em uma sessão recente do legislativo estadual, grupos profissionais apresentaram projetos de lei para conceder licença a eles próprios como leiloeiros, furadores de poço, empreiteiros para reforma de casas, tosadores de animais de estimação, eletrologistas, terapeutas sexuais, processadores de dados, avaliadores e reparadores de TV. O Havaí concede licenças para artistas tatuadores. New Hampshire concede licenças a vendedores de para-raios."[9] A *justificativa* é sempre a mesma: proteger o consumidor. Entretanto, a *razão* é demonstrada ao observarmos quem faz lobby no legislativo estadual pela obrigatoriedade ou fortalecimento da concessão de licenças. Os lobistas são, invariavelmente, representantes da profissão em questão, não dos clientes. Verdade seja dita, os encanadores, supostamente, sabem melhor do que ninguém contra o que seus clientes precisam de proteção. No entanto, é difícil considerarmos a preocupação altruística com seus clientes o principal motivo de seu firme empenho para obter poder legal de decidir quem pode ser encanador.

Para reforçar a restrição quanto ao número, grupos profissionais sindicalizados batalham incessantemente para que a prática de sua profissão seja definida legalmente, do modo mais amplo possível, a fim de aumentar a demanda pelos serviços de profissionais licenciados.

Um efeito da restrição de ingresso nas profissões por meio do licenciamento é a criação de novas disciplinas: em medicina, a osteopatia e a quiropraxia são exemplos. Cada uma delas, por sua vez, recorre ao licenciamento para tentar restringir seus números. A AMA deu entrada em numerosas ações judiciais acusando quiropráticos e osteopatas de prática ilegal da medicina, em uma tentativa de restringi-los à área mais limitada possível. Os quiropráticos e os osteopatas, por sua vez, acusam outros profissionais pela prática ilegal de suas atividades.

Uma recente evolução no sistema de saúde, decorrente em parte de um novo equipamento portátil sofisticado, foi o desenvolvimento de serviços em diversas comunidades para levar a elas pronto-socorro em emergências. Esses serviços são algumas vezes organizados pela cidade ou por um órgão municipal, algumas vezes por uma empresa estritamente privada, e são prestados principalmente por paramédicos, não por médicos licenciados.

Joe Dolphin, proprietário de uma dessas organizações empresariais privadas vinculadas ao corpo de bombeiros do sul da Califórnia, descreveu sua eficácia da seguinte forma:

Em um distrito da Califórnia onde atuamos, uma região com uma ocupação populacional da ordem de 580 mil pessoas, antes da adoção dos paramédicos, menos de 1% dos pacientes que sofriam um ataque cardíaco em que o coração parava de funcionar sobrevivia à internação hospitalar e tinha alta do hospital. Com a adoção dos paramédicos, só nos primeiros seis meses de atuação, 23% das pessoas que sofrem parada cardíaca são ressuscitadas com êxito, têm alta do hospital e voltam à atividade produtiva na sociedade.

Achamos isso fantástico. Achamos que os fatos falam por si só. Entretanto, relatar isso à comunidade médica é algumas vezes muito difícil. Eles têm ideias próprias.

Geralmente, conflitos de competência — que atividades são reservadas a que profissão — estão entre as causas mais frequentes de paralisações trabalhistas. Um exemplo engraçado foi o de um repórter de uma estação de rádio que veio entrevistar um de nós. Ele frisou que a entrevista tinha que ser curta o suficiente para caber em um dos lados da fita cassete de seu gravador. O outro lado da fita estava reservado para um membro do sindicato dos eletricistas. Se ele próprio virasse a fita, explicou, a fita seria apagada quando ele voltasse à estação e a entrevista estaria perdida. Exatamente o mesmo comportamento dos profissionais médicos ao se oporem aos paramédicos e motivado pelo mesmo objetivo: aumentar a demanda de serviços de um grupo em particular.

Conluio entre sindicatos e empregadores. Em algumas ocasiões, os sindicatos ganharam poder ajudando as empresas em uma combinação para fixar preços ou repartir mercados, atividades que são ilegais para as empresas, segundo as leis antitruste.

O caso histórico mais importante foi na mineração de carvão na década de 1930. As duas leis Guffey sobre o carvão foram tentativas de dar uma base jurídica a um cartel de operadores de mina de carvão com o intuito de fixar preços. Quando, em meados da década de 1930, a primeira das duas leis foi considerada inconstitucional, John L. Lewis e o United Mine Workers, que ele presidia, deram sua contribuição. Ao conclamar greves ou paralisações toda vez que a quantidade de carvão acima do solo ficasse tão grande que ameaçasse forçar os preços para baixo, Lewis controlava a produção e, por consequência, os preços, com a implícita colaboração da indústria. Como disse o vice-presidente de uma companhia de carvão em 1938: "Eles [o United Mine Workers] contribuíram muito para estabilizar a indústria do carvão betuminoso e se empenharam para que funcionasse com lucratividade; na realidade, ainda que não se queira admitir, os seus esforços nessa linha foram, em geral, [...] um pouco mais eficazes [...] do que os esforços dos próprios operadores de carvão."[10]

Os ganhos eram divididos entre os operadores e os mineiros. Aos mineiros eram concedidos salários elevados, o que, naturalmente, significava maior mecanização e menos mineiros empregados. Lewis reconhecia esse efeito explicitamente e estava mais do que preparado para aceitá-lo — considerando os salários maiores para os mineiros como uma ampla compensação por uma redução no número de empregados, contanto que esses empregados fossem todos membros de seu sindicato.

O sindicato dos mineiros podia exercer tal papel porque os sindicatos não estão obrigados a cumprir a Lei Antitruste Sherman. Os sindicatos que tiraram vantagem dessa dispensa de cumprimento da lei são mais bem-interpretados como empresas que lidam com serviços de cartelização de um setor do que como organizações trabalhistas. O Sindicato dos Caminhoneiros talvez seja o mais notável. Há uma história, talvez apócrifa, sobre David Beck, o presidente do Sindicato dos Caminhoneiros antes de

James Hoffa (os dois, no final, foram para a cadeia). Quando Beck estava negociando com cervejarias no estado de Washington sobre salários para motoristas de caminhões de cerveja, foi-lhe dito que os salários que ele estava pedindo não eram viáveis porque a "cerveja oriental" arruinaria a cerveja local. Ele perguntou qual teria de ser o preço da cerveja oriental para permitir o salário que ele estava pedindo. Um valor, X dólares a caixa, foi citado e ele supostamente respondeu: "De agora em diante, a cerveja oriental será X dólares a caixa."

Os sindicatos dos trabalhadores podem prestar serviços úteis — e quase sempre o fazem — para seus membros, negociando os termos de seu emprego, representando-os com relação a agravos, dando a eles um sentimento de pertencer e de participar de uma atividade de grupo, entre outros. Como pessoas que acreditam na liberdade, somos a favor da mais plena oportunidade para a organização voluntária de sindicatos dos trabalhadores para desempenhar os serviços que seus membros quiserem, e pelos quais estejam dispostos a pagar, contanto que respeitem os direitos dos outros e deixem de usar a violência.

Entretanto, os sindicatos e grupos equivalentes, como o das associações profissionais, não contaram apenas com atividades voluntárias e com a filiação no que se refere a seus proclamados objetivos importantes — o aumento salarial de seus membros. Eles tiveram sucesso ao conseguirem que o governo lhes concedesse privilégios especiais e imunidades, o que permitiu que beneficiassem alguns de seus membros e funcionários à custa de outros trabalhadores e de todos os consumidores. No geral, as pessoas beneficiadas conseguiram, sem dúvida, ter renda mais alta do que as pessoas prejudicadas.

O governo

Além de proteger os sindicalistas, o governo adotou uma série de leis com a intenção de proteger os trabalhadores em geral: leis que lhes proporcionam seguro contra acidentes, proíbem o trabalho infantil, estabelecem salário mínimo e carga horária máxima de trabalho, criam comissões como garantia de práticas trabalhistas justas, promovem ação positiva, criam a Administração para a Segurança e Saúde Ocupacional (OSHA, na sigla em inglês), órgão do governo federal para regulamentar as práticas trabalhistas — e tantas outras inumeráveis proteções.

Algumas medidas tiveram um efeito favorável nas condições de trabalho. A maioria, como as que proporcionam seguro contra acidentes aos trabalhadores e proíbem o trabalho infantil, simplesmente transformam em lei práticas que já haviam se tornado comuns no mercado privado, talvez as ampliando um pouco para áreas de periferia. Outras, o que não é surpresa alguma, foram uma faca de dois gumes. Constituíram-se fonte de poder para determinados sindicatos ou empregadores e fonte de emprego para burocratas, ao mesmo tempo que reduziram as oportunidades e a renda do trabalhador comum. OSHA é um excelente exemplo — um pesadelo burocrático que produziu uma enxurrada de reclamações de todos os lados. Como conta uma piada recente: "Quantos trabalhadores americanos são necessários para trocar uma lâmpada? Resposta: Cinco: um para trocar a lâmpada, quatro para preencher os relatórios de impacto ambiental e da OSHA."

O governo, com certeza, protege uma classe de trabalhadores muito bem: a de seus empregados.

O condado de Montgomery, em Maryland, a meia hora de carro de Washington, é a terra de muitos altos funcionários. Também tem a mais alta renda média familiar de todos os condados nos Estados Unidos. Uma em cada quatro pessoas empregadas no condado trabalha para o governo federal. Têm trabalho seguro e salários vinculados ao custo de vida. Ao se aposentarem, recebem pensão dos servidores públicos também vinculada ao custo de vida e independente da Previdência Social. Muitos conseguem se qualificar para a Previdência Social também, tornando-se o que é conhecido como *double dippers*.*

Muitos, talvez a maioria, de seus vizinhos no condado de Montgomery também têm alguma ligação com o governo federal — como congressistas, lobistas, altos executivos de empresas com contratos com o governo. Como outras comunidades-dormitórios em torno de Washington, o condado de Montgomery andou crescendo rapidamente. O governo tornou-se um setor em crescimento altamente seguro nas últimas décadas.

Todos os servidores civis, mesmo nos níveis mais baixos, são protegidos pelo governo. De acordo com a maior parte dos estudos, seus salários, na média, são mais altos em comparação com o salário das empresas privadas e protegidos contra a inflação. Recebem generosos benefícios adicionais e têm um grau de segurança no emprego quase inacreditável.

Como diz um artigo do *Wall Street Journal*:

> Como as regulamentações [do Setor Público] proliferaram a ponto de encherem 21 volumes da grossura de 1,5 metro, os gestores do governo acharam cada vez mais difícil despedir os empregados. Ao mesmo tempo, as promoções e os aumentos das remunerações por desempenho tornaram-se quase automáticos. O resultado é uma burocracia quase desprovida de incentivos e muito além do controle de qualquer um. [...]

---

* Pessoas que recebem aposentadoria de duas fontes do governo. [N. da T.]

Do 1 milhão habilitados a aumentos por mérito, apenas seiscentas pessoas não os receberam. Quase ninguém é demitido; menos de 1% dos trabalhadores federais perdeu emprego no ano passado.[11]

Para citar um caso específico, em janeiro de 1975, uma datilógrafa da Agência de Proteção Ambiental chegava atrasada ao trabalho com tanta frequência que sua supervisora pediu que ela fosse demitida. Levou dezenove meses para que isso acontecesse — são necessários mais de 6 metros de folhas de papel para listar os passos a serem dados para cumprir com todas as normas e todos os acordos entre a administração e o sindicato.

O processo envolveu a supervisora da funcionária, o vice-diretor e o diretor da supervisora, o diretor de recursos humanos, o chefe da filial da agência, um especialista em relações com o empregado, um segundo especialista em relações com o empregado, um setor de investigações especiais e o diretor do setor de investigações especiais. É óbvio que essa verdadeira lista telefônica de funcionários era paga com o dinheiro do contribuinte.

Nos níveis estadual e local, a situação varia de lugar para lugar. Em muitos estados e em grandes cidades, tais como Nova York, Chicago e São Francisco, a situação é a mesma ou ainda pior do que no governo federal. A cidade de Nova York chegou ao atual estado de uma virtual falência em grande parte pelos rápidos aumentos nos salários de empregados municipais e, talvez mais ainda, pela concessão de generosas pensões em idade precoce para aposentadoria. Em estados com grandes cidades, os representantes dos funcionários públicos são, quase sempre, o principal grupo de interesses especiais no legislativo estadual.

Ninguém

Duas classes de trabalhadores não são protegidas por ninguém: trabalhadores que só têm um único possível empregador e trabalhadores que não têm nenhum possível empregador.

As pessoas que, de fato, só têm um único possível empregador costumam ser pagas muitíssimo bem, pois sua capacidade é tão rara e valiosa que apenas um empregador é suficientemente grande ou plenamente situado para poder tirar vantagem delas.

O exemplo clássico dos livros, quando estudamos economia na década de 1930, era o de um grande herói do beisebol, Babe Ruth. O rei do *home run* era, de longe, o mais popular jogador de beisebol de sua época. Ele podia encher um estádio em qualquer das principais ligas. Aconteceu de os New York Yankees terem o maior estádio entre todos os clubes de beisebol e, por isso, eles tinham condições de pagar a Babe Ruth mais do que qualquer outro clube. Por essa razão, os Yankees eram, de fato, seu único possível empregador. Isso não significa, é claro, que Babe Ruth não conseguia impor um alto salário, mas significava, na realidade, que ele não tinha ninguém para protegê-lo; ele precisava negociar com os Yankees usando a ameaça de não jogar para eles como sua única arma.

As pessoas que não têm como escolher empregadores são, na maior parte, vítimas de medidas governamentais. Uma classe já foi mencionada: a que fica desempregada em consequência dos salários mínimos legais. Como observado anteriormente, muitas são duplamente vítimas das medidas do governo: por sua baixa escolaridade e pelos altos salários mínimos que as impedem de ter um treino em local de trabalho.

Pessoas que recebem assistência social ou auxílio do governo estão em uma situação, de certa forma, semelhante. Só há vantagem para elas em pegar um emprego se for possível ganhar o suficiente a ponto de compensar a perda de seus benefícios sociais ou outro tipo de auxílio do governo. Pode ser que não haja empregador para quem seus serviços tenham muito valor. Isso ocorre também com as pessoas que recebem o benefício da Previdência Social e têm menos de 72 anos. Elas perdem seus benefícios da Previdência se ganharem mais do que uma modesta quantia. Essa é a razão principal por que o percentual de pessoas com mais de 65 anos ativas no mercado de trabalho diminuiu tão bruscamente nas últimas décadas: para homens, de 45% em 1950 para 20% em 1977.

Outros empregadores

A mais confiável e efetiva proteção para a maioria dos trabalhadores é proporcionada pela existência de muitos empregadores. Como já vimos, a pessoa que só tem um possível empregador tem pouca ou nenhuma proteção. Os empregadores que protegem um trabalhador são aqueles que gostariam de contratá-lo. A demanda desses empregadores pelos seus serviços faz com que seja do próprio interesse do empregador pagar-lhe o valor máximo de seu trabalho. Se seu empregador não fizer isso, outro poderá estar pronto para fazê-lo. A concorrência pelos seus serviços — esta é a real proteção do trabalhador.

Naturalmente, a concorrência entre outros empregadores algumas vezes é forte, outras vezes fraca. Há muito atrito e ignorância a respeito de oportunidades. Pode ser caro para os empregadores identificar bons empregados e, para os empregados, identificar bons empregadores. Este é um mundo imperfeito, por isso a concorrência é a melhor ou, o que é a mesma coisa, a proteção menos pior para a maior parte dos trabalhadores que já foi concebida.

O papel da concorrência é uma característica da economia de mercado com a qual volta e meia nos deparamos. Um trabalhador fica protegido contra seu empregador pela existência de outros empregadores para quem ele pode ir trabalhar. Um empregador fica protegido da exploração de seus empregados pela existência de outros trabalhadores que ele pode contratar. O consumidor fica protegido da exploração de um determinado vendedor pela existência de outros vendedores de quem ele pode comprar.

Por que temos serviço postal tão ruim? Um serviço de trens de longa distância tão ruim? Escolas ruins? Porque, em cada caso, só há essencialmente um lugar onde podemos obter o serviço.

Conclusão

Quando os sindicatos conseguem salários mais altos para seus membros restringindo o acesso a uma determinada profissão, esses salários mais altos são à custa de outros trabalhadores que têm suas oportunidades reduzidas. Quando o governo paga salários mais altos a seus empregados, esses salários mais altos são à custa do contribuinte. Mas quando os trabalhadores conseguem salários mais altos e melhores condições de trabalho por meio da economia de mercado, quando eles conseguem aumentos das empresas que concorrem umas com as outras pelos melhores trabalhadores, com os trabalhadores concorrendo entre si pelos melhores empregos, esses salários mais altos não são à custa de ninguém. Só podem decorrer da maior produtividade, maior investimento de capital, com uma distribuição melhor das capacidades. A torta inteira é maior — há mais para o trabalhador, mas também para o empregador, o investidor, o consumidor e até para o cobrador de impostos.

É dessa forma que um sistema de economia de mercado distribui os frutos do progresso econômico entre as pessoas. Esse é o segredo da imensa melhoria das condições do trabalhador nos dois últimos séculos.

9

A cura para a inflação

Compare dois retângulos de papel aproximadamente do mesmo tamanho. Um é quase todo verde na parte de trás e tem uma imagem de Abraham Lincoln na frente, que também tem o número 5 em cada um de seus cantos e alguma coisa impressa. Você pode trocar esse pedaço de papel por uma certa quantidade de comida, de roupas ou de outros artigos. As pessoas estarão dispostas a realizar a troca.

O outro pedaço de papel, talvez cortado de uma revista de papel acetinado, também pode ter uma imagem, alguns números e alguma coisa impressa na página da frente. Também pode ser da cor verde no verso. E, no entanto, só servirá para acender o fogo.

De onde vem a diferença? O impresso na nota de 5 dólares não dá a resposta. Diz, simplesmente: "NOTA DA RESERVA FEDERAL/OS ESTADOS UNIDOS DA AMÉRICA/CINCO DÓLARES" e, em tipo menor, "ESTA NOTA TEM CURSO LEGAL PARA TODAS AS DÍVIDAS, PÚBLICAS E PRIVADAS." Até não muitos anos atrás, as palavras "prometerão pagar" estavam incluídas entre "OS ESTADOS UNIDOS DA AMÉRICA" e "CINCO DÓLARES". Isso parecia explicar a diferença entre os dois pedaços de papel. Mas significava apenas que, se você tivesse ido ao Fed e solicitado ao caixa para resgatar a promessa, ele teria dado a você cinco pedaços idênticos de papel, exceto pelo fato de que o número 1 teria tomado o lugar do número 5 e o retrato de George Washington, o lugar de Abraham Lincoln. E se então você tivesse pedido ao caixa para pagar o 1 dólar prometido por um desses pedaços de papel, ele teria lhe dado moedas que, se você tivesse derretido (apesar de isto ser ilegal), teria vendido por menos de 1 dólar como metal. A atual redação, pelo menos, é mais sincera, ainda que igualmente não reveladora. A qualidade de curso legal significa que o governo aceitará os pedaços de papel na quitação de dívidas e impostos devidos a ele e que os tribunais os considerarão uma quitação de dívida expressa em dólares. Por que eles devem também ser aceitos por pessoas particulares em transações privadas em troca de bens e serviços?

A resposta curta é que cada pessoa os aceita porque tem confiança que outras aceitarão. Os pedaços de papel verde têm valor porque todo mundo pensa que têm valor. Todo mundo pensa que eles têm valor porque, em sua experiência, eles tiveram valor. Os Estados Unidos não conseguiriam ter mais do que uma pequena parte de seu atual nível de produtividade sem um meio comum e amplamente aceito de troca (ou, no máximo, um número pequeno desses meios); no entanto, a existência de um meio comum e amplamente aceito de troca se baseia em uma convenção que deve sua existência à aceitação mútua do que, de um ponto de vista, é uma ficção.

A convenção ou a ficção não é uma coisa frágil. Ao contrário, o valor de se ter um dinheiro comum é tão grande que as pessoas vão se apegar à ficção até mesmo sob extrema provocação — de onde, como veremos, vem parte do ganho que os emitentes da moeda podem tirar da inflação e daí a tentação para inflacionar. Mas nem a ficção é indestrutível: a expressão "não vale um continental" serve para lembrar como essa ficção foi destruída pela moeda continental emitida em uma quantidade excessiva pelo Congresso Continental dos EUA para financiar a Revolução Americana.

Apesar de o valor do dinheiro se basear em uma ficção, o dinheiro tem uma função econômica extraordinariamente útil. Mas também é um véu. As forças "reais" que determinam a riqueza de um país são as capacidades de seus cidadãos, seu esforço e talento, os recursos à sua disposição, o seu modo de organização política e econômica, e coisas semelhantes. Como escreveu John Stuart Mill há mais de um século: "Não pode haver, em resumo, intrinsecamente, uma coisa mais insignificante na economia da sociedade do que o dinheiro; exceto pelo caráter de ser um artifício para poupar tempo e trabalho. É uma máquina de fazer rápida e comodamente o que seria feito, ainda que menos rápida e comodamente, sem ele: e como outras tantas espécies de maquinaria, só exerce uma influência distinta e independente da que lhe é própria quando está com defeito."[1]

Absolutamente verdadeiro, como descrição do papel do dinheiro, desde que reconheçamos que a sociedade dificilmente terá qualquer outro artifício que possa causar mais danos quando está com defeito.

Já discutimos um exemplo: a Grande Depressão, quando o dinheiro ficou com defeito através de uma redução muito brusca de sua quantidade. Este capítulo discute o modo oposto e mais comum em que o dinheiro ficava com defeito — por conta de um aumento muito brusco de sua quantidade.

Variedades de dinheiro

Uma fascinante variedade de itens foi usada como dinheiro, vez por outra. A palavra "pecuniário" vem do latim *pecus*, "gado", uma das muitas coisas que foram usadas como dinheiro. Outras incluem o sal, a seda, peles, peixe seco, até mesmo penas, e, na ilha de Yap, no Pacífico, pedras. Búzios e contas foram as formas primitivas de dinheiro mais usadas. Metais — ouro, prata, cobre, ferro, estanho — foram as formas mais usadas entre as economias avançadas antes da vitória do papel e da caneta do contador.

O que todos esses itens usados como dinheiro tinham em comum era sua aceitação, em determinado lugar e tempo, em troca de outros bens e serviços, na crença de que outras pessoas iriam, da mesma forma, aceitá-los.

O wampum, que os primeiros colonizadores da América usavam no comércio com os índios, era uma espécie de concha, análoga aos búzios usados na África e na Ásia. Um dinheiro muito interessante e instrutivo usado nas colônias americanas era o dinheiro-tabaco da Virgínia, de Maryland e da Carolina do Norte: "A primeira lei aprovada pela primeira Assembleia Geral da Virgínia, em 31 de julho de 1619 [doze anos depois do desembarque do capitão John Smith e do estabelecimento em Jamestown do primeiro assentamento do Novo Mundo], fazia referência ao tabaco. Ela fixava o preço dessa matéria-prima 'a três xelins o melhor, e o segundo tipo a 18 denários a libra'. [...] O tabaco já era a moeda local."[2]

Em diversos períodos, o tabaco foi declarado a única moeda legal. Permaneceu como dinheiro básico da Virgínia e de colônias vizinhas por quase dois séculos, até depois da Revolução Americana. Era esse o dinheiro que os colonizadores usavam para comprar comida, roupa, pagar impostos — até mesmo pagar por uma noiva: "O rev. sr. Weems, um escritor da Virgínia, declara que fazia bem ao coração de um homem ver galantes jovens da Virgínia correndo para beira d'água, quando chegava um navio de Londres, carregando debaixo do braço o melhor tabaco e pegando em troca uma bela e virtuosa jovem esposa."[3]

E outro escritor, citando essa passagem, prossegue com a observação: "Eles deviam ser vigorosos, além de galantes, para correrem com um rolo de tabaco debaixo do braço pesando de 100 a 150 libras."[4]

Assim como o dinheiro vai, assim foi o tabaco. O preço estabelecido originalmente para o tabaco em termos da moeda inglesa era maior do que o custo de plantá-lo, então os plantadores lançaram mãos à obra com muita disposição e passaram a produzir cada vez mais. Nesse caso, a oferta de dinheiro cresceu literalmente tanto quanto de modo figurado. Como sempre acontece quando o dinheiro cresce com mais rapidez do que a quantidade de bens e serviços disponíveis para compra, houve inflação. Os preços das outras coisas em termos do tabaco subiram drasticamente. Antes que a inflação acabasse por volta de meio século depois, os preços em termos do tabaco haviam subido quarenta vezes.

Os produtores de tabaco estavam muito insatisfeitos com a inflação. Preços mais altos de outras coisas em termos do tabaco significavam que o fumo passaria a controlar menos essas outras coisas. O preço do dinheiro em termos de bens é a recíproca do preço de bens em termos de dinheiro. Naturalmente, os produtores de tabaco recorreram ao governo para pedir ajuda. Sucessivas leis foram aprovadas proibindo certas classes de pessoas de produzirem tabaco, estabelecendo a destruição da colheita e coibindo o plantio por um ano. Tudo em vão. Finalmente, as pessoas assumiram a questão por conta própria, reuniram-se e viajaram por todo o país destruindo plantações de tabaco: "O mal chegou a tais proporções que, em abril de 1684, a assembleia aprovou uma lei declarando que esses malfeitores haviam passado dos limites de um motim e que seu propósito era a subversão do governo. Foi decretado que, se quaisquer pessoas reunidas em número igual ou maior que oito se lançassem à destruição de plantações de tabaco, seriam julgadas traidoras e teriam a pena de morte."[5]

A moeda-tabaco exemplifica, claramente, uma das mais antigas leis da economia: a Lei de Gresham: "Dinheiro ruim expulsa o bom." O produtor de tabaco, que tinha de pagar impostos ou outras obrigações fixadas em termos de tabaco, compreensivelmente usava a pior qualidade de tabaco para quitar suas obrigações e guardava a melhor qualidade para exportar em troca de moeda "forte", ou seja, a libra esterlina. Em consequência, somente o tabaco de baixa qualidade costumava circular como dinheiro. Todos os dispositivos da engenhosidade humana foram usados para fazer o tabaco ter uma aparência de melhor qualidade do que tinha: "Maryland, em 1698, achou necessário legislar contra a fraude de carregar barris com refugo cobrindo-os com tabaco. A Virgínia adotou medida semelhante em 1705, mas aparentemente não deu resultado."[6]

O problema da qualidade foi, de alguma forma, aliviado quando "em 1727 as notas de tabaco foram legalizadas. Estas tinham a forma de certificados de depósito emitidos pelos inspetores. Foram declaradas pela lei circulantes e pagáveis para todas as dívidas em tabaco dentro do distrito comercial onde foram emitidas".[7] Apesar de muitos maus usos do sistema, "esses recibos tiveram o ofício de moeda corrente até as vésperas do século XIX".[8]

Esse não foi o último uso do tabaco como dinheiro. Durante a Segunda Guerra Mundial, os cigarros eram plenamente usados como meio de troca em campos de prisão alemães e japoneses. Quando a guerra acabou, os cigarros foram plenamente usados como dinheiro na Alemanha durante o período em que as autoridades de ocupação adotaram tetos para preços na moeda corrente que estavam bem abaixo dos níveis de equilíbrio do mercado. O resultado foi a destruição da utilidade da moeda legal. As pessoas recorriam ao escambo e ao uso de cigarros como meio de troca para pequenas transações e a conhaque para as grandes — sem dúvida, a moeda corrente mais líquida de que temos registro. A reforma monetária de Ludwig Erhard pôs fim a esse episódio instrutivo — e destrutivo.[9]

Os princípios gerais demonstrados pelo dinheiro-tabaco na Virgínia continuam relevantes na era moderna, apesar do papel-moeda emitido pelo governo e os registros contábeis chamados de depósitos terem substituído as mercadorias como dinheiro básico da sociedade.

Continua sendo verdade, assim como foi naquela época, que um crescimento da quantidade de dinheiro mais rápido do que o da quantidade de bens e serviços disponíveis para aquisição produzirá inflação, elevando os preços em termos daquele dinheiro. Não importa o motivo do aumento da quantidade de dinheiro. Na Virgínia, a quantidade do dinheiro-tabaco aumentou e produziu inflação de preços em termos do tabaco porque o custo de produção em relação à mão de obra e outros recursos caiu drasticamente. Na Europa, na Idade Média, a prata e o ouro eram o dinheiro dominante e a inflação de preços em termos do ouro e da prata ocorreu porque metais preciosos do México e da América do Sul inundaram a Europa a partir da Espanha. Em meados do século XIX, a inflação de preços em termos do ouro ocorreu no mundo todo por conta de sua descoberta na Califórnia e na Austrália; e, mais tarde, dos anos 1890 até 1914, por causa de aplicações comerciais exitosas do processo de cianureto na extração de ouro de minério de baixa qualidade, principalmente na África do Sul.

Hoje, quando os meios de troca comumente aceitos não têm relação com nenhuma commodity, a quantidade de dinheiro é determinada em todos os principais países pelo governo. O governo e somente o governo é responsável por qualquer subida rápida na quantidade de dinheiro. É esse fato que tem sido a principal fonte de confusão sobre a causa e a cura da inflação.

A causa imediata da inflação

A inflação é uma doença perigosa e, algumas vezes, fatal; se não for controlada a tempo, pode destruir uma sociedade. Exemplos não faltam. A hiperinflação na Rússia e na Alemanha depois da Primeira Guerra Mundial — quando os preços, algumas vezes, dobravam de um dia para o outro — preparou terreno para o comunismo em um país e para o nazismo no outro. A hiperinflação na China depois da Segunda Guerra Mundial facilitou ao presidente Mao Tsé-tung a derrota de Chiang Kai-shek. A inflação no Brasil, que chegou a 100% ao ano em 1954, levou a um governo militar. Uma inflação muito maior contribuiu para a derrubada de Salvador Allende no Chile em 1973 e a de Isabel Perón na Argentina em 1976, seguida, nos dois países, da tomada do poder por uma junta militar.

Nenhum governo está disposto a aceitar a responsabilidade por produzir inflação, mesmo que seja em grau menos violento. As autoridades governamentais sempre acham uma desculpa — empresários gananciosos, sindicatos ambiciosos, consumidores perdulários, xeiques árabes, mau tempo ou qualquer outra coisa que pareça mesmo remotamente plausível. Sem dúvida, os empresários são gananciosos, os sindicatos são ambiciosos, os consumidores são perdulários, os xeiques árabes elevaram o preço do petróleo e o tempo muitas vezes está ruim. Tudo isso pode gerar preços elevados para artigos individualmente; não podem gerar preços elevados para os bens em geral. Podem causar altas e baixas temporárias na taxa de inflação. Mas não podem gerar inflação contínua por uma razão muito simples: nenhum dos supostos culpados possui uma máquina de impressão que possa produzir aqueles pedaços de papel de nossos bolsos; nenhum deles pode autorizar legalmente um contador a fazer registros contábeis que sejam equivalentes a esses pedaços de papel.

A inflação não é um fenômeno capitalista. A Iugoslávia, um país comunista, sofreu uma das mais velozes taxas de inflação de qualquer país da Europa; a Suíça, um bastião do capitalismo, uma das mais baixas. Nem a inflação é um fenômeno comunista. A China teve pequena inflação sob o regime de Mao; Itália, Reino Unido, Japão e Estados Unidos — todos países capitalistas em grande parte — sofreram uma inflação substancial na última década. No mundo moderno, a inflação é um fenômeno da máquina de impressão.

O reconhecimento de que uma inflação substancial é sempre e em todos os lugares um fenômeno monetário é apenas o começo da compreensão da causa e da cura da inflação. A questão mais fundamental é: por que os governos de hoje aumentam a quantidade de dinheiro tão rapidamente? Por que produzem inflação quando compreendem seu potencial de causar danos?

Antes de nos voltarmos para essa questão, vale a pena estender um pouco mais o assunto na proposição de que a inflação é um fenômeno monetário. Apesar de sua importância e da enorme evidência histórica que a comprova, tal proposição ainda é amplamente negada — em grande parte por causa da cortina de fumaça com a qual os governos tentam ocultar sua própria responsabilidade pela inflação.

Se a quantidade de bens e serviços disponíveis para compra — a produção, em resumo — tivesse que aumentar com a mesma rapidez da quantidade de dinheiro, os preços tenderiam a ficar estáveis. Os preços poderiam até cair, gradualmente, quando rendimentos mais elevados levassem as pessoas a querer segurar uma parte maior de sua renda na forma de dinheiro. A inflação ocorre quando a quantidade de dinheiro aumenta consideravelmente mais rápido do que a produção; quanto mais rápido o aumento da quantidade de dinheiro por unidade de produção, maior a taxa de inflação. Provavelmente, não há em economia uma proposição que seja mais consagrada do que essa.

A produção é limitada pelos recursos físicos e humanos disponíveis e pelo avanço do conhecimento e da capacidade de usá-lo. Na melhor das hipóteses, a produção só pode crescer de forma relativamente lenta. No século passado, a produção nos Estados Unidos cresceu a uma média de 3% ao ano. Mesmo no auge do rápido crescimento do Japão depois da Segunda Guerra, a produção cresceu em torno de 10% ao ano. A quantidade de moeda-mercadoria está sujeita a limites físicos semelhantes, apesar, como demonstram os exemplos do tabaco, dos metais preciosos do Novo Mundo e do ouro no século XIX, de a moeda-mercadoria ter crescido em determinados momentos muito mais rápido do que a produção em geral. As formas atuais de moeda — papel-moeda e lançamentos contábeis — não estão sujeitas a limites físicos. A quantidade nominal, ou seja, o número de dólares, libras, marcos ou outras unidades monetárias, pode crescer a qualquer taxa, e em determinados momentos cresceu a taxas fantásticas.

Durante a hiperinflação alemã depois da Primeira Guerra Mundial, por exemplo, o dinheiro que passava de mão em mão cresceu à taxa *média* de mais de 300% ao *mês* por mais de um ano, bem como os preços. Durante a hiperinflação húngara após a Segunda Guerra Mundial, o dinheiro passado de mão em mão aumentou a uma taxa *média* de mais de 12.000% ao *mês* durante um ano. Os preços subiram a uma taxa ainda maior — 20.000% ao mês.[10]

Durante a inflação muito mais moderada dos Estados Unidos, de 1969 a 1979, a quantidade de moeda cresceu à taxa média de 9% ao ano e os preços, à taxa média de 7% ao ano. A diferença de dois pontos percentuais reflete a taxa média de 2,8% de crescimento da produção ao longo da mesma década.

Como esses exemplos mostraram, o que acontece com a quantidade de dinheiro tende a reduzir o que acontece com a produção; daí nossa referência à inflação como um fenômeno monetário, sem acrescentar qualquer qualificação sobre a produção. Tais exemplos também demonstram que não há uma correspondência precisa, uma a uma, entre a taxa do crescimento monetário e a taxa de inflação. Entretanto, que saibamos, não há exemplo algum na história em que uma forte inflação que tenha durado mais que um curto espaço de tempo não tenha sido acompanhada de um quase correspondente aumento rápido na quantidade de dinheiro; e não há exemplo de um rápido crescimento na quantidade de dinheiro que não tenha sido acompanhado de uma quase correspondente forte inflação.

Alguns índices (Gráficos de 1 a 5) mostram a persistência dessa relação em anos recentes. A linha contínua em cada gráfico é a quantidade de dinheiro por unidade de produção do país em questão, ano a ano, de 1964 a 1977. A outra linha é o índice de preços ao consumidor. Com o intuito de tornar comparáveis as duas séries, ambas foram expressas como percentuais de seus valores médios ao longo do período como um todo (1964-1977 = 100 para ambas as linhas). As duas linhas têm necessariamente o mesmo nível médio, mas não há nada na aritmética que exija que as duas linhas sejam as mesmas para cada ano.

As duas linhas para os Estados Unidos no Gráfico 1 são quase indistinguíveis. Como os demais gráficos mostram, isso não é uma particularidade dos Estados Unidos. Apesar de as duas linhas diferirem mais em alguns dos outros países do que nos Estados Unidos, em cada país são notavelmente semelhantes. Os diversos países vivenciaram taxas muito diferentes de crescimento monetário. Em cada caso, essa diferença era correspondida por uma taxa de inflação diferente. O Brasil é o mais extremo (Gráfico 5). Ele passou por um crescimento monetário mais rápido do que os outros países e também por uma inflação mais rápida.

O que causa o quê? A quantidade de dinheiro cresce rápido porque os preços crescem rapidamente ou é o contrário? Uma pista é que, na maior parte dos gráficos, o número assinalado para a quantidade de dinheiro refere-se ao ano finalizando seis meses *antes* do ano ao qual corresponde o respectivo índice de preços. Provas mais conclusivas se obtêm pelo exame dos quadros institucionais que determinam a quantidade de dinheiro nesses países e por um grande número de episódios históricos nos quais fica bem claro o que é causa e o que é efeito.

Um exemplo dramático vem da Guerra Civil americana. O sul financiou a guerra, em grande parte, com a máquina de impressão, gerando no processo uma inflação que era em média de 10% ao mês, de outubro de 1861 a março de 1864. Em uma tentativa de conter a inflação, a confederação promulgou uma reforma monetária: "Em maio de 1864, a reforma monetária foi adotada e o estoque de moeda foi reduzido. O índice geral de preços caiu drasticamente [...] apesar dos exércitos invasores da União, da derrota militar iminente, da redução do comércio exterior, do governo desorganizado e do moral baixo do exército confederado. A redução do estoque de moeda teve um efeito mais significativo sobre os preços do que essas forças poderosas."[11]

Os gráficos utilizam muitas das explicações amplamente aceitas sobre inflação. Os sindicatos são o bode expiatório predileto. São acusados de usar seu poder de monopólio para forçar o aumento salarial, que eleva os custos e os preços. Mas então como os gráficos sobre o Japão, onde os sindicatos são de pouca importância, e sobre o Brasil, onde existem apenas por tolerância e sob forte controle do governo, mostram a mesma relação dos gráficos sobre o Reino Unido, onde os sindicatos são mais fortes do que em qualquer um dos outros países, e sobre a Alemanha

Gráfico 1. MOEDA E PREÇOS
ESTADOS UNIDOS (1964-1977)

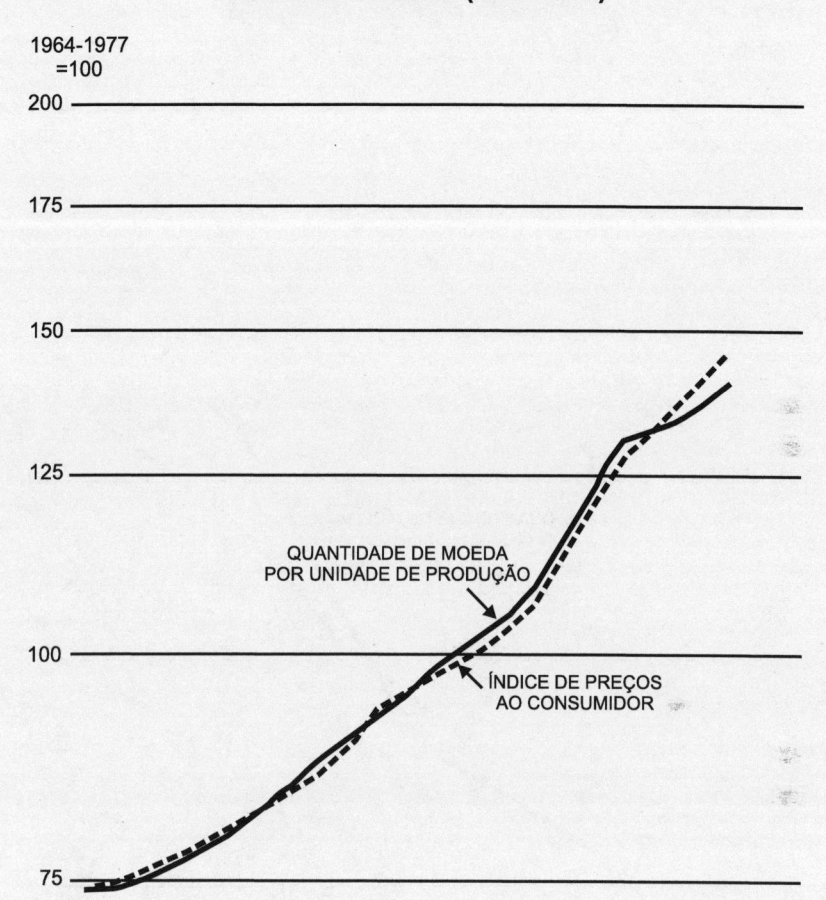

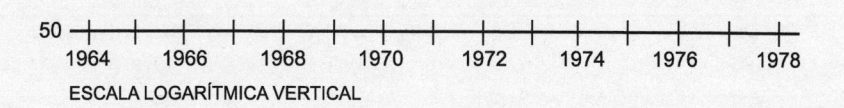

1964-1977
=100

QUANTIDADE DE MOEDA
POR UNIDADE DE PRODUÇÃO

ÍNDICE DE PREÇOS
AO CONSUMIDOR

ESCALA LOGARÍTMICA VERTICAL

Gráfico 2. MOEDA E PREÇOS
ALEMANHA (1964-1977)

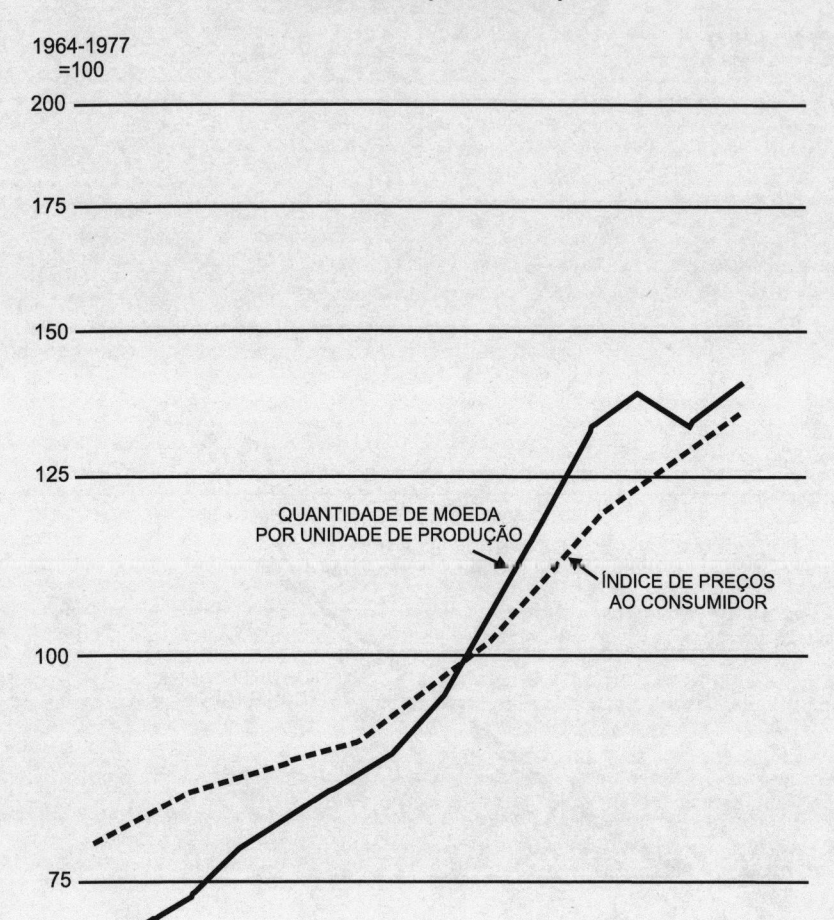

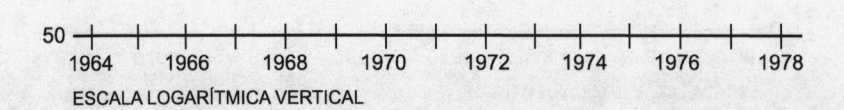

1964-1977
=100

- QUANTIDADE DE MOEDA POR UNIDADE DE PRODUÇÃO
- ÍNDICE DE PREÇOS AO CONSUMIDOR

ESCALA LOGARÍTMICA VERTICAL

Gráfico 3. MOEDA E PREÇOS
JAPÃO (1964-1977)

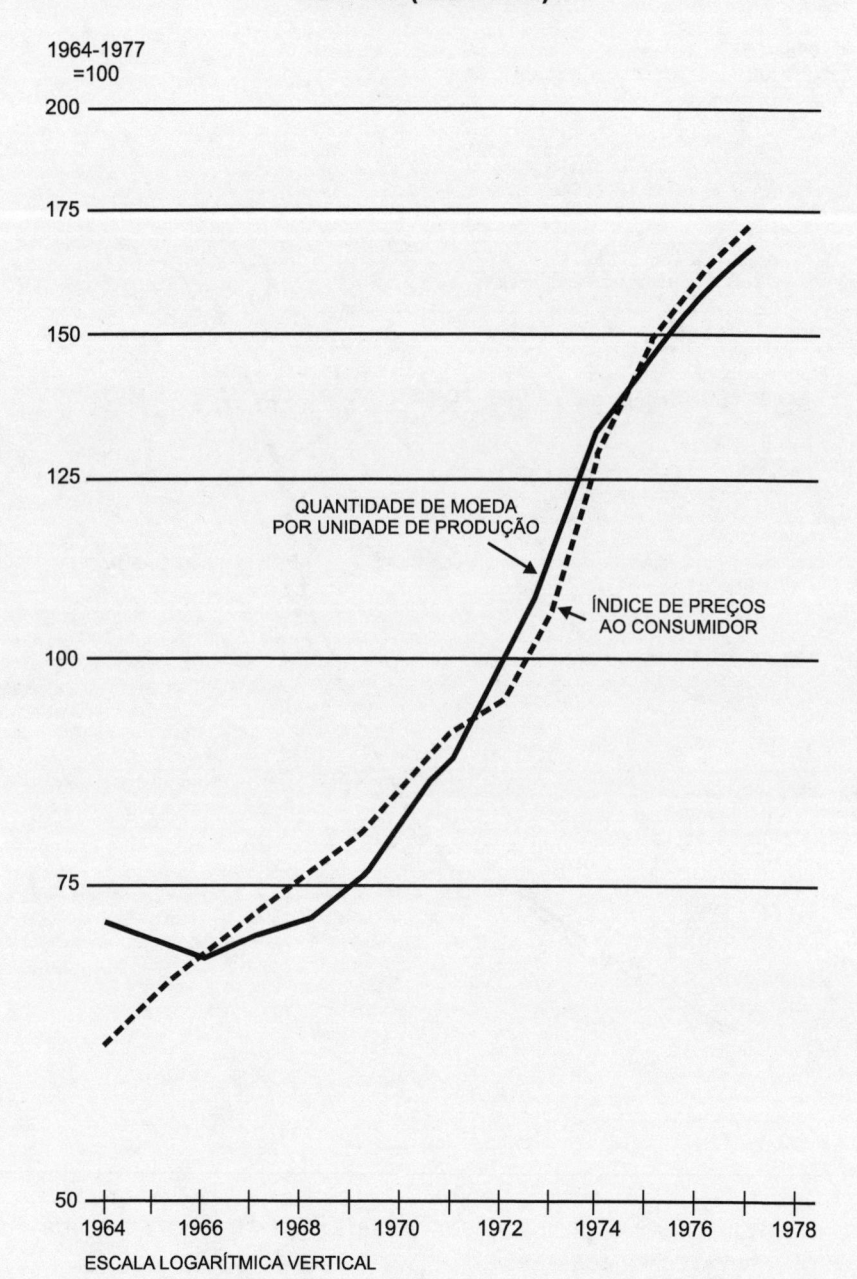

1964-1977 =100

QUANTIDADE DE MOEDA POR UNIDADE DE PRODUÇÃO

ÍNDICE DE PREÇOS AO CONSUMIDOR

ESCALA LOGARÍTMICA VERTICAL

Gráfico 4. MOEDA E PREÇOS
REINO UNIDO (1964-1977)

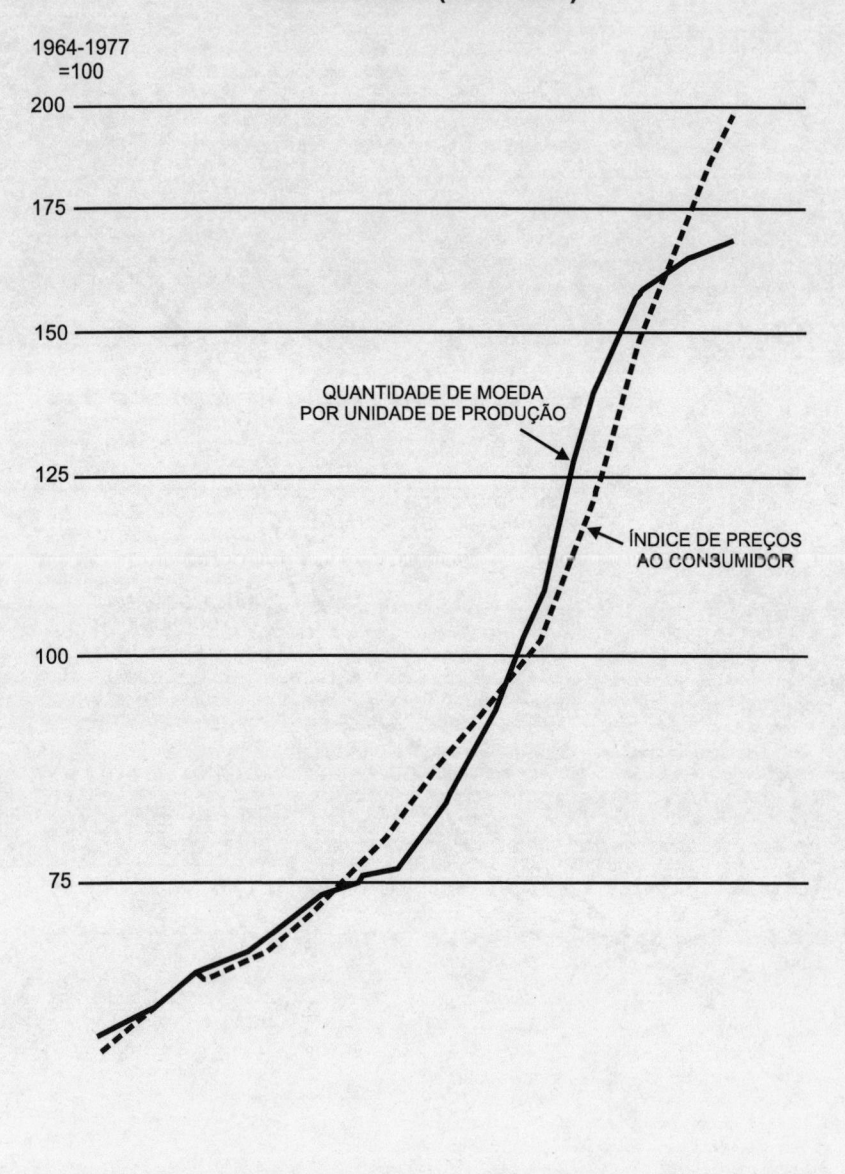

1964-1977
=100

QUANTIDADE DE MOEDA
POR UNIDADE DE PRODUÇÃO

ÍNDICE DE PREÇOS
AO CONSUMIDOR

ESCALA LOGARÍTMICA VERTICAL

Gráfico 5. MOEDA E PREÇOS BRASIL (1964-1977)

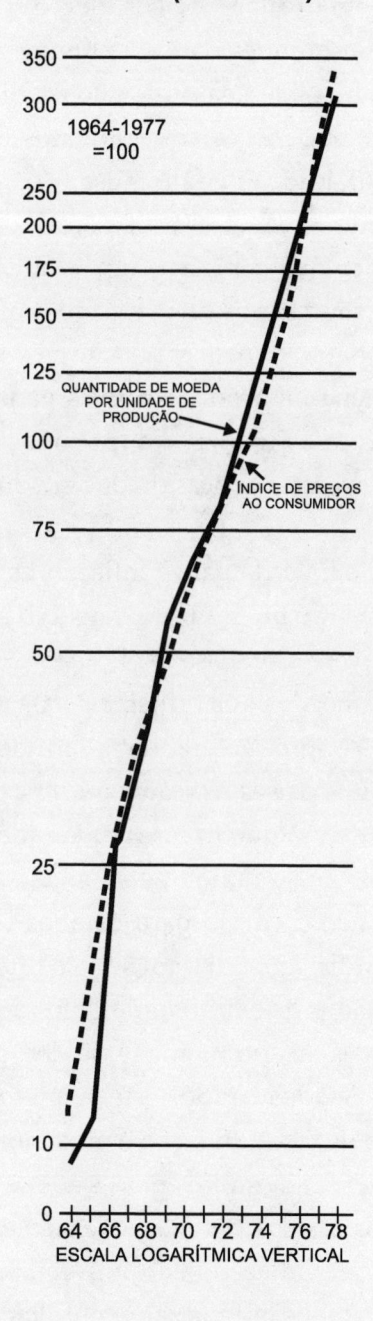

1964-1977 =100

QUANTIDADE DE MOEDA POR UNIDADE DE PRODUÇÃO

ÍNDICE DE PREÇOS AO CONSUMIDOR

ESCALA LOGARÍTMICA VERTICAL

e os Estados Unidos, onde os sindicatos têm força considerável? Os sindicatos podem prestar serviços úteis a seus membros. Podem também causar grandes danos ao limitar as oportunidades de emprego para outras pessoas, mas não produzem inflação. Os aumentos salariais superiores aos aumentos de produtividade são resultado da inflação, não uma causa.

Do mesmo modo, os empresários não causam a inflação. O aumento dos preços que cobram é um resultado ou reflexo de outras forças. Os empresários de países que sofreram grande inflação certamente não são mais gananciosos do que os de países que tiveram pequena inflação, nem mais gananciosos em uma época do que em outra. Então, por que a inflação é tão maior em alguns lugares e em certas épocas do que em outros lugares e em outras épocas?

Outra explicação favorita para a inflação, especialmente entre autoridades do governo procurando transferir a culpa, é a de que ela é importada do exterior. Essa explicação muitas vezes esteve correta quando as moedas dos principais países estavam ligadas pelo padrão-ouro. A inflação era, então, um fenômeno internacional porque muitos países usavam a mesma commodity como moeda, e qualquer coisa que fizesse a quantidade dessa moeda-commodity crescer mais rapidamente afetava todos eles. Mas, obviamente, isso não é válido para os anos recentes. Se fosse, como as taxas de inflação poderiam ser tão diferentes nos diversos países? O Japão e o Reino Unido sofreram inflação a uma taxa de 30% ou mais ao ano no início da década de 1970, quando a inflação nos Estados Unidos estava em torno de 10% e, na Alemanha, abaixo de 5%. A inflação é um fenômeno mundial no sentido de que ocorre em muitos países ao mesmo tempo — assim como elevados gastos e déficits governamentais são fenômenos mundiais. Mas a inflação não é um fenômeno mundial no sentido de que cada país individualmente é incapaz de controlar sua própria inflação — assim como elevados gastos e grandes déficits governamentais não são produzidos por forças fora do controle de cada país.

Baixa produtividade é outra explicação favorita para a inflação. E, no entanto, veja o caso do Brasil: uma das taxas de crescimento da produção mais rápidas do mundo — e também uma das taxas mais altas de inflação. É verdade que o que importa para a inflação é a quantidade de moeda por unidade de produção, mas, como já observamos, do ponto de vista prático, as alterações na produção são diminuídas pelas alterações na quantidade de moeda. Nada é mais importante para o bem-estar econômico de um país, a longo prazo, do que a melhoria da produtividade. Se a produtividade cresce a 3,5% ao ano, a produção dobra em vinte anos; a 5% ao ano, em catorze anos — uma grande diferença. Mas a produtividade é um pouco parceira da inflação; a moeda é o ponto central.

E quanto aos xeiques árabes e a Opep? Eles nos impuseram custos pesados. A brusca elevação do preço do petróleo diminuiu a quantidade de bens e serviços à nossa disposição porque precisamos exportar mais para pagar o petróleo. A redução da produção elevou o nível de preços. Mas foi um efeito que ocorreu de uma vez por todas. Não produziu mais nenhum efeito de longa duração na taxa de inflação a partir daquele nível elevado de preço. Nos cinco anos seguintes ao choque do petróleo de 1973, a inflação caiu tanto na Alemanha quanto no Japão; na Alemanha, a queda foi de aproximadamente 7% ao ano para menos de 5%; no Japão, de mais de 30% para menos de 5%. Nos Estados Unidos, a inflação chegou a um elevado patamar um ano depois do choque do petróleo: de 12%, caiu para 5% em 1976 e então subiu para mais de 13% em 1979. Essas diferentes experiências podem ser explicadas por um choque do petróleo generalizado para todos os países? A Alemanha e o Japão são 100% dependentes do petróleo importado; no entanto, se saíram muito melhor no corte da inflação do que os Estados Unidos, que são apenas 50% dependentes, ou do que o Reino Unido, que se tornou um importante produtor de petróleo.

Voltamos à nossa proposição básica. A inflação é principalmente um *fenômeno monetário*, produzido por um crescimento mais rápido da quantidade de moeda do que o da produção. O comportamento da quantidade de moeda é o principal sócio; o da produção, o sócio minoritário. Muitos fenômenos podem produzir flutuações temporárias na taxa de inflação, mas só podem ter efeito duradouro na medida em que afetem a taxa de crescimento monetário.

Por que o excessivo crescimento monetário?

Por mais que a proposição de que a inflação é um fenômeno monetário seja importante, ela é apenas o começo de uma resposta para as causas e a cura da inflação. É importante porque orienta a busca de causas básicas e limita as possíveis curas. Mas é somente o início de uma resposta porque a questão mais importante é pelo fato de ocorrer um crescimento monetário excessivo.

O que era válido para o dinheiro-tabaco ou o dinheiro vinculado à prata ou ao ouro, com o atual papel-moeda, o aumento descomunal da quantidade de moeda e, por conseguinte, a inflação, é produzido pelos governos.

Nos Estados Unidos, o acelerado crescimento monetário durante os últimos quinze anos, ou algo em torno disso, ocorreu por três razões relacionadas: primeira, o rápido crescimento dos gastos do governo; segunda, a política de pleno emprego do governo; terceira, uma política equivocada seguida pelo Federal Reserve.

O aumento dos gastos do governo não provocará um crescimento monetário mais rápido nem inflação *se* os gastos adicionais forem financiados por impostos ou por empréstimos junto ao público. Nesse caso, o governo terá mais para gastar e o público menos. O aumento dos gastos do governo tem a contrapartida de um menor gasto privado para consumo e investimento. Entretanto, cobrar impostos e pegar dinheiro emprestado junto ao público são meios politicamente não atrativos de financiar os gastos adicionais do governo. Muitos entre nós são a favor de gastos adicionais do Estado; poucos de nós são a favor de mais impostos. Os empréstimos do governo junto ao público desviam recursos de uso privado elevando as taxas de juros, tornando mais caro e mais difícil o financiamento de casas novas, por parte das pessoas comuns, e a tomada de empréstimos por parte do empresariado.

A única alternativa de financiar o aumento de gastos do governo é com o aumento da quantidade de moeda. Como observamos no capítulo 3, o governo dos EUA pode realizar isso fazendo com que o Tesouro dos EUA — uma de suas instâncias — venda títulos para o Federal Reserve System — outra instância do governo. O Federal Reserve paga pelos títulos com notas do Federal Reserve recém-impressas ou lançando em sua contabilidade como um depósito a favor do Tesouro dos EUA. O Tesouro pode, então, pagar suas contas com o dinheiro vivo ou com cheque sacando de sua conta no Fed. Quando a base monetária adicional é depositada nos bancos comerciais por seus destinatários iniciais, serve de reserva para eles e como base para um acréscimo muito maior da quantidade de moeda.

Financiar o gasto público aumentando a quantidade de moeda é muitas vezes altamente atrativo, tanto para o presidente da República quanto para os membros do Congresso. Permite que aumentem os gastos do governo, dando brindes aos seus eleitores, sem a necessidade de votar por impostos para financiar os gastos nem de pegar dinheiro emprestado com o público.

Uma segunda fonte de uma expansão monetária maior nos Estados Unidos, nos últimos anos, tem sido a tentativa de gerar pleno emprego. O objetivo, assim como em tantos programas governamentais, é admirável, mas os resultados não têm sido. "Pleno emprego" é um conceito muito mais complexo e ambíguo do que aparenta. Em um mundo dinâmico, no qual novos produtos surgem e os velhos desaparecem, em que a demanda muda de um produto para outro, em que a inovação altera os métodos de produção, e assim por diante, o desejável é ter uma grande mobilidade de mão de obra. As pessoas mudam de um emprego para outro e muitas vezes estão ociosas nesse intervalo de tempo. Algumas pessoas saem do emprego que não gostam antes de terem achado outro. Os jovens que entram no mercado de trabalho demoram a achar emprego e ter experiência em diferentes tipos de ocupação. Além disso, os obstáculos ao livre funcionamento do mercado de trabalho — restrições dos sindicatos, salários mínimos e coisas semelhantes — aumentam a dificuldade de conciliar trabalho e trabalhador. Em tais circunstâncias, qual o número médio de pessoas que corresponde a pleno emprego?

Assim como com os gastos e os impostos, aqui também há uma assimetria. Medidas que possam representar uma contribuição ao emprego são politicamente atrativas. Medidas que possam representar uma contribuição ao desemprego são politicamente deploráveis. O resultado é a tendência de prevalecer a política do governo voltada para a adoção de metas excessivamente ambiciosas de pleno emprego.

A relação com a inflação é dupla. A primeira é que os gastos do governo podem representar uma contribuição ao emprego, com os impostos do governo como uma contribuição ao desemprego pela redução dos gastos privados. Com isso, a política de pleno emprego reforça a tendência do governo de aumentar os gastos, baixar os impostos e financiar o déficit resultante, aumentando a quantidade de moeda, em vez de aumentar os impostos ou pegar dinheiro emprestado com o público. A segunda é que o Federal Reserve System pode aumentar a quantidade de moeda de outras maneiras que não o do financiamento dos gastos do governo. Basta comprar títulos do governo em circulação, pagando por eles com dinheiro da recém-criada base monetária. Isso permite aos bancos a concessão de um volume maior de empréstimos privados, o que também pode significar uma contribuição ao emprego. Sob pressão para promover pleno emprego, a política monetária do Fed teve a mesma inclinação inflacionária da política fiscal do governo.

Tais políticas não tiveram êxito na geração de pleno emprego, mas geraram inflação. Como disse o primeiro-ministro britânico James Callaghan, em uma corajosa palestra para a conferência do Partido Trabalhista inglês em setembro de 1976: "Costumávamos pensar que só se podia vencer a recessão e aumentar o emprego cortando impostos e aumentando os gastos do governo. Digo-lhes, com toda franqueza, que essa opção não existe mais; e que na medida em que possa ter existido só funcionou injetando doses maiores de inflação na economia seguidas de níveis mais altos de desemprego na etapa seguinte. Essa é a história dos últimos vinte anos."

A terceira fonte de uma expansão monetária maior nos Estados Unidos nos últimos anos tem sido uma política equivocada do Federal Reserve System. Não apenas a política do Fed tinha um viés inflacionário por causa das pressões para promover o pleno emprego como este viés foi exacerbado por sua tentativa de buscar dois objetivos incompatíveis. O Federal Reserve tem o poder de controlar a quantidade da moeda e apoia esse objetivo da boca para fora. Mas, como Demétrio em *Sonho de uma noite de verão*, de Shakespeare, que evita Helena, apaixonada por ele, para assediar Hérmia, que ama Lisandro, o Fed devotou seu coração não ao controle da quantidade de moeda, mas ao controle das taxas de juros, coisa que não pode fazer. O resultado foi o fracasso nas duas frentes: grandes oscilações, tanto da moeda quanto das taxas de juros. Tais oscilações também tiveram um viés inflacionário. Com a lembrança de seus erros desastrosos de 1929 a 1933, o Federal Reserve esteve muito mais disposto a corrigir uma oscilação na direção de uma taxa baixa de crescimento monetário do que a corrigir a oscilação com uma taxa alta de crescimento monetário.

O resultado do aumento dos gastos do governo, da política de pleno emprego e da obsessão do Fed pelas taxas de juros foi uma montanha-russa em um caminho ascendente. A inflação subiu e depois caiu. Cada subida carregou a inflação para um nível mais elevado do que o pico precedente. Cada queda deixou a inflação acima de seu nível anterior mais baixo. O tempo todo, os gastos do governo têm subido como um percentual da renda; as receitas fiscais do governo também andaram subindo como um percentual da renda, mas não tão rápido quanto os gastos. Assim, o déficit também vem subindo como um percentual da renda.

Esses fatos não ocorreram só nos Estados Unidos nem apenas em décadas recentes. Desde tempos imemoriais, os soberanos — fossem reis, imperadores ou parlamentares — foram tentados a recorrer ao aumento da quantidade de moeda a fim de obter recursos para a guerra, a construção de monumentos ou outros propósitos. Muitas vezes sucumbiam à tentação. E, sempre que sucumbiam, a inflação seguia atrás.

Há cerca de 2 mil anos, o imperador romano Diocleciano inflacionou "depreciando" a moeda — ou seja, substituindo moedas de prata por semelhantes que tinham cada vez menos prata e cada vez mais uma liga sem valor até que se tornou "nada mais do que metal comum com banho de prata".¹² Os governos modernos agem da mesma forma, imprimindo papel-moeda e fazendo lançamentos contábeis — mas o método antigo não desapareceu por completo. As moedas dos Estados Unidos, que um dia foram totalmente de prata, agora são de cobre banhadas com níquel. E uma pequena moeda de dólar de Susan B. Anthony foi lançada para substituir o que antes era uma moeda de prata encorpada.

A receita do governo decorrente da inflação

O financiamento dos gastos do governo por meio do aumento da quantidade de moeda parece algo mágico, como ganhar alguma coisa em troca de nada. Para citar um simples exemplo, o governo constrói uma estrada pagando as despesas com notas do Federal Reserve recém-impressas. É como se todo mundo estivesse melhor de vida. Os trabalhadores que constroem a estrada obtêm seu pagamento e podem comprar comida, roupa e moradia com ele. Ninguém pagou impostos mais altos. E, no entanto, agora há uma estrada onde antes não havia nenhuma. Quem pagou por ela?

A resposta é que todos os que possuem dinheiro pagaram pela estrada. O dinheiro extra eleva os preços quando é usado para induzir os trabalhadores a construírem a estrada em vez de se envolverem em alguma outra atividade produtiva. Esses preços se mantêm elevados à medida que o dinheiro extra circula na corrente de gastos que vai dos trabalhadores para os vendedores dos artigos que eles compram, desses vendedores para outras pessoas, e assim por diante. Os preços mais altos significam que o dinheiro que as pessoas possuíam antes agora comprará menos do que teria comprado anteriormente. Para terem em mãos uma quantidade de dinheiro que possa comprar tanto quanto antes, terão que deixar de gastar a totalidade de seus rendimentos e usar parte deles para somar a seus saldos monetários.

O dinheiro impresso a mais é equivalente a um imposto no saldo monetário. Se o dinheiro extra eleva os preços em torno de 1%, então toda pessoa pagou, na realidade, um imposto igual a 1% do dinheiro que possui. Os pedaços de papel extra que agora ela tem que possuir (ou lançamentos contábeis que deve fazer) para ter o mesmo poder de compra na forma de dinheiro que tinha antes não se diferenciam dos outros pedaços de papel de seu bolso ou do cofre de segurança (ou de seus lançamentos contábeis), mas são, de fato, recibos de impostos pagos.

A contrapartida física desses impostos são os bens e serviços que poderiam ter sido produzidos com os recursos que construíram a estrada. As pessoas que gastaram menos do que sua renda de modo a manter o poder de compra de seus saldos abriram mão desses bens e serviços para que o governo pudesse obter os recursos a fim de construir a estrada.

Pode-se entender por que John Maynard Keynes, ao examinar as inflações depois da Primeira Guerra Mundial, escreveu: "Não há meio mais sutil, mais seguro, de destruir a base de uma sociedade do que corromper a moeda. O processo envolve todas as forças ocultas das leis de economia do lado da destruição e o faz de um modo que nem um homem em 1 milhão é capaz de diagnosticar."[13]

O papel-moeda impresso a mais e os depósitos adicionais lançados na contabilidade do Federal Reserve correspondem apenas a uma parte da receita que o governo obtém com a inflação.

A inflação também produz receita indiretamente ao elevar automaticamente as taxas de imposto em vigor. A renda é empurrada para faixas mais elevadas e tributada com uma alíquota maior, conforme a renda das pessoas em dólar sobe com a inflação. Os rendimentos de pessoa jurídica são artificialmente aumentados por provisão inadequada para dedução e por outros custos. Na média, se a renda sobe em torno de 10% para simplesmente compensar uma inflação de 10%, a receita de impostos federais tende a subir mais de 15% — e assim o contribuinte tem que correr cada vez mais rápido para ficar no mesmo lugar. Esse processo permitiu ao presidente, ao Congresso, aos governadores dos estados e aos deputados posarem de cortadores de impostos quando tudo o que fizeram foi impedir que os impostos subissem tanto quanto deveriam em outra circunstância. Todo ano se fala muito em "cortar impostos". No entanto, não houve redução alguma: se medidos corretamente, os impostos subiram — em nível federal, de 22% da renda nacional em 1964 para 25% em 1978; em nível estadual e no local, de 11% em 1964 para 15% em 1978.

Um terceiro modo em que a inflação gera receita para o governo é pela quitação — ou renúncia, se preferir — de parte da dívida do governo. O governo se endivida — e paga a dívida — em dólares. Mas, graças à inflação, os dólares com os quais paga a dívida podem comprar menos do que os dólares que foram obtidos por empréstimo. Isso não seria um lucro líquido para o governo se, no ínterim, tivesse pagado uma taxa de juros suficientemente alta sobre a dívida para compensar o emprestador pela inflação. Mas, na maior parte das vezes, ele não pagou. Títulos públicos são o exemplo mais claro. Suponha que você tenha comprado um título público em dezembro de 1968 e ficou com ele até dezembro de 1978, quando então o resgatou. Você teria pagado 37,50 dólares em 1968 por um título de dez anos com um valor nominal de 50 dólares e teria recebido 64,74 dólares quando o resgatou em 1978 (porque o governo aumentou a taxa de juros nesse meio-tempo para compensar um pouco a inflação). Em 1978, eram necessários 70 dólares para comprar o equivalente aos 37,50 dólares que você comprou em 1968. E, no entanto, não só você teria recebido apenas os 64,74 dólares como ainda teria de pagar imposto de renda sobre 27,24 dólares, que são a diferença entre o que você recebeu e o que pagou. No final, você teria pagado pelo dúbio privilégio de ter emprestado dinheiro a seu governo.

Liquidar a dívida através da inflação significou que, apesar de o governo federal ter acumulado enormes déficits ano após ano e de sua dívida em termos de dólares ter subido, a dívida cresceu muito menos em termos de poder de compra e, na realidade, até caiu proporcionalmente à renda nacional. Na década de 1968 a 1978, o governo federal tinha um déficit acumulado de mais de 260 bilhões de dólares e, no entanto, a dívida chegava a 30% da renda nacional em 1968 e a 28% dez anos depois.

A cura para a inflação

É simples dizer que há "cura" para a inflação, mas é algo difícil de se executar. Assim como um aumento excessivo da quantidade de moeda é a única e exclusiva causa importante da inflação, também uma redução da taxa de crescimento monetário é a única e exclusiva cura para a inflação. O problema não é saber o que fazer. Isso é muito fácil. O governo tem que aumentar a quantidade da moeda com menos rapidez. O problema é ter a vontade política de tomar as medidas necessárias. Uma vez que a doença inflacionária se encontre em estado avançado, a cura leva muito tempo e tem efeitos colaterais dolorosos.

Duas analogias com a medicina propõem o problema. Uma é sobre um homem que tinha a doença de Buerger, que interrompe o fornecimento de sangue e pode levar à gangrena. O jovem estava perdendo os dedos das mãos e dos pés. O tratamento era fácil: bastava parar de fumar. O jovem não tinha vontade de fazer isso; seu vício era simplesmente enorme. Sua doença, em certo sentido, tinha tratamento, mas em outro, não.

Uma analogia ainda mais instrutiva é entre a inflação e o alcoolismo. Quando o alcoólatra começa a beber, os efeitos bons vêm primeiro; os efeitos ruins vêm na manhã seguinte, quando ele acorda de ressaca — e muitas vezes não consegue resistir a aliviar a enxaqueca tomando bebida alcoólica para curar a própria ressaca.

A comparação com a inflação é exata. Quando um país começa com um episódio inflacionário, os efeitos iniciais parecem bons. A quantidade maior de moeda permite a quem quer que tenha acesso a ela — hoje em dia, primeiramente os governos — a gastar mais sem que ninguém mais tenha que gastar menos. Os empregos tornam-se abundantes, a atividade comercial fica intensa, quase todo mundo está feliz — no princípio. Esses são os bons efeitos. Aí então o aumento dos gastos começa a elevar os preços; os trabalhadores descobrem que seus salários, ainda que maiores em dólares, compram menos; os empresários descobrem que seus custos subiram e assim as vendas extras não são tão lucrativas quanto haviam calculado, a menos que possam aumentar seus preços mais rápido ainda. Os efeitos ruins começam a aparecer: preços mais altos, demanda menos animada, inflação combinada com estagnação. Assim como com o alcoólatra, a tentação é aumentar mais rapidamente a quantidade de moeda, o que produz a montanha-russa em que estivemos. Nos dois casos, é preciso quantidades cada vez maiores — de álcool ou de dinheiro — para dar ao alcoólatra ou à economia o mesmo "efeito estimulante".

O paralelo entre o alcoolismo e a inflação remete-nos à cura. Também é fácil dizer qual a cura: parar de beber. É algo difícil de acatar porque, desta vez, os efeitos ruins vêm primeiro, os bons vêm depois. O alcoólatra que adere à lei seca sofre terríveis incômodos de abstinência antes de ressurgir na Terra, feliz por não ter mais um desejo quase irresistível de tomar outro gole. Assim também ocorre com a inflação. Os primeiros efeitos colaterais de um ritmo mais lento de crescimento monetário são dolorosos: crescimento econômico mais baixo, elevado desemprego temporário, sem muita redução da inflação por algum tempo. Os benefícios só aparecem um ou dois anos depois na forma de inflação mais baixa, uma economia mais saudável, o potencial para um rápido crescimento não inflacionário.

Efeitos colaterais dolorosos são uma razão da dificuldade de um alcoólatra ou de um país inflacionário em acabar com o seu vício. Mas há outra razão que, ao menos no estágio inicial da doença, pode ser ainda mais importante: a falta de um real desejo de acabar com o vício. Aquele que bebe adora sua bebida alcoólica; acha difícil aceitar que é, de fato, um alcoólatra; não tem muita certeza se quer a cura. O país inflacionário está na mesma condição. É tentador acreditar que a inflação é uma questão temporária e moderada produzida por circunstâncias fora do comum e insignificantes, e que ela irá embora espontaneamente — uma coisa que nunca acontece.

Além disso, muitos adoram a inflação. Nós gostaríamos, naturalmente, de ver os preços das coisas que *compramos* caindo ou pelo menos parando de subir. Mas ficamos mais do que felizes em ver os preços das coisas que vendemos subirem — tanto os bens que produzimos, os serviços que prestamos, quanto nossas casas ou outros artigos que possuímos. Os produtores agrícolas se queixam da inflação, mas se reúnem em Washington para fazer lobby em prol de preços mais altos para seus produtos. A maioria de nós faz a mesma coisa, de um modo ou de outro.

Um dos motivos pelos quais a inflação é tão destrutiva é porque algumas pessoas se beneficiam enormemente, enquanto outras pessoas sofrem; a sociedade fica dividida entre vencedores e perdedores. Os vencedores consideram resultado natural de sua antevisão, prudência e iniciativa as boas coisas que acontecem com eles. Veem as coisas ruins, a subida dos preços daquilo que compram, como consequência de forças fora de seu controle. Quase todo mundo dirá que é contra a inflação; o que essas pessoas, em geral, querem dizer é que são contra as coisas ruins que aconteceram a elas.

Para citarmos um exemplo específico, quase toda pessoa que teve uma casa durante as duas últimas décadas se beneficiou com a inflação. O valor de sua casa subiu acentuadamente. Se tinha uma hipoteca, a taxa de juros ficava, em geral, abaixo do índice de inflação. O resultado é que pagamentos chamados "juros", assim como o que se chamava "principal", na realidade estavam liquidando a hipoteca. Para tomarmos um exemplo simples, suponha que tanto a taxa de juros quanto o índice de inflação fossem de 7% em um ano. Se você tivesse uma hipoteca de 10 mil dólares sobre a qual pagasse apenas os juros, um ano depois, a hipoteca corresponderia ao mesmo poder de compra que 9.300 dólares tinham um ano antes. Em termos reais, você teria menos 700 dólares — exatamente a quantia que você pagou de juros. Em termos reais, você não teria pagado nada pelo uso dos 10 mil dólares. (Na realidade, como os juros são dedutíveis de seu imposto de renda, você teria se beneficiado, isto é, recebido para tomar dinheiro emprestado.) O modo pelo qual esse efeito se torna aparente ao proprietário da casa é que seu patrimônio líquido referente à casa sobe rapidamente. A contrapartida é um prejuízo para os pequenos poupadores que proporcionaram os recursos que possibilitaram às associações de poupança e empréstimo imobiliário, às caixas econômicas privadas e outras instituições o financiamento dos empréstimos hipotecários. Os pequenos poupadores não tinham nenhuma boa alternativa porque o governo limita fortemente a taxa máxima de juros que tais instituições podem pagar a seus depositantes — supostamente para proteger os depositantes.

Assim como os elevados gastos do governo são uma razão para um excessivo crescimento monetário, da mesma forma gastos menores são um elemento que pode contribuir para reduzir o crescimento monetário. Aqui também costumamos ficar esquizofrênicos. Todos nós gostaríamos que os gastos do governo baixassem, contanto que não sejam gastos que nos beneficiem. Todos nós gostaríamos de ver os déficits reduzidos, contanto que isto ocorra a partir de impostos cobrados dos outros.

Conforme a inflação acelera, no entanto, cedo ou tarde ela causa tantos danos ao tecido social, cria tanta injustiça e sofrimento, que se desenvolve uma verdadeira vontade pública de fazer alguma coisa a respeito. O nível de inflação em que isso ocorre depende rigorosamente do país em questão e de sua história. Na Alemanha, seu surgimento se deveu a um baixo nível de inflação por causa das terríveis experiências após as duas grandes guerras; surgiu em um nível muito maior de inflação no Reino Unido e no Japão; ainda não surgiu nos Estados Unidos.

Efeitos colaterais de uma cura

Lemos tantas e tantas vezes que maior desemprego e lento crescimento são curas para a inflação, que as alternativas que temos diante de nós são mais inflação *ou* maior desemprego, que as autoridades estão conformadas com, ou estão promovendo de fato, menor crescimento e maior desemprego com o objetivo de sanar a inflação. E, no entanto, ao longo de várias décadas passadas, o crescimento da economia dos EUA diminuiu, o nível médio de desemprego subiu e, ao mesmo tempo, o índice de inflação subiu cada vez mais. Tivemos não apenas mais inflação como também mais desemprego. Outros países tiveram a mesma experiência. Como isso é possível?

A resposta é que baixo crescimento e alto desemprego não são *curas* para a inflação. São *efeitos colaterais* de uma cura exitosa. Muitas políticas que impedem o crescimento econômico e contribuem para o desemprego podem, ao mesmo tempo, aumentar o índice de inflação. Isso ocorreu com uma série de políticas que adotamos — controles esporádicos dos preços e dos salários, intervenção crescente do governo na atividade empresarial, tudo acompanhado por gastos cada vez maiores do governo e um rápido aumento da quantidade de moeda.

Outro exemplo na medicina talvez esclareça melhor a diferença entre uma *cura* e um *efeito colateral*. Você tem apendicite aguda. Seu médico recomenda uma apendicectomia, mas lhe avisa que depois da operação você ficará preso na cama por um tempo. Você descarta a operação, mas fica de cama pelo prazo recomendado como uma opção de *cura* menos dolorosa. Bobagem, sim, mas fidedigno em todos os detalhes à confusão entre desemprego como efeito colateral e como cura.

Os efeitos colaterais de um modo de cura para a inflação são dolorosos, então é importante compreender o que os causa e procurar os meios de mitigá-los. A razão fundamental para que ocorram já foi destacada no capítulo 1: taxas variáveis de crescimento monetário introduzem estática nas informações transmitidas pelo sistema de preços, estática que se traduz em respostas inadequadas pelos agentes econômicos, o que leva tempo para se superar.

Observe, primeiro, o que acontece quando começa a expansão monetária. Para o vendedor de mercadorias, mão de obra ou outros serviços, os gastos mais altos financiados pela moeda recém-criada não são diferentes de quaisquer outros gastos. O vendedor de lápis, por exemplo, descobre que pode vender mais lápis ao preço antigo. Ele faz isso no início sem alterar seu preço. Encomenda mais lápis do atacadista, este encomenda do fabricante e assim por diante cadeia abaixo. Se a demanda de lápis tivesse aumentado à custa de outro segmento de demanda, digamos, canetas esferográficas, em vez de ser uma consequência do crescimento monetário inflacionário, o fluxo aumentado de encomendas de lápis cadeia abaixo seria acompanhado por uma diminuição do fluxo de encomendas de canetas esferográficas cadeia abaixo. Os lápis e, em seguida, o material utilizado em sua produção tenderiam a subir de preço; as canetas e o material usado em sua fabricação tenderiam a cair de preço; mas não haveria razão para que os preços, *em geral*, mudassem.

A situação é totalmente diferente quando a maior demanda de lápis tem sua origem em moeda recém-criada. A demanda de lápis, de canetas e da maior parte das coisas pode, então, subir simultaneamente. Há um gasto maior (em dólares) no total. Entretanto, o vendedor de lápis não sabe disso. Ele age como antes — no início, segurando o preço pelo qual sempre vende, contente por vender mais até que, acredita, poderá refazer seu estoque. Mas agora o maior fluxo de encomendas de lápis cadeia abaixo é acompanhado de um fluxo maior de encomenda de canetas cadeia abaixo e em muitas outras cadeias de produção. Como o maior fluxo de encomendas gera uma demanda maior de mão de obra e material para produzir mais, a reação inicial dos trabalhadores e produtores de material será como a dos atacadistas — trabalhar mais tempo e produzir mais, além de cobrar mais, acreditando que a demanda daquilo que eles vêm fornecendo tenha subido. Mas desta vez não há compensação, não há quedas na demanda que se equiparem, *grosso modo*, aos aumentos na demanda, não há queda de preços que se equipare às subidas. Claro que, no início, isso não será óbvio. Em um mundo dinâmico, as demandas estão sempre mudando; alguns preços sobem, outros caem. O sinal geral do aumento de demanda será confundido com os sinais específicos que refletem mudanças em demandas relativas. É por isso que o efeito colateral inicial de um crescimento monetário mais acelerado tem a aparência de prosperidade e de maior empregabilidade. Mas cedo ou tarde o sinal se apagará.

Quando apagar, os trabalhadores, os fabricantes e os varejistas descobrirão que foram enganados. Reagiram à maior demanda do pequeno número de coisas que vendem na crença equivocada de que a maior demanda era especialmente para eles e assim não afetaria muito os preços das muitas coisas que compram. Quando descobrem seu erro, sobem os salários e os preços mais ainda — não apenas como uma resposta à maior demanda, mas também como precaução com relação à subida de preços das coisas que compram. Estamos errando em uma espiral preço-salário que é, em si, um efeito da inflação, não uma causa. Se o crescimento monetário não acelerar mais, o estímulo inicial ao emprego e à produção será substituído pelo oposto; ambos tenderão a cair em resposta aos elevados salários e preços. Uma ressaca sucederá a uma euforia inicial.

Leva tempo para que ocorram essas reações. Na média, ao longo do século passado, e mais nos Estados Unidos, no Reino Unido e em alguns outros países ocidentais, transcorreram aproximadamente de seis a nove meses até que o aumento do crescimento monetário fizesse efeito na economia e produzisse aumento do crescimento econômico e do emprego. Mais ou menos doze a dezoito meses se passaram até que o aumento do crescimento monetário afetasse o nível de preços de modo considerável e que ocorresse inflação ou que ela se acelerasse. Os lapsos de tempo foram assim tão longos nesses países porque, período de guerra à parte, foram poupados por muito tempo de grandes variações nos índices de expansão monetária e de inflação. Às vésperas da Segunda Guerra Mundial, os preços no atacado no Reino Unido eram, em média, os mesmos que duzentos anos antes; e, nos Estados Unidos, os mesmos que cem anos antes. A inflação do pós-guerra é um novo fenômeno nesses países. Eles sofreram muitos reveses, mas não uma longa caminhada na mesma direção.

Muitos países da América do Sul tiveram uma herança menos fortuita. Eles têm intervalos de adiamento muito mais curtos — chegando, no máximo, a alguns meses. Se os Estados Unidos não se curarem de sua recente propensão a se habituar a uma inflação de enorme variação, os intervalos de adiamento também se encurtarão aqui.

A sequência de acontecimentos que sucedem uma desaceleração do crescimento monetário é a mesma da que acabamos de esboçar, exceto pelo fato de que se dá em um sentido oposto. A redução inicial dos gastos é interpretada como uma redução da demanda de determinados produtos que, depois de um intervalo, diminui a produção e o emprego. Depois de outro intervalo, a inflação desacelera, o que, por sua vez, é acompanhado de uma expansão do emprego e da produção. Chegam ao fim, para o alcoólatra, seus piores sofrimentos por abstinência, e começa o caminho de uma feliz abstinência.

Todos esses ajustes são postos em andamento a partir de *mudanças* nos índices de crescimento monetário e inflação. Se o crescimento monetário fosse alto e constante de modo que, digamos, os preços tendessem a subir ano após ano em torno de 10%, a economia poderia se ajustar a ele. Todo mundo iria prever uma inflação de 10%; os salários aumentariam em torno de 10% ao ano mais do que em outra circunstância; as taxas de juros seriam 10% mais altas do que em outra circunstância — de modo a compensar a inflação para o credor; as alíquotas de impostos seriam ajustadas pela inflação e assim por diante.

Uma inflação desse tipo não causaria grandes danos, mas também não teria serventia para nada. Simplesmente criaria complexidades desnecessárias em procedimentos. Ainda mais importante é que tal situação, se de fato ocorresse, provavelmente não seria estável. Se fosse politicamente lucrativo e viável gerar uma inflação de 10%, haveria uma grande tentação, quando e se a inflação alguma vez ficasse nisso, de fazer uma inflação de 11, 12 ou 15%. Inflação zero é um objetivo politicamente viável; uma inflação de 10% não é. Esse é o veredicto da experiência.

Atenuando os efeitos colaterais

Não conhecemos nenhum exemplo na história em que a inflação tenha acabado sem que tenha havido um período intermediário de lento crescimento econômico e um desemprego mais elevado que o habitual. Essa é a base de experiência para nossa convicção de que não há como evitar os efeitos colaterais de uma cura para a inflação.

Entretanto, é possível atenuar esses efeitos colaterais, torná-los mais amenos.

O recurso mais importante para mitigar os efeitos colaterais é desacelerar a inflação *de forma gradual, mas firme*, com uma política anunciada previamente e seguida com firmeza, de modo que se torne confiável.

A razão para a gradação e para o anúncio prévio é dar tempo às pessoas para que reajustem seus procedimentos — e induzi-las a fazer isso. Muitas pessoas firmaram contratos de longo prazo — de emprego, de concessão ou tomada de empréstimo de dinheiro, de envolvimento em atividade de produção ou construção — com base em *antecipações* do provável índice de inflação. Esses contratos de longo prazo tornam difícil uma rápida redução da inflação e significam que tentar pôr isso em prática acarretará um custo pesado a muitas pessoas. Terminado o prazo, esses contratos não terão mais validade ou serão renovados ou renegociados e poderão, então, ser ajustados à nova situação.

Outro recurso comprovadamente eficaz para mitigar os efeitos colaterais adversos da cura da inflação: incluir um ajuste automático para a inflação em contratos de longo prazo, algo conhecido como cláusula de indexação. O exemplo mais comum é a cláusula de ajuste ao custo de vida, incluída em muitos contratos salariais. Esse tipo de contrato especifica que o salário/hora terá um aumento em torno de, digamos, 2% mais o índice de inflação ou mais um percentual do índice de inflação. Desse modo, se a inflação for baixa, o aumento salarial em dólares é baixo; se a inflação for alta, o aumento salarial em dólares é alto; mas em um ou outro caso o salário terá o mesmo poder de compra.

Outro exemplo é para os contratos de aluguel de propriedade. Em vez de ser fixado em um determinado valor em dólares, o contrato de aluguel poderá especificar que o aluguel será reajustado a cada ano pelo índice de inflação. Contratos de aluguel para lojas de varejo muitas vezes especificam o aluguel como um percentual das receitas brutas da loja. Esses contratos não têm cláusula de indexação explícita, mas de modo implícito, uma vez que as receitas da loja tenderão a subir com a inflação.

Outro exemplo ainda é para um empréstimo. Um empréstimo é, de praxe, estabelecido a um valor fixo em dólar por um prazo determinado a uma taxa de juros anual fixa — digamos, mil dólares por um ano a 10%. Uma alternativa é especificar a taxa de juros não a 10%, mas, digamos, a 2% mais o índice de inflação, de modo que, se a inflação chegar a 5%, a taxa de juros será de 7%; se a inflação chegar a 10%, a taxa de juros será de 12%. Uma alternativa quase equivalente é especificar o valor a ser pago não como um número fixo em dólares, mas como um número em dólares ajustado pela inflação. Em nosso exemplo simples, o tomador do empréstimo ficaria devendo mil dólares ajustados pelo índice de inflação mais os juros de 2%. Se a inflação chegasse a 5%, ele estaria devendo 1.050 dólares; se a 10%, 1.100 dólares — nos dois casos acrescidos dos juros de 2%.

Exceto pelos contratos salariais, as cláusulas de indexação não têm sido frequentes nos Estados Unidos. No entanto, elas estão se difundindo, especialmente na forma de hipotecas a juros variáveis. E têm sido muito comuns praticamente em quase todos os países com índices de inflação elevados e ainda por cima variáveis durante um longo período de tempo.

Essas cláusulas de indexação reduzem o lapso de tempo entre a desaceleração do crescimento monetário e o subsequente reajuste de salários e preços. Dessa forma, encurtam o período de transição e reduzem os efeitos colaterais provisórios. Entretanto, por mais úteis que sejam, estão longe de ser uma panaceia. É impossível estabelecer a indexação para *todos* os contratos (ver, por exemplo, o papel-moeda), e sai caro para muitos. Uma importante vantagem de se usar dinheiro é exatamente a capacidade de gerir contratos de modo barato e eficiente, e as cláusulas de indexação reduzem tal vantagem. Muito melhor é não ter inflação e nenhuma cláusula de preços variáveis. Por essa razão, defendemos o recurso às cláusulas de indexação no setor econômico privado apenas para aliviar os efeitos colaterais da inflação, não como uma medida permanente.

As cláusulas de indexação são altamente desejáveis como medida permanente no setor do governo federal. A Previdência Social e outros benefícios de aposentadoria, salários de funcionários federais, inclusive os salários de membros do Congresso, e diversos outros itens das despesas governamentais são agora automaticamente reajustados pela inflação. Entretanto, há duas falhas evidentes e injustificáveis: imposto de renda e empréstimos governamentais. O reajuste pela inflação da estrutura do imposto de renda de pessoa física e jurídica — de modo que um aumento de 10% nos preços elevaria os impostos em dólares em torno de 10%, não como ocorre agora, em torno de algo como 15% na média — eliminaria a cobrança de impostos mais altos sem que tivesse sido aprovado por votação. Acabaria com a cobrança de impostos sem a respectiva representação. Isso reduziria também o incentivo para o governo inflacionar, já que a receita obtida com a inflação ficaria reduzida.

O argumento que comprova o efeito inflacionário dos empréstimos governamentais é igualmente forte. O próprio governo dos EUA produziu a inflação que transformou a compra de títulos de longo prazo do governo em um investimento tão ruim nos últimos anos. Imparcialidade e honestidade para com os cidadãos por parte de seu governo exigem a adoção de cláusulas de indexação nos empréstimos governamentais de longo prazo.

Controles de preços e de salários são algumas vezes propostos como cura para a inflação. Recentemente, como ficou claro que os controles não curam a inflação, eles foram propostos insistentemente como um recurso para mitigar os efeitos colaterais da cura. Alega-se que exercerão tal função persuadindo o público de que o governo é sério no ataque à inflação. A expectativa é de que isso, por sua vez, diminua as previsões de futura inflação embutidas nas cláusulas dos contratos de longo prazo.

Controle de preços e de salários é algo contraproducente para essa finalidade. Distorce a estrutura de preços, o que reduz a eficiência com a qual o sistema funciona. A consequente redução na produção contribui para os efeitos colaterais de uma cura da inflação, em vez de reduzi-los. O controle de preços e salários desperdiça mão de obra, tanto por causa das distorções na estrutura de preços quanto por causa da enorme quantidade de trabalhadores que vai para a elaboração, a execução e a evasão dos controles de preços e salários. Esses efeitos são os mesmos, sejam os controles compulsórios ou rotulados de "voluntários".

Na prática, controles de preços e salários quase sempre foram usados como um substituto para a contenção monetária e fiscal, em vez de um complemento a ela. Essa experiência levou os participantes do mercado a enxergarem a adoção do controle de preços e salários como um sinal de que a inflação está a caminho de alta, não de baixa. Isso, portanto, fez com que subissem suas expectativas de inflação, no lugar de as reduzir.

O controle de preços e salários quase sempre parece ser eficaz por um breve período depois de adotado. Preços tabelados, os preços que entram nos índices de preços, são mantidos baixos porque há modos indiretos de subir preços e salários: reduzindo a qualidade de artigos produzidos, eliminando serviços, promovendo trabalhadores e assim por diante. Mas depois, conforme os meios fáceis de evitar o controle são exauridos, as distorções se acumulam, as pressões reprimidas pelos controles atingem o ponto de ebulição, os efeitos adversos vão piorando e todo o programa desaba. O resultado final é mais inflação, não menos. À luz da experiência de quarenta séculos, somente a visão de curto prazo dos políticos e dos eleitores pode explicar a repetição do recurso ao controle de preços e salários.[14]

Estudo de um caso

A experiência recente do Japão oferece um exemplo que dá quase um manual de como curar a inflação. Como ilustra o Gráfico 6, a quantidade de moeda no Japão começou a crescer a taxas cada vez mais altas em 1971 e em meados de 1973 estava crescendo a mais de 25% ao ano.[15] A inflação só respondeu cerca de dois anos depois, no início de 1973. A subsequente subida dramática da inflação produziu uma mudança fundamental na política monetária. A ênfase mudou do valor externo do iene — a taxa de câmbio — para o seu valor interno — a inflação. A expansão monetária sofreu uma brusca redução, de mais de 25% ao ano para algo entre 10% e 15%. Foi mantida nesse patamar, com pequenas exceções, durante cinco anos. (Em razão da elevada taxa de crescimento econômico do Japão, a expansão monetária nessa faixa produziria preços mais ou menos estáveis. A taxa equivalente nos Estados Unidos é de 3% a 5%.)

Uns dezoito meses depois que a expansão monetária começou a declinar, a inflação seguiu atrás, mas levou dois anos e meio para que a inflação caísse para menos de dois dígitos. A inflação, em seguida, ficou mais ou menos constante por aproximadamente dois anos — apesar de uma ligeira melhora no aumento da oferta monetária. A inflação então começou a caminhar rapidamente para zero em resposta a uma nova queda no aumento da expansão monetária.

Gráfico 6. A INFLAÇÃO SEGUE A MOEDA: O CASO DO JAPÃO

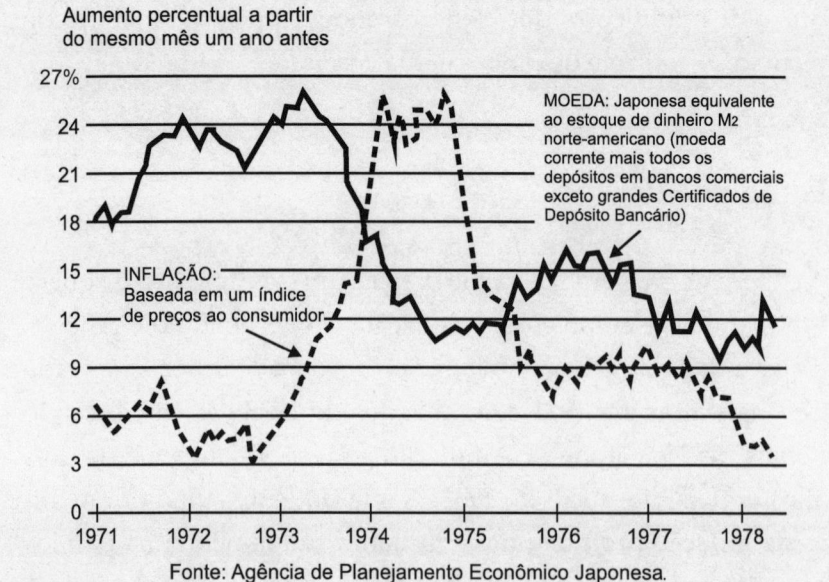

Aumento percentual a partir do mesmo mês um ano antes

MOEDA: Japonesa equivalente ao estoque de dinheiro M_2 norte-americano (moeda corrente mais todos os depósitos em bancos comerciais exceto grandes Certificados de Depósito Bancário)

INFLAÇÃO: Baseada em um índice de preços ao consumidor.

Fonte: Agência de Planejamento Econômico Japonesa.

Os números sobre a inflação no gráfico são para preços ao consumidor. Os preços no atacado foram ainda melhores. Eles caíram, na realidade, em meados de 1977. A mudança dos trabalhadores no Japão no pós-guerra de setores de baixa produtividade para setores de alta produtividade, tais como o automobilístico e o de eletrônicos, significou que os preços de serviços subiram bruscamente com relação aos preços das commodities. Em consequência, os preços ao consumidor subiram em comparação com os preços do atacado.

O Japão passou por um baixo crescimento e alto desemprego depois que desacelerou o aumento na expansão monetária, especialmente durante 1974, antes que a inflação começasse a responder de modo significativo à expansão monetária mais lenta. O ponto mais baixo foi alcançado no final de 1974. A produção, em seguida, começou a recuperar e a crescer daí para diante — mais moderadamente do que nos anos de crescimento acelerado da década de 1960, mas, no entanto, a uma taxa respeitavelmente alta: mais de 5% ao ano.

Controles de preços e de salários em momento algum foram impostos durante a redução gradual da inflação. E a redução gradual ocorreu ao mesmo tempo que o Japão se ajustava aos altos preços do petróleo bruto.

Conclusões

Cinco verdades simples compreendem a maior parte do que sabemos sobre inflação:

1. A inflação é um fenômeno monetário decorrente de um aumento mais rápido da quantidade de moeda do que o

da produção (apesar, no entanto, de as razões para o aumento da oferta monetária poderem ser as mais variáveis).
2. No mundo de hoje, o governo determina — ou pode determinar — a quantidade de moeda.
3. Só há uma cura para a inflação: um aumento mais lento da quantidade de moeda.
4. Leva tempo — calculado em anos, não em meses — para a inflação se desenvolver; leva tempo para a inflação ser sanada.
5. Efeitos colaterais desagradáveis para a cura são inevitáveis.

Os Estados Unidos embarcaram na política de aumentar a expansão monetária por quatro vezes durante os últimos vinte anos. Todas as vezes, o aumento na expansão monetária foi seguido primeiro de uma expansão econômica, depois de inflação. Todas as vezes, as autoridades desaceleraram o aumento na expansão monetária com o intuito de conter a inflação. Uma expansão monetária mais baixa foi seguida de uma recessão inflacionária. Mais adiante, a inflação diminuiu e a economia melhorou. Até o momento, a sequência é idêntica à da experiência do Japão de 1971 a 1975. Infelizmente, a diferença crucial é que nós não demonstramos a paciência que o Japão teve dando continuidade à contenção monetária pelo prazo necessário. Em vez disso, reagimos à recessão além do necessário, acelerando a expansão monetária, partindo para mais uma rodada de inflação e nos condenando à inflação mais alta junto com maior desemprego.

Deixamo-nos enganar por uma falsa dicotomia: inflação ou desemprego. Essa opção é ilusória. A verdadeira opção é apenas se temos um desemprego mais alto como resultado de maior inflação ou como um efeito colateral temporário da cura da inflação.

10

A maré está virando

O fracasso dos governos ocidentais em alcançar seus objetivos proclamados gerou uma reação generalizada contra o *big government*, uma máquina de governo excessivamente grande e burocrática. Na Grã-Bretanha, a reação levou Margaret Thatcher ao poder em 1979 em uma plataforma que comprometia seu governo dos conservadores a inverter as políticas socialistas seguidas tanto pelos governos dos trabalhistas quanto pelos governos anteriores, dos conservadores, desde o fim da Segunda Guerra Mundial. Na Suécia, em 1976, a reação levou à derrota do Partido Social-Democrata depois de mais de quatro décadas de governo ininterrupto. Na França, a reação levou a uma mudança radical na política destinada a eliminar o controle do governo sobre os preços e salários e a reduzir drasticamente outras formas de intervenção governamental. Nos Estados Unidos, a reação manifestou-se mais dramaticamente na revolta contra os impostos que tomou conta do país, simbolizada pela aprovação da Proposição 13 na Califórnia e levada a cabo em diversos estados por emendas constitucionais limitando os impostos estaduais.

A reação pode ser de curta duração e ser seguida, depois de um breve intervalo, por uma retomada da tendência de governo cada vez maior. O entusiasmo generalizado para reduzir os impostos e outros tributos governamentais não é acompanhado pelo equivalente entusiasmo para eliminar programas governamentais — exceto programas que beneficiem outras pessoas. A reação contra o *big government* foi provocada pela inflação galopante, que os governos podem controlar se considerarem politicamente lucrativo fazê-lo. Se for assim, a reação poderá ser silenciada ou desaparecer.

Acreditamos que a reação é mais do que uma resposta a uma inflação transitória: a própria inflação é, em parte, uma resposta à reação. Como ficou politicamente menos atraente propor a votação do aumento de impostos para pagar despesas maiores, os legisladores recorreram ao financiamento dos gastos por meio da inflação, um imposto oculto que pode ser cobrado sem que tenha que ser votado, tributação sem representação. Isso não é mais popular no século XX do que foi no século XVIII.

Além disso, o contraste entre os objetivos ostensivos dos programas de governo e seu resultado real — um contraste que foi tema constante de capítulos anteriores — é tão profundo, tão difundido, que mesmo muitos dos defensores do *big government* tiveram de reconhecer o fracasso do governo — apesar de a solução deles acabar sendo, quase sempre, um *bigger government*.

Uma corrente de opinião, uma vez que flua com força, tende a derrubar todos os obstáculos, todos os pontos de vista contrários. Da mesma forma, quando atinge o seu máximo e chega uma corrente contrária, esta também costuma fluir com força.

A corrente de opinião favorável à liberdade econômica e ao governo limitado que Adam Smith e Thomas Jefferson tanto fizeram para promover fluiu com força até recentemente no século XIX. Então a corrente da opinião virou — em parte por causa do próprio sucesso da liberdade econômica e do governo limitado ao produzirem crescimento econômico e, ao aumentarem o bem-estar da maior parte da população, tornaram ainda mais visíveis os males que permaneceram (e, naturalmente, havia muitos) e despertaram uma vontade generalizada de se fazer alguma coisa com relação a eles. A corrente a favor do socialismo fabiano e do liberalismo do New Deal, por sua vez, veio com força, promovendo uma mudança na direção da política britânica no início do século XX e na política dos EUA depois da Grande Depressão.

Essa tendência já dura, agora, três quartos de século na Grã-Bretanha, meio século nos Estados Unidos. Ela também está chegando ao seu auge. Sua base intelectual foi corroída, já que a experiência, por diversas vezes, contradisse as expectativas. Seus apoiadores estão na defensiva. Não têm soluções a oferecer aos males do presente momento, a não ser mais do mesmo. Já não conseguem despertar entusiasmo entre os jovens, que agora acham as ideias de Adam Smith ou as de Karl Marx muito mais empolgantes do que o socialismo fabiano ou o liberalismo do New Deal.

Apesar de a corrente a favor do socialismo fabiano e do liberalismo do New Deal ter atingido seu ponto máximo, não há, por enquanto, uma clara evidência de que a corrente que irá sucedê-la será na direção de maior liberdade e governo limitado, no espírito de Smith e Jefferson, ou na direção de um governo monolítico onipotente, no espírito de Marx e Mao. Essa questão vital ainda não ficou determinada — seja para o ambiente intelectual de ideias, seja para a política real. A julgar pelo passado, ficará determinado primeiro para o ambiente das ideias e o da política seguirá atrás.

A importância do ambiente intelectual de ideias

O exemplo da Índia e do Japão, analisado no capítulo 2, exemplifica a importância do ambiente intelectual de ideias que determina os preconceitos irracionais da maioria das pessoas e de seus líderes, seus reflexos condicionados para um ou outro curso de ação.

Os líderes Meiji que tomaram conta do Japão em 1867 estavam inicialmente voltados para fortalecer o poder e a glória de seu país. Não davam nenhum valor especial à liberdade individual ou à liberdade política. Acreditavam na aristocracia e no controle da sociedade por uma elite. Entretanto, adotaram uma política econômica liberal que conduziu à ampliação de oportunidades para as massas e, durante as primeiras décadas, a uma liberdade pessoal maior. Os homens que ocuparam o poder na Índia, por outro lado, eram devotos ardorosos da liberdade política, da liberdade pessoal e da democracia. Seu objetivo não era apenas o poder nacional, mas também a melhoria das condições econômicas das massas. Entretanto, eles adotaram uma política econômica coletivista que paralisa seu povo com restrições e continua a minar a grande dimensão da liberdade individual e da liberdade política, ambas promovidas pelos britânicos.

A diferença nas políticas adotadas reflete fielmente os diferentes ambientes intelectuais das duas épocas. Em meados do século XIX, o pressuposto era que uma economia moderna deveria ser organizada por meio do livre-comércio e da iniciativa privada. Provavelmente, os líderes japoneses jamais pensaram em seguir outro caminho que não fosse esse. Em meados do século XX, o pressuposto era de que uma economia moderna deveria ser organizada por meio da centralização do controle e de planos quinquenais. Provavelmente, os líderes indianos jamais pensaram em seguir outro caminho que não fosse esse. É interessante notar que as duas visões tiveram sua origem na Grã-Bretanha. Os japoneses adotaram as políticas de Adam Smith. Os indianos adotaram as políticas de Harold Laski.

A nossa própria história é igualmente uma forte prova da importância do ambiente de ideias que condicionou o trabalho do notável grupo de homens que se reuniu no Salão da Independência, na Filadélfia, em 1787, a fim de elaborar uma constituição para a nova nação que ajudaram a criar. Eles estavam imersos na história e foram grandemente influenciados pela corrente de ideias da Grã-Bretanha — a mesma corrente que mais tarde teria influência na política japonesa. Eles consideravam a concentração de poder, especialmente nas mãos do governo, o grande perigo para a liberdade e formularam a Constituição com isto em mente. Era um documento destinado a limitar o poder do governo, manter o poder descentralizado, reservar para os indivíduos o controle sobre suas próprias vidas. Tal ímpeto se torna mais claro na Declaração de Direitos, nas dez primeiras emendas à Constituição, depois no texto básico: "O Congresso não fará nenhuma lei referente à determinação de uma religião, nem proibindo o livre exercício da mesma; nem restringindo a liberdade de expressão ou da imprensa"; "o direito das pessoas de possuir e portar armas não será violado"; "a citação na Constituição de certos direitos não será interpretada como negação nem como depreciação de outros direitos preservados pelas pessoas"; "os poderes não delegados aos Estados Unidos pela Constituição, nem vedados por ela aos estados, são reservados aos estados, respectivamente, ou às pessoas" (das Emendas I, II, IX e X).

Mais tarde, no século XIX e nas primeiras décadas do século XX, o ambiente intelectual de ideias nos Estados Unidos — em grande parte sob a influência das mesmas ideias vigentes na Grã-Bretanha que mais tarde influenciaram a política indiana — começou a mudar. Ele se afastou da crença na responsabilidade individual e na confiança no mercado para a crença na responsabilidade social e confiança no governo. Na década de 1920, uma minoria poderosa, se não uma maioria de fato, de professores de nível superior ativamente mobilizados por questões sociais, tinha uma visão socialista. O *New Republic* e o *Nation* eram os principais periódicos de opinião intelectual. O Partido Socialista dos Estados Unidos, liderado por Norman Thomas, tinha raízes de maior alcance, mas a maior parte de sua força estava no ensino superior.

Em nossa opinião, o Partido Socialista era o partido político de maior influência dos Estados Unidos nas primeiras décadas do século XX. Por não ter esperança de sucesso nas eleições em nível nacional (conseguiu eleger alguns poucos funcionários locais, em especial em Milwaukee, Wisconsin), podia se dar ao luxo de ser um partido de princípios. Os democratas e os republicanos não podiam. Tinham que ser partidos de conveniência e concessões, de modo a unir facções e interesses os mais díspares. Tinham de evitar o "extremismo", manter o meio-termo. Não eram exatamente unha e carne — mas quase isso. Entretanto, ao longo do tempo, os dois maiores partidos adotaram a posição do Partido Socialista, que nunca recebeu mais de 6% do voto popular para presidente (em 1912 para Eugene Debs). Obteve menos de 1% em 1928 e apenas 2% em 1932 (para Norman Thomas). No entanto, todos os pontos econômicos de sua plataforma para as eleições presidenciais de 1928 já se transformaram agora em lei. Os pontos relevantes estão reproduzidos no Apêndice A.

Uma vez difundida para um público em geral a mudança no ambiente de ideias, como ocorreu depois da Grande Depressão, a Constituição, moldada em um ambiente de ideias muito diferente, mostrou-se, no máximo, uma fonte de retardamento para o crescimento do poder governamental, não como obstáculo.

Nas palavras do sr. Dooley: "Não importa se a Constituição segue a bandeira ou não, a Suprema Corte segue o resultado das eleições." As palavras da Constituição foram reinterpretadas e ganharam novo significado. O que tinha o propósito de servir de barreira à expansão do poder do governo se tornou ineficaz. Como escreve Raoul Berger em seu exame oficial da interpretação da Suprema Corte a respeito de uma emenda:

A Décima Quarta Emenda é o estudo *par excellence* daquilo que o juiz Harlan descreveu como "exercício do poder de fazer emendas" da Suprema Corte, sua permanente revisão da Constituição à guisa de interpretação. [...]

A Suprema Corte, é bom que se diga, desrespeitou a intenção dos autores e a substituiu por uma interpretação em manifesta contradição com o intento original. [...]

Tal conduta nos leva a concluir que os juízes se tornaram a própria lei para eles mesmos.[1]

A opinião e o comportamento popular

A prova de que a maré a favor do socialismo fabiano e do liberalismo do New Deal chegou a seu ponto máximo vem não apenas do escrito de intelectuais, não apenas dos sentimentos que os políticos expressam nos palanques, mas também do modo como as pessoas se comportam. Seu comportamento é, sem dúvida, influenciado pela opinião pública. Por sua vez, o comportamento popular tanto reforça essa opinião quanto exerce um importante papel ao traduzi-la para a política.

Como escreveu A. V. Dicey, com notável presciência, há mais de sessenta anos: "Se o progresso de uma legislação socialista for detido, o impedimento será devido não tanto à influência de qualquer pensador, mas a algum fato patente que chamará atenção do público; como, por exemplo, esse aumento no peso da tributação que aparentemente é o parceiro habitual, se não o invariável, de uma política socialista."[2] Inflação, impostos elevados e a patente ineficiência, burocracia e excessiva regulamentação provenientes de um governo grande estão tendo os efeitos previstos por Dicey. Estão levando as pessoas a resolver suas questões à sua maneira, a descobrir meios de contornar os obstáculos do governo.

Pat Brennan tornou-se algo como que uma celebridade, em 1978, porque ela e o marido resolveram concorrer com o serviço postal dos EUA. Fundaram uma empresa em um porão em Rochester, Nova York, garantindo a entrega, no mesmo dia, de encomendas e cartas no centro de Rochester, a um custo mais barato do que o serviço postal cobrava. Logo a empresa começou a prosperar.

Não há dúvida de que estavam violando a lei. O serviço postal levou-os aos tribunais e eles perderam, depois de uma batalha na Justiça que chegou até a Suprema Corte. Os comerciantes locais deram apoio financeiro.

Pat Brennan comentou:

Acho que vai haver uma revolta pacífica e talvez sejamos o começo dela. [...] Você vê as pessoas indo contra os burocratas, quando alguns anos atrás você nem sonharia em fazer isso porque seria esmagado. [...] As pessoas estão decidindo que sua sorte é delas mesmas e não é da conta de pessoas em Washington que não têm qualquer interesse nelas. Portanto, não é uma questão de anarquia, mas de as pessoas estarem repensando sobre o poder dos burocratas e rejeitando esse poder. [...]

A questão da liberdade vem à tona em qualquer espécie de atividade empresarial — se você tem o direito de perseguir esse objetivo e o direito de decidir o que vai fazer. Há também a questão da liberdade dos consumidores de utilizar um serviço que eles acham barato e muito superior e, de acordo com o governo federal e o corpo de leis denominado Private Express Statutes, eu não tenho a liberdade de abrir uma empresa e o consumidor não tem a liberdade de usá-la — o que é muito estranho em um país como este no qual todo o contexto do país é baseado na liberdade e na livre empresa.

Pat Brennan está expressando uma natural resposta humana à tentativa, por parte de outras pessoas, de controlarem sua vida, quando ela acha que não é da conta delas. A primeira reação é ressentimento; a segunda é tentar contornar obstáculos por meios legais; finalmente, vem uma queda no respeito pela lei em geral. Esta consequência final é deplorável, mas inevitável.

Um exemplo flagrante é o que aconteceu na Grã-Bretanha em reação aos impostos confiscatórios. Afirma Graham Turner, uma autoridade britânica:

> Acho que é perfeitamente legítimo dizer que nos tornamos, ao longo dos últimos dez ou quinze anos, um país de trapaceiros.
>
> Como é que fazem isso? Fazem com uma variedade colossal de modos. Vamos direto ao nível mais baixo. Considere, por exemplo, o dono de uma pequena mercearia no interior do país [...] [C]omo ele ganha dinheiro? Ele descobre que, comprando de atacadistas regulares, tem sempre que usar faturas, mas se ele vai ao *cash and carry** e compra artigos de lá [...] o lucro marginal sobre esses artigos pode ficar livre de impostos porque os inspetores fiscais simplesmente não sabem que ele tinha esses artigos. É desse modo que ele faz.
>
> Depois, se você vai direto ao nível mais alto — se considerarmos um diretor de empresa —, bem, há todo tipo de modo de se fazer isso. Eles compram sua comida por meio da empresa, têm suas férias por conta da empresa, põem as esposas como diretoras das empresas, ainda que elas nunca sequer visitem a fábrica. Constroem suas casas por conta da empresa pelo simples recurso de construir uma fábrica ao mesmo tempo que constroem uma casa.

---

* Literalmente, "pague e leve". O comerciante vai ao atacadista, escolhe os artigos que deseja levar, paga em dinheiro e ele mesmo transporta a mercadoria. Não há fatura, portanto. [N. da T.]

Isso ocorre em todos os níveis, da pessoa comum da classe trabalhadora que faz trabalhos braçais até o topo da cadeia — empresários, políticos veteranos, membros do Conselho de Ministros, membros do governo paralelo —, todos fazem isso.

Acho que quase todo mundo agora percebe que o sistema tributário é fundamentalmente injusto e todo mundo que pode tenta achar um modo de contorná-lo. Então, uma vez que haja um consenso de que o sistema tributário é injusto, o país, de fato, torna-se uma espécie de conspiração — e todo mundo ajuda o outro a trapacear.

Você não tem dificuldade em trapacear neste país porque as outras pessoas, na verdade, querem ajudar você. Isso quinze anos atrás teria sido muito diferente. As pessoas teriam dito: "Ei, não é bem assim que deve ser."

Ou considere isto, extraído de um artigo do *Wall Street Journal*, escrito por Melvyn B. Krauss sobre "A revolta contra o imposto sueco" (1º de fevereiro de 1979, p. 18):

> A revolução sueca contra os impostos mais altos do Ocidente é baseada na iniciativa individual. Em vez de confiar nos políticos, cidadãos comuns da Suécia assumiram a questão por conta própria e, simplesmente, se recusam a pagar. Isso pode ser feito de diversas maneiras, muitas das quais são legais. [...]
>
> Um modo de se recusar a pagar impostos é trabalhando menos. [...] Suecos velejando no belo arquipélago de Estocolmo ilustram vividamente a silenciosa revolução contra o imposto.
>
> Os suecos escapam do imposto à sua maneira. O escambo é outro modo de resistência dos suecos contra os altos impostos. Tirar um dentista sueco da quadra de tênis e levá-lo ao seu consultório não é nada fácil. Mas um advogado com uma dor de dente tem chance de conseguir. O advogado pode oferecer ser-

viços jurídicos em troca de serviços dentários. O escambo livra o dentista de dois impostos: seu próprio imposto de renda mais o imposto sobre os honorários advocatícios. Apesar de o escambo ser, supostamente, um sinal de uma economia primitiva, os altos impostos da Suécia tornaram-no um modo popular de se fazer negócios no Estado de Bem-estar Social, particularmente nas profissões. [...]

A revolução contra o imposto na Suécia não é uma revolução de um homem rico. Está ocorrendo em todos os níveis de renda.

O Estado de Bem-estar Social sueco está em um dilema. Sua ideologia pressiona por gastos cada vez maiores do governo. [...] Mas seus cidadãos chegaram a um ponto de saturação além do qual o aumento de impostos enfrenta resistências. [...] [A] única forma de os suecos resistirem a impostos mais altos é agindo de forma prejudicial à economia. O aumento dos gastos públicos, assim, mina a base econômica da qual depende a política econômica do bem-estar social.

Por que prevalecem os interesses especiais

Se a onda do socialismo fabiano e do liberalismo do New Deal já rendeu o que podia render e tiver de ser substituída por um movimento em prol de uma sociedade mais livre e de um governo mais limitado, não na direção de uma sociedade submetida ao totalitarismo, o público terá de reconhecer não só os defeitos da situação presente, mas também como isso aconteceu e o que podemos fazer a respeito. Por que os resultados das políticas adotadas são, frequentemente, o oposto dos objetivos ostentados? Por que os interesses especiais prevalecem sobre o interesse geral? Que recursos podemos utilizar para interromper e reverter o processo?

O poder em Washington

Sempre que visitamos Washington, ficamos impressionados com o tanto de poder concentrado naquela cidade. Ande pelos corredores do Congresso e você vai ver como é difícil achar os 435 membros da Câmara mais os cem senadores entre os 18 mil funcionários — cerca de 65 para cada senador e 27 para cada membro da Câmara. Além disso, os mais de 15 mil lobistas registrados — quase sempre acompanhados de secretárias, datilógrafas, pesquisadores ou representantes do interesse especial que eles representam — andam pelos mesmos corredores procurando exercer influência.

E isso é apenas a ponta do iceberg. O governo federal emprega cerca de 3 milhões de civis (fora as forças militares uniformizadas). Mais de 350 mil estão em Washington e na área metropolitana. Incontáveis outros são indiretamente empregados via contratos com organizações teoricamente privadas, ou são empregados de organizações trabalhistas, empresariais ou de outros grupos de interesses especiais que mantêm sua sede, ou ao menos um escritório, em Washington porque é a "casa" do governo.

Washington é um ponto de atração para os advogados. Muitas das maiores e mais ricas firmas estão localizadas lá. Diz-se que há mais de 7 mil advogados em Washington envolvidos só com as atividades federais ou regulatórias. Mais de 160 escritórios de advocacia de fora da cidade têm escritórios em Washington.[3]

O poder em Washington não é um poder monolítico nas mãos de uns poucos, como é em países totalitários como a União Soviética ou a China comunista ou, mais perto de nós, Cuba. É fragmentado em milhares de pequenas partes. Cada grupo de interesses especiais em todo o país tenta pôr as mãos em todas as pequenas partes que consegue. O resultado é que é difícil encontrar uma questão na qual o governo não esteja nos dois lados.

Por exemplo, em um enorme edifício em Washington alguns funcionários do governo estão trabalhando em tempo integral para elaborar e pôr em vigor planos para gastar nosso dinheiro a fim de nos desencorajar a fumar cigarros. Em outro enorme edifício, talvez a quilômetros de distância do primeiro, outros funcionários, igualmente dedicados, igualmente trabalhadores, estão trabalhando em tempo integral gastando nosso dinheiro para subsidiar fazendeiros no plantio de tabaco.

Em um edifício, o Conselho para a Estabilidade de Salários e Preços está trabalhando além da hora tentando persuadir, pressionar e enganar empresários para que segurem os preços e os trabalhadores para que contenham suas demandas salariais. Em outro prédio, algumas agências subordinadas ao Departamento de Agricultura estão administrando programas para manter ou aumentar os preços do açúcar, do algodão e de uma série de outros produtos agrícolas. Em um terceiro edifício, funcionários do Departamento do Trabalho estão tomando decisões sobre "salários predominantes" nos termos da Lei Davis-Bacon que estão elevando os índices salariais de trabalhadores na construção.

O Congresso criou um Departamento de Energia empregando 20 mil pessoas para promover a conservação energética. Também criou uma Agência de Proteção Ambiental empregando 12 mil pessoas para publicar regulamentações e ordens, a maioria das quais requer o uso de mais energia. Não é de se admirar que dentro de cada agência haja subgrupos trabalhando com objetivos opostos.

A situação seria ridícula se não fosse séria. Ao mesmo tempo que seus efeitos se anulam mutuamente, seus custos não se anulam. Cada programa tira de nossos bolsos dinheiro que poderíamos usar para comprar bens e serviços que atendessem nossas necessidades particulares. Cada um deles usa gente capacitada e especializada que poderia estar envolvida em atividades produtivas. Cada um fabrica normas, regulamentações, burocracia, formulários para serem preenchidos que atormentam todo mundo.

Interesses difusos versus interesses concentrados

Tanto a fragmentação de poder quanto as conflitantes políticas governamentais têm sua raiz nas realidades políticas de um sistema democrático que funciona na base da aprovação de uma legislação detalhada e específica. Um sistema como esse tende a dar um poder político indevido a pequenos grupos cujos interesses são altamente concentrados; a dar um peso maior a efeitos óbvios, diretos e imediatos das ações do governo do que a efeitos provavelmente mais importantes, mas menos óbvios, indiretos e mais retardados; a pôr em curso um processo que sacrifica o interesse geral para servir a interesses especiais em vez do contrário. Há, por assim dizer, uma mão invisível na política que funciona exatamente na direção contrária à da mão invisível de Adam Smith. Pessoas que só pretendem promover o *interesse geral* são levadas pela mão política invisível a promover um *interesse especial* que não tinham a intenção de promover.

Alguns exemplos esclarecerão a natureza do problema. Veja o programa do governo que favorece a Marinha Mercante com subsídios para a construção naval e operações, e restringindo a maior parte do tráfego costeiro a navios com bandeira americana. O custo estimado para o contribuinte é de cerca de 600 milhões de dólares por ano — ou 15 mil dólares por ano para cada uma das 40 mil pessoas ativamente envolvidas com o setor. Proprietários de navios, operadores e seus funcionários têm um forte incentivo para conseguir e preservar essas medidas. Eles gastam dinheiro prodigamente com lobby e contribuições políticas. Por outro lado, 600 milhões de dólares divididos por uma população de mais de 200 milhões de pessoas são 3 dólares por cabeça anualmente; 12 dólares por uma família de quatro pessoas. Quem de nós votará contra um candidato ao Congresso porque ele nos onerou com esse custo por meio de impostos? Quantos de nós consideraremos que vale a pena gastar dinheiro para derrotar medidas como essas ou mesmo gastar tempo para ficar informado acerca de tais medidas?

Como outro exemplo, os proprietários de ações de empresas siderúrgicas, os executivos destas empresas, os metalúrgicos, todos eles sabem muito bem que um aumento na importação de aço estrangeiro para os Estados Unidos significará menos dinheiro e menos empregos para eles. Reconhecem claramente que a ação do governo para impedir a entrada de importados irá beneficiá-los. Os trabalhadores do setor de exportação que perderão o emprego porque uma redução nas importações do Japão significará uma redução nas exportações para o Japão não sabem que seus empregos estão ameaçados. Quando perdem seus empregos não sabem por quê. Os compradores de automóveis, fogões de cozinha ou de outros artigos feitos de aço poderão se queixar do aumento dos preços que terão que pagar. Quantos compradores farão a associação do preço mais alto com a restrição na importação de aço que força os fabricantes a usar o aço nacional mais caro no lugar do aço estrangeiro mais barato? O mais provável é que venham a culpar os "gananciosos" fabricantes ou os sindicalistas ávidos por sucesso.

A agricultura é outro exemplo. Os agricultores descem em Washington em seus tratores para demonstrar seu apoio aos preços mais elevados. Antes da mudança no papel do governo, que tornou uma coisa natural apelar-se para Washington, eles teriam culpado o mau tempo e recorrido às igrejas, não à Casa Branca, em busca de auxílio. Até mesmo para um produto tão indispensável e visível como a comida, nenhum consumidor faz passeata em Washington para protestar contra os defensores do preço alto. E os próprios agricultores, ainda que a agricultura seja o principal setor de exportações dos Estados Unidos, não reconhecem em que medida seus próprios problemas surgem com a interferência do governo no comércio exterior. Eles nunca se dão conta, por exemplo, de que podem ser prejudicados pelas restrições na importação de aço.

Ou, para tomarmos um exemplo completamente diferente, o serviço postal dos EUA. Toda tentativa de acabar com o monopólio da correspondência de primeira classe é energicamente rechaçada pelos sindicatos de trabalhadores dos correios. Eles reconhecem claramente que abrir o serviço postal à iniciativa privada poderá significar a perda de seus empregos. Vale a pena tentar evitar essa consequência. Como sugere o caso dos Brennan em Rochester, se o monopólio do serviço postal fosse abolido, surgiria um vigoroso setor privado, abrangendo milhares de firmas e empregando dezenas de milhares de trabalhadores. Poucas das pessoas que possam achar uma oportunidade recompensadora em tal setor nem sequer sabem que essa possibilidade existe. Elas certamente não estão em Washington depondo perante a devida comissão do Congresso.

O benefício que uma pessoa obtém de qualquer programa no qual tem um interesse especial pode ser mais do que anulado pelos custos que lhe serão impostos pelos muitos programas que a afetam levemente. Ainda assim, para ela vale a pena favorecer tal programa e não se opor aos outros. A pessoa logo reconhece que ela e o pequeno grupo com o mesmo interesse especial podem se dar ao luxo de gastar o dinheiro e o tempo necessários para fazer uma diferença no que diz respeito ao tal programa. Não promovê-lo não impedirá que os outros programas, que lhe são prejudiciais, sejam adotados. Para conseguir isso, a pessoa precisaria estar disposta e ter condições de dedicar o mesmo empenho para se opor a cada programa e para defender o seu próprio. Essa é uma proposição claramente fadada ao fracasso.

Os cidadãos estão cientes dos impostos — mas mesmo essa consciência é difusa por conta da natureza oculta da maior parte dos impostos. Os impostos sobre as empresas e os impostos especiais de consumo são pagos por meio dos preços dos artigos que as pessoas compram, sem uma contabilidade separada. A maior parte dos impostos de renda é retida na fonte. A inflação, o pior dos impostos ocultos, é um desafio à fácil compreensão. Apenas os impostos sobre as vendas, os impostos sobre a propriedade e o imposto de renda que excede ao que é retido na fonte são visíveis direta e dolorosamente — e são sobre estes impostos que recaem os ressentimentos.

A burocracia

Quanto menor a unidade do governo e quanto mais restritas as funções atribuídas a ele, menor a probabilidade de que suas ações reflitam interesses especiais em vez de interesse geral. A reunião da população na Nova Inglaterra é a imagem que vem à mente. As pessoas governadas conhecem e podem controlar as pessoas que governam; cada pessoa pode manifestar seu ponto de vista; a agenda é suficientemente pequena de modo que todos podem ser razoavelmente informados sobre questões menos relevantes tanto quanto sobre as mais relevantes.

À medida que o governo se expande e seu papel aumenta — seja por cobrir uma área e uma população maiores, seja por desempenhar uma variedade mais ampla de funções —, a ligação entre as pessoas governadas e as que governam fica mais tênue. Torna-se impossível para qualquer parcela grande de cidadãos ser razoavelmente informada sobre todos os itens da imensamente ampliada agenda governamental e, a partir de certo ponto, até mesmo sobre todos os principais itens. A burocracia necessária para administrar o governo cresce e se interpõe cada vez mais entre os cidadãos e os representantes que escolheram. Torna-se tanto um veículo pelo qual interesses especiais podem alcançar seus objetivos quanto um interesse especial importante por direito próprio — uma parte significativa da nova classe mencionada no capítulo 5.

Atualmente, nos Estados Unidos, qualquer coisa como controle efetivo detalhado do governo por parte do público é limitada a vilarejos, povoados, cidades pequenas e áreas suburbanas — e mesmo assim se restringe àquelas questões fora da esfera do governo estadual ou federal. Em grandes cidades, estados, em Washington, nós temos as pessoas sendo governadas não por pessoas, mas por um grupo de burocratas quase sempre sem rosto.

Nenhum legislador federal poderia sequer ler, quanto mais analisar e estudar, todas as leis sobre as quais deve votar. Tem de se apoiar em seus numerosos auxiliares e assistentes, em lobistas de fora, em seus pares legisladores ou em alguma outra fonte para a maior parte de suas decisões sobre como votar. A burocracia não eleita do Congresso quase com certeza tem hoje muito mais influência na formulação das detalhadas leis que são aprovadas do que nossos representantes eleitos.

A situação é ainda mais extrema na administração dos programas do governo. A vasta burocracia federal espalhada pelos diversos departamentos do governo e agências independentes está literalmente fora de controle dos representantes eleitos pelo público. Presidentes, senadores e deputados eleitos vêm e vão, mas os funcionários públicos permanecem. Os burocratas de alto nível são peritos na arte de usar a burocracia para retardar e derrubar propostas das quais não são a favor; de baixar normas e regulamentações como "interpretações" de leis que, de fato, de forma sutil ou algumas vezes grosseira, alteram sua essência; de se intrometer na administração daquelas partes das leis que eles desaprovam, ao mesmo tempo pressionando a favor daquelas que lhes interessam.

Recentemente, os tribunais federais, diante de uma legislação cada vez mais complexa e de longo alcance, desviaram-se de seu papel tradicional como intérpretes impessoais da lei e se tornaram participantes ativos tanto na legislação quanto na administração. Com isso, tornaram-se parte da burocracia em vez de uma parte independente do governo mediando entre os outros poderes.

Os burocratas não usurparam o poder. Eles não ingressaram deliberadamente em nenhuma espécie de conspiração para subverter o processo democrático. O poder foi confiado a eles. Simplesmente é impossível conduzir atividades complexas do governo de qualquer outro modo que não delegando responsabilidade. Quando isso leva a conflitos entre burocratas a quem foram atribuídas funções diferentes — como, recentemente, entre burocratas instruídos a preservar e melhorar o meio ambiente e burocratas instruídos a promover a conservação e produção de energia —, a única solução disponível é delegar poder a outro grupo de burocratas para resolver o conflito — para cortar a burocracia, como se diz, quando o real problema não é a burocracia, mas um conflito entre objetivos almejados.

Os burocratas de alto nível a quem foram designadas essas funções não podem imaginar que os relatórios que escrevem ou recebem, as reuniões de que participam, as exaustivas discussões que travam com outras pessoas importantes, as normas e regulamentações que baixam — que tudo isto é o problema e não a solução. Inevitavelmente são persuadidos a crer que são indispensáveis, de que sabem mais sobre o que deve ser feito do que os eleitores não informados ou os empresários interesseiros.

O crescimento da burocracia em tamanho e poder afeta todos os detalhes da relação entre um cidadão e seu governo. Se você tem uma queixa ou pode ver uma maneira de ganhar uma vantagem a partir de uma medida do governo, o seu primeiro recurso nos dias de hoje provavelmente será influenciar um burocrata a legislar a seu favor. Você poderá recorrer a seu representante eleito, mas, se o fizer, provavelmente pedirá a ele para intervir a seu favor junto a um burocrata em vez de lhe pedir apoio a uma legislação específica.

Cada vez mais, o sucesso empresarial depende de se conhecer o caminho das pedras em Washington, de influenciar legisladores e burocratas. O que veio a ser chamado de "porta giratória" se desenvolveu entre o governo e o empresariado. Cumprir um mandato como funcionário público em Washington tornou-se um aprendizado para uma carreira empresarial de sucesso. Empregos públicos são procurados menos como o primeiro passo para uma carreira pública de toda a vida do que pelo valor dos contatos e do conhecimento interno para um possível futuro empregador. Prolifera a legislação de conflito de interesses, mas na melhor das hipóteses apenas acaba com os abusos mais óbvios.

Quando algum interesse especial busca benefícios por meio de uma legislação de alta visibilidade, ele não apenas deve revestir sua atratividade com a retórica do interesse geral, mas também convencer um segmento significante de pessoas desinteressadas de que sua atratividade tem mérito. Uma legislação reconhecida como um deslavado interesse próprio raramente será aprovada — como ficou demonstrado pela recente derrota de mais privilégios especiais para a Marinha Mercante, apesar do endosso do presidente Jimmy Carter depois de receber um substancial auxílio de campanha dos sindicatos envolvidos. A proteção da indústria siderúrgica da concorrência estrangeira é defendida como uma contribuição à segurança nacional e ao pleno emprego; o subsídio à agricultura, como garantia de uma oferta confiável de alimentos; o monopólio dos correios, como a consolidação da união do país; e assim sucessiva e infinitamente.

Há quase um século, A. V. Dicey explicou por que a retórica em termos de interesse geral é tão persuasiva: "O efeito benéfico da intervenção do Estado, especialmente sob a forma de legislação, é direto, imediato e, por assim dizer, visível, ao passo que seus efeitos nocivos são graduais e indiretos, e não estão à vista. [...] Por isso, a maior parte da humanidade deve, quase que por necessidade, olhar como um indevido favorecimento a intervenção governamental."[4]

Essa "inclinação natural", como ele a classifica, a favor da intervenção governamental é enormemente fortalecida quando um interesse especial busca benefícios a partir de procedimentos administrativos e não por meio da legislação. Uma empresa de camionagem que recorre à Câmara de Comércio Internacional para uma regulamentação favorável também usa a retórica do interesse geral, mas é pouco provável que alguém a pressione neste ponto. A empresa não precisa convencer ninguém, a não ser os burocratas. Raramente, a oposição vem de pessoas desinteressadas preocupadas com o interesse geral; e vem de outras partes interessadas, transportadoras ou outros caminhoneiros, que têm seus próprios problemas. De fato, a camuflagem é cada vez menos convincente.

O crescimento da burocracia, reforçado pela mudança do papel dos tribunais, tornou um escárnio o ideal expresso por John Adams em sua versão original (1779) da Constituição de Massachusetts: "Um governo das leis em vez de dos homens." Qualquer pessoa que tenha passado por uma completa revista na alfândega em seu retorno de uma viagem ao exterior; tido sua declaração de imposto de renda auditada pela Receita Federal; se sujeitado à inspeção por parte de um funcionário da OSHA ou qualquer uma das inumeráveis agências federais; ou que teve a oportunidade de recorrer à burocracia para um parecer oficial, uma permissão ou tenha precisado defender um preço ou salário maior perante o Conselho para a Estabilidade de Preços e Salários sabe muito bem quanto nos distanciamos de um Estado de direito. O pressuposto é que o governante seja nosso servidor. Quando você se senta de frente para um auditor da Receita Federal que está verificando sua declaração de renda, qual de vocês é o senhor e quem é o servo?

Ou para usar uma imagem diferente: um recente artigo do *Wall Street Journal* (25 de junho de 1979) trouxe a manchete "Acusações da SEC aceitas por um ex-diretor" de uma empresa. O ex-diretor, Maurice G. McGill, teria dito: "A questão não era se eu teria me beneficiado pessoalmente com a transação, mas quais sao as responsabilidades de um diretor externo. Teria sido interessante levá-la aos tribunais, mas minha decisão de finalizar o caso foi puramente econômica. O custo da ação contra a SEC até o fim seria enorme." Ganhando ou perdendo, o sr. McGill precisaria pagar as despesas com a ação. Ganhando ou perdendo, o funcionário da SEC responsável pelo processo tinha pouco a perder, exceto sua imagem entre os colegas de burocracia.

O que podemos fazer

Óbvio está que aqueles entre nós que querem interromper e reverter a recente tendência deverão se opor a novas medidas específicas para expandir ainda mais o poder e a abrangência do governo; instar pela revogação e reforma das atuais medidas; e tentar eleger legisladores e executivos que compartilham dessa visão. Mas esse não é um modo eficaz de reverter esse crescimento. Está fadado ao fracasso. Cada um de nós defenderia seus próprios privilégios especiais e tentaria limitar o governo à custa de outra pessoa. Estaríamos lutando contra uma hidra de muitas cabeças que faria nascer novas cabeças mais rápido do que conseguiríamos cortar as velhas.

Nossos pais fundadores nos mostraram um modo mais promissor de proceder: por ofertas de pacotes, por assim dizer. Deveríamos adotar leis de abnegação que limitassem os objetivos que tentamos alcançar pelos canais políticos. Não devemos considerar cada caso por seu mérito, mas estabelecer regras gerais que limitem o que o governo pode fazer.

O mérito dessa estratégia é bem-ilustrado pela Primeira Emenda à Constituição. Muitas restrições específicas à liberdade de expressão seriam aprovadas por uma maioria substancial tanto de legisladores quanto de eleitores. Uma maioria provavelmente seria a favor de impedir que nazistas, adventistas do sétimo dia, testemunhas de Jeová, a Ku Klux Klan, vegetarianos ou quase qualquer outro pequeno grupo que seja se manifestasse em uma esquina.

A sabedoria da Primeira Emenda é que ela trata esses casos como um pacote. Ela adota o princípio geral de que "o Congresso não aprovará nenhuma lei [...] que cerceie a liberdade de expressão"; nenhuma consideração do mérito de cada caso. Uma maioria a aprovou na ocasião e, acreditamos, uma maioria a aprovaria hoje. Cada um de nós se sente mais afetado por não sofrer interferência em nossa liberdade quando estamos em uma minoria do que sentimos ao interferir na liberdade dos outros quando estamos em uma maioria — e uma maioria nossa poderá, uma vez ou outra, estar em alguma minoria.

Em nossa opinião, precisamos do equivalente à Primeira Emenda para limitar o poder do governo na área econômica e social — uma Declaração de Direitos econômica para complementar e reforçar a original.

A incorporação de tal Declaração de Direitos em nossa Constituição não reverteria, por si só, a tendência para um governo maior ou impediria que ela fosse retomada — mais do que a Constituição original impediu tanto o crescimento quanto a centralização do poder do governo muito além de tudo que os autores pretendiam ou vislumbraram. Uma Constituição escrita não é necessária nem suficiente para desenvolver ou preservar uma sociedade livre. Apesar de a Grã-Bretanha ter tido sempre uma Constituição "não escrita", ela desenvolveu uma sociedade livre. Muitos países latino-americanos que adotaram constituições escritas copiadas dos Estados Unidos praticamente palavra por palavra não conseguiram estabelecer uma sociedade livre. Para que uma Constituição escrita — ou, para este caso, não escrita — seja eficaz, ela precisa contar com o apoio do ambiente geral de ideias, tanto da maior parte do público quanto de seus líderes. Deve incorporar princípios nos quais tenha passado a acreditar profundamente, de tal modo que se presuma que o Executivo, o Legislativo e os tribunais se comportarão em conformidade com tais princípios. Como vimos, quando esse ambiente de ideias muda, também mudam as políticas.

Apesar disso, acreditamos que a formulação e a adoção de uma Declaração de Direitos econômica seriam o passo mais efetivo a ser dado para reverter a tendência a um governo cada vez maior, por duas razões: porque o processo de formulação das emendas teria um grande valor na conformação de um ambiente de ideias; e porque a aprovação de emendas é um modo mais direto e efetivo de converter esse ambiente de ideias em política pública real do que nosso atual processo legislativo.

Considerando que a corrente de opinião pública a favor do liberalismo do New Deal já chegou a seu auge, o debate nacional que seria gerado na formulação dessa Declaração de Direitos contribuiria para assegurar que a opinião pública se voltasse definitivamente para a liberdade, não para o totalitarismo. Disseminaria uma compreensão melhor do problema do *big government* e de possíveis modos de tratamento.

O processo político envolvido na adoção de tais emendas seria mais democrático, no sentido de permitir que vigorem os valores do público em geral para determinar os resultados, do que nossa atual estrutura legislativa e administrativa. O governo do povo atua sobre as questões, seguidamente, de um modo que a maior parte da população é contra. Todas as pesquisas de opinião mostram que uma grande parte das pessoas se opõe ao *busing* obrigatório para a integração das escolas — apesar disso, não apenas o *busing* persiste como se expande cada vez mais. A mesmíssima coisa vale para os programas de ação afirmativa no emprego e no ensino superior, bem como em muitas outras medidas voltadas para a adoção de pontos de vista favoráveis à igualdade de resultados. Tanto quanto sabemos, nenhum pesquisador de opinião pública indagou do público: "Você está tendo em troca aquilo que seu dinheiro vale pelos mais de 40% de sua renda gastos em seu benefício pelo governo?" Mas há alguma dúvida sobre o que essa pesquisa revelaria?

Pelas razões enumeradas na seção anterior, os interesses especiais prevalecem à custa do interesse geral. A nova classe, encastelada nas universidades, no jornalismo e, particularmente, na burocracia federal, tornou-se um dos mais poderosos grupos de interesses especiais. Tem conseguido, repetidas vezes, impor suas ideias, apesar da ampla rejeição pública e, com frequência, a despeito de decretos legislativos específicos determinando o contrário.

A adoção de emendas tem a grande virtude de ser descentralizada. Ela requer ação independente de três quartos dos estados. Até mesmo a proposta de novas emendas não precisa passar pelo Congresso: o Artigo V da Constituição prevê que o

"Congresso, [...] por solicitação do Legislativo de três terços dos diversos estados, poderá convocar uma assembleia para propor emendas". O movimento recente para a convocação de uma assembleia com o objetivo de propor uma emenda exigindo o equilíbrio do orçamento federal teve o apoio de trinta estados em meados de 1979. A possibilidade de que mais quatro estados se juntariam ao movimento, formando os necessários dois terços, gerou indignação em Washington — exatamente porque é o único dispositivo que pode, efetivamente, contornar a burocracia da capital.

A imposição de limites a impostos e despesas

O movimento para a adoção de emendas constitucionais que imponham limites ao governo já está em curso em uma área — a de impostos e despesas. No início de 1979, cinco estados já haviam adotado emendas às suas constituições que limitam a quantidade de impostos que o estado pode cobrar ou, em alguns casos, a quantia que pode gastar. Emendas semelhantes estão a meio caminho do processo de adoção e foram programadas para serem votadas em outros estados ainda nas eleições de 1979. Movimentos ativos para que sejam adotadas emendas semelhantes estão em curso em mais da metade dos demais estados. O Comitê Nacional para a Limitação de Impostos (NTLC, na sigla em inglês), ao qual estamos vinculados, funcionou como um centro de informações e coordenação das atividades nos diversos estados. Tinha cerca de 250 mil membros em todo o país, em meados de 1979, e o número estava subindo rapidamente.

Em nível nacional, estão em curso dois desdobramentos importantes. Um é a pressão para que os legisladores cobrem do Congresso a convocação de uma assembleia nacional para propor uma emenda a fim de equilibrar o orçamento — desencadeada inicialmente pelo Sindicato Nacional dos Contribuintes, que tinha mais de 125 mil membros em todo o país em meados de 1979. A outra é uma emenda elaborada sob o patrocínio do NTLC para impor limites às despesas em nível federal. A comissão de redação, da qual nós dois participamos, incluía advogados, economistas, cientistas políticos, legisladores estaduais, empresários e representantes de várias organizações. A emenda que a comissão elaborou foi apresentada às duas casas do Congresso e o NTLC, em apoio, está realizando uma campanha nacional. O Apêndice B contém uma cópia da emenda proposta.

A ideia que está por trás das emendas, tanto da estadual quanto da federal, é a de corrigir a falha em nossa atual estrutura segundo a qual representantes eleitos democraticamente votam despesas maiores do que uma maioria de eleitores considera desejável.

Como vimos, isso é resultado de uma tendência política a favor de interesses especiais. Orçamentos de governo são determinados pela soma de despesas autorizadas para uma série de programas distintos. O pequeno número de pessoas com interesse especial em cada programa específico gasta dinheiro e se dedica arduamente para conseguir que ele seja aprovado; a maior parte das pessoas, de quem serão cobrados, individualmente, uns poucos dólares por programa, não achará que vale a pena gastar dinheiro nem tempo para se opor, ainda que chegue a descobrir sua existência.

A maioria governa. Mas é um tipo de maioria especial. Ela consiste em uma coalizão de minorias de interesses especiais. O modo de ser eleito para o Congresso é juntar grupos de, digamos, 2% ou 3% de seus eleitores, cada um dos quais fortemente interessado em uma questão especial que dificilmente tem algo a ver com o resto de seus eleitores. Cada grupo estará disposto a votar a seu favor se você prometer apoiar a questão de interesse dele, independentemente do que você fará com outras questões. Reúna a quantidade suficiente de grupos como esse e você terá uma maioria de 51%. É o tipo de maioria, a da troca de favores, que governa o país.

As emendas propostas alterariam as condições sob as quais os legisladores — estaduais ou federais, conforme o caso — agem, limitando a quantia total que estão autorizados a gastar. As emendas dariam ao governo um orçamento restrito, previamente definido, assim como todos nós temos um orçamento limitado. A maior parte da legislação de interesse especial é indesejável, mas nunca se mostra clara e inequivocamente má. Ao contrário, cada medida será apresentada como a serviço de uma boa causa. O problema é que há um número infinito de boas causas. Atualmente, o legislador está em uma situação difícil para se opor a uma "boa" causa. Se ele argumentar que ela provocará o aumento dos impostos, será rotulado de reacionário disposto a sacrificar as necessidades humanas em prol de razões mercenárias elementares — afinal de contas, essa tal boa causa obrigará o aumento de impostos em poucos centavos ou dólares, apenas, por pessoa. A situação do legislador é muito mais confortável se disser: "Sim, sua causa é boa, mas temos um orçamento limitado. Mais verba para sua causa significará menos para outras. Quais dessas outras deverão ser cortadas?" O efeito seria obrigar os grupos de interesses especiais a concorrer uns com os outros por uma fatia maior do bolo, no lugar de conspirar entre si para fazê-lo crescer à custa do contribuinte.

Os orçamentos estaduais podem ser restringidos com o limite dos impostos que os estados venham a cobrar, já que não têm o poder de imprimir dinheiro, e tal método foi o adotado na maioria das emendas estaduais aprovadas ou propostas. O governo federal pode imprimir dinheiro; por isso, limitar os impostos não é um método eficaz. Por essa razão, nossa emenda é definida em termos que limitam a despesa total do governo federal, qualquer que seja sua forma de financiamento.

Os limites — tanto aos impostos quanto às despesas — são, em geral, especificados em termos da receita total do estado ou do país, de tal modo que, se as despesas se igualarem ao limite, os gastos do governo permanecerão constantes como uma fração da receita. Isso acabaria com a tendência de um governo cada vez maior, não haveria reversão. Entretanto, os próprios limites estimulariam tal reversão porque, na maior parte dos casos, se as despesas não igualassem o limite em algum ano, isso rebaixaria os limites aplicáveis aos anos seguintes. Além disso, a emenda federal proposta exige uma redução no percentual se a inflação for superior a 3% ao ano.

Outras disposições constitucionais

Uma redução gradual na fração de nossa renda que o governo gasta seria uma contribuição importante para uma sociedade mais livre e mais forte. Mas seria apenas um passo na direção de nosso objetivo.

Muitos dos mais prejudiciais tipos de controle do governo sobre nossa vida não envolvem muito os gastos governamentais: por exemplo, tarifas, controle de preços e de salários, licenciamento para ocupação, a regulamentação da indústria, a legislação do consumidor.

A estratégia mais promissora é por meio de normas gerais que limitam o poder do Estado. Até o momento, a elaboração de normas adequadas desse tipo recebeu pouca atenção. Antes de qualquer norma ser levada a sério, elas precisam do tipo de exame meticuloso, por parte de pessoas com interesses e conhecimentos diferentes, que as emendas para o limite dos impostos e das despesas receberam.

Como primeiro passo nesse processo, esboçamos alguns exemplos dos tipos de emendas que nos parecem desejáveis. Enfatizamos que são altamente experimentais, destinados principalmente a estimular novas reflexões e trabalhos nesta área altamente inexplorada.

Comércio internacional

A Constituição hoje especifica: "Nenhum estado, sem o consentimento do Congresso, poderá estabelecer impostos ou tarifas sobre importados ou exportados, a não ser o que for absolutamente necessário para a aplicação de suas leis de inspeção." Uma emenda poderá especificar:

> *O Congresso não estabelecerá quaisquer impostos ou tarifas sobre importados ou exportados, a não ser o que for absolutamente necessário para a aplicação de suas leis de inspeção.*

É uma presunção supor que uma emenda como essa poderia ser aprovada agora. Entretanto, obter a liberdade comercial com a revogação de tarifas individuais é, na verdade, presunção ainda maior. E o ataque a todas as tarifas consolida os interesses que todos temos como consumidores em contraposição ao interesse especial que cada um de nós tem como produtores.

Controle de preços e salários

Como um de nós escreveu alguns anos atrás: "Se algum dia os EUA sucumbirem ao coletivismo, ao controle do governo sobre cada faceta de nossas vidas, não será por que os socialistas terão vencido quaisquer argumentos. Será pela via indireta do controle de salários e preços."⁵ Os preços, como observamos no capítulo 1, transmitem informações — que Walter Wriston traduziu com muita propriedade ao defini-los como uma forma de livre expressão. Aqui temos a exata contrapartida da Primeira Emenda:

> *O Congresso não fará leis que cerceiem a liberdade de vendedores de mercadorias ou de serviços de estabelecerem o preço de seus produtos ou serviços.*

Licenciamento profissional

Poucas coisas podem afetar mais a nossa vida do que a carreira que poderemos seguir. Ampliar a liberdade de escolha nessa área implica limitar o poder dos estados. A contrapartida aqui em nossa Constituição são as disposições em seu texto que proíbem certas ações por parte dos estados ou a Emenda Catorze. Uma sugestão:

> *Nenhum estado fará ou aplicará qualquer lei que venha a cercear o direito de qualquer cidadão dos Estados Unidos de seguir a carreira ou profissão da sua escolha.*

Uma emenda amálgama para o livre-comércio

As três emendas precedentes poderiam ser substituídas por uma única emenda modelada nos termos da Segunda Emenda de nossa Constituição (que assegura o direito de possuir e portar armas):

> *O direito das pessoas de comprar e vender bens e serviços legítimos, em termos mutuamente acordados, não será violado pelo Congresso nem por qualquer dos estados.*

Tributação

Por consenso, o imposto de renda da pessoa física está precisando urgentemente de uma reforma. Pretende-se, com o imposto, ajustar a tributação à capacidade de pagamento e taxar mais pesadamente os ricos e menos os pobres, admitindo circunstâncias especiais para cada indivíduo. Não é o que acontece. As taxas são altamente progressivas no papel, subindo de 14% para 70%. Mas a lei é driblada com tantas brechas, tantos privilégios especiais, que as taxas mais altas são quase uma simples referência de fachada. Um imposto único pequeno — menos que 20% — sobre toda renda acima das isenções pessoais sem deduções, exceto para despesas estritamente profissionais, produziria mais receita do que a atual estrutura pesada. Os contribuintes estariam em melhores condições porque seriam poupados dos custos de proteger sua renda dos impostos; e a economia estaria em melhores condições porque as recompensas tributárias teriam um papel menor na alocação de recursos. Os únicos com algo a perder seriam os advogados, os contadores, os funcionários públicos e os legisladores — que teriam que se voltar para atividades mais produtivas em vez de preencher formulários de imposto de renda, descobrir brechas e tentar fazer uso delas.

O imposto de renda de pessoa jurídica também está cheio de defeitos. É um imposto oculto, embutido nos preços dos artigos e serviços, e o público paga sem perceber. É uma dupla tributação do imposto de renda da pessoa jurídica — uma à empresa, outra ao acionista quando os rendimentos são distribuídos. Penaliza o investimento de capital e, por esta razão, prejudica o crescimento da produtividade. Deve ser abolido.

Apesar de tanto a esquerda quanto a direita concordarem que taxas mais baixas, menos brechas e uma redução da dupla tributação do imposto de renda da pessoa jurídica são desejáveis, essa reforma não pode ser aprovada a partir do processo legislativo. A esquerda tem medo de que, se aceitar taxas mais baixas e menor progressão em troca da eliminação de brechas, novas brechas logo aparecerão — e a esquerda está certa. A direita tem medo de que, se aceitar a eliminação das brechas em troca de taxas mais baixas e menor progressão do imposto, uma progressão mais pesada logo apareceria — e a direita está certa.

Esse é um caso excepcionalmente claro de que uma emenda constitucional é a única esperança de se chegar a um acordo em que todos os lados possam ser considerados. A emenda necessária aqui é a rejeição da atual Décima Sexta Emenda autorizando impostos de renda e sua substituição pelo seguinte:

> *O Congresso terá competência para fixar e cobrar imposto sobre a renda das pessoas, proveniente de quaisquer fontes, sem rateio entre os vários estados e sem relação com qualquer censo ou registros, contanto que a mesma taxa de imposto seja aplicada a toda renda, deduzidas as despesas com a atividade profissional e empresarial, e um subsídio pessoal de um valor fixo. A palavra "pessoa" excluirá empresas e outras pessoas artificiais.*

Moeda estável

Quando a Constituição foi promulgada, o poder outorgado ao Congresso de "cunhar moeda, regular seu valor, e o da moeda estrangeira" fazia referência a uma moeda-mercadoria: especificava que o dólar deveria valer determinado peso em gramas de prata ou ouro. A inflação do papel-moeda durante a revolução, bem como anteriormente em diversas colônias, levou os autores a denegar aos estados o poder de "cunhar moeda; emitir títulos de crédito; constituir qualquer coisa, exceto moedas de ouro e de prata, como meio de pagamento de débitos". A Constituição é omissa quanto ao poder do Congresso de autorizar o governo a emitir papel-moeda. Era de crença geral que a Décima Emenda, ao dispor que os "poderes não delegados aos Estados Unidos pela Constituição [...] são reservados aos estados respectivamente ou às pessoas", tornava inconstitucional a emissão de papel-moeda.

Durante a Guerra Civil, o Congresso autorizou o *greenback*, tornando-o meio de pagamento legal para todas as dívidas públicas e privadas. Depois da Guerra Civil, no primeiro dos famosos casos do *greenback*, a Suprema Corte declarou inconstitucional sua emissão. Um "aspecto fascinante dessa decisão foi que ela foi promulgada pelo presidente da Suprema Corte, Salmon P. Chase, que havia sido secretário do Tesouro quando foram emitidos os primeiros *greenbacks*. Não só ele não se considerou incompetente para o caso, como ainda, em sua condição de presidente do Supremo, condenou a si mesmo por ter sido responsável por um ato inconstitucional em sua condição de secretário do Tesouro".[6]

Logo depois, uma Suprema Corte ampliada e reconstituída reverteu a primeira decisão por uma maioria de cinco a quatro, declarando que tornar os *greenbacks* um meio de pagamento legal era constitucional, tendo o presidente do Supremo, Chase, como um dos juízes discordantes.

Não é exequível nem desejável restaurar o padrão de moeda de ouro ou de prata, mas precisamos, de fato, comprometer-nos com uma moeda estável. A melhor solução atualmente seria exigir que as autoridades monetárias mantivessem a taxa percentual de crescimento da base monetária dentro de uma variação fixa. Essa é uma emenda particularmente difícil de se elaborar porque está intimamente vinculada à estrutura institucional específica. Uma versão seria:

O Congresso terá o poder para autorizar obrigações não remuneradas do governo na forma de moeda ou de lançamentos contábeis, contanto que a quantidade total de dólares em circulação aumente não mais do que 5% ao ano e não menos que 3%.

Seria desejável incluir uma cláusula em que dois terços de cada casa do Congresso, ou alguma maioria qualificada semelhante, possam abrir mão dessa exigência em caso de uma declaração de guerra, findando a suspensão anualmente, a menos que seja renovada.

Proteção contra a inflação

Se as emendas precedentes forem adotadas e observadas estritamente, isso acabará com a inflação e assegurará um nível de preços relativamente estável. Nesse caso, não seriam necessárias medidas adicionais para impedir que o governo se envolva com uma cobrança de impostos inflacionária sem a respectiva representação. Entretanto, trata-se de um enorme *se*. Uma emenda que tirasse do governo o incentivo para se expandir teria amplo apoio. Ela seria aprovada muito mais rapidamente do que uma emenda mais técnica e controversa a favor de uma moeda estável. Na realidade, o que é necessário é a ampliação das disposições da Quinta Emenda determinando que "nenhuma pessoa [...] será privada da vida, da liberdade nem da propriedade sem o devido processo legal; nem será tomada a propriedade privada para uso público sem a justa indenização".

Uma pessoa cuja renda em dólar apenas mantém o mesmo ritmo da inflação e, ainda assim, é empurrada para um nível mais alto de taxação é privada de propriedade sem o devido processo legal. O repúdio de parte do valor real dos títulos do governo por meio da inflação é o mesmo que tomar a propriedade privada para uso público sem a justa indenização.

A emenda pertinente especificaria:

Todos os contratos entre o governo dos EUA e outras partes, estabelecidos em dólares, e todos os valores em dólares contidos em leis federais serão ajustados anualmente de modo a considerar a mudança no nível geral de preços durante o ano anterior.

Como a emenda monetária, essa, também, é difícil de ser elaborada exatamente por causa de seu caráter técnico. O Congresso teria de especificar procedimentos precisos, inclusive qual índice deveria ser usado para se aproximar do "nível geral de preços". Mas ela estabelece o princípio fundamental.

Esta lista está muito longe de ser uma lista exaustiva — ainda teríamos três a mais para completar as dez emendas da Declaração de Direitos original. E a redação proposta precisa passar pelo escrutínio de especialistas em cada área e de especialistas em direito constitucional. Mas confiamos que tais propostas ao menos sugiram a promessa de uma abordagem constitucional.

Conclusão

As duas ideias — a da liberdade humana e a da liberdade econômica — trabalhando em conjunto chegaram ao seu maior usufruto nos Estados Unidos. Essas ideias ainda persistem entre nós. Todos estamos imbuídos delas. Elas fazem parte do próprio tecido de nosso ser. Mas nós fomos nos desviando delas. Temos esquecido da verdade fundamental — que a maior ameaça à liberdade humana é a concentração de poder, seja nas mãos do governo, seja na de qualquer outra pessoa. Nós nos persuadimos de que é seguro conceder poder, desde que seja para bons propósitos.

Felizmente, estamos despertando. Estamos reconhecendo, de novo, os perigos de uma sociedade excessivamente controlada pelo governo, compreendendo que bons objetivos podem ser pervertidos por meios ruins, que a confiança na liberdade das pessoas controlarem suas próprias vidas de acordo com seus próprios valores é a forma mais segura de se alcançar o pleno potencial de uma grande sociedade.

Felizmente, também, nós somos, como pessoas, livres para escolher o caminho que devemos seguir — se vamos continuar na direção que vimos seguindo de um governo cada vez maior ou se vamos dar um basta e mudar de direção.

Apêndices

Apêndice A
Plataforma Socialista de 1928

No presente documento, eis os pontos da plataforma do Partido Socialista de 1928 junto com uma indicação entre parênteses de como estes pontos se saíram. A lista a seguir inclui cada ponto econômico, mas não toda a linguagem de cada um.

1. "Nacionalização de nossos recursos naturais, começando pelas áreas de minas de carvão e de água, especialmente na represa Boulder e em Muscle Shoals." (Represa Boulder, renomeada represa Hoover, e Muscle Shoals são agora projetos do governo federal.)
2. "Um gigantesco sistema de energia de propriedade pública pelo qual o governo federal irá cooperar com os estados e municipalidades na distribuição de energia elétrica para a população costeira." (Autoridade do Vale do Tennessee.)
3. "A propriedade nacional e gestão democrática das ferrovias e outros meios de transporte e comunicação." (O serviço de transporte ferroviário de passageiros está completamente nacionalizado através da Amtrak. Uma parte do serviço de transporte de carga está nacionalizada através da Conrail. A Comissão Federal de Comunicações [FCC,

na sigla em inglês] controla as comunicações por telefone, telégrafo, rádio e televisão.)
4. "Um programa nacional adequado para controle de enchentes, inundações, reflorestamento, irrigação e recuperação." (As despesas do governo para tais finalidades estão hoje em muitos bilhões de dólares.)
5. "Auxílio imediato do governo aos desempregados, através da ampliação de todas as obras públicas e de um programa de planejamento de longo prazo das obras públicas." (Na década de 1930, a Works Progress Administration e a Public Works Administration eram a contrapartida; hoje há uma enorme variedade de outros programas.) "Todas as pessoas assim empregadas serão contratadas por horários e salários fixados por sindicatos trabalhistas *bona fide*." (As leis Davis-Bacon e Walsh-Healey exigem que empreiteiras com contratos com o governo paguem os "salários em vigor", geralmente interpretados como os salários mais altos do sindicato.)
6. "Empréstimos a estados e municipalidades sem juros com o propósito de executar obras públicas e a adoção de medidas semelhantes que resultem na redução da indigência generalizada." (Recursos do governo federal em auxílio aos estados e municípios totalizam atualmente dezenas de bilhões de dólares por ano.)
7. "Um sistema de seguro-desemprego." (Parte do sistema de Seguridade Social.)
8. "A ampliação para o âmbito nacional de agências de emprego público em cooperação com federações municipais de trabalho." (O U.S. Employment Service e serviços de emprego afiliados nos estados administram uma rede de cerca de 2.500 escritórios regionais de emprego.)

9. "Um sistema de seguro-saúde e acidentes e de pensões de idosos bem como seguro-desemprego." (Parte do sistema de Seguridade Social.)
10. "Redução da jornada de trabalho" e "Assegurar a cada trabalhador um período de descanso de não menos que dois dias na semana." (Regulado por leis salariais e de horas de trabalho que exigem a compensação de horas extras para mais de quarenta horas de trabalho por semana.)
11. "A promulgação de uma emenda federal adequada contra o trabalho infantil." (Não obtida como emenda, mas a essência incorporada em diversos atos legislativos.)
12. "Abolição da exploração brutal dos condenados nos termos do sistema de contrato e a substituição por uma organização cooperativa de indústrias nas penitenciárias e oficinas para o benefício dos condenados e dos seus dependentes." (Obtido parcialmente.)
13. "Aumento da tributação sobre níveis de renda elevados, dos impostos de pessoas jurídicas e impostos sobre herança, sendo a receita resultante a ser empregada nas pensões dos idosos e em outras formas de seguridade social." (Em 1928, a maior alíquota do imposto sobre a renda de pessoa física era de 25%; em 1978, 70%; em 1928, a alíquota do imposto sobre a renda de pessoa jurídica era de 12%; em 1978, 48%; em 1928, a alíquota mais alta do imposto federal sobre herança era de 20%; em 1978, 70%.)
14. "Apropriação por meio de imposto sobre o valor do aluguel anual de toda propriedade reservada para a especulação." (Não obtido dessa forma, mas os impostos sobre o patrimônio subiram drasticamente.)

Apêndice B

30 de janeiro de 1979
Washington, D.C.

PROPOSTA DE EMENDA CONSTITUCIONAL
PARA LIMITAR AS DESPESAS FEDERAIS
Preparada pela Comissão de Redação da Emenda Federal
W.C. Stubblebine, presidente
Convocada pela Comissão Nacional de Limitação do Imposto
Wm. F. Rickenbacker, presidente da comissão;
Lewis K. Uhler, presidente executivo

Artigo 1º: Para proteger as pessoas contra ônus excessivo do governo e para promover política fiscal e monetária equilibrada, serão impostos limites aos gastos totais do governo dos Estados Unidos.

(a) O total de despesas em qualquer exercício fiscal não terá aumento percentual maior do que o aumento percentual do produto interno bruto nominal do último ano-calendário finalizado anteriormente ao início do mencionado exercício fiscal. O total de despesas incluirá as despesas orçamentárias e as despesas extraorçamentárias, bem como excluirá os resgates da dívida pública e despesas de emergência.

(b) Se a inflação do último ano-calendário finalizado anteriormente ao início de qualquer exercício fiscal for maior que 3%, o percentual de aumento do total de despesas permissível para o referido exercício fiscal será reduzido em um quarto do que exceder à inflação de 3%. A inflação será medida pela diferença entre o aumento percentual do produto interno bruto nominal e o aumento percentual do produto interno bruto real.

Artigo 2º: Quando, em qualquer exercício fiscal, a arrecadação total do governo dos Estados Unidos exceder o total de despesas, o excedente será usado para reduzir a dívida pública dos Estados Unidos até que a dívida seja eliminada.

Artigo 3º: Após a declaração de uma emergência por parte do(a) presidente, o Congresso poderá autorizar, por uma maioria de dois terços de ambas as casas, uma quantia específica para despesas emergenciais que ultrapassem o limite do exercício fiscal corrente.

Artigo 4º: O limite ao total de despesas poderá ser alterado por uma quantia a ser determinada pelo voto de três quartos de ambas as casas do Congresso quando aprovado pelo Legislativo de uma maioria dos diversos estados. A alteração entrará em vigor no exercício fiscal após a aprovação.

Artigo 5º: Para cada um dos primeiros seis exercícios fiscais após a ratificação da presente cláusula, o total de doações aos estados e municípios não será uma fração menor das despesas totais do que nos três exercícios fiscais anteriores à ratificação do presente artigo. Subsequentemente, se as doações forem menores do que a referida fração do total das despesas, o limite para o total das despesas será diminuído de uma quantia equivalente.

Artigo 6º: O governo dos Estados Unidos não exigirá, direta ou indiretamente, que os estados ou governos locais se envolvam em atividades adicionais ou ampliadas sem remuneração igual aos necessários custos adicionais.

Artigo 7º: O presente instrumento poderá ser aprovado por um ou mais membros do Congresso em um recurso interposto no

Tribunal Distrital dos Estados Unidos pelo Distrito de Colúmbia e por nenhuma outra pessoa. A ação nomeará como réu o secretário do Tesouro dos Estados Unidos, que terá responsabilidade sobre as despesas incorridas por qualquer unidade ou órgão do governo dos Estados Unidos quando demandado por sentença judicial exigindo o cumprimento das cláusulas do presente instrumento. A sentença judicial não especificará as despesas em particular a serem realizadas ou reduzidas. As alterações nas despesas necessárias para o cumprimento da sentença judicial serão realizadas até o final do terceiro exercício fiscal completo seguinte à sentença judicial.

Notas

Introdução

1. Adam Smith. *The Wealth of Nations*. 5ª ed. Londres: Methuen & Co., Ltd., 1930.
2. John Stuart Mill. *On Liberty*. People's ed. Londres: Longmans, Green & Co., 1865, p. 6.
3. Adam Smith, *The Wealth of Nations*. 5ª ed. Londres: Methuen & Co., Ltd., 1930, p. 325 (Livro II, cap. III).

1. O poder do mercado

1. Ver Hedrick Smith. *The Russians*. Nova York: Quadrangle Books/New York Times Book Co., 1976; Robert G. Kaiser. *Russia: The People and the Power*. Nova York: Atheneum, 1976.
2. *Freeman*, dezembro de 1958.
3. Adam Smith. *The Wealth of Nations*. 5ª ed. Londres: Methuen & Co., Ltd., 1930, p. 184-185 (vol. II).

2. A tirania dos controles

1. Adam Smith. *The Wealth of Nations*. 5ª ed. Londres: Methuen & Co., Ltd., 1930, p. 422, 458-185
2. George J. Stigler. *Five Lectures on Economic Problems*. Nova York: Macmillan, 1950, p. 26-34.
3. "A New Holiday", *Newsweek*, 5 de agosto de 1974, p. 56.

3. A anatomia da crise

1. Lester V. Chandler. *Benjamin Strong, Central Banker*. Washington, D.C.: Brookings Institution, 1958, p. 465.
2. Milton Friedman e Anna J. Schwartz. *A Monetary History of the United States, 1867-1960*. Princeton: Princeton University Press, 1963, p. 310.
3. Herbert Hoover. *The Memoirs of Herbert Hoover: The Great Depression, 1929-1941*. Nova York: Macmillan, 1952, p. 212.
4. *Annual Report*, 1933, p. 1, 20-21.
5. Para uma discussão mais completa, ver Milton Friedman e Anna J. Schwartz. *A Monetary History of the United States, 1867-1960*. Princeton: Princeton University Press, 1963, p. 362-419.

4. Do berço à sepultura

1. Vale citar a frase completa na qual estas palavras aparecem por ser uma descrição mais precisa da direção que estamos tomando bem como todo um julgamento não intencional do efeito: "Nenhum homem terá que se preocupar mais com o amanhã, seja por ele mesmo ou por seus filhos, porque o país assegura a alimentação, educação e manutenção confortável de cada cidadão, do berço à sepultura." Em Edward Bellamy. *Looking Backward*. Nova York: Modern Library, 1917, p. 70.
2. Wilson Allen Wallis. *An Over-Governed Society*. Nova York: The Free Press, 1976, p. 235.
3. A. V. Dicey. *Lectures on the Relation between Law and Public Opinion in England during the Nineteenth Century*, 2ª ed. Londres: Macmillan, 1914, p. xxxv.
4. Idem, p. xxxvi-xxxvii.
5. Idem, p. xxxvii-xxxix.
6. Cecil Driver. *Tory Radical*. Nova York: Oxford University Press, 1946.
7. Citado em Ken Auletta. *The Streets Were Paved with Gold*. Nova York: Randon House, 1979, p. 255.
8. Idem, p. 253.

9. Esses números se referem apenas a OASDHI e seguro-desemprego estadual; excluem aposentadoria de ferroviários e funcionários públicos, benefícios concedidos a ex-combatentes e seguro contra acidentes do trabalho, tratando estes como parte da indenização nos termos dos contratos de emprego voluntário.
10. Social Security Administration. *Your Social Security*, Department of Health, Education and Welfare Publication N. (SSA) 77-10035 (junho de 1977), p. 24. A versão mais antiga do folheto que vimos é de 1969, mas supomos que o folheto tenha sido publicado pela primeira vez muitos anos antes. As palavras foram mudadas na versão de fevereiro de 1978, em uma época em que o mito de que os "fundos fiduciários" tinham um papel importante havia se tornado transparente.

    Na edição revisada, lê-se: "A ideia básica da seguridade social é simples: durante os anos de trabalho, os empregados, seus empregadores e pessoas autônomas pagam as contribuições para a seguridade social. Este dinheiro é usado apenas para pagar os benefícios das mais de 33 milhões de pessoas que recebem benefícios e para pagar as despesas administrativas do programa. Então, quando cessarem os ganhos dos trabalhadores de hoje ou quando forem reduzidos em função de aposentadoria, morte ou incapacidade, os benefícios serão pagos a eles das contribuições das pessoas com cobertura de emprego e autonomia na ocasião. Tais benefícios têm o propósito de substituir parte dos ganhos que a família perdeu."

    Esta é uma declaração certamente muito mais defensável, apesar de ainda rotular "impostos" como "contribuições". Quando descobrimos pela primeira vez a mudança, pensamos que fosse uma consequência de uma coluna da *Newsweek* que um de nós escreveu em 1971 fazendo a crítica que se seguiu no texto e que foi repetida em um debate no mesmo ano com Wilbur J. Cohen, ex--secretário do HEW. Entretanto, a defasagem de seis anos até que fosse feita a mudança acabou com a conjectura.
11. George Orwell, *1984*. Nova York: Harcourt Brace, 1949.
12. Social Security Administration. *Your Social Security*, Department of Health, Education and Welfare Publication N. (SSA) 79-10035 (janeiro de 1979), p. 5. Esta frase foi mudada em 1973, tendo a palavra "ganhando" substituído as palavras "ora construindo".

13. J. A. Pechman, H. J. Aaron e M. K. Taussig. *Social Security: Perspectives for Reform*. Washington, D.C.: Brookings Institution, 1968, p. 69.
14. John A. Brittain. *The Payroll Tax for Social Security*.Washington, D.C.: Brookings Institution, 1972.
15. George J. Stigler. "Director's Law of Public Income Redistribution", *Journal of Law and Economics*, vol. 13 (abril de 1970), p. 1.
16. Para uma excelente discussão sobre as estimativas de pobreza, ver Martin Anderson. *Welfare*. Stanford, Calif.: Hoover Institution, Stanford University, 1978, cap. 1.
17. Idem., p. 39.
18. Idem., p. 91; baseado em seu livro anterior, *The Federal Bulldozer: A Critical Analysis of Urban Renewal*, 1949-1962 (Cambridge, Mass.: The MIT Press, 1964).
19. "The FTC Discovers HUD", *Wall Street Journal*, 21 de março de 1979, p. 22.
20. De um artigo não publicado, "How to Be a Clinician in a Socialist Country", apresentado em 1976 na Universidade de Chicago.
21. Max Gammon. *Health and Security: Report on Public Provision for Medical Care in Great Britain*. Londres: St. Michael's Organization, dezembro de 1976, p. 18-19.
22. A elegante formulação de uma tabela de dois por dois surgiu de uma discussão com Eben Wilson, produtor associado de nosso programa de televisão.
23. Entretanto, uma inovação recente é a de que as famílias com um ou mais filhos dependentes estarão habilitadas a um pagamento chamado crédito sobre os rendimentos auferidos, semelhante a um imposto de renda negativo.
24. Há uma cláusula para uma renda média de um determinado número de anos. Mas as condições são bastante rigorosas, de tal modo que uma pessoa com renda variável paga mais imposto do que uma pessoa com uma renda estável com a mesma renda média. Além disso, a maior parte das pessoas com rendas variáveis não se beneficia em nada com isso.
25. Fizemos tal proposta em *Capitalism and Freedom* (Chicago: University of Chicago Press, 1962), cap. 12; para o depoimento de Milton Friedman, ver U.S. Congress, House, Committee on Ways and

Means, *Social Security and Welfare Proposals, Hearings*, 91 Congresso, 1ª sessão, 7 de novembro de 1969, parte 6, p. 1944-1958.
26. Para o papel da burocracia do bem-estar social na derrota do programa do presidente Nixon, ver Daniel P. Moynihan. *The Politics of a Guaranteed Income: The Nixon Administration and the Family Assistance Plan*. Nova York: Random House, 1973.
27. Anderson, *Welfare*, p. 135.
28. Idem., p. 135.
29. Idem., p. 142.

5. Criados iguais

1. J. R. Pole. *The Pursuit of Equality in American History*, Berkeley e Los Angeles: University of California Press, 1978, p. 51-58.
2. Alexis de Tocqueville. *Democracy in America*, 2 vols., 2ª ed., trad. Henry Reeve, ed. Francis Bowen. Boston: John Allyn, Publisher, 1863, vol. I, p. 66-67.
3. Idem., p. 67-68.
4. Ver Hedrick Smith e Robert Kaiser. *Russia: The People and the Power*, 2ª ed. Nova York: Washington Square Press, 1984; Nick Eberstadt, "Has China Failed?" *The New York Review of Books*, 5 de abril de 1979, p. 37, notas: "Na China, [...] a distribuição de renda parece *muito por alto* ter sido a mesma desde 1953."
5. Helen Lefkowitz Horowitz. *Culture and the City*. Lexington: University Press of Kentucky, 1976, p. ix-x.
6. Idem., p. 212, 231.
7. "The Forgotten Man", em Albert G. Keller e Maurice R. Davis (eds.) *Essays of William G. Sumner*. New Haven: Yale University Press, 1934, vol. I, p. 466-496.
8. Robert Nozick. "Who Would Choose Socialism?", *Reason*, maio de 1978, p. 22-23.
9. Adam Smith. *The Wealth of Nations*. 5ª ed. Londres: Methuen & Co., Ltd., 1930, p. 325 (vol. I).
10. Hedrick Smith e Robert Kaiser. *Russia: The People and the Power*, 2ª ed. Nova York: Washington Square Press, 1984.
11. Nick Eberstadt. "China: How Much Success", *New York Review of Books*, 3 de maio de 1979, p. 40-41.

12. John Stuart Mill. *The Principles of Political Economy* (1848), 9ª ed. Londres: Longmans, Green & Co., 1886, vol. II, p. 332 (Livro IV, cap. VI).

6. O que há de errado com nossos colégios?

1. Leonard Billet. *The Free Market Approach to Educational Reform*, Rand Paper P-6141. Santa Monica, Calif.: The Rand Corporation, 1978, p. 27-28.
2. De *The Good Society*, citado por Wallis em *An Over-Governed Society*, p. viii.
3. Citado por E. G. West. "The Political Economy of American Public School Legislation", *Journal of Law and Economics*, vol. 10 (outubro de 1967), p. 101-128, citação da p. 106.
4. Idem., p. 108.
5. Note a terminologia enganadora. "Público" é equiparado a "governamental", apesar de, em outros contextos, como em "serviços de utilidade pública", "bibliotecas públicas" e assim por diante, não o ser. Em matéria de ensino, há algum sentido relevante pelo qual a Faculdade de Harvard seja menos "pública" do que a Universidade de Massachusetts?
6. Idem., p. 110.
7. R. Freeman Butts. *Encyclopaedia Britannica*, vol. 7, 1970, p. 992.
8. W. O. L. Smith. *Encyclopaedia Britannica*, vol. 7, 1970, p. 988.
9. Idem., p. 988-989.
10. E. G. West, *Education and the State*. Londres: The Institute of Economic Affairs, 1965.
11. Gammon, *Health and Security*, p. 27.
12. Somos devedores de Herbert Lobsenz e de Cynthia Savo, da Market Data Retrieval, por nos terem disponibilizado estas informações de seu Banco de Dados sobre Educação.
13. De fato, muitas destas escolas públicas realmente podem ser consideradas brechas fiscais. Se fossem particulares, as taxas escolares não seriam dedutíveis do imposto de renda federal. Como escolas públicas financiadas por impostos locais, as taxas são dedutíveis.
14. Um de nós propôs pela primeira vez este programa de voucher em Milton Friedman, "The Role of Government in Education", em Robert A. Solo (ed.) *Economics and the Public Interest*. New Brunswick,

N.J.: Rutgers University Press, 1955. Uma versão revista deste artigo é o capítulo 6 de *Capitalism and Freedom*.
15. Idem., p. 86.
16. Ver Christopher Jencks et al. *Education* Vouchers: *A Report on Financing Elementary Education by Grants to Parents*. Cambridge, Mass.: Center for the Study of Public Policy, dezembro de 1970; John E. Coons e Stephen D. Sugarman. *Education by Choice: The Case for Family Control*. Berkeley: University of California Press, 1978.
17. John E. Coons e Stephen D. Sugarman. *Education by Choice: The Case for Family Control*. Berkeley: University of California Press, 1978, p. 191.
18. Idem., p. 130.
19. Adam Smith. *Wealth of Nations*, 5ª ed. Londres: Methuen & Co., Ltd., 1930, p. 253.
20. Por exemplo, a Citizens for Educational Freedom [Cidadãos para a Liberdade de Educação] e a National Association for Personal Rights in Education [Associação Nacional para os Direitos Pessoais em Educação].
21. Education Voucher Institute, constituído em maio de 1979 em Michigan.
22. Kenneth B. Clark. "Alternative Public School Systems", na edição especial sobre *Equal Educational Opportunity* da *Harvard Educational Review*, vol. 38, n. 1, 1968, p. 100-113; passagem citada nas p. 110-111.
23. Daniel Weiler. *A Public School* Voucher *Demonstration: The First Year at Alum Rock*, Rand Report n. 1.495. Santa Monica, Calif.: The Rand Corporation, 1974.
24. Henry M. Levin. "Aspects of a Voucher Plan for Higher Education". Occasional Paper 72-7, School of Education, Stanford University, julho de 1972, p. 16.
25. Carnegie Commission on Higher Education. *Higher Education: Who Pays? Who Benefits? Who Should Pay?* McGraw-Hill, junho de 1973, p. 2-3.
26. Idem., p. 4.
27. Ibidem., p. 4.
28. Idem., p. 15.
29. Carnegie Foundation for the Advancement of Teaching. *More than Survival: Prospects for Higher Education in a Period of Uncertainty*. São Francisco: Jossey Bass Publishers, 1975, p. 7.

30. Idem., p. 176. Não calculamos os percentuais do texto a partir da tabela da Carnegie, mas da fonte por ela citada, Tabela 14, U.S. Census Reports Series P-20 para 1971, n. 241, p. 40. Ao fazê-lo, descobrimos que os percentuais do relatório da Carnegie estão ligeiramente errados.

    Os números que damos são de algum modo enganosos porque estudantes casados morando com suas esposas são classificados pela renda familiar deles próprios e de suas esposas em vez de pela renda de seus pais. Se os estudantes casados forem omitidos, o efeito descrito será ainda maior: 22% de estudantes de famílias com rendas de menos de 5 mil dólares frequentaram escolas particulares, 17% de famílias com rendas entre 5 mil e 10 mil dólares, e 25% de famílias com rendas de 10 mil dólares ou mais.

31. De acordo com os números do U.S. Bureau of the Census, das pessoas entre 18 e 24 anos que se matricularam em faculdades públicas em 1971, menos de 14% vieram de famílias com rendas abaixo de 5 mil dólares por ano, apesar de mais de 22% terem vindo destas famílias de baixa renda. E 57% daqueles matriculados na mesma faixa etária vieram de famílias com rendas acima de 10 mil dólares por ano, apesar de menos de 40% terem vindo destas famílias de renda elevada.

    Como mencionado, tais números são tendenciosos pela inclusão de estudantes casados com a esposa presente. Apenas 9% de outros estudantes matriculados em faculdades públicas vieram de famílias com rendas abaixo de 5 mil dólares, apesar de 18% de todos entre dezoito e 24 anos terem vindo destas famílias de baixa renda. Cerca de 65% dos alunos com outro estado civil matriculados vieram de famílias de renda de 10 mil dólares ou mais, apesar de apenas pouco mais de 50% terem vindo dessas famílias.

    Casualmente, com respeito a esta nota e à precedente, vale notar que a Carnegie Commission, no relatório sumário no qual se refere a estes números, nem sequer menciona que combina indiscriminadamente os alunos casados com os não casados, apesar de, fazendo isto, claramente influenciar seus resultados no sentido de subestimar a transferência de renda das pessoas de níveis de renda mais baixo para as de mais altos implícita no financiamento governamental do ensino superior.

32. Douglas M. Windham fez duas estimativas para 1967-1968, para cada uma das quatro classes de renda, da diferença entre o valor do dólar dos benefícios recebidos do ensino superior público e o custo incorrido. As estimativas que mostram as transferências menores são as seguintes:

Classe de Renda (US$/ano)	Benefícios: Total	Custos: Total	Custo (-) ou Ganho (+) Líquido
$ 0 — 3.000	$ 10.419.600	$ 14.259.360	- $ 3.839.760
3.000 — 5.000	20.296.320	28.979.110	- 8.682.790
5.000 — 10.000	70.395.980	82.518.780	- 12.122.800
10.000 em diante	64.278.490	39.603.440	+ 24.675.050

Fonte: Douglas M Windham. *Education, Equality and Income Redistribution*. Lexington, Mass.: Health Lexington Books, 1970, p. 43.

33. W. Lee Hansen e Burton A. Weisbrod. *Benefits, Costs, and Finance of Public Higher Education*. Chicago: Markom Publishing Co., 1969, p. 76, com exceção da linha 5, a seguir, calculada por nós. Observe que os impostos na linha 3, diferentemente dos custos considerados na Flórida, incluem todos os impostos, não apenas os impostos destinados ao pagamento do ensino superior.

	Todas as famílias	Famílias sem filhos no ensino superior público da Califórnia	Famílias com filhos no ensino superior público da Califórnia			
			Total	Junior College*	Faculdade Estadual	Univ. da Califórnia
1. Renda familiar média	$ 8.000	$ 7.900	$ 9.560	$ 8.800	$ 10.000	$ 12.000
2. Média de subsídios do ensino superior por ano	------	0	880	720	1.400	1.700
3. Média do total de impostos estaduais e locais pagos	620	650	740	680	770	910
4. Transferência líquida (linha 2 – linha 3)	-----	- 650	+ 140	+ 40	+ 630	+ 790
5. Transferência líquida como percentual da renda média		- 8,2%	+ 1,5	+ 0,5	+ 6,3	+ 6,6

* Curso superior de dois anos para formação acadêmica, técnica e profissional de curta duração. [*N. da T.*]

34. Carnegie Foundation for the Advancement of Teaching. *More than Survival: Prospects for Higher Education in a Period of Uncertainty*. São Francisco: Jossey Bass Publishers, 1975, p. 7.
35. Publicado originalmente em Milton Friedman, "The Role of Government in Education", e reimpresso com ligeira revisão em *Capitalism and Freedom*; citação da p. 105 deste último.
36. *Educational Opportunity Bank*, um Relatório do Painel sobre Inovações Educacionais para o comissário de Educação dos EUA e para o diretor da Fundação Nacional de Ciência (Washington, D.C.: U.S. Government Printing Office, agosto de 1967). Foi apresentado material de apoio em K. Shell, F. M. Fisher, D. K. Foley, A. F. Friedlaender (em associação com J. Behr, S. Fischer, K. Mosenson), "The Educational Opportunity Bank: An Economic Analysis of a Contingent Repayment Loan Program for Higher Education", *National Tax Journal*, março de 1968, p. 2-45, bem como em documentos não publicados do Zacharias Panel.
37. Para a declaração da associação ver National Association of State Universities and Land Grant Colleges, *Proceedings, November 12-15, 1967*, p. 67-68. Para a citação de Smith, *Wealth of Nations*, vol. I, p. 460 (Livro IV, cap. III), onde é feita referência aos comerciantes que procuram a proteção do governo contra mercadorias estrangeiras.
38. Carnegie Foundation for the Advancement of Teaching. *More than Survival: Prospects for Higher Education in a Period of Uncertainty*. São Francisco: Jossey Bass Publishers, 1975, p. 121.
39. Citação de *Capitalism and Freedom*, p. 99-100.

7. Quem protege o consumidor?

1. Marcia B. Wallace e Ronald J. Penoyer. "Directory of Federal Regulatory Agencies", Working Paper n. 36, Center for The Study of American Business, Washington University, St. Louis, setembro de 1978, p. ii.
2. *Evaluation of the 1960-1963 Corvair Handling and Stability*. Washington, D.C.: U.S. Department of Transportation, National Highway Traffic Safety Administration, julho de 1972, p. 2.

3. Mary Bennett Peterson. *The Regulated Consumer.* Los Angeles: Nash Publishing, 1971, p. 164.
4. Matthew Josephson. *The Politicos.* Nova York: Harcourt Brace, 1938, p. 526.
5. Thomas Gale Moore. "The Beneficiaries of Trucking Regulation", *Journal of Law and Economics*, vol. 21, outubro de 1978, p. 340.
6. Idem, p. 340, p. 342.
7. Gabriel Kolko. *The Triumph of Conservatism.* The Free Press of Glencoe, 1963, p. 99.
8. Richard Harris. *The Real Voice.* Nova York: Macmillan, 1964, p. 183.
9. William M. Wardell e Louis Lasagna. *Regulation and Drug Development.* Washington, D.C.: American Enterprise Institute for Public Policy Research, 1975, p. 8.
10. Sam Peltzman. *Regulation of Pharmaceutical Innovation.* Washington, D.C.: American Enterprise Institute for Public Policy Research, 1974, p. 9.
11. Estimativas para a década de 1950 e início da de 1960, de Wardell e Lasagna, *Regulation and Drug Development*, p. 46; para 1978, de Louis Lasagna, "The Uncertain Future of Drug Development", *Drug Intelligence and Clinical Pharmacy*, vol. 13 (abril de 1979), p. 193.
12. Peltzman. *Regulation of Pharmaceutical Innovation*, p. 45.
13. U.S. Consumer Products Safety Commission. *Annual Report, Fiscal Year 1977.* Washington, D.C., janeiro de 1978, p. 4.
14. Wallace e Penoyer. "Directory of Federal Regulatory Agencies", p. 14.
15. Murray L. Weidenbaum. *The Costs of Government Regulation*, n. 12. St. Louis: Center for the Study of American Business, Washington University, fevereiro de 1977, p. 9.
16. Ibidem.
17. Wallace e Penoyer. "Directory of Federal Regulatory Agencies", p. 19.
18. A. Myrick Freeman III e Ralph H. Haveman. "Clean Rhetoric and Dirty Water", *The Public Interest*, n. 28, 1972, p. 65.
19. Herbert Asbury. *The Great Illusion, An Informal History of Prohibition.* Garden City, Nova York.: Doubleday, 1950, p. 144-145.

8. Quem protege o trabalhador?

1. Há muitas traduções alternativas do juramento. As citações no texto são da versão em John Chadwick e W. N. Mann. *The Medical Works of Hippocrates*. Oxford: Blackwell, 1950, p. 9.
2. George E. Hopkins. *The Airline Pilots: A Study in Elite Unionization*. Cambridge: Harvard University Press, 1971, p. 1.
3. Milton Friedman. "Some Comments on the Significance of Labor Unions for Economic Policy", em David McCord Wright (ed.) *The Impact of the Union*. Nova York: Harcourt Brace, 1951, p. 204-234. Uma estimativa semelhante foi obtida mais de uma década depois com base em um estudo muito mais detalhado e abrangente de H. G. Lewis. *Unionism and Relative Wages in the United States*. Chicago: University of Chicago Press, 1963, p. 5.
4. Hopkins, *The Airline Pilots*, p. 2.
5. John P. Gould. *Davis-Bacon Act*, Special Analysis n. 15. .Washington, D.C.: American Enterprise Institute, novembro de 1971, p. 10.
6. Idem, p. 1, p. 5.
7. Yale Brozen e Milton Friedman. *The Minimum Wage Rate*. Washington, D.C.: The Free Society Association, abril de 1966; Finis Welch. *Minimum Wages: Issues and Evidence*. Washington, D.C.: American Enterprise Institute, 1978; e *Economic Report of the President*, janeiro de 1979, p. 218.
8. Milton Friedman e Simon Kuznets. *Income from Independent Professional Practice*. Nova York: National Bureau of Economic Research, 1945, p. 8-21.
9. Michael Pertschuk. "Needs and Incomes", *Regulation*, março/abril de 1979.
10. William Taylor, vice-presidente executivo da Valley Camp Coal Company, citado em Melvyn Dubofsky e Warren Van Tine. *John L. Lewis: A Biography*. Nova York: Quadrangle/New York Times Book Co., 1977, p. 377.
11. Karen Elliott House. "Balky Bureaus: Civil Service Rule Book May Bury Carter's Bid to Achieve Efficiency", *Wall Street Journal*, 26 de setembro de 1977, p. 1, col. 1.

9. A cura para a inflação

1. John Stuart Mill. *The Principles of Political Economy* (1848), 9ª ed. Londres: Longmans, Green & Co., 1886, vol. II, p. 9 (Livro III, cap. VII).
2. Andrew White. *Money and Banking*. Boston: Ginn & Co., 1896, p. 4, p. 6.
3. Robert Chalmers. *A History of Currency in the British Colonies*. Londres: H. M. Stationery Office, 1893), p. 6, nota de rodapé, citação de uma publicação ainda anterior.
4. A. Hinston Quiggin. *A Survey of Primitive Money*. Londres: Methuen, 1949, p. 316.
5. White, *Money and Banking*, p. 9-10.
6. C. P. Nettels. *The Money Supply of the American Colonies before 1720*. Madison: University of Wisconsin, 1934, p. 213.
7. White, *Money and Banking*, p. 10.
8. Paul Einzig. *Primitive Money*, 2ª ed., rev. e ampl. Oxford e Nova York: Pergamon Press, 1966, p. 281.
9. Ver cap. 2.
10. Ver Phillip Cagan. "The Monetary Dynamics of Hyperinflation", em Milton Friedman. *Studies in the Quantity Theory of Money*. Chicago: University of Chicago Press, 1956, p. 26.
11. Eugene M. Lerner. "Inflation in the Confederacy, 1861-65", em M. Friedman. *Studies in the Quantity Theory of Money*, p. 172.
12. Elgin Groseclose. *Money and Man*. Nova York: Frederick Ungar Publishing Co., 1961, p. 38.
13. John Maynard Keynes. *The Economic Consequences of the Peace*. Nova York: Harcourt, Brace & Howe, 1920, p. 236.
14. Robert L. Schuettinger e Eamon F. Butler. *Forty Centuries of Wage and Price Controls*. Washington, D.C.: Heritage Foundation, 1979.
15. A razão: uma política voltada para a tentativa de manter uma taxa de câmbio fixa para o iene com relação ao dólar. Houve uma pressão de alta para o iene. Para fazer face a tal pressão, as autoridades japonesas compraram dólares com nova emissão de ienes, o que aumentou a oferta de moeda. A princípio, elas poderiam ter compensado esse aumento da oferta de moeda através de outras medidas, mas não o fizeram.

10. A maré está virando

1. Raoul Berger. *Government by Judiciary*. Cambridge: Harvard University Press, 1977, p. 1, p. 408.
2. *Lectures on the Relation between Law and Public Opinion* (edição de 1914), p. 302.
3. "Boom Industry" *Wall Street Journal*, 12 de junho de 1979, p. 1, col. 5.
4. *Lectures on the Relation between Law and Public Opinion* (edição de 1914), p. 257-258.
5. Milton Friedman. "Monumental Folly", *Newsweek*, 25 de junho de 1973.
6. Friedman e Schwartz, *Monetary History*, p. 46.

Índice

1984 (Orwell), 160
"Ação afirmativa", 273, 425
Acionistas, 47, 432-3
Adams, John, 421
Addams, Jane, 210
Administração de Recuperação Nacional (NRA), 146
Administração Nacional de Segurança do Tráfego das Autoestradas, 284
Administração para Ajuste Agrícola (AAA), 146
AFL-CIO, 343
África, 101, 221
Agricultura, 67, 96
  em uma economia livre, 24-5
  interferência do governo na, 25, 415-6
  na URSS, 32
Aldrich, Nelson W., 118
Alemanha Ocidental, 94, 95
Alemanha Oriental, 94, 102
Alemanha, 91, 115, 146, 147, 152, 362, 364. *Ver também* Alemanha Oriental; Alemanha Ocidental
  inflação na, 368, 375, 388
Alimentação, Vale-, 150, 166
Alimentos e Medicamentos de 1906, Lei dos, 296, 297
Alimentos, Medicamentos e Cosméticos de 1938, Lei dos, 296, 297, 298
  emendas de 1962 à, 299, 305
Allende, Salvador, 364
Alum Rock (Califórnia), vouchers para educação usados em, 254
América do Sul, 219, 220-1, 392
Amtrak, 291, 294
Anderson, Martin, 167, 189-91
Antiguidade, 341
A revolução dos bichos (Orwell), 204
A riqueza das nações (Smith), 21, 37, 65, 71, 277
Argélia, 319
Argentina, 364
Argumento da segurança nacional para as tarifas, 82-3, 85, 420
Aristocracia, 152, 229, 404
Assistência social, 146, 159, 165-8. (*Ver também* Bem-estar social e Estado de Bem-estar Social)

Associação das Universidades
  Estaduais e das Faculdades
  Land Grant, 270
Associação de Bancos da Câmara
  de Compensação de Nova
  York, 129, 133
Associação Médica Americana
  (AMA), 335, 337, 346-7
Associação Nacional de
  Educação, 250
Atividade regulatória, 149,
  277-329, 351, 407, 412-3, 421.
  *Ver também nomes de agências
  governamentais*
Auletta, Ken, 157
Auxílio a famílias com filhos
  dependentes, 166
Ayers, Don, 254

"Banco de Oportunidades
  Educacionais", 270
Balança de pagamentos, 76, 78
Banco do Federal Reserve da
  Filadélfia, 136
Banco do Federal Reserve de
  Nova York, 126, 127, 129, 133,
  134-6, 138
Banco dos Estados Unidos, 128-
  32
Banco Nacional para o
  Financiamento Estudantil, 270
Bancos. *Ver também* Federal
  Reserve System; *nomes de
  bancos*
  depósitos em, 118-9, 123
  reservas fracionárias em, 119-
    20
  restrição de pagamentos por,
    117-8, 120, 131, 134

pânico e corridas aos, 117-23,
  129-33
Bangladesh, 221
Beck, David, 349
Bellamy, Edward, 145
Bem-estar social e Estado
  alternativas ao, 151, 181-93
  de Bem-estar Social, 146, 149,
    150, 190-1
  falácia do, 177-81
  moderno, surgimento do,
    151-5
  resultados do, 155-76, 354-5
Benefício complementar, 166
Berger, Raoul, 406
Biörck, dr. Gunnar, 173
Bismarck, Otto von, 146, 152, 154
Bittenbender, William P., 254
Bopp, Karl, 136
Boston (Massachusetts), 233
Brasil, 220, 364, 367-8, 375
Brennan, Pat, 408-9, 416
Broderick, Joseph A., 130
Bronx (Nova York), 169, 235
Bryan, William Jennings, 286
Burocracia, 151, 165-7, 175, 182,
  184-6, 244, 230-3, 235, 407,
  417-22
  bem-estar social, eliminação,
    184, 186-7
  como "nova classe", 213, 418,
    425
  do emprego, 351-3, 356
  do ensino (ver Educadores,
    profissionais)
  do governo, renda e segurança
  em agências reguladoras, 279,
    287, 289, 293, 303, 305-6, 313-
    4, 316, 322, 351, 421-2

interesses especiais e, 417-22, 425
na Rússia, 219
resistência à mudança da, 190, 250, 252-8
Busing, 244-6, 274, 425

Califórnia, 252, 254, 266, 292, 401
Callaghan, James, 379
Camboja, 33, 205
Canadá, 174, 328
Capital, 321, 356
   acumulação de, 188, 193
   físico, 47, 50-1
   herdado, 47, 50
   "humano", 47, 50
Capitalismo e igualdade, 218-21
   Ver também troca voluntária
Caridade, 68-9, 202, 210
Carolina do Norte, 360
Carpenter, Ed, 236
Carson, Rachel, 278, 299
Cartéis, internacionais, 92, 326.
   Ver também Opep
Carter, Jimmy, 111, 172, 188, 317, 319-20, 420
Chase, Salmon P., 434
Chiang Kai-shek, 115, 364
Chicago (Illinois), 209-10, 233, 353
Childs, Marquis, 155
China, 115
China, República Popular da, 24, 51, 91, 97, 102, 115, 205, 219-21, 364-5
Churchill, Winston, 154
Cidade de Nova York (Nova York), 168-9, 170-1, 211-12, 233, 235, 318

Conselho de Educação, 234-5
Fundo para Bolsas de Estudo da Região Central da, 235
resultados dos programas de bem-estar social em, 155-6
sindicatos municipais em, 337, 338, 352-3
Cingapura, 64, 96
Clark, Kenneth B., 253
Cleveland, Grover, 287
Comando, sistema de, 31-4, 42, 49-50, 151. *Ver também* Economia Planificada
Comércio, 71-92
   argumento econômico a favor do, 74-89
   argumento político a favor do, 89-91
   internacional, e concorrência interna, 91-2, 326-7
   internacional, 71-92, 202-3, 326-7, 415, 416, 421, 430
   livre, 430
   mudança unilateral para o, 88
   nacional, 71
Comissão Carnegie sobre Ensino Superior, 263-7, 270
Comissão de Valores Mobiliários (SEC), 109, 146, 422
Comissão Interestadual do Comércio (ICC), 91, 278, 283-95, 427
Comissão Monetária Nacional, 118
Comitê Nacional para a Limitação de Impostos, 426
Comunas, 215
Comunistas, países, 50-51, 91, 95, 102, 115, 364-5. *Ver também nomes de países*

distribuição de renda em, 217-8
economia planificada em, 31-3, 151, 95-6, 217-8
Condado de Montgomery (Maryland), 352-3
Congresso da Igualdade Racial, 245
Congresso dos EUA, 133, 151, 189, 190, 317, 395, 413, 416, 418, 426-8, 434-5
Congresso Nacional pelo Alimento e Medicamentos Puros, 296
Conrail, 291
Conselho da Aeronáutica Civil (CAB), 292
Conselho do Federal Reserve, 126, 128, 135
   aumento de poder do, 140, 141
   Relatório anual de 1933, 135
Conselho para a Estabilidade de Salários e Preços, 413, 422
Constituição dos EUA, 25, 58, 197, 229, 405-6
   Declaração de Direitos da, 25, 197, 405, 423-4, 436
   emendas à, impondo limite aos impostos e às despesas, 426-9
   emendas propostas à, 429-436
   interpretação judicial da, 406-7
   Primeira Emenda, 241-3, 431
   substituição da Décima Sexta Emenda à, 433
Consumer Reports, revista, 324
Consumers Union, 324
Consumers' Research, organização, 324
Consumers' Research, revista, 324
Consumidor, proteção do, 277-329

Consumo, Comissão de Segurança dos Produtos de, 284, 305, 309, 323
Cooley, Thomas, 287
Coreia do Sul, 220
Coreia, 76, 96
Corpo Civil de Conservação (CCC), 147
Corpo de Engenheiros do Exército, 278
Correios dos EUA, 408, 416, 421
Corvair, 278, 281-2
Custo de vida, ajustes aos salários, 393

Daqui a cem anos: revendo o futuro (Bellamy), 145
Dartmouth College, 260
Dayton Air Freight, 290-1
Debs, Eugene V., 406
Declaração de Direitos econômica, 424
Declaração de Direitos. *Ver* Constituição, EUA
Declaração de Independência, 22-3, 28, 195-9
Deflação, 138-9
democracia na América, A (Tocqueville), 198
Democracia, 198-9, 240, 414
Departamento de Agricultura, EUA, 297, 413
Departamento de Educação, EUA, 150
Departamento de Energia, EUA, 42, 316-9, 413
Departamento de Habitação e Desenvolvimento Urbano, EUA, 168

Departamento de Justiça, EUA, 326
Departamento de Saúde, Educação e Bem-estar Social (HEW), 150, 159-61, 192, 275
Departamento do Tesouro, EUA, 326, 377
Departamento do Trabalho, EUA, 412
Depressão
da década de 1930 (*ver* Grande Depressão)
de 1920-1921, 125
Desemprego, 141, 146, 155, 156, 378
como efeito colateral da cura da inflação, 388, 393, 399, 400
entre jovens, 344
seguro, 146, 149-50, 155, 159, 166
Dicey, A. V., 153, 154, 407, 421
Distribuição de renda, sistema de preços e, 46-51
Dólar, 83, 124, 137-9, 357-9, 433, 434
Ver também Taxas de câmbio; Moeda; Política monetária; iene e, 74, 76-9, 83, 84

Eastman, George, 208
Economia de Planejamento Central, 32, 148, 218, 219, 404
nos EUA (*ver* Estados Unidos, controle do governo na)
Ver também Sistema de comando comparada com troca voluntária, 93-106
Edison, Thomas Alva, 208
Edsel, automóvel, 324

Educação/Ensino, 201, 206, 233-75
centralização e burocratização da, 225, 226, 229-33, 234-7, 274, 275, 337, 338
controle local da, 223, 224, 226, 229, 230, 232-4
escolas religiosas, 227, 233, 235, 240, 241, 243, 249
fundamental e médio, 224, 226-257
gastos crescentes e queda da qualidade da, 192, 224, 231
intervenção do governo na, 151, 223-75
legislação sobre comparecimento obrigatório, 233, 234, 239, 239, 240
nas zonas centrais das cidades, 224, 233-5, 245, 248, 274
no início dos EUA, 223, 226
obstáculos ao programa de voucher para a, 252-7
problemas da, 226-34
programa de voucher para a, 234-51, 275
passim superior, 225, 257-73
problemas e soluções, 257-75
universal, 226, 229, 239-41
Educadores profissionais, 223, 224, 227-33, 235-7, 245, 250, 258, 259, 274, 275
oposição à mudança por parte dos, 251, 252-7
sindicato dos, 336, 337
Egito, 96
Emprego de 1946, Lei do, 148
Empresas, 46-7, 110, 339, 383, 432
Energia

controles do governo sobre a, 38, 41, 42, 110, 283, 284, 316-21, 419
Opep e (*ver* Opep)
Engels, Friedrich, 155
Entidades sindicais, 331-50, 356
  ameaça de violência pelas, 341, 342
  apoio do governo às, 341-2, 350
  confabulação entre empregadores e, 349
  de funcionários do governo, 336-7
  distintos de "mão de obra", 332
  em indústrias estatizadas, 337
  inflação e, 374
  municipais, 336-7, 353
  origem do poder das, 340-50
  origem das, 332-4
  restrição do número de ingressos em uma profissão pelas, 344-8, 356
  Ver também Sindicatos
  beneficiários de, 336-40, 349
"Equidade" e igualdade de resultados, 203-207
Erhard, Ludwig, 95, 363
Escola de S. João Crisóstomo, Bronx (Nova York), 235
Escolas religiosas, 227, 233, 234, 241-2, 243, 249
Escolas. *Ver* Educação
Escravidão, 23-4, 106, 195, 199, 226
Escritório Federal de Oportunidades Econômicas, 252
Espanha, 91, 221

Estado de Nova York, 157, 158, 168, 190-1, 226-7
  bolsas universitárias, 273
  loterias e jogos em, 211-12
Estados Unidos, 21-3, 26-9, 157, 158, 366
  agricultura nos, 24, 67, 415
  atividades regulatórias, 149, 277-329, 351, 407-8, 412-3
  balança de pagamentos dos, 78-9
  burocracia nos (*ver* Burocracia)
  causas do excessivo crescimento monetário, 376-81, 400
  controle do governo, 27-8, 41-2, 72-3, 106-13, 405
  depois de 1932, 26, 117-18, 144-93, 403
  dívida interna e, 382-4
  emendas constitucionais para limitar, 426-36
  Grande Depressão nos (*ver* Grande Depressão)
  igualdade nos (*ver* Igualdade)
  inflação nos, 361, 364, 366, 367-9, 389, 391-2, 400
  intenções dos pais fundadores, 197-8, 199, 406
  moeda nos tempos coloniais, 360-2
  no século XIX, 22-5, 65-9, 72-3, 202, 209-10
  política monetária nos, (*ver* Moeda; Política monetária)
  reação contra, 401-2, 415-6, 422-36
  receita do governo decorrente da, 382-4

ÍNDICE 465

sobre a distribuição de renda
(*ver* Igualdade; Bem-estar
social e Estado do Bem-estar
Social)
sobre a educação (*ver* Educação)
sobre a energia, 37, 42, 110-12,
284, 316-21, 419
sobre o bem-estar social (*ver*
Bem-estar social e Estadode
Bem-estar Social)
sobre preços, 111, 147, 317-18,
396-7, 430-1
sobre salários, 44, 111, 146, 147,
341-5, 352, 396, 413, 430-1
tarifas (*ver* Tarifas)
Estatização de indústrias, 148-9,
340
Estradas de Ferro, Administração
Federal de, 278

Faculdades e universidades, 225-
6, 258-74
"ação afirmativa" e, 274
benefícios sociais da educação
nas, 261-6
empréstimos aos estudantes
para, 268-71, 274-5
igualdade de oportunidades
em educação e, 264-8, 274-5
privadas, 259-62, 264, 271
problemas com, 257-68
públicas municipais e
estaduais, 258, 271-2
qualidade das, 257-68
sistema de voucher para, 271-2,
274-5
"Falha de mercado", 60, 311
Família, Plano de Assistência à,
189

Federação Americana de
Professores, 250
Federal Deposit Insurance
Corporation (FDIC), 123
Federal Register, 278, 279
Federal Reserve Act, 118, 121, 135
Federal Reserve System, 116-41
falências bancárias da década
de 1930 e o, 123, 128-34
falha do, como causa da
Grande Depressão, 26, 127-41
funcionamento do, 121, 122
inflação e o, 376-81, 383
início da depressão e o, 127,
128
origens do, 116-23
primeiros anos do, 124-7
Federal Trade Commission, 171,
326, 346
Fever (*sigla ingl.* para: Friends
of the Education Voucher
Experiment in Representative
Regions), 255
Financiamento estudantil, 267-9,
274
Flórida, 266
Food and Drug Administration
(FDA), 283, 296-305, 322, 327-9
Ford Motor Company, 324
Ford, Gerald R., 188, 317
Ford, Henry, 208, 209
França, 139, 149, 228, 401
Freeman, A. Myrick, III, 315-6
Fundação Carnegie, 209, 263
Fundação Nacional da Ciência,
112
Fundação Nacional para as
Ciências Humanas, 112
Fundação Rockefeller, 209

Gammon, dr. Max, 174, 230
Gee, Dennis, 255-6
General Motors, 232, 278, 281
GI Bills, 238, 242, 271
Glass, Carter, 118
Goldwater, Barry, 158
Governo, controle por parte do. *Ver* Estados Unidos, controle do governo nos; troca voluntária, papel do governo na
Grant & Co., W.T., 232
Grã-Bretanha, 26, 77, 99, 103, 124, 132, 149, 332, 364, 404, 405, 424
   consequências do Estado de Bem-estar Social na, 155, 156, 216-7
   Graos, Leis dos, revogadas, 65, 73
   igualdade de resultados na, 202, 215-16
   impostos na, 216, 409
   imprensa na, 112
   indústria têxtil na, 104-5
   inflação na, 368, 374, 388, 391-3
   jogo na, 212
   legislação social na, 154-5, 402
   livre-comércio na, 89-90
   medicamentos disponíveis na, 298-9
   padrão-ouro abandonado pela, 132
   reação ao governo grande na, 401, 409
   Serviço Nacional de Saúde da, 156, 173, 174
   sindicatos na, 216, 332, 336-7, 368
   sistema de livre mercado do séc. XIX na, 24, 26, 68, 72, 105, 216
   sistema educacional da, 228, 230-40, 251, 255
Grande Depressão, 25, 229-30
   despesas do governo após a, 26, 115-6, 145-93, 403
   lugar de origem da, 137-9
   política monetária e a, 26, 115, 127-41, 146, 359, 380
   taxas/tarifas e a, 75
Grécia, 333-4
Greenback, Partido, 286
Gresham, Lei de, 362
Guerra Civil, 195, 200-1, 284, 368, 434

Habitação
   "classe média", 170-1
   "complementos ao aluguel" para, 168
   contratos de aluguel para, 393
   hipoteca com taxas de juros variáveis para, 395
   inflação e, 387
   popular, 151-2, 155, 167, 168-70, 178
   renovação urbana e, 150, 171
   subsídios para, 167-72
Hacker, Ted, 291
Hamilton, Alexander, 66, 87, 88, 202-3, 274
Harlem Prep, 235-6, 251, 255
Haveman, Robert H., 315
Hayek, Friedrich, 28
Herança, 205, 216
Higher Education: Who Pays? Who Benefits? Who Should

Pay? (Comissão sobre Ensino Superior), 263
Hitler, Adolf, 91, 115
Hoffa, Jimmy, 359-60
Hong Kong, 64, 68, 73, 76, 88, 96, 101, 102
  livre-comércio em, 64, 68, 73
Hoover, Herbert, 133, 134, 143
Horowitz, Helen, 209-10
Hull House, 210
Hungria, 51, 366

Iene, dólar e, 74, 76-8, 83, 84
Igualdade, 195-222
  capitalismo e, 218-21
  consequências de políticas igualitárias, 215-8
  de oportunidades, 195, 200-3, 218, 219, 229, 233, 246, 265, 266, 275
  de resultados, 196, 203-15
  forçada, 214, 222
  liberdade *vs.*, 196, 199, 200, 203, 204, 211, 221
  perante Deus, 196-9
Ilhas Fiji, 101
Imigração, 66-7, 203, 223
Imposto(s), 107-8, 110, 211, 212, 215, 321-2, 339, 356, 416-7, 421
  de renda, negativo, 151, 182-7, 188, 189-90
  emendas constitucionais para limitar, 426-9
  gastos do governo e, 376-7, 378, 378-9, 380, 381
  inflação e, 382-4, 394-7, 402, 417
  na Grã-Bretanha, 216, 409
  na Suécia, 410
  no Estado de Bem-estar Social, 155, 156-7, 167, 178-9, 407
  para financiar escolas públicas, 224, 227, 233, 237, 241-2, 252
  para financiar o Ensino superior, 257-68, 275
  Seguridade Social, 158, 159-65, 187, 192
  sobre a renda, progressivo, 215, 432-3
  substituição da Décima Sexta Emenda e, 433
Incentivos econômicos, 183, 184, 193, 204, 208, 263
  sistema de preços e, 43-6, 49, 50
Indexação, cláusulas de, 394, 395
Índia, 24, 93, 97, 164, 219, 221, 264, 405
  desde 1947, comparada com o Japão após a Restauração Meiji, 96-106, 403-4
Indonésia, 96-7
Indústria de empacotamento de carnes, 296
Indústria farmacêutica, 204, 303
Inflação, 42-3, 85, 111, 115, 125-6, 141, 156, 157, 216, 326, 407, 417
  atenuando efeitos colaterais da, 393-7
  causas da, 361, 632-76, 397-8
  cura para a, 388-99, 400
  efeitos colaterais da, 388-93, 400
  Emenda constitucional para proteger contra a, 434-5
  estudo de caso da, 397-8
  hiper-, 364, 366
  lapsos de tempo na, 391-2, 397-400

razões do excessivo
   crescimento monetário, 376-
   81
receita do governo decorrente
   da, 380-4
Instituto de Tecnologia de
   Massachusetts, 270
Instituto Federal de Educação,
   252
Integração, 243-4
"Interesses especiais", 71-2, 74,
   151-2, 294, 296, 347, 412-2, 426,
   427-9
   burocracia e, 417-22, 425-6
   concentrados vs. difusos, 414-7
   poder em Washington, 412-4
Internal Revenue Service (IRS)
   [Receita Federal], 421
Israel, 96
Itália, 221, 365
Iugoslávia, 24, 95, 96-7, 221, 365

Jackson, Henry, 111
Japão, 74, 75-8, 81, 88, 96, 115,
   147-8, 218, 365, 415. *Ver também*
   Iene
   comparado com a economia
      planificada da Índia, 97-106,
      403
   inflação no, 365, 368, 374-5,
      388, 397-8, 400
   sistema de livre mercado no
      século XIX no, 64, 68, 73, 415
Jefferson, Thomas, 22, 25, 27, 29,
   196-7, 199, 402
Johnson, Lyndon, 149-50
Jornalistas, como membros da
   "nova classe", 213, 425
Jungle, The (Sinclair), 283, 296

Junta Nacional de Relações
   Trabalhistas, 146

Kahn, Alfred, 292
Kefauver, Estes, 278, 284, 298,
   305
Kelsey, dr. Frances O., 303
Kennedy, Edward M., 173
Kennedy, John F., 303
Kent (Inglaterra), 255
Kerr, Clark, 265
Keynes, John Maynard, 116-7,
   134-5, 382
keynesianas, políticas
   econômicas, 116, 148
kibutz, 214
Knickerbocker Trust Company,
   116-17
Knight, Frank H., 191
Krauss, Melvyn B., 410-1
Kristol, Irving, 213

Laker, Freddie, 292, 326
Laski, Harold, 404
Lehman, Herbert H., 133
Lei das Pensões dos Idosos de
   1908, 152, 153
Lei das Transportadoras
   Motorizadas de 1935, 289
Lei Davis-Bacon, 342, 413
Lei do Pleno Emprego e
   Treinamento (CETA), 170
Lei do Seguro Nacional de 1911,
   152-3
Lei do Sistema Bancário de 1935,
   140
Lei Sherman Antitruste, 91, 202,
   349
Levin, Henry M., 260-1, 262

Lewis, John L., 349
Liberdade econômica, 21-9, 107-13, 202, 402, 403. *Ver também* Troca voluntária
   liberdade política e, 23, 29, 34, 73, 63, 106, 109, 110, 221, 222, 404, 436
Liberdade política, 23, 24, 29, 73, 193
   igualdade (*ver* Igualdade)
   liberdade (*ver* Liberdade)
   liberdade econômica e, 23, 29, 34, 72-3, 93, 106-7, 109-11, 221-2, 404, 436-7
Liberdade religiosa, 113, 197, 241-2
Liberdade, 195, 403
   igualdade vs., 195, 199, 201, 203-4, 211, 221-2
Liberdade. *Ver* Liberdade econômica; Liberdade política
Liga Feminina da Temperança Cristã, 296
Lincoln, Abraham, 106, 199
Lippmann, Walter, 225
Lloyd George, David, 154
London Times, 112
Los Angeles (Califórnia), 233

Malásia, 96, 101
Mann, Horace, 227, 228
mão de obra e mercado de trabalho, 44-5, 331-56. *Ver também* Desemprego
   governo e, 341-2, 350, 351
   liberdade para escolher a profissão, 344-8, 356, 431
   na URSS, 32
   outros empregadores e, 355

política de pleno emprego, 376, 377-8, 380, 420
sindicatos de trabalhadores e (*ver* Sindicatos de Trabalhadores)
sistema de preços e, 47-8
subsídios de governos estrangeiros e, 82
tarifas e, 74-5, 81
Mao Tsé-tung, 97, 364, 365, 403
Marinha mercante, 414-5, 420
Marshall, Alfred, 46
Marx, Karl, 155, 203-4, 403
Maryland, 360, 362
Massachusetts, Conselho Estadual de Educação de, 227
McCollam School, Alum Rock (Califórnia), 254, 255
McGill, Maurice G., 422
Meany, George, 111-12
Medicaid, 150, 166, 172
medicina socializada, 155, 172-6
   socializado, 156, 172-6, 192, 335-6, 348. *Ver também* Médicos
Medicare, 150, 166, 172
Médicos, 333-6, 338, 345-6, 347
Medidas poluidoras e antipoluidoras, 309-16, 321
Meio ambiente, 283, 299, 310-6, 319, 320, 419
Meio ambiente, Agência de Proteção, 284, 310, 353, 413
Mercado de ações, *crash* de 1929, 127-8
Mercado, 322-9. *Ver também* Liberdade econômica; Troca voluntária

poder do, 31-69
proteção do consumidor em
  um competitivo, 321-6
México, 328
Michigan, 252
Mill, John Stuart, 22-3, 221, 359
Mills, Ogden L., 136
Mineração de carvão, 348-9
Mitchell, Edward J., 320
Mobilidade social, 202, 205, 230
Moeda, 358-63, 428
  emenda constitucional para
    promover moeda estável,
    433-5
  estudo de caso, 397-9
  inflação e aumento da oferta
    de, 364, 365-76, 397-9
  papel da, 356
  razões para crescimento
    excessivo, 376-81, 400
  redução na taxa de
    crescimento, 384-8, 392, 393,
    397-8, 400
  variedades de, 359-63
Monopólio, 41, 36-7, 87, 91-2,
  286-7, 349, 416, 420
  comércio internacional livre
    para combater o, 325-6
Moore, Thomas, 290

Nader, Ralph, 278, 281, 293, 299,
  326
Napoleão, 228
Negros, 201. *Ver também* "Ação
  afirmativa"; Escravidão
  desemprego de adolescentes,
    344, 354
  discriminação contra, 244-5,
    341
  educação de, 224-5, 243-4
New Deal, 144, 145-7, 149-50,
  155, 163, 168, 278, 332, 403
New Hampshire, 254
New York Central Railroad,
  291-2
Nível de pobreza, 166
Nixon, Richard M., 188-9, 315
"Nova classe", 213, 418, 425
Nozick, Robert, 214

Obras públicas, 57
Olney, Richard J., 287
Opep, 38, 42, 44, 87, 92, 284, 316-
  9, 375
Orçamento, equilíbrio do, 426
Orwell, George, 160, 204
OSHA, 351, 421-2
Ouro, 363, 366

Padrão-ouro, 124, 132, 137-139,
  377, 433, 434
Panamá, 101
Partido Populista, 286
Partido Socialista, 406
Paternalismo, 62, 152, 155, 193
Peltzman, Sam, 302
Penney, James Cash, 138
Perkins, Charles E., 287-8
Perón, Isabel, 364
Pilotos de linhas aéreas, 336, 338,
  342
Plano Marshall, 79, 81
Planos de aposentadoria
  privados, 187
Política monetária, 434
  Grande Depressão e, 26, 115,
    127-41, 146-7, 358-9, 380
  inflação e (*ver* Inflação)

recessão de 1907 e, 116-8, 120, 131, 400
taxas de câmbio e (*ver* Taxas de câmbio)
Prata, 363, 380-1, 433-4
Primavera Silenciosa (Carson), 278, 299
Produtividade, 23-5, 28, 47-8, 79-80, 202, 356
declínio de, 217, 218, 219, 230-1, 280
inflação e, 364-7, 374-5
Professores. *Ver* Educadores
Programa de voucher para o sistema de
"acréscimos", 246-7
custo do, 241-2
ensino, 234-57, 275
escolas novas e, dúvida sobre, 249-50
impacto do, em escolas públicas, 250-1
obstáculos ao, 253-7
para o Ensino superior, 271-5
prevenção contra fraude, 243
questão da classe econômica, 244-9
questão igreja-Estado e, 240-1
questão racial e, 243-5
Programas de renovação urbana, 150, 171-2
Proibição, 327-9
Projeto habitacional de "mutirão", 169-70
Propaganda/Publicidade, 324-5
Proposição 13, 401
Propriedade, 109, 205-6
Prússia, 228

Recessão, 400
da década de 1930 (*ver* Grande Depressão)
de 1907, 116-7, 120, 131
de 1920-1921, 125-6
Relatório sobre manufaturas (Hamilton), 66-7, 85-6, 203
Revolução industrial, 25, 220-2
Richards, Malcolm, 290
Rockefeller, John D., 208
Roosevelt, Franklin D., 133, 134, 143, 144-7, 155, 278
Roosevelt, Theodore, 118
Rumsfeld, Donald, 111
Rússia. *Ver* URSS

Sabath, A. J., 136
Saint Louis (Missouri), projeto de habitação popular Pruitt-Igoe, 169
Salários, 333
controles do governo sobre, 44, 111, 146, 147, 341-5, 352, 396-7, 399, 413, 430-1
lei do salário mínimo, 342-3, 353, 413
preços, espiral, 391-2
reajustes do custo de vida aos, 394
sindicatos dos trabalhadores e, 336-45, 356-7
São Francisco (Califórnia), 353
Segunda Guerra Mundial, 147, 362
Seguridade dos Idosos e dos Sobreviventes, 146, 159-65
Setor automobilístico, 282-3, 324-5. *Ver também* Ford Motor Company, General Motors

Setor de caminhões, 287-90, 295, 421
Setor de transportes, 282-95, 324-6, 421. *Ver também tipos de transporte*
Setor do transporte aéreo, 291-3, 326
Setor ferroviário, 294-5
Setor têxtil, 104-5
Sinclair, Upton, 283, 296
Sindicato dos Caminhoneiros, 349
Sindicato Nacional dos Contribuintes, 427
Sindicatos [*trade unions*], 45-6, 74, 112-13, 216, 415, 416
Sindicatos [*Unions*]. *Ver* Sindicatos [*Labor unions*]; Sindicatos [*Trade unions*]
Sinecura, 341
Sistema bancário dos EUA, 119-22, 129-34, 144-5. *Ver também* Federal Reserve System
Sistema de preços, 37-52, 365
  controles de preços e, 42, 111, 317-19, 396-7, 399, 400, 430-1
  distribuição de renda, 46-52
  espiral preços-salários e, 390-1
  funções do, 38-52
  incentivos, 43-6, 49, 50, 51
  inflação e (*ver* Inflação)
  transmissão de informações, 38-43, 389, 431
  troca voluntária e, 37-52
Sistema de seguridade social, 113, 146, 149-50, 158, 166, 178, 242, 395
  double dippers, 352
  eliminação gradual do, 182-3, 186-8
  precursores do, 152-5
  resultados do, 158-65, 192, 218-9
Smith, Adam, 21-2, 25, 27-8, 36, 37, 52, 65, 217, 263, 270, 277, 322, 333, 402-3, 404, 414
  sobre a educação, 251-2
  sobre o comércio, 71-2
  sobre o papel do governo na troca voluntária, 56-62
Socialismo, 149-50, 152-5, 229, 296, 403, 405-6
Sociedade Nacional pela Temperança, 296
Strong, Benjamin, 126
Subornos, 341
Subsídios, 83, 86, 414, 415
  à indústria, 80-3, 89-90, 103, 105
  ao Ensino superior, 257-73
  Bem-estar social (*ver* Bem-estar social e Estado de Bem-estar Social*)
  de governos estrangeiros
  habitação (*ver* Habitação)
  imposto de renda negativo, 151, 182-7
Suécia, 146, 149
  reação ao governo grande na, 402, 409-11
  resultados do Estado de Bem-estar Social na, 155-8
Suíça, 365
Sumner, William Graham, 211
Sunday, Billy, 327
Superintendência de Bancos de Nova York, 129-30

Suprema Corte, EUA, 146, 241,
   406-7, 408, 434
Sweden, The Middle Way (Childs),
   155

Tabaco, 413
   usado como moeda, 360-3, 366
Taiwan, 74, 88, 96, 220
Tarifas, 71, 72-92, 103, 202-4, 429-
   30. *Ver também* Comércio
   argumentos usados na defesa
      de, 76-88
Taxas de câmbio, 83-4, 103, 137,
   138. *Ver também* Dólar
Taxas de juros, 380, 387
   sobre Títulos do Tesouro dos
      EUA, 383
   variáveis, 394-5
Tchecoslováquia, 51
Teller, Edward, 280
Teoria do Deslocamento
   Burocrático, 175, 230-1
Thatcher, Margaret, 156, 401
Thomas, Norman, 406
Tito, Marechal, 96, 97
Títulos do Tesouro dos EUA,
   383-97
Tocqueville, Alexis de, 198-9, 202
Tribunais federais, 419, 422.
   Ver também Suprema Corte, EUA
troca voluntária, 32, 35-69, 152
   administração da justiça, 58-9
   atividade regulatória e, 149,
      277-329
   comparada com economia
      planificada, 93-106
   criação e manutenção de obras
      públicas e instituições, 57-8,
      59-62

Ensino superior e, 260-2, 273
   exemplos de limitado, 63-9
   igualdade e, 211, 218-21
   liberdade e (*ver* Liberdade
      política, liberdade
      econômica e)
   papel do governo na, 50-69
   para evitar a coerção, 58, 59
   para proteger "irresponsável",
      62-3
   sistema de preços e, 37-52
Turner, Graham, 409

United Mine Workers, 349
Universidade da Califórnia em
   Berkeley, 259, 262, 265
Universidade da Califórnia em
   Los Angeles, 258, 260
Universidade da Califórnia, 267,
   273
Universidade de Colúmbia, 145
Universidade de Michigan, 259,
   262
Universidade de Rochester,
   Centro de Estudos para
   o Desenvolvimento de
   Medicamentos, 300
Universidade de Virgínia, 196
Universidade de Wisconsin, 259,
   262
Universidade Estadual de Nova
   York, 273
Universidades. *Ver* Ensino
   superior
Unsafe at Any Speed (Nader),
   299
URSS, 24, 91, 205, 221, 364
   agricultura na, 32
   divisões de classe na, 219-20

economia planificada da, 32-3, 95-6, 219
mercado de trabalho na, 32-3
mercado voluntário na, 33, 50

Vanderbilt, William H., 67-8
Vantagem comparativa, princípio da, 80
Virgínia, 360-3
Virgínia, Declaração de Direitos da, 25

Wagner, Robert, 157

Wall Street Journal, 40, 171-2, 320, 352, 410-11, 422
Wallis, W. Allen, 149-50
Walton, Maurice, 256-7
Wardell, dr. William, 300-1
Watts (Los Angeles), 169
West, E. G., 227, 228, 252
Wimmer, Herschel, 291
Works Progress Administration (WPA), 147

Zacharias, Jerrold R., 270

Este livro foi composto na tipografia
Palatino LT Std, em corpo 11/16,3, e impresso em
papel off-white no Sistema Digital Instant Duplex
da Divisão Gráfica da Distribuidora Record.